高等学校新金融系列教材

GAODENG XUEXIAO XINJINRONG XILIE JIAOCAI

系列主编◎杨华

国际金融

GUOJI JINRONG

主　编　谢玉华
副主编　许新亚

中国金融出版社

责任编辑：张怡姮
责任校对：张志文
责任印制：程　颖

图书在版编目（CIP）数据

国际金融（Guoji Jinrong）/谢玉华主编．—北京：中国金融出版社，2013.8
ISBN 978 – 7 – 5049 – 7090 – 9

Ⅰ．①国…　Ⅱ．①谢…　Ⅲ．①国际金融—高等学校—教材　Ⅳ．①F831

中国版本图书馆 CIP 数据核字（2013）第 190000 号

出版
发行　**中国金融出版社**

社址　北京市丰台区益泽路 2 号
市场开发部　（010）63266347，63805472，63439533（传真）
网 上 书 店　http://www.chinafph.com
　　　　　　（010）63286832，63365686（传真）
读者服务部　（010）66070833，62568380
邮编　100071
经销　新华书店
印刷　保利达印务有限公司
尺寸　185 毫米 ×260 毫米
印张　16
字数　376 千
版次　2013 年 8 月第 1 版
印次　2013 年 8 月第 1 次印刷
定价　36.00 元
ISBN 978 – 7 – 5049 – 7090 – 9/F. 6650
如出现印装错误本社负责调换　联系电话（010）63263947

前　　言

随着我国金融体制改革和对外开放的进一步深入，越来越多的机构和个人需要了解和接触外汇、汇率、外汇交易、国际资本流动等知识。

本书利用国内外最新的资料，结合多年的教学经验，从整体结构安排到具体内容的编写，力求做到由基础到深入、由简单到复杂，尽可能满足广大读者的实际需要。

本书有以下几个特点：

1. 内容先进。本书在介绍基本知识和理论的基础上，在需要使用数据和资料的地方，尽量选择国内外最新的数据和资料。

2. 难易适中。本书不仅注重基本知识和理论的介绍，还对一些较为复杂的问题，尽可能地进行简化，以适应初学者的需要。

3. 结构恰当。本书的编写结构从微观（外汇、汇率、外汇交易等）开始，引起学生的学习兴趣，到宏观（国际收支、国际储备、国际资本流动、国际货币体系等）部分，分析和讲解一般规律，符合广大学生理解和运用知识的顺序。

基于上述特点，本书适合作为高等院校金融学及相关专业本科学生学习国际金融的教材，同时也适合作为金融和相关领域实际工作者了解和掌握国际金融的参考书籍。

本书的编写，由谢玉华任主编，具体编写第一、第二、第三、第七章，许新亚任副主编，具体编写第六、第八、第九章，高鹏编写第四、第五章。

由于编者水平有限，书中不当和错漏之处在所难免，恳请广大读者批评指正。

编　者
2013 年 6 月

目　　录

第一章 外汇与汇率

开放条件下的国际间经济、政治、文化等方面的往来所产生的债权债务关系，首先要面对和解决的就是外汇和汇率问题。各国都有自己的货币，每个国家在对外交往中，必然要涉及以何种货币收付、本币与外币之间如何兑换等问题。弄清楚外汇和汇率的基本概念和原理，是学习国际金融学的基础。

第一节 外 汇

一、外汇的概念

外汇（Foreign Exchange）直译为"国际汇兑"。从英文的字面意思来理解，外汇有动态和静态之分。

（一）动态外汇

动态外汇是指国际汇兑行为，即把一国货币兑换成另一国货币，用来清偿国际间债权债务关系的一种经营活动。国际间政治、经济、文化等方面的交往，必然会引起以货币表示的债权债务关系。由于各国不同的货币大多都不能直接在其他国家流通和使用，要清偿国际间的债权债务，就必须通过银行把本国货币兑换成外国货币，或把外国货币兑换成本国货币。也就是说，要通过不同货币的相互兑换，才能完成债权债务的清偿，从这个意义上讲，外汇等同于国际结算。

（二）静态外汇

静态外汇是指以外币表示的用于国际结算的支付手段，或者理解为：可用于国际支付的外国货币及以这些货币表示的信用工具、支付手段和有价证券等金融资产。通常情况下所说的外汇，都是指的这一静态意义上的含义。静态外汇又有狭义和广义之分。

1. 狭义外汇。狭义外汇是指以外币表示的、用于进行国际结算的支付手段或资产。大多数人通常所说的外汇，在没有特殊说明的情况下，都是指的狭义外汇。例如，外国货币、外币有价证券、外币支付凭证等。

2. 广义外汇。广义外汇是指各国外汇管理法令中所称的外汇。包括一国拥有的全部以外币表示的财物，例如，我国外汇管理条例中对外汇的解释就包括外国货币、外币支付凭证、外币有价证券、其他外汇资产。

（三）我国对外汇的解释

2008 年修订的《中华人民共和国外汇管理条例》，简称《外汇管理条例》第三条中规定，外汇是指下列以外币表示的可以用做国际清偿的支付手段和资产：

1. 外币现钞，包括纸币、铸币；

2. 外币支付凭证或者支付工具，包括票据、银行存款凭证、银行卡等；

3. 外币有价证券，包括债券、股票等；

4. 特别提款权；

5. 其他外汇资产。

（四）国际货币基金组织（International Monetary Fund，IMF）对外汇的解释

外汇是货币行政当局（中央银行、货币管理机构、外汇平准基金组织及财政部）以银行存款、财政部库券、长短期政府债券等形式所保有的在国际收支逆差时可以使用的债权。

这是从 IMF 的角度出发，来统一各国对外汇的不同理解，也就是指一国的"官方储备"。只有掌握在官方手中的才叫外汇，因为它可以用来弥补本国对外赤字。任何分散在个人、企业的外汇，都不是国际货币基金组织所界定的外汇，因为它在本国国际收支逆差时，官方不能使用。

二、外汇的种类

按照不同标准的划分外汇可以分为许多不同的种类。

（一）按外汇的来源和用途划分，外汇可以分为贸易外汇、非贸易外汇和金融外汇

1. 贸易外汇（Foreign Exchange of Trade）。贸易外汇，也称实物贸易外汇或者有形贸易外汇，是指来源于或用于进出口贸易的外汇，即由于国际间的商品流通所形成的一种国际支付手段。

2. 非贸易外汇（Foreign Exchange of Invisible Trade）。非贸易外汇，也称无形贸易外汇，是指贸易外汇以外的一切外汇，即一切来源于或用于进出口贸易以外的外汇，或者说，与进出口贸易无关的外汇。例如，劳务外汇、侨汇和捐赠外汇等。

3. 金融外汇（Financial Foreign Exchange）。金融外汇是指以某种金融资产形态表现的外汇。与贸易外汇、非贸易外汇不同，是属于一种金融资产外汇，例如，银行同业间买卖的外汇，既非来源于有形贸易或无形贸易，也非用于有形贸易，而是为了各种货币头寸的管理和摆布。资本在国家之间的转移，也要以货币形态出现，或是间接投资，或是直接投资，都形成在国家之间流动的金融资产，特别是国际游资数量之大，交易之频繁，影响之深刻，不能不引起有关方面的特别关注。

贸易外汇、非贸易外汇和金融外汇，在本质上都是外汇，它们之间并不存在不可逾越的鸿沟，而是经常互相转化的。

（二）按外汇买卖的交割期限划分，外汇可以分为即期外汇和远期外汇

1. 即期外汇（Spot Exchange）。即期外汇，亦称"外汇现货"或简称"现汇"。它是指在即期外汇交易中使用的外汇，即期外汇交易，是指买卖成交后，买卖双方必须即期交割，即在两个营业日内收进或付出的外汇。

2. 远期外汇（Forward Exchange）。远期外汇，又叫"期汇"。是指在远期外汇交易中使用的外汇。远期外汇交易是指交易双方在成交后并不立即办理交割，而是事先约定币种、金额、汇率、交割时间等交易条件，到期才进行实际交割的外汇交易。那么，在远期外汇交易中，交易双方约定的外汇，就叫远期外汇。

（三）按货币的兑换程度不同划分，外汇可以分为自由外汇、有限自由兑换外汇和记账外汇

1. 自由外汇（Free Foreign Exchange/ Free Convertible Exchange）。自由外汇，又叫"自由兑换外汇"，是指不须经货币发行国批准，可以自由兑换成其他国家货币或向第三国办理支付的外汇。通常没有特殊说明的地方，都指的是自由外汇。目前世界上有50多种货币是可自由兑换货币，其中主要有美元、英镑、欧元、日元、加拿大元、新加坡元、新西兰元等，持有这些货币，可以自由兑换成其他任何国家的货币，或者向第三者进行支付。

2. 有限自由兑换外汇（Limited Foreign Exchange）。有限自由兑换外汇，是指未经货币发行国批准，不能自由兑换成其他货币或对第三国进行支付的外汇。根据《国际货币基金组织协定》第14条规定，对国际性经常往来的付款和资金转移有一定限制的货币，均属于有限制性的自由兑换的货币。此类货币通常存在一个以上的汇率，外汇交易也常受限制。

有限自由兑换外汇又大体分为两种形式：（1）在一定条件下的可自由兑换外汇。比如，我国人民币不是可自由兑换货币，不能进行多边自由贸易结算，但在一定条件下，人民币是有限制的可自由兑换货币，可从事即期外汇交易和远期外汇交易。（2）区域性的可自由兑换外汇。在一些货币区域（如美元区、欧元区等）内，各成员国的货币钉住区域内关键货币，同其保持固定比价，并可自由兑换为关键货币，区域内资金移动不受限制。但如果将各货币区域内的货币兑换成关键货币以外的货币，或将资金转移到区域外的国家或地区，则要受到各种不同程度的限制。

3. 记账外汇（Clearing Foreign Exchange/Exchange of Account）。记账外汇，又叫"双边外汇"或"协定外汇"，是指不经货币发行国批准，不能自由兑换成其他国家货币或向第三国办理支付的外汇。记账外汇多用在双边协定项下，双方均可节约自由外汇的使用。

三、外汇的特征

一般意义上所说的外汇，都是指自由外汇，那么，外汇的特征也就是说作为自由外汇必须同时具备的特性，有以下三个：

（一）外汇必须是以外国货币表示

用本国货币表示的信用工具和有价证券不能视为外汇。美元为国际支付中经常使用的货币，但对于美国人来说，美元是本国货币，不是外汇，同样，英镑对于英国人来说，也是本币，而不是外汇。

（二）可偿性

外汇的可偿性是指在国外能够得到偿付的货币债权。如果在国外得不到相应的偿付，比如，空头支票、银行拒付的汇票等，不能视为外汇，因为得不到偿付，国际汇兑的过程也就无从进行。同时，在多边结算的制度下，在国外得不到偿付的债权，显然也不能用做本国对第三国债务的清偿。

（三）自由兑换性

自由兑换性是指可以自由兑换成其他国家货币的支付手段。外国货币并不都是外汇，因为有些货币可以自由兑换成其他国家货币，而有些货币不能自由兑换成其他国家货币。国际间的支付比较复杂，对币种的要求也不一致，运用的支付手段和地点也不同，因此，外汇必须要求具有可以自由兑换这一特征。也就是说，只有满足自由兑换的外国货币才是外汇。

四、外汇的作用

随着国际经济、政治、文化交往的发展，外汇的作用也越来越显著，主要表现在以下几个方面：

（一）促进国际贸易的发展

作为国际间债权债务清偿的重要结算手段，外汇的使用，不仅节省了运送现金的费用，避免了风险，缩短了支付时间，加速了资金的周转。更重要的是，运用外汇，使国际贸易中的进出口商之间能够接受信用，扩大资金融通的范围，从而促进国际贸易的发展。

（二）促进国际交往，扩大国际经济合作

由于世界各国的货币制度不同，许多国家的货币不能在对方国家流通，随着外汇业务的发展，在国际间利用代表外汇的各种信用工具，就可以使不同国家间的货币购买力得以实现，对国际交往和扩大国际经济合作都起着重要作用。

（三）调节国际间资金供求的不平衡

由于世界各国的经济发展不平衡，资金的余缺情况也不同，客观上存在着调剂资金余缺的需要。利用外汇这种国际间的支付手段，可以促进国际间的投资活动与国际资本的转移，便利、活跃资金市场，调节国际间资金供求的不平衡。

（四）衡量一国的国际经济地位

一国货币能否成为国际上普遍接受的自由外汇，与该国的国际经济地位密切相关。另外，一国拥有外汇的多少，也能够成为衡量该国国际经济地位的标准之一。

第二节　汇　率

一、汇率的概念

汇率（Foreign Exchange Rate），又称汇价，是两国货币相互兑换的比价。或者说，汇率是一国货币用另一国货币表示的价格。同时亦可视为一个国家的货币对另一种货币的价值。各国货币之所以可以进行对比，能够形成相互之间的比价关系，原因在于它们都代表着一定的价值量。

汇率是变动着的，汇率的升降变动，反映了一国货币对外价值的高低变动。在实际外汇买卖中，汇率又叫外汇行市、外汇行情。

二、汇率的标价方法

既然汇率是用一种货币表示的另一种货币的价格，那么用何种货币作为折算的标准，是用本国货币表示外国货币，还是用外国货币表示本国货币，或者是用一种外国货

币表示另一种外国货币，这就涉及了标价方法的不同，标价方法没有绝对的标准和理论依据，只是根据习惯而定。

（一）直接标价法

直接标价法，又称"应付标价法"，是以一定单位的外国货币为标准，折算成若干单位本国货币，来表示汇率的方法。即外国货币单位数量固定为1、10、100…，本国货币数量不固定，即本币数量变动，外汇汇率的高低，是通过本币数量的多少反映出来的。

例如：某日上海外汇市场行情如下：

1美元＝6.57元人民币

10欧元＝90.12元人民币

100日元＝7.931元人民币

100港元＝84.51元人民币

100英镑＝1 069.33元人民币

……

目前，国际上绝大多数国家都采用直接标价法。

在直接标价法下，外汇汇率的高低升降，是通过本币数量的变动反映出来的。单位外币兑换的本币数量由少到多（如：汇率由1美元＝6.57元人民币变动到1美元＝6.77元人民币），说明外汇汇率上升，本币对外汇率下降；反之，单位外币兑换本币数量由多到少（如汇率由1美元＝6.57元人民币变动到1美元＝6.27元人民币），说明外汇汇率下降，本币对外汇率上升。

所以，在直接标价法下，外汇汇率的升降，与本币数量的多少成正比，与本币对外汇率的高低成反比。

（二）间接标价法

间接标价法，又称应收标价法，是以一定单位的本国货币为标准，折算成若干单位外国货币来表示汇率的方法。在这种标价方法下，本币单位数量固定为1、10、100……，外币数量的多少不固定，本币对外汇率的变动，是通过外币数量的多少反映出来的。

例如：某日，伦敦外汇市场上的行情如下

1英镑＝1.62美元

10英镑＝126.13港元

100英镑＝118.6欧元

……

在间接标价法下，本币对外汇率的高低，是通过外币数量的变动反映出来的。如果一定单位的本国货币，兑换的外币数量比原来增多（如汇率由1英镑＝1.62美元变为1英镑＝1.82美元），说明外汇汇率下降，本币（对外）汇率上升；反之，若单位本币兑换的外币数量比原来减少（如汇率由1英镑＝1.62美元变为1英镑＝1.32美元），说明外汇汇率上升，本币（对外）汇率下降。

所以，在间接标价法下，本币对外汇率的升降，与外币数量的多少成正比，与外汇汇率的高低成反比。

目前，采用间接标价方法的货币有英国、美国、澳大利亚、新西兰等少数国家。

两种标价方法，虽然选用的标准不同，但它们所表示的含义，却是完全一样。比如，一单位外币兑换的本币数量比原来增多，或者一单位本币兑换的外币数量比原来减少，均说明外汇汇率上升，本币汇率下降。两句话的意思是完全一样的。

若在中国外汇市场上，1 英镑 = 1.62 美元，问是什么标价方法时，就无法回答。因为英镑和美元，在中国市场上，都是外币，上述两种标价方法都分别有外币和本币之分，只有分清本币外币的情况下，才能区分是直接标价法还是间接标价法，当两种货币均是外币时，既不是直接标价法也不是间接标价法。

（三）美元标价法

美元标价法，又称"纽约标价法"，是以一定单位的美元为标准，来计算能兑换多少其他货币的汇率表示方法。美国在第二次世界大战后，取得美元的国际统治地位，从 1978 年 9 月 1 日起，制定并执行了这一标价方法。

在国际金融市场上，外汇银行向客户报价时，都以美元为"标准"来表示各国货币的价格。

例如，客户问某外汇银行，日元现在的价格是多少？银行就会报出：105.19。即 1 美元 = 105.19 日元；若问人民币的汇率是多少？外汇银行报出 6.27。即 1 美元 = 6.27 元人民币。

三、汇率的种类

（一）按国际汇率制度的不同划分，汇率可分为固定汇率和浮动汇率

1. 固定汇率（Fixed Exchange Rate）。固定汇率是指一国货币与另一国货币之间，维持一个固定比价，汇率的升降波动只在一定范围内，由官方干预来保证汇率的稳定。这是在国际金本位制度下和布雷顿森林货币体系下通行的汇率制度。目前也有许多发展中国家仍然实行固定汇率制度。

2. 浮动汇率（Floating Exchange Rate）。浮动汇率是指本国货币与其他国家货币之间的汇率不由官方制定，而由市场供求关系决定，其上下波动没有界限。官方在汇率出现过度波动时才干预外汇市场，这是布雷顿森林货币体系解体后西方国家普遍实行的汇率制度。由于各国具体情况不同，选择汇率浮动的方式也会不同，所以，浮动汇率制度又可以进一步分为自由浮动、管理浮动、钉住浮动、联合浮动等。

（二）按汇率确定的方法不同划分，汇率可分为基本汇率和套算汇率

1. 基本汇率（Basic Exchange Rate）。基本汇率又叫"基础汇率"，是指本币与某一关键外币之间的汇率。由于外国货币的种类繁多，要制定出本国货币与每一种外国货币之间的汇率，既没有必要，成本也太高。因而一般就选定一种货币作为本国的关键外币，制定出本币与关键外币之间的汇率，就是本国的基本汇率。所谓关键外币，就是本国对外交往中使用最多、外汇储备中比重最大、国际上普遍接受的自由外汇。目前，绝大多数国家都把美元当做关键外币，那么本币与美元的汇率就是本国的基本汇率。

一般情况下，一国的基本汇率只有一个。本币与其他货币之间的汇率，则是根据各自的基本汇率套算而得。

2. 套算汇率（Cross Exchange Rate）。套算汇率又称"交叉汇率"，是通过各自基本

汇率套算出来的汇率。

例如：

中国香港港元的基本汇率　1 美元 = 7.78 港元

中国人民币的基本汇率　1 美元 = 6.57 元人民币

英国英镑的基本汇率　1 英镑 = 1.62 美元

……

由此可得：港元兑人民币的汇率 1 港元 = 0.8445 元人民币（7.78 港元 = 6.57 人民币）

英镑兑港元的汇率　　1 英镑 = 12.60 港元　　（1.62 美元 × 7.78 港元）

英镑兑人民币的汇率　1 英镑 = 10.64 元人民币　（1.62 美元 × 6.57 元人民币）

……

（三）按银行买卖外汇的价格划分，汇率可分为买入汇率、卖出汇率、中间汇率和钞买汇率

1. 买入汇率（Buying Exchange Rate）。买入汇率，简称"买入价"或"买价"，是指外汇银行从客户或同业那里买入外汇时使用的汇率。

2. 卖出汇率（Selling Exchange Rate）。卖出汇率，简称"卖出价"或"卖价"，是指外汇银行向客户或同业卖出外汇时使用的汇率。

在外汇市场上，外汇银行向外报价通常采用双向报价，即同时报出买入汇率和卖出汇率。在所报的两个汇率中，前一个数值较小，后一个数值较大。在不同的标价方法下，买入价或卖出价的位置、大小是不一样的。

在直接标价法下，单位外币兑换本币数额的前一个、较少的、数值较小的，是外汇银行的买入价，即外汇银行买入外汇时，付给同业或客户的本币数；单位外币兑换本币数额的后一个、较大的、数值较多的，是外汇银行的卖出价，即外汇银行卖出外汇时，向同业或客户收取的本币数。

在间接标价法下，情况正好相反，单位本币兑换外币数额的前一个、较少的、数值较小的，是外汇银行的卖出价，即外汇银行向同业或客户卖出（较少）外汇时收取的本币数量。单位本币兑换外币数额的后一个、较大的、数值较多的，是银行的买入价，即银行买入外汇时，付给同业或客户的本币数量。

上海：USD1 = CNY6.5735/40

6.5735 是上海银行买入外汇（美元）的价格，6.5740 是上海银行卖出外汇（美元）的价格。

纽约：USD1 = HKD 7.7836/79

7.7836 是纽约银行卖出外汇（港元）的价格，7.7879 是纽约银行买入外汇（美元）的价格。买卖价差一般在千分之一到千分之五之间，作为银行的利润。

银行与银行之间买卖外汇时使用的汇率，一般叫做同业汇率，买卖差价较小。

3. 中间汇率（Middle Rate）。中间汇率，又叫"中间价"，是指买入价和卖出价的简单算术平均数。它不是外汇买卖业务中使用的价格，而是为了简便官方公布汇率、预测汇率将来走势、在经济学家的论著中使用。真正做外汇交易的人，只关心"买、卖"价；不做外汇买卖的人，简单了解中间价就足够了。

4. 钞买汇率（Cash Rate）。钞买汇率，又叫"钞买价"，是指外汇银行买入外币现钞的价格，与现汇买入价相差 2%～3%。一般情况下，各国都规定，不允许外币在本国内部计价流通，国内银行将外币现钞收兑后，要支付保管费和运费。于是，在外汇市场上，外汇银行向外同时报出的就有三个价格，即买入价、卖出价、钞买价。由于标价方法的不同，钞买价的大小、位置就不同。

在直接标价法下，钞买价 ＜ 外汇买入价，如：

香港　USD1 = HKD7. 7810（钞买价）7. 7820　7. 7830

在间接标价法下，钞买价 ＞外汇买入价，如：

伦敦　GBP1 = USD 1. 6234　1. 6245　1. 6256（钞买价）

外币现钞的卖出价与现汇的卖出价相同。因为外汇银行卖出外币现钞，不涉及到保管和运输费用，因此也就没有钞卖价的说法（见表 1 – 1）。

表 1 – 1   2012 年 9 月 7 日人民币汇率

币种	交易单位	中间价	钞买价	现汇买入价	卖出价
美元（USD）	100	633. 96	627. 62	632. 69	635. 23
港元（HKD）	100	81. 73	80. 99	81. 57	81. 89
欧元（EUR）	100	800. 75	772. 32	797. 55	803. 95
英镑（GBP）	100	1 009. 90	974. 05	1 005. 86	1 013. 94
日元（JPY）	100	8. 04	7. 75	8. 00	8. 07

当同时出现买卖价时，汇率的套算方法为"乘时同边乘，除时交叉除"。

例：GBP1 = USD1. 6235/45

　　　USD1 = CNY6. 5738/49

试计算，GBP1 = CNY？（保留 4 位小数）

1. 6235 × 6. 5738 = 10. 6726

1. 6245 × 6. 5749 = 10. 6809

即 GBP1 = CNY10. 6726/809

USD1 = CNY 6. 2738/49

USD1 = HKD7. 7820/30

试计算，HKD1 = CNY？（保留 4 位小数）

6. 2738/7. 7830 = 0. 8061

6. 2749/7. 7820 = 0. 8063

即 HKD1 = CNY0. 8061/3

（四）按银行付汇的支付工具不同划分，汇率可分为电汇汇率、信汇汇率和票汇汇率

1. 电汇汇率（Telegraphic Transfer Rate）。电汇汇率，是指银行以电信方式委托分支机构或代理行付款时使用的汇率。由于电汇方式具有快捷高效的特点，因而在国际上被广泛采用。该汇率是市场上的基础汇率。也因这一特点，银行难以利用客户的在途资金，所以电汇汇率通常高于其他汇兑工具的汇率。

2. 信汇汇率（Mail Transfer Rate）。信汇汇率，是指银行以信函方式通过邮局委托付款时使用的汇率。以信函方式买卖外汇，资金的在途时间长，银行可利用资金在途时间取得一定的利息收益，因此信汇汇率低于电汇汇率。

3. 票汇汇率（Demand Draft Rate）。票汇汇率，是指银行买卖外汇汇票或其他票据时使用的汇率。由于票据有即期和远期之分，因而票汇汇率也分为即期票汇汇率和远期票汇汇率。

即期票汇汇率是银行买卖即期外汇汇票时所使用的汇率，由于即期票据也存在一个邮寄过程，因而也要考虑邮程应付利息因素，所以其汇率也比电汇汇率低，与信汇汇率基本相同。

远期票汇汇率是银行买卖远期票据所使用的汇率，由于在远期票据买卖中，票据都是尚未到期的票据，因此，其汇率不仅比电汇汇率低，而且亦低于信汇汇率，一般情况下，考虑到利息因素，期限越长，价格越低。

（五）按外汇买卖的交割期限不同划分，汇率可分为即期汇率和远期汇率

1. 即期汇率（Spot Exchange Rate）。即期汇率，又称"现汇汇率"。是指在即期外汇交易中使用的汇率。即期外汇交易是指外汇买卖成交后，在当日或两个营业日之内办理交割的外汇交易。这一汇率一般就是现时外汇市场的汇率水平。

2. 远期汇率（Forward Exchange Rate）。远期汇率，又称"期汇汇率"。是指外汇买卖双方签订合同，约定在未来某一特定日期进行交割，双方达成协议的汇率。

在外汇市场上，即期汇率一般都是银行直接报出，而远期汇率的报价一般有两种方式：

（1）直接报出远期汇率。即直接报出各种不同交割期限的外汇买入价和卖出价。外汇银行对一般顾客通常采用此种方法。

例如，某日，英镑兑美元的汇率为

现汇汇率　GBP1 = USD1. 4210/20

一个月期汇率　GBP1 = USD1. 4180/90

三个月期汇率　GBP1 = USD1. 4130/50

（2）汇水报价。即在报出现汇汇率的同时，报出期汇汇率与现汇汇率之间的差价（见表1－2）。

表1－2　　　　　　　　　　远期汇价的识别和选择

货币	Spot	1mth	2mth	3mth	6mth
GBP*	1. 6277/87	92/90	160/157	231/228	415/410
CHF	1. 2326/36	31/34	63/67	92/96	177/186
JPY	108. 50/60	26/28	44/47	62/66	100/105
CAD	1. 3258/68	10/12	28/32	68/72	86/92
EUR*	1. 2301/06	36/39	71/75	103/109	200/208

注："*"为间接标价法。

不同期限的远期差价，习惯上称为"远期汇水"，又叫"远期差价"。其表示方法有升水、贴水和平价三种：

远期升水，表明远期汇率高于即期汇率；

远期贴水，表明远期汇率低于即期汇率；

远期平价，表明远期汇率等于即期汇率。

这种报价方法，更为普遍，因为即使即期汇率变动很大，远期汇率和即期汇率之间的差价一般也比较稳定。

由于汇率的标价方法不同，远期汇率的计算方法也有所不同。

在直接标价法下，远期外汇升水时，远期汇率 = 即期汇率 + 升水额；

远期外汇贴水时，远期汇率 = 即期汇率 – 贴水额。

例：香港市场上，即期汇率 1 美元 = 7.7850/69 港元；

1 个月远期美元升水　　15/28；

3 个月远期美元贴水　　40/35。

则：1 个月远期汇率为　　1 美元 = 7.7865/97 港元；

3 个月远期汇率为　　1 美元 = 7.7810/34 港元。

在间接标价法下，远期外汇升水时，远期汇率 = 即期汇率 – 升水额；

远期外汇贴水时，远期汇率 = 即期汇率 + 贴水额。

例：伦敦市场上，即期汇率　　1 英镑 = 1.1834/56 美元；

3 个月远期美元升水　　23/12；

6 个月远期美元贴水　　123/134 。

则：3 个月远期汇率是　　1 英镑 = 1.1811/44 美元；

6 个月远期汇率是　　1 英镑 = 1.1957/90 美元。

实际中，远期汇率的加减计算，往往是根据"/"前后数字的大小来判断的，"/前大后小，往下减，/前小后大，往上加"。

（六）按外汇管制的程度不同划分，汇率可分为官方汇率、市场汇率和黑市汇率

1. 官方汇率（Offical Rate）。官方汇率，又叫"法定汇率"或"官定汇率"。是指由政府机构制定并对外公布本国货币与其他各国货币之间的汇率。在外汇管制较严格的国家，外汇不能自由买卖，一切外汇交易都必须按照官方汇率进行，这时，没有市场汇率，官方汇率就是实际买卖外汇的汇率。

2. 市场汇率（Market Rate）。市场汇率，是指在自由外汇市场上，由外汇供求关系自发决定的汇率。在外汇管制较松的国家，官方汇率往往只具有象征性意义，大量外汇交易的汇率都受市场供求关系影响，波动较频繁。

3. 黑市汇率（Black – market Rate）。黑市汇率，又叫"外汇黑市"，是指在外汇黑市市场上买卖外汇的汇率。在严格实行外汇管制的国家，外汇交易一律按官方汇率进行。一些持有外汇者，以高于官方汇率的汇价在黑市上出售外汇，可换回更多的本国货币，他们是黑市的外汇供给者；另有一些不能以官方汇率获得或获得不足够的外汇需求者，以高于官方汇率的价格从黑市购买外汇，这样就形成了黑市汇率。因此，只要有严格的外汇管制，就必然有屡禁不止的外汇黑市。

（七）按外汇的性质和用途不同划分，汇率可分为贸易汇率和金融汇率

1. 贸易汇率（Commercial Exchange Rate）。贸易汇率，是指用于进出口贸易及其从属费用计价结算的汇率。一些实行外汇管制的国家，对进出口贸易及其发生的从属费用，专门规定一种交易汇率，从汇率的差异上加以限制或鼓励，以改善本国的国际收支。

2. 金融汇率（Financial Exchange Rate）。金融汇率，也称"非贸易汇率"，是指用于非贸易往来如劳务、资本流动等方面的汇率。一些实行外汇管制的国家，通常把非贸易往来所发生的外汇收支另行规定一种汇率，以区别于贸易汇率，如对资本输出入、旅游、通信、银行、保险等业务收支的外汇买卖，实行特殊的汇率，其目的是为了控制非贸易资本的随意流动，以维护本国的利益。

（八）按外汇的使用范围不同划分，汇率可分为单一汇率和复汇率

1. 单一汇率（Single Exchange Rate）。单一汇率，是指一国货币与某种外国货币之间仅有一个汇率，这种汇率通用于该国所有的国际经济交往中。

2. 复汇率（Multiple Exchange Rate）。复汇率，又称"多重汇率"，是指一种货币（或一个国家）有两种或两种以上汇率，不同的汇率用于不同的国际经贸活动。复汇率是外汇管制的一种产物。复汇率的作用有限制国外游资流入、扩大出口、限制进口等。

（九）按汇率是否经通货膨胀的调整划分，汇率可分为名义汇率和实际汇率

1. 名义汇率（Nominal Exchange Rate）。名义汇率，是指由官方公布或在市场上通行的，没有剔除通货膨胀因素的汇率。是外汇银行买卖外汇的汇率，表示一个单位的某种货币名义上等于多少个单位的另一种货币。

2. 实际汇率（Real Exchange Rate）。实际汇率，又叫"真实汇率"，是指用两国价格水平对名义汇率进行调整后的汇率。是在名义汇率的基础上，剔除了通货膨胀因素后的汇率。它反映了一国货币在兑换成外币后能够购买多少商品和劳务的能力。用公式表示为

$$q = E p^* / p$$

式中，q 表示实际汇率；E 表示名义汇率；p^* 表示外国价格水平；p 表示国内价格水平。

当两国价格水平之比不变时，名义汇率下降即意味着真实汇率的下降。同样，在实行钉住汇率制的国家，当国内物价涨幅大于国外物价涨幅时，会导致真实汇率上升。这种真实汇率的上升，可能削弱一国水平的出口竞争力，恶化国际收支逆差，从而发生货币危机。例如 1994 年的墨西哥和 1997 年的泰国、马来西亚等国，就是由国内通货膨胀导致的实际汇率上升，进而导致货币危机甚至金融危机的爆发。

附录：有效汇率

在经济生活中，有效汇率，也是一个非常重要的经济指标，通常被用于度量一个国家贸易商品的国际竞争力，也可以被用于研究货币危机的预警指标，还可以被用于研究一个国家相对于另一个国家居民生活水平的高低。

有效汇率是一种加权平均汇率，通常以对外贸易比重为权数。

在具体的实证过程中，人们通常将有效汇率区分为名义有效汇率和实际有效汇率。

一国的名义有效汇率等于其货币与所有贸易伙伴国货币双边名义汇率的加权平均数，如果剔除通货膨胀对各国货币购买力的影响，就可以得到实际有效汇率。实际有效汇率不仅考虑了所有双边名义汇率的相对变动情况，而且还剔除了通货膨胀对货币本身价值变动的影响，能够综合地反映本国货币的对外价值和相对购买力。

人民币实际汇率的具体计算公式如下

$$REER = (ER \times CPI^*) / CPI$$

式中，ER 表示人民币兑美元双边名义汇率；CPI 为以××年为基期的中国消费物价指数，根据中国统计年鉴和统计公报中的环比 CPI 换算所得；CPI＊为以××年为基期的美国城市消费物价指数，根据美国劳工部××年的定基 CPI 换算所得。

目前，通行的加权平均方法包括算术加权平均和几何加权平均两类。

在测算有效汇率时，研究人员往往根据自己的特殊目的来设计加权平均数的计算方法、样本货币范围和贸易权重等相关参数，得出的结果可能存在一定的差异。

资料来源：http：//www. baike. com。

本 章 小 结

1. 外汇是国际汇兑的简称，从英文的意思来理解，有动态和静态之分：动态外汇是指国际汇兑行为，即把一国货币兑换成另一国货币，用来清偿国际间债权债务关系的一种经营活动；静态外汇是指以外币表示的用于国际结算的支付手段。

2. 汇率，又称汇价，是两国货币相互兑换的比价。或者说，汇率是一国货币用另一国货币表示的价格。汇率是变动着的，汇率的升降变动，反映了一国货币对外价值的高低变动。

3. 汇率的标价方法通常有两种，即直接标价法和间接标价法。直接标价法，又称"应付标价法"，是以一定单位的外国货币为标准，折算成若干单位本国货币，来表示汇率的方法。间接标价法，又称"应收标价法"，是以一定单位的本国货币为标准，折算成若干单位外国货币来表示汇率的方法。

4. 汇率的种类有很多，从不同的角度划分，可以把汇率分成不同的类型，于是就有了固定汇率与浮动汇率；基本汇率与套算汇率；买入汇率与卖出汇率；电汇汇率、信汇汇率、票汇汇率；即期汇率与远期汇率；官方汇率与市场汇率；贸易汇率与金融汇率；单一汇率与复汇率；名义汇率与实际汇率等。

复习思考题

1. 什么是外汇？它有哪些特征？

2. 什么是汇率？试比较两种不同的标价方法？

3. 什么是固定汇率？什么是浮动汇率？两者的区别是什么？

4. 什么是基本汇率？什么是套算汇率？怎样确定套算方法？

5. 什么是买入汇率？什么是卖出汇率？在不同标价方法下，如何选择买卖价的位置？怎样判断钞买价的大小？

第二章 汇率的决定与变动

汇率的决定与变动，是货币经济理论的国际延伸。在不同货币制度下，汇率的决定基础不同，但就其本质上讲，汇率是由货币自身具有的价值或所代表的价值决定的，而汇率的变动则与相关经济因素互为因果。

第一节 汇率的决定

一、汇率的决定基础

汇率作为两种货币之间的比价，其本质是两国货币各自所代表或所具有的价值之比，因此，各国货币所具有或所代表的价值是汇率决定的基础，但由于在不同货币制度下，货币发行基础、货币的种类和形态各异，因而决定汇率的基础——各国货币价值的具体表现形式也不一样。

（一）国际金本位制度下，汇率的决定基础——铸币平价

铸币平价，即两国货币的含金量之比。如英国规定 1 英镑含金量为 7.32238 克，同时美国规定 1 美元含金量为 1.50463 克，于是，1 英镑 $= \dfrac{7.32238}{1.50463} = 4.8665$ 美元（铸币平价），由铸币平价所确定的汇率，通常又称之为"法定平价"，法定平价不会轻易变动，它并不是市场上买卖外汇的实际价格。实际汇价受市场供求关系的影响，围绕法定平价，上下变动。汇率变动的上下范围在"黄金输送点"之内。

以美、英两个国家为例，假定美英之间每运送 1 英镑黄金的平均费用为 0.03 美元。那么，法定平价 4.8665 加减运费 0.03，就是两国货币汇率变动界限的黄金输送点。

站在美国的角度，当市场汇率高于 4.8965 美元时（如 4.9 或 5.0 美元），美国进口商（或债务人）就会在美国当地以法定平价 4.8665 美元购买 1 英镑的黄金，装船运到英国去，结清款项，加上运费 0.03 美元，每英镑也只花费了 4.8965 美元，低于 4.9 或 5.0 美元。

反之，当美国市场上汇率低于 4.8365 美元时（如 4.8 或 4.7 美元），美国出口商（或债权人）就会在英国当地以法定平价 4.8665 美元购买 1 英镑的黄金，装船运回到美国来，结清款项，扣除运费 0.03 美元，这样，每英镑也能换回 4.8365 美元，高于市场上 4.8 或 4.7 美元。

通过上述分析，黄金输出点和黄金输入点统称为黄金输送点（如图 2-1 所示）。

在金本位制度下，由于黄金输送点限制了汇率的波动范围，因此，汇率基本上是稳定的。

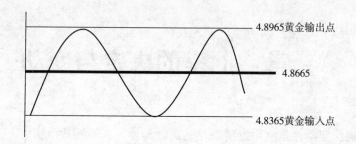

4.8965黄金输出点

4.8665

4.8365黄金输入点

图 2-1 黄金输送点

第一次世界大战后，许多国家通货膨胀严重，现钞的自由兑换和黄金的自由移动遭到破坏，于是，传统的金本位制陷于崩溃，各国分别实行了金块本位制和金汇兑本位制。在这两种货币制度下，国家以法律的形式规定货币所代表的含金量。货币的发行以黄金或外汇作为准备金，并允许在一定限额以上与黄金或外汇兑换。这时，汇率是由各自货币所代表的含金量之比来确定的。由于黄金的流通和兑换受到一定的限制，黄金输送点也难以再起作用，因而汇率也就没有了稳定的条件。到 1929—1933 年资本主义世界经济危机爆发以后，金本位制彻底瓦解，各国普遍实行不兑换的纸币制度。

（二）纸币流通制度下，汇率的决定基础——纸币实际代表的价值量

在纸币本位制下，虽然一些国家以法律形式规定了纸币的含金量，即纸币所代表的黄金平价，但由于纸币不能兑换黄金，若纸币超量发行，它所代表的价值就会降低。

纸币本身并没有价值，但它能够代表一定的价值量，在市场上流通。各国纸币实际代表价值量的高低，就成了决定两国货币汇率的基础。

由于纸币流通制度下，通货膨胀经常性发生，纸币所代表的价值量也就不稳定，所以，汇率在纸币流通制度下，也是不稳定的。并且影响其变动的因素也有很多。

二、汇率的决定理论

汇率的决定理论是国际金融理论的核心内容之一，主要分析汇率受什么因素决定和影响。汇率决定理论随经济形势和西方经济学理论的发展而发展，为一国货币局制定汇率政策提供理论依据。由于经济学家各自信奉的理论不同，所处的历史时期不同，分析和论证的方法各异，就形成了各种汇率理论。到目前为止，汇率理论仍在不断地发展之中，下面就其影响较大的几个西方汇率理论简要作一介绍。

（一）购买力平价理论（Purchasing Power Parity 又叫"三 P 理论"）

购买力平价理论，又叫购买力平价说，最初于 1802 年由英国经济学家桑顿（H. Thornton）提出，其后又成为李嘉图（D. Ricardo）的英国古典经济学的一个组成部分，最后由瑞典经济学家卡塞尔（G. Cassel）在 1922 年出版的《1914 年以后的货币与外汇》著作中，加以发展并作了系统阐述。

这一学说的主要观点是：一国货币的对外汇率，主要由两国货币在其本国所具有的购买力决定。汇率的变化由货币购买力之比的变化决定。

购买力平价的表现形式为绝对购买力平价和相对购买力平价两种形式。

1. 绝对购买力平价。绝对购买力平价，是指在某一时点上，两国货币的汇率是由两国货币各自的购买力之比决定的。

如果不考虑交易成本（税收、外汇管制）等因素，则以同一货币衡量的不同国家的某种可贸易品[1]的价格应该是一致的。即"一价定律"[2]成立，用公式表示为

$$p = e p^*$$

式中，p 为本国可贸易品价格；e 为直接标价法下的汇率；p^* 为外国可贸易品的价格。

该式的含义是不同国家的可贸易品的物价水平，以同一种货币计量时是相等的。

将上式变形，得 $e = p/p^*$ 这就是绝对购买力平价的一般形式，它意味着汇率取决于以不同货币衡量的可贸易商品的价格水平之比，也就是不同货币对可贸易商品的购买力之比。

2. 相对购买力平价。相对购买力平价，是指汇率变动的原因是由于在一段时期内，两国货币购买力的变动。即物价的变动引起汇率的变动。考虑到交易成本的存在，各国可贸易品权重的差异，所以，各国的一般物价水平，以同一种货币计算时，并不完全相等，而是存在一个偏离，即

$$e = \theta p / p^* \qquad (\theta 为偏离系数)$$

对上式取变动率，得到

$$\Delta e = \Delta p / \Delta p^*$$

这就是相对购买力平价的一般形式。它意味着汇率的升降变动是由两国的通货膨胀率差异决定的。

购买力平价说是在不兑现的纸币制度下，以各国货币的国内购买力的对比，说明汇率决定和变动的一种理论，也是一个在世界范围内至今都有较大影响的理论。它把两国货币的购买力之比作为决定其汇率的基础，从货币的基本功能（具有购买力）分析货币的交换问题。非常符合逻辑，易于理解，同时，它的表达形式也最为简单，对汇率这样一个复杂问题给出了最为简洁的描述。这一特点使得它对政府的汇率政策产生了特别的影响，被广泛运用于对汇率水平的分析，成为许多经济学家和政府计算均衡汇率的常用方法。

但是，购买力平价理论，也存在着一定的缺陷。比如：（1）商品种类的选择上，存在主观性；（2）各国物价指数的选择上，也不相同；（3）在计算相对购买力平价时，基期的选择也至关重要等等。

（二）利率平价理论（Theory of Interest or Rate Parity）

利率平价理论，又叫远期汇率理论。该理论的代表人物：英国经济学家凯恩斯（Keynes）在 1923 年出版的《货币改革论》一书中予以完整阐述。

该理论的主要观点是汇率是由于利率与即期汇率和远期汇率之间的关系决定的，汇率的变动也是由于利率的变动引起的。即汇率远期差价是由利率水平决定的，且高利率

---

① 可贸易品：在区域间的价格差异可以通过套购活动而消除的商品。

② 一价定律：在没有运输费用和官方贸易壁垒的自由竞争市场上，一件相同商品在不同国家出售，如果以同一种货币计价，其价格应是相等的。即是说，通过汇率折算之后的标价是一致的，若在各国间存在价格差异，则会发生商品国际贸易，直到价差被消除，贸易停止，这时达到商品市场的均衡状态。一价定律成立的前提条件：1. 对比国家都实行了同等程度的货币自由兑换，货币、商品、劳务和资本流通是完全自由的；2. 信息是完全的；3. 交易成本为零；4. 关税为零。

货币远期贴水，低利率货币远期升水。

投资者可以用本币在国内投资，按国内利率取得收益；或者将本币按即期汇率换成外币，投资于国外，按外国利率取得收益，再将外币收益按远期汇率折合成本币。投资者把这两种收益进行比较的结果作为自己货币投放方向的依据。投资者按收益率的高低，在两种投资方式中选择，使得两国金融市场上的利息率和外汇市场上的汇率发生变动。资本在国际间流动也由此而来，这种资本流动一直进行到通过利率的调整而使得这两种收益相等时为止。

其推导过程为，设本国利率 i_a，外国利率 i_b，即期汇率 e，远期汇率 f（e、f 均为直接标价法下的外汇汇率，一单位外币折合的本币数量）。

于是，一单位本国货币在国内投资，期限 1 年，到期所得本息和为 $1 + i_a$，同样是一单位本国货币，如果要在国外投资，须将其在即期外汇市场上兑换成外币，即兑换到 $1/e$ 外币，投资 1 年，到期时所得外币本息和为 $1/e (1 + i_b)$，按到期时的市场汇率 f，折合成本币，即 $1/e (1 + i_b) f$。请思考，若这两个本息和，不一样时会出现什么情况？

若这两个本息和不一样时，会出现套利。什么时候套利活动终止？一定是下式成立时。

$$1 + i_a = 1/e (1 + i_b) f$$

将上式整理可得

$$f/e = (1 + i_a) / (1 + i_b)$$

若 i_a 大于 i_b，则远期汇率 f 大于即期汇率 e；

若 i_a 小于 i_b，则远期汇率 f 小于即期汇率 e。

若两国利率水平相等，即 $i_a = i_b$，则远期汇率等于即期汇率。

那么远期汇率与即期汇率相比，升（贴）水的幅度有多大呢？

接上面分析如下

$$(f - e) / e = f/e - 1$$
$$= (1 + i_a) / (1 + i_b) - 1$$
$$= (1 + i_a - 1 - i_b) / (1 + i_b)$$
$$= (i_a - i_b) / (1 + i_b)$$

于是，令升（贴）水率 $p = (f - e) / e$

整理得　$i_a - i_b = p + p i_b$

由于 p 是小于 1 的百分数，国外利率 i_b 也是小于 1 的百分数，两个百分数的乘积更小，略去不计，即可得到升（贴）水率 p 约等于 $i_a - i_b$。即升（贴）水率大约等于两国货币的利率之差。

利率平价说，指出了汇率与利率之间存在的密切关系，对于正确认识外汇市场上，尤其是资金流动突出的外汇市场上汇率的形成机制非常重要。

但是，利率平价理论也存在着一定的缺陷。它忽略了以下因素对汇率的影响：（1）外汇管制；（2）外汇交易成本；（3）金融市场的发达程度；（4）外汇投机和风险；（5）外汇供求关系；等等。若按利率平价理论对远期汇率进行预测，往往与实际情况存在一定程度的差距。

（三）国际收支理论（The Theory of International Balance of Payments）

国际收支理论是从一国国际收支角度分析汇率决定的一种理论，1861 年英国学者葛逊（G. L. Goschen）在其《外汇理论》一书中，较为完整地阐述了汇率与国际收支的关系，他的理论被称为"国际借贷说"，即国际收支说的早期形式。主要观点：汇率是由外汇市场上的供求关系决定的，而外汇供求是由国际收支引起的。当外汇供给大于外汇需求时，外汇汇率下降，本币对外汇率上升；反之，当外汇供给小于外汇需求时，外汇汇率上升，本币对外汇率下降。

第二次世界大战后，随着凯恩斯主义宏观经济分析的广泛运用，很多学者应用凯恩斯模型来分析国际收支对汇率的作用，从而形成了国际收支说的现代形式。其基本原理：汇率是外汇市场上的价格。它通过自身变动来实现外汇市场供求的平衡，从而使国际收支始终处于平衡状态。

因为：国际收支账户（BP）＝经常账户（CA）＋资本与金融账户（K），所以，国际收支的平衡状态就是　　$BP = CA + K = 0$

其中，影响经常账户（CA）的主要因素，可表示为

$$CA = f(Y, Y^*, P, P^*, e)$$

影响 K 的主要因素 可表示为

$$K = f(i, i^*, Ee_f)$$

式中，Y 为本国国民收入；Y^* 为外国国民收入；P 为国内物价水平；P^* 为外国物价水平；e 为直接标价法下的外汇汇率水平；i 为本国货币利率水平；i^* 为外国货币利率水平；Ee_f 为对未来汇率水平变化的预期。

于是，影响国际收支的主要因素为

$$BP = f(Y, Y^*, P, P^*, i, i^*, e, Ee_f) = 0$$

如果把 e 以外的因素都视为给定的外生变量，则汇率将在这些因素的共同作用下变化到某一水平，以平衡国际收支。即

$$e = g(Y, Y^*, P, P^*, i, i^*, Ee_f)$$

简单分析各变量的变动，对汇率的影响如下：

1. 国民收入的变动。当其他条件不变时，本国国民收入的增加，将通过边际进口倾向而带来进口的上升，进口上升，导致对外汇需求的增加，外汇汇率上升，本币贬值。若外国国民收入增加，会带来本国出口的增加，出口增加导致外汇供给增加，外汇汇率下降，本币升值。

2. 物价水平的变动。当其他条件不变时，本国物价水平的上升，将带来实际外汇汇率的上升，本国产品出口竞争能力下降，经常账户恶化，从而本币贬值（此时实际汇率恢复原状）。若外国物价水平上升，将带来实际外汇汇率的下降，本国产品出口竞争能力增强，本国经常账户改善，本币升值。

3. 利率的变动。当其他条件不变时，本国利率的提高，将吸引更多的国外资本流入，促使本币升值。外国利率水平的提高，将造成本币的贬值。

4. 对未来汇率预期的变动。当其他条件不变时，如果预期本币在未来贬值，资本将会流出以避免汇率损失，这会带来本币即期的贬值。如果预期本币在未来升值，则本币币值在即期就将上升。

实际上，以上各变量之间存在着较为复杂的关系，从而对汇率的影响难以简单确定。比如：本国国民收入增加，会在增加进口的同时，造成对货币需求的上升，从而造成利率的提高，这又会带来资本流入的增加，对汇率的最终影响将取决于这两种效应的相对大小。另外，本国国民收入的增加，还有可能导致对未来汇率预期的改变，对汇率的影响就更加难以确定。

国际收支说在 20 世纪 70 年代实行浮动汇率制的早期占据了突出地位。指出了汇率与国际收支之间存在的密切关系，有利于全面分析短期内汇率的决定和变动。国际收支是宏观经济的重要变量，将汇率与之相联系则意味着对汇率分析的又一视角，即从宏观经济角度研究汇率，这是现代汇率理论的一个重要分支。

但是，国际收支理论也不能被视为完整的汇率决定理论。从国际收支说来看，影响国际收支的众多变量之间的关系，这些变量与汇率之间的关系都是错综复杂的，国际收支说并没有对其进行深入分析，得出具有明确因果关系的结论。

第二节　汇率的变动及其影响

一、影响汇率变动的因素

纸币制度下，国际汇率制度经历了布雷顿森林体系下的固定汇率制度和 20 世纪 70 年代以后的浮动汇率制度两个时期，与金本位货币制度下的汇率截然不同，一方面，纸币制度下的汇率无论是固定还是浮动，都已失去了保持稳定的基础，这是由纸币的特点造成的。另一方面，外汇市场上的汇率波动也再有黄金输送点的制约，上下波动没有固定的界限，任何能够引起外汇供求关系变化的因素，都会造成外汇行情的变动。因此，纸币制度下，影响汇率变动的主要因素有以下几个方面。

（一）国际收支状况

国际收支状况是引起汇率变动的最直接原因。它是通过外汇供求关系来影响汇率的。若一国国际收支（尤其是经常项目）出现顺差，该国外汇收入大于外汇支出，即外汇供大于求，同时，外国对顺差国的货币需求增加，导致顺差国货币汇率上升；外汇汇率下降。

反之，若一国国际收支出现逆差，说明本国外汇收入比外汇支出少，逆差国对外汇的需求大于外汇的供给，导致外汇汇率上升，逆差国货币汇率下降。

（二）相对通货膨胀率

通货膨胀是指纸币发行量超过流通中货币需求量而引起的纸币贬值、物价上涨的现象，也就是说通货膨胀是一种纸币的对内贬值现象。从理论上讲，一国发生通货膨胀，货币所实际代表的价值量减少，在其他国家货币所实际代表的价值量不变的情况下，要兑换同等数额的外国货币会付出较多的本币，即外汇汇率上升，本币汇率下降；反之，外汇汇率下降，本币汇率上升。在纸币流通条件下，各国均不同程度地存在着通货膨胀。其对汇率的影响，是通过对进出口变化的影响，进而影响到汇率。

一般情况下，若一国通货膨胀率较高，即高于其他国家，国内物价总水平上涨，本币的实际购买力下降，该国出口商品的本币成本加大，出口商品以外币表示的价格必然上涨，其在国际市场上的竞争能力就会削弱，引起本国出口减少，外汇收入下降；同时，进口商品在本国市场上的竞争能力，会因价格优势而有所提高，造成进口外汇支出增加。这样，外汇市场上外汇供给的减少和对外汇的需求增加，导致外汇汇率上升，本币汇率下降。

反之，一国通货膨胀率较低，即低于其他国家时，会引起本国出口增加，进口减少，进而引起本币汇率上升，外汇汇率下降。

（三）相对利率

一国利率水平的高低，反映了本国借贷资本的供求状况。利率水平的变化对汇率的影响，主要是通过资本在国际间流动，特别是短期资本在国际间的流动起作用。通常情况下，一国利率提高，或本国利率水平高于其他国家时，会吸引大量外国短期资本即热钱（Hot Money）的流入，由此对本国货币需求增大，使本国货币对外汇率上升，外汇汇率下降。

反之，当一国利率水平下降或本国利率水平低于外国利率水平时，会使国际短期资本流往国外，由此造成该国对外汇的需求增加，导致外汇汇率上升，本币对外汇率下降。所以各国利率水平的升降变化，是短期内影响汇率变化的一个重要因素。

（四）一国的经济实力

一国经济实力的强弱，是奠定其货币汇率高低的基础，而经济实力的强弱，又是通过许多指标表现出来的。稳定的经济增长率、较低的通货膨胀率、平衡的国际收支状况、充足的外汇储备以及合理的经济结构、贸易结构等，都标志着一国较强的经济实力，这不仅形成本币币值稳定和坚挺的物质基础，也会使外汇市场对该国货币的信心增强。

反之，一国经济增长缓慢甚至衰退、高通货膨胀率、国际收支巨额逆差、外汇储备短缺以及经济结构、贸易结构失衡等，则标志着一国经济实力差，从而本币失去稳定的物质基础，市场人士对其信心下降，本币对外不断贬值。与其他影响汇率变化的因素相比较，一国经济实力强弱对汇率变化的影响，是较长期的。

（五）市场（心理）预期

市场预期是指人们对某种货币汇率走势的预测，这种预测会对汇率的变动产生较大影响。预期往往会引起投机活动，如果人们预期某种货币不久将会贬值，就会在市场上抛售这种货币，促使该种货币汇率真的下跌；反之，如果预期某种货币汇率不久将会升值，则会大量购进这种货币，促使其汇率真的上升。心理预期是多种多样的，包括对政治、经济和社会各方面的预期。就经济方面而言，心理预期包括对国际收支状况、相对物价水平、相对利率或资产收益以及对汇率本身的预期等。

心理预期通常是以捕捉刚刚出现的某些信号来进行的。在国际金融市场上，短期资本数目是十分庞大的，这些巨额资金对世界各国的政治、经济、军事形势极其敏感，为保值或盈利，它们能够迅速在世界各国的金融市场间转移，影响各外汇市场的外汇供求情况，进而影响到汇率的变动。

（六）财政、货币政策

一国政府的财政、货币政策，对汇率变化的影响虽然是间接的，但也非常重要。一般来说，扩张性的财政、货币政策，造成的巨额财政赤字和通货膨胀，会使本国货币对外贬值；而紧缩性的财政、货币政策会减少财政支出，稳定通货，而使本币对外升值。不过，这种影响是相对短期的，财政、货币政策对汇率的长期影响，则要视这些政策对经济实力和长期国际收支状况的影响而定，如果扩张政策能最终增强本国经济实力，促使国际收支顺差，那么本币对外价值的长期走势必然会提高，即本币升值；如果紧缩政策导致本国经济停滞不前，国际收支逆差扩大，那么本币对外价值必然逐渐削弱，即本币贬值。

（七）各国中央银行的直接干预

各国中央银行为了稳定外汇市场，或使汇率的变动控制在一定范围内，通常要对外汇市场进行直接干预。中央银行通过公开市场业务，在外汇市场上买卖外汇，直接干预汇率的走势。使汇率的变动方向符合本国的经济利益。

一般情况下，中央银行向外汇市场抛出外汇，购进本币时，会导致本币汇率上升，外汇汇率下降；反之，中央银行向市场上抛出本币，购进外汇时，会导致外汇汇率上升，本币对外汇率下降。

此外，影响汇率变动的因素还有很多，比如，一国关税的高低、外贸政策、外汇管制措施以及国际政治形势的变更、军事冲突和自然灾害等都会通过对国际收支和外汇供求的影响引起汇率的变动。在国际市场一体化的今天，诸如黄金市场、股票市场、石油市场等其他投资品市场价格发生变化，也同样会引致外汇市场汇率的联动。应该注意，尽管影响汇率变动的因素有很多，而且它们又是相互联系、相互制约、甚至是相互抵消的，所以，只有全面、综合的分析各种因素对汇率的影响，才能得出正确的结论。

二、汇率变动对经济的影响

汇率与经济的关系十分密切。汇率变动不仅会影响一国的国际收支和国内经济发展，而且还会影响到国际间的经济、政治关系。汇率变化对各方面产生的作用和影响又是不同的。

（一）汇率变动对国际收支的影响

1. 汇率变动对贸易收支的影响。一般认为，一国货币汇率下跌，即本币对外贬值，会引起出口商品外币价格下降，从而刺激国外对该国出口商品的需求，有利于扩大出口，使出口数量增加；与此同时，进口商品的国内本币价格上升，从而抑制本国居民对进口商品的需求，进口数量减少。两方面共同影响，就能使出口增加，进口减少；反之，若一国货币汇率上升，则情况正好相反，会使出口减少，进口增加。

但从实际情况来看，并非如此简单。许多国家货币贬值后，不但没有改善本国的贸易收支，反而使贸易收支更加恶化。这是因为一国货币贬值，能否改善本国的贸易收支，关键取决于进出口商品的供给弹性和需求弹性。出口商品的需求弹性只有在足够大时，本币贬值才能引起更大的需求。如果需求弹性很小或无弹性，则对增加出口的作用很小甚至出口收入下降。当然，在需求有较大弹性的前提下，如果出口供给弹性很小，生产能力不能应需求增加而立即扩大时，本币汇率下降对出口的刺激作用也会受到严重的制约。所以，本币贬值或汇率下降对进出口的促进作用要以足够大的需求弹性为前提，以足够大的供给弹性来实现。同样，进口商品的需求弹性越大，本币汇率下降（本币贬值），对进口的抑制作用也就强，在进口需求减少的情况下，如果供给弹性较小或无弹性，则进口商品的供给者无法迅速限产或转产以减少供给，而降低进口商品的供给价格，就会使货币贬值国获得好处。

关于"马歇尔—勒纳弹性条件"和"J曲线效应"的进一步分析，请参看本书第四章第四节国际收支基本理论之一，即国际收支调节的弹性论。

2. 汇率变动对非贸易收支的影响。非贸易收支，又叫"劳务收支"，包括的项目很多（参见国际收支平衡表）。这里仅以旅游市场为例，分析汇率变动对其产生的影响。

当一国货币汇率下降，外汇汇率上涨时，单位外币兑换的本币数量会比原来多，外币的购买力相对提高，本国的商品和劳务价格相对低廉，以本币为报价基础的旅游价格也随之下跌，这样，无疑会增加对外国游客的吸引力。伴随着外国旅游人数的增加，贬值国的旅游外汇收入增加。同时，由于本国货币汇率下降，单位本币兑换外币的数量比原来少了，本币购买力相对降低，国外商品和劳务价格相应变得昂贵了，本国的旅游外汇支出相应减少。所以，本国货币汇率下降，有利于本国旅游外汇收入增加，支出减少。同样的原理，可以改善其他非贸易收支状况。反之，当本币汇率上升，外汇汇率下降时，对非贸易收支的影响或作用正好相反。

3. 汇率变动对资本流动的影响。资本在国际间的流动主要是追求利润或避免损失。当一国货币汇率下跌，外汇汇率上涨后，因单位外币兑换本币数量比原来多了，外币在贬值国的购买力相对提高，资本流入就会增加；同时，由于本币的国际购买力相对降低，资本流出就会减少。反之，当一国货币汇率上涨，外汇汇率下跌后，则会导致资本流出增加，流入减少。由于汇率变动是一个动态过程，所以对外汇市场行情或走势的预期，往往对资本流动的影响更大。如果市场预期某国货币汇率将要下降而没有下降，外汇汇率将要上涨而没有上涨时，资本流出就会增加，流入就会减少。因为此时流出的本币，待外汇汇率真的上涨，本币汇率真的下降之后，再流入国内，既可以避免本币汇率下降带来的损失，还可以因外汇汇率上涨而获利；反之则相反。

资本流动对汇率变化的敏感性程度，还要受到其他因素的制约，其中最主要的因素是一国政府的资本管制。资本管制较严的国家，汇率变动对资本流动的影响较小，资本管制较松的国家，汇率变动对资本流动的影响较大。除此之外，资本投资的安全性也是一个重要因素，如果一国货币贬值使资本流入有利可图，但同时该国投资安全性差，那么资本流入也不会成为现实。

因此，汇率稳定对国际资本流动也有重要影响，汇率稳定可以避免或减轻外汇风险，能以合理的成本及时筹集所需资金，有利于国际资本流动的正常进行。汇率大幅波动，引起资本流动的不稳定和国际投机，给国际外汇市场和国际投资政策带来巨大的冲击和干扰。

（二）汇率变动对一国国内经济的影响

1. 汇率变动对国内就业和国民收入的影响。汇率变动会通过对进出口贸易的影响，成倍地影响到国内就业量和国民收入水平。当一国货币汇率下降，外汇汇率上升时，因有利于扩大出口，不利于进口，进而刺激国内生产，使国内出口工业和进口替代工业得到大规模发展，从而带动国内其他产业的发展，使整个国民经济的发展速度加快，国内就业机会因此增加，国民收入也随之增加。反之，如果一国货币汇率上升，外汇汇率下降，则会因出口产业的萎缩和进口品对国内产品的冲击而增加失业，减少国民收入。

2. 汇率变动对国内物价水平的影响。汇率变动对国内价格水平的影响，是通过以下几个渠道影响到物价上的。

（1）货币工资渠道。若本国货币汇率下降，则会引起进口物价上涨。这样会推动生活费用的上涨，从而导致工资收入者要求更高的名义工资。职工的名义工资的增加，又进而推动生活费用价格进一步上涨，如此循环，最终导致出口商品和进口替代品乃至整个经济的一般物价水平上升。反之，若本国货币汇率上升，由于进口品的国内价格降低，进口增加，同时出口品外币价格上涨，不利于出口，增加了国内市场的商品供给，导致国内物价水平下降。

（2）生产成本渠道。本币汇率下降，进口品的国内物价上升，当进口的原材料和设备等资本性货物投入再生产后，尤其是当它们构成出口产品的重要组成部分时，本币贬值最终会直接导致出口商品成本上升，价格上涨。反之，若本币汇率上升，国内物价下降。

（3）货币供给渠道。本币汇率下降，由于货币工资渠道和生产成本渠道的作用，该国货币当局会通过扩大货币供给量，来迁就这种价格上涨的压力，以维持原有的生产规模，满足原来的消费水平。此外，本币贬值后，由于出口收入的增加，导致央行在结汇方面，需要更多的本币供给。本币供给量的增加，国内物价随之上升。反之，本币汇率上升，国内物价下降。

综上所述：若一国货币对外汇率下降，国内物价水平上升；若一国货币对外汇率上升，则国内物价水平下降。

3. 汇率变动对国内利率水平的影响。汇率变动会引起国内货币供应量的增减变化，进而影响到利率水平。

本币汇率下降，外汇汇率上升，一方面，有利于扩大出口，外汇收入相应增加，央行本币投放量也会增加；另一方面，不利于进口，外汇支出相应减少，央行货币回笼也会减少。这些都会导致国内货币供应量的增加，促使利率水平下降。

反之，本币汇率上升，外汇汇率下降，一方面，不利于出口，外汇收入相应减少，央行货币投放也会减少；另一方面，有利于进口，外汇支出相应增加，央行货币回笼也会增加。两方面的作用使国内货币供应量减少，导致利率水平上升。

但这种影响，要根据一国汇率变动对进出口贸易和资本流动各自的影响的大小而定，因为汇率变动对进出口贸易和资本流动的影响是相反的。

4. 汇率变动对一国外汇储备的影响。外汇储备是一国国际储备的主要组成部分。在第二次世界大战后的布雷顿森林体系下，美元是各国外汇储备的主要币种，20 世纪 70 年代以后，各国外汇储备逐渐走向多元化，由美元、日元、英镑等西方主要货币组成，不论是以单一币种为储备还是以多元化的币种为储备，储备货币汇率变化都会影响到一国外汇储备的价值。

在多元化外汇储备的情况下，汇率变化对之影响是较为复杂的，需要从多方面进行分析。

（1）构成一国外汇储备不同币种的不同权重；

（2）计算各种货币升值、贬值的幅度；

（3）根据不同币种的权重和各自的升（贬）值幅度，衡量出在一定时期内，储备币种汇率变化对外汇储备的综合影响。

（三）汇率变动对世界经济的影响

汇率变动对世界经济的影响，一方面，汇率变动会引起国际金融领域尤其是外汇市场的动荡，比如在国际贸易和国际借贷活动中，将要收进贬值货币的经济主体会遭受损失，而将要付出贬值货币的经济主体则会从中获益。对于目前虽不运用，但却大量持有贬值货币作为资产的经济主体，如外汇银行、跨国公司来说，这至少是一种潜在的损失或账面损失。另一方面，主要工业国货币贬值，至少在短期内会不利于其他国家和发展中国家的贸易收支，由此会引起贸易战或汇率战，不利于世界经济的正常发展。

第三节　汇率制度

一、汇率制度概述

（一）汇率制度的概念和内容

汇率制度（Exchange Rate Regime），又称"汇率安排"（Exchange Rate Arrangement），是指一国货币当局对本国货币汇率变动的基本方式所作的一系列安排或规定。

汇率制度的内容主要包括：（1）确定汇率的原则和依据。例如，以货币本身的价值为依据，还是以法定代表的价值为依据等；（2）维持与调整汇率的办法。例如，是采用公开法定升值或贬值的办法，还是采取任其浮动或官方有限度干预的办法；（3）管理汇率的法令、体制和政策等。例如，各国外汇管制中有关汇率及其适用范围的规定；（4）制定、维持与管理汇率的机构。如外汇管理局、外汇平准基金委员会等。

（二）汇率制度的类型

有史以来，汇率制度按照汇率变动的幅度不同，被分为两大类型：固定汇率制和浮动汇率制。

一般认为，自1816年英国颁布《铸币条例》实行金本位货币制度开始，到1973年布雷顿森林货币体系崩溃为止，世界上大多数国家采取的都是固定汇率制度；自1973年开始至今，世界上大多数国家则主要采用浮动汇率制度。

固定汇率制度是指政府用行政或法律手段，确定、公布、维持本国货币与某种参考物之间固定比价的汇率制度。充当参考物的可以是黄金，也可以是某一种外国货币，或者某一组货币。在金本位货币制度时期，各国一般均规定其货币的含金量，各国货币间的汇率则依据含金量之比确定。在纸币流通条件下，不同货币之间的固定汇率往往是人为规定的，在经济形势发生较大变化时，这一汇率可以进行调整，因此这种固定汇率制度实际上是一种可调整的固定汇率制，称为"可调整的钉住汇率制"（Adjustable Pegging System）。

浮动汇率制是指汇率水平完全由外汇市场上的外汇供求关系决定，政府不加任何干预的汇率制度。在当今世界上，各国政府都或多或少地对汇率水平进行干预或指导，这种有干预、有指导的浮动汇率制，习惯上称之为"管理浮动汇率制"（Managed Flexible Exchange Rate）。

此外，还存在其他处于固定汇率制与浮动汇率制之间的汇率制度，如爬行钉住制

（Crawling Pegging），是指一国负有维持某种平价的义务，汇率可以进行经常、小幅度地调整；汇率目标区制（Exchange Rate Target – zone），是指将汇率浮动幅度限制在一定区域内的汇率制度；以及固定汇率制中的特殊类型——货币局制度（Currency Boand），是指在法律中明确规定本币与某一外国可兑换货币保持固定的汇率，且对本币的发行作特殊限制以保证履行这一义务的汇率制度。货币局制通常要求货币发行必须以一定的外国货币作为准备金，并且要求在货币流通中始终满足这一准备金要求，这一制度中的货币当局被称为货币局，而不是中央银行。因为在这种制度下，货币发行量的多少不再完全听任货币当局的主观愿望或经济运行的实际状况，而是取决于可用做准备的外币数量的多少，货币当局失去了货币发行的主动权和最后贷款人的功能。比如香港，在本章附录中将对香港的货币局制（即联系汇率制）进行简介。

二、固定汇率制度

固定汇率制度（Fixed Exchange Rate System），是指两国货币比价基本固定，汇率波动幅度控制在一定范围之内的汇率制度。它是以货币本身的含金量或法定含金量作为决定汇率的基础。历史上，固定汇率制经历了两个发展阶段：一是第二次世界大战前，国际金本位货币制度下的固定汇率制；二是第二次世界大战后，纸币流通条件下的固定汇率制。

（一）国际金本位货币制度下的固定汇率制

1. 汇率的决定。在国际金本位货币制度下，每单位金币规定有一定的含金量，黄金可以自由铸造成金币，金币可以自由流通，自由输出入国境，银行券可以自由兑换成金币或黄金。不同货币的比价，即汇率，是由各国货币的单位含金量之比（铸币平价）决定的，所以铸币平价是金本位货币制度下决定汇率的基础。

2. 汇率的波动幅度。虽然在金本位货币制度下，汇率是由铸币平价决定的，但在外汇市场上，实际汇率因受外汇供求关系的影响，仍然会围绕铸币平价上下波动。当外汇供大于求时，外汇汇率下降；当外汇供小于求时，外汇汇率上升。然而，汇率无论如何波动都不是漫无边际的，因为黄金输送点是其上下波动的天然界限。

（二）纸币流通条件下的固定汇率制

金本位制度崩溃后，各国都实行了纸币流通制度。纸币流通条件下的固定汇率制，在第二次世界大战后的布雷顿森林体系中表现得最为典型。它是一种以"黄金—美元本位制"为核心的国际汇率制度。

1. 汇率的决定及其波动幅度。在纸币流通条件的固定汇率制度下，流通中的货币本身失去了含金量，但各国货币当局都通过法律规定纸币的含金量，两国纸币的法定含金量之比称为黄金平价，于是，黄金平价就成了汇率的决定基础。布雷顿森林货币体系中，35 美元等于 1 盎司黄金，各国货币与美元保持固定比价，汇率只能在固定的幅度内上下波动，如果在外汇市场上两国汇率的波动超过规定的幅度，有关国家的货币当局就有义务进行干涉，使汇率的变动能够在一定幅度内相对稳定。

2. 汇率的调整。纸币流通条件下，通货膨胀不可避免。一般说来，如果各国货币对内贬值与对外贬值幅度相一致，则不会影响到国际收支和汇率；如果幅度不一致，则必然使国际收支发生不平衡，进而引起市场汇率偏离黄金平价，以致各国货币当局难以用有限的外汇平准基金有效地干预外汇市场。此种情况迫使有关国家政府调整本币的法定含金量，从而确立一个新的对外汇黄金平价，不过要事先经过国际货币基金组织的批准。

纸币法定贬值，是在纸币具有法定含金量时期，一国政府用法令宣布降低本国货币含金量与汇率，借以改善国际收支的措施，引起纸币法定贬值的原因主要有国内通货膨胀严重和国际收支出现巨额逆差。一国纸币的法定贬值，可以相应提高外汇汇率，从而降低以外币表示的出口商品的价格，提高以本币表示的进口商品的价格，有利于扩大出口，限制进口，起到扭转国际收支逆差的作用。

纸币法定升值，是在纸币具有法定含金量时期，一国政府用法令宣布提高本国货币含金量与汇率。引起纸币法定升值的原因主要是国际收支出现巨额顺差，或受到其他国际收支逆差较大国家的压力等。纸币法定升值不利于出口，而会增加对外国商品的进口，使本国国际收支出现逆差，甚至会抑制本国经济发展。因此，有关国家只有在被迫的情况下才会采取这种措施。

（三）固定汇率制度的作用

1. 固定汇率制对国际贸易和国际投资的作用。固定汇率制有利于国际贸易的发展并促进国际投资。固定汇率制为国际贸易与国际投资提供了较为稳定的环境，减少了汇率风险，便于进出口成本的核算，以及国际投资项目利润的评估。

但是，在外汇市场动荡时期，固定汇率制也易于招致国际游资的冲击，引起国际外汇制度的动荡与混乱。当一国国际收支恶化、国际游资突然从该国转移而换取外国货币时，该国为了维持汇率的界限，不得不拿出黄金、外汇储备向市场供应，从而引起黄金的大量流失和外汇储备的急剧缩减。如果黄金外汇储备急剧流失后仍不能平抑汇价，该国最后有可能采取法定贬值的措施，从而导致整个汇率制度与货币制度的混乱与动荡。

2. 固定汇率制对国内经济政策的影响。在固定汇率制下，一国很难执行独立的国内经济政策。

（1）固定汇率制下，一国的货币政策很难奏效。比如，为治理通货膨胀、紧缩投资而采取紧缩的货币政策，提高利率，但却会因此吸引外资的流入，从而达不到紧缩投资的目的。相反，为刺激投资而降低利率，却又造成资金的外流。

（2）固定汇率制下，为维持固定汇率，一国往往以牺牲国内经济目标位代价。例如，一国国内通货膨胀严重，该国为治理通货膨胀，实行紧缩的财政和货币政策，增加税收、提高贴现率等，但这会引起总需求的减少，进口减少，出口增加造成贸易项目顺差，资本的流入增加造成资本项目顺差。这样就又使得本币汇率上涨，不利于固定汇率制的维持。因此，该国政府为维持固定汇率，不得不放弃为实现国内经济目标所需采取的国内经济政策。

（3）固定汇率使一国国内经济暴露在国际经济动荡之中。由于一国有维持固定汇率的义务，因此当其他国家的经济出现各种问题而导致汇率波动时，该国就必须进行干预，从而也受到相应的影响。例如，外国出现通货膨胀而导致其汇率下降时，本国为维持固定汇率而抛出本币买，该外币贬值，从而增加本国货币的供给，诱发本国的通货膨胀。

总之，固定汇率使各国的经济紧密相连，互相影响，一国出现经济动荡，必然波及他国，同时，也使一国很难实行独立的国内经济政策。

三、浮动汇率制度

1973 年 2 月，布雷顿森林体系下的固定汇率制度随着美元与黄金的脱钩，其他国家货币与美元脱钩而宣告结束。自此，世界进入浮动汇率制度时代。

（一）浮动汇率制的概念

浮动汇率制（Floating Rate System）是指一国货币的对外汇率，由自由市场的供求关系决定，上下浮动没有规定的界限，政府对汇率不加以固定，听任外汇市场上汇率根据供求而上下波动，不承担维持市场汇率波动义务的汇率制度。当某种货币供大于求时，汇率就下降，供不应求时，汇率就上升。

浮动汇率制度下，汇率作为两国货币间的比价，体现了两种货币的对外价值，而对外价值从根本上说是由货币的对内价值决定的，只有货币的对外价值和对内价值保持一致，才能维持汇率的稳定。因此，两国货币所代表的价值之比是浮动汇率制度下决定两国货币汇率的基础。

在浮动汇率制度下，虽然说各国货币当局不再干预外汇市场，维持汇率的波动幅度了，汇率完全由市场机制决定，但是，在实践中，出于政策的需要，各国货币当局仍然在必要的时候，会提高干预外汇市场来影响外汇的供求和汇率的走势。

（二）浮动汇率制度的类型

1. 按政府是否干预划分，浮动汇率制度可分为自由浮动和管理浮动。

（1）自由浮动（Free Floating），又称"清洁浮动"（Clean Floating），是指一国政府或货币当局对其汇率不加任何干预，汇率变化完全听任市场供求关系的影响自由波动的汇率制度。自由浮动汇率制是一种理想化的汇率安排模式。

（2）管理浮动（Managed Floating），又叫"肮脏浮动"（Dirty Floating），是指一国政府或货币当局对外汇市场进行直接或间接的干预，使市场汇率总是朝着对本国有利的方向浮动，或维持在于本国有利的水平上的汇率安排。事实上，任何国家的政府或货币当局都不会对汇率实行完全的"自由浮动"，而是从本国利益出发，对外汇市场进行必要的或明或暗的干预，使汇率朝着有利于本国经济的方向浮动。

2. 按汇率浮动方式划分，浮动汇率制度可分为单独浮动、联合浮动和钉住浮动。

（1）单独浮动（Single Floating），是指一国政府或货币当局规定本国货币不和其他国家货币发生固定联系，其汇率根据外汇市场的供求变化而自行调整，不受其他货币汇率变化的制约。如英镑、美元、日元、加拿大元、澳大利亚元等，均属单独浮动的货币。

（2）联合浮动（Joint Floating），又叫"共同浮动"，是指由若干国家组成货币集团，集团内部成员国之间实行固定汇率，对非成员国货币实行共升共降的浮动汇率安排。如1973 年 3 月，欧共体 6 个成员国（德国、法国、比利时、荷兰、卢森堡、丹麦）曾规定，成员国货币之间实行固定汇率，并规定浮动的界限为货币平价上下各1.125%，对共同体外国家实行联合浮动，并保持对该种货币汇率波动幅度大体一致。由于 6 国之间汇率波动幅度小，同时的史密森协议规定的波动幅度为上下各 2.25%，这就形成了一个在较大范围内的较小波动幅度，如果绘成曲线就像地洞中有条蛇在蜿蜒蠕动，西方称它为"洞中之蛇"，所以，联合浮动又被称为"蛇形浮动"（Snake Float-ing）。

（3）钉住浮动（Pegged Exchange Rate System），是指一国政府或货币当局将其货币汇率钉住某一单独货币或一篮子货币，本币汇率随钉住货币汇率的变化而同方向变化的汇率安排。在西方国家普遍采取浮动汇率制度的同时，大部分发展中国家都实行钉住汇率制。中国香港的联系汇率制是一种特殊的钉住汇率制（见本章附录）。

（三）浮动汇率制度的作用

1. 浮动汇率制度对国际贸易与金融的影响。

（1）增加国际贸易中的汇率风险。浮动汇率变动的频繁与剧烈，加大了进出口贸易的成本或成本核算的难度，影响对外贸易的开展。

（2）有效地阻挡国际间游资的冲击。实行浮动汇率制，在国际金融市场上，可防止国际游资对某些主要国家货币的冲击，防止外汇储备的大量流失，使货币公开贬值或升值的危机得以避免。但是，在浮动汇率制下，汇率波动的频繁或加剧，促成了投机者利用汇率差价进行投机的活动，同时，也促进了外汇远期、期货、期权等国际金融业务的创新与发展。

2. 浮动汇率制对国内经济政策的影响。与固定汇率制相比，在浮动汇率制下，一国无义务维持本国货币的固定比价，因而得以根据本国国情，独立自主地采取各项经济政策。同时，由于在浮动汇率制下，为追求高利率的投机资本往往受到汇率波动的打击，因而减缓了国际游资对一国的冲击，从而使其货币政策能产生一定的预期效果。

第四节　人民币对外汇率

一、人民币汇率的决定方式

人民币自 1948 年 12 月 1 日中国人民银行成立时发行流通以来，从未固定过黄金平价，因而就不像外国的货币可通过黄金平价来作为汇率决定的基础；人民币至今也没有自由进入到国际货币市场，让供求关系来自发决定汇率。那么，人民币对外汇率是如何决定的呢？

在 1994 年以前的很长一段时期里，人民币汇率的决定是以平均换汇成本和钉住"一篮子货币"的方法来计算和调整的。

所谓换汇成本，就是指出口某种商品换得单位外汇所需付出的人民币数量。或者说，用多少元人民币的"出口总成本"可换回单位外币的"净收入外汇"。用公式表示如下：

换汇成本＝出口总成本（人民币）/出口净外汇收入（外币）

人民币总成本包括：收购商品成本运费，保险费，银行费用，综合费用等，经扣除出口退税金额（如果出口商品属于退税补贴商品）后的人民币总支出。

出口净外汇收入：外销商品的外汇收入减去国外银行费用、给客户的佣金折扣等费用后的外汇净收入。

平均换汇成本，就是选择若干出口商品，先分别计算出各自的换汇成本，然后再计算出平均换汇成本。

换汇成本反映了出口商品的盈亏情况，是考察出口企业有无经济效益的重要指标。

人民币汇率的调整，则是采用钉住"一篮子货币"的方法进行的，但是，"货币篮子"中到底包括哪些外国货币以及它们各自在"一篮子"中权重的多少，是不公开的。不过，一般情况下，人民币对外汇率，很大程度上是钉住美元的，或者说，美元在"篮子货币"中的比重是较大的。

从1994年4月中国外汇交易中心开始运行起，人民币汇率已改由外汇交易中心的场内供求关系决定，中央银行在场内设置自己的操作室，入市买卖外汇，以影响或干预汇率的走势。

二、人民币汇率的历史演变

人民币汇率的变动，主要是根据各个不同时期的国内外政治经济情况的变化进行调整的。自1949年以来，人民币对外汇率的变化和发展大致可分为以下几个阶段。

（一）1949年1月至1950年3月

自天津解放到全国实行财经统一以前，人民币汇价制定的原则是"奖励出口，兼顾进口，照顾侨汇"。这一阶段，人民币汇价的特点是汇价不断上升，人民币对外不断贬值。

华北解放后，为了开展对外贸易及国际汇兑业务，迫切需要解决人民币与西方货币之间的汇价问题。1949年1月16日天津解放。1月18日人民币对西方货币汇价最先在天津公布，1美元=80元人民币（旧币），随后上海、厦门及广州相继解放，由于各地物价不一致，上述四个地方采取分别挂牌办法，牌价也不一致，直到1950年7月8日全国汇价才统一。到1950年3月13日，1美元=24 000元人民币（旧币）。

由于人民币没有规定含金量，所以制定人民币汇价时，不能以金平价作为计算标准。当时计算与确定人民币汇价时，采用的是物价对比法。物价对比法包括三部分：（1）出口物资理论比价；（2）进口物资理论比价；（3）侨汇购买力比价。其中主要的是出口物资理论物价，侨汇购买力比价适合用于测定汇价是否有利于侨汇。

（二）1950年3月至1952年12月

从全国贯彻统一财经工作的决定起，到国民经济恢复时期结束，人民币制定的原则改为"进出口兼顾，照顾侨汇"。这一阶段人民币汇价的特点是：不断下跌，人民币对外币不断升值。

1950年3月全国贯彻统一财经工作的决定后，迅速制止了物价上涨，物价转为下跌。1950年6月至7月，为了照顾私营工商业，采取了调整物价法、调整工商业的措施，物价出现调整性回升，之后全国物价走向稳定。

1950年6月25日，朝鲜战争爆发，3天后美国参战，美国在国际上大量抢购战略物资，刺激了国际商品价格的上涨，由于当时美元及西方货币迅速贬值，我国必须加速进口，否则将遭受西方货币贬值的损失。在这种形势下，1952年12月，人民币汇价为1美元=26 170元人民币（旧币）。

由于物价下跌，汇价下跌，在照顾侨汇上采取了"人民币汇款"方法，其内容是银行在结汇日当天按结汇日外汇牌价折算人民币，然后按人民币数额通知侨眷，所以侨眷到结汇日去银行结汇领取人民币时，所得到的人民币是以银行结汇日牌价计算的，而不是按已经下跌的结汇日牌价计算，从而保障了侨眷的利益。

（三）1953 年 1 月至 1973 年 3 月

从我国进入社会主义建设时期开始，到西方国家开始实行浮动汇率制结束，该阶段人民币汇价的特点是除对个别外币外，汇价基本保障稳定不变。

从 1953 年起，我国进入社会主义建设时期，金融及物价从基本稳定走向全面稳定。1955 年 3 月 1 日，我国发行新人民币，以 1∶10 000 的比率回收旧人民币。这一时期，我国对私营工商业的改造完成，外贸由国营公司统一经营，因此，在制定汇价时与前两个阶段不同。前两个阶段由于私营进出口商的存在，在汇价制定上必须结合进出口贸易的实际，考虑私营工商业者的利益。但外贸由国营公司统一经营后，国营公司所考虑的是如何完成国家所制定的进出口计划的问题，正是从这一时期开始，人民币逐步与进出口贸易实际相脱节，汇价起不到调节进出口贸易的作用了。

这一时期，我国出口商品的结构也发生了变化，农副产品出口比重下降，而轻工业、重工业产品出口比重上升。由于农副产品出口换汇成本较低，而工业品出口换汇成本较高，出现了出口普遍亏损的局面。在这种情况下，我国外贸部门采取进出口统算方法，也就是出口赔钱，进口加成赚钱，外贸部与财政部统一结算的方法。再加上这一时期西方国家实行固定汇率制，所以，制定人民币汇价时要参考西方国家所公布的汇价。只有西方国家实行法定贬值时，人民币汇价才做调整。例如 1967 年 11 月 18 日，英镑贬值 14.3% 时，人民币汇价从 1 美元 = 6.893 元人民币，改为 1 美元 = 5.908 元人民币。

（四）1973 年 3 月至 1980 年 12 月 31 日

1973 年 3 月，西方国家实行浮动汇率制，中央银行也不再有义务维护汇价而进行干预，汇价随市场供求关系而决定。在这种情况下，我国在制定人民币汇价时，不再以各国的汇价作为参考。另外，从 1968 年起，我国推行人民币计价结算方法，进入 20 世纪 70 年代，国际贸易、对外经济援助及对外贷款也使用人民币结算，而且口径扩大。因此，在国际金融局势动荡不定的情况下，为了维护人民币币值的稳定，避免西方国家转嫁经济危机的影响，同时也为了贯彻对外经济往来中的平等互利原则，从而有利于我国的对外贸易、对外经济援助及人民币计价结算，人民币汇率的制定改为参照国际市场上的汇价变动的情况，进行经常调整。

（五）1981 年 1 月 1 日至 1984 年 12 月 31 日

这段时期是指我国实行公布牌价及贸易内部结算价的时期。从 1953 年起，人民币汇价逐步与物价相脱节，汇价起不到调节进出口贸易的作用，同时也起不到促进外贸企业内部经济核算的作用。为了发展对外贸易，奖出限入，促进外贸企业内部经济核算，适应外贸体制改革的需要。从 1981 年 1 月 1 日起，我国实行公布牌价，适用于非贸易外汇，另外实行贸易内部结算价，适用于贸易外汇。贸易内部结算价是调节进出口贸易的一项经济措施。贸易外汇内部结算价（1 美元 = 2.80 元人民币）高于非贸易外汇兑换牌价（1 美元 = 1.50 元人民币），由于我国在 1973 年后实行了以美元为主的一篮子货币钉住汇率，虽然人民币贸易外汇内部结算价 1981 年对美元贬值，但美元对其他西方主要国家货币相对升值，因此，我国从其他国家进口货物的价格并未相对上升，出口价格竞争优势无法体现，实行双重汇价没有达到预期的效果。

（六）1985 年 1 月 1 日至 1993 年 12 月 31 日

当 1984 年 12 月底公布牌价与贸易内部价趋于一致，即 1 美元 = 2.80 元人民币时，贸易内部价取消。但是，由于连年国内物价的调整及外贸商品收购价的提高，从 1985 年 1 月 1 日起，人民币汇价采取逐步调整的方针，到 1985 年 10 月达到 1 美元 = 3.20 元人民币。1985 年 10 月至 1986 年 7 月 5 日，人民币汇价为 1 美元 = 3.20 元人民币，1986 年 7 月 5 日宣布调到 1 美元 = 3.70 元人民币，主要原因是人民币对外价值与国内物价相比，仍然是高估的，因此，必须调整。

1986 年 7 月 5 日调整后，三年多没有变动，1989 年 12 月 16 日和 1990 年 11 月 17 日，分别提高 1.00 元及 0.50 元，达到 1 美元 = 4.72 元人民币和 1 美元 = 5.22 元人民币。

从 1991 年 4 月 9 日起，根据市场上的外汇供求，采取有管理的、浮动的汇率制度。1993 年 12 月 31 日的人民币汇价为 1 美元 = 5.80 元人民币。

这一时期中，另一个值得重视的内容是，我国外汇调剂市场迅速发展和外汇调剂汇价在经济中发挥越来越重要的作用。1987 年国家允许在沿海各大城市开办外汇调剂中心之后，外汇调剂业务在全国范围内得到发展。进入 20 世纪 90 年代，随着我国对外开放程度的提高和市场经济体制改革的深入，外汇调剂业务迅速扩大，已成为我国外汇交易的主要形式。相应地，调剂市场外汇汇价的使用范围也日益扩大，以其结算的数量已超过了官方牌价，因而被认为是与官方汇率"平行"的市场汇率。这一汇率不由官方制定和公布，而是受调剂市场外汇供求关系的作用上下波动。由于近年来我国改革开放过程中的外汇需求一直大于外汇供给，有时甚至是供求矛盾十分紧张，因而调剂市场汇价一直高于官方汇率。例如，1992 年年底至 1993 年年初，官方汇率约为 1 美元 = 5.80 元人民币，但调剂市场汇价却一度突破 1 美元 = 12 元人民币的水平，反映了外汇供求的紧张以及心理预期等因素对市场汇率的作用。当然，随着供求关系趋于缓和，调剂市场汇率逐渐下降，与官方汇率之间的差距也逐步缩小。

外汇调剂市场和调剂汇率是我国外汇市场的过渡形式，是对官方外汇业务和官方汇率的重要补充，并且在很大程度上限制了过去长期存在的外汇黑市及黑市汇率，对于我国市场经济体制的改革有着重要的意义。

（七）1994 年 1 月 1 日至 2005 年 7 月

为适应社会主义市场经济体制改革和进一步扩大对外开放的需要，从 1994 年 1 月 1 日起，我国实行了新的外汇管理体制，其中包括人民币汇率制度的改革。其主要内容是：实行人民币汇率并轨。即由原来的官方汇率 1 美元 = 5.80 元人民币和外汇调剂价格 1 美元 = 8.7 元人民币的双重汇率并存，统一为单一的汇率 1 美元 = 8.7 元人民币。并轨后的人民币汇率，实行以双重供求为基础的、单一的、有管理的浮动汇率制。

1994 年 4 月 4 日，中国外汇交易中心开始正式运营，标志着我国统一的银行间外汇市场的诞生。中国外汇交易中心是中国人民银行领导下独立核算、非营利性的组织，总部设在上海，在一些大中城市设立分中心。中心实行会员制，交易采取分别报价、撮合成交的竞价交易方式，由计算机系统按照价格优先和时间优先的原则，对各报价进行匹配成交。中国人民银行把外汇市场上前一天每笔交易的成交价与成交量进行加权平均计算得出价格，作为当天对外公布的人民币汇率中间价，即基准汇率。

这一时期，人民币汇率的总体走势是稳中有升。尽管受到 1997 年东南亚金融危机的影响，人民币汇率有贬值的预期，但仍然稳定在 1 美元 = 8.28 元人民币左右，没有出现大起大落的现象。

（八）2005 年 7 月 21 日至 2012 年 4 月 16 日

2005 年 7 月 21 日，中国人民银行宣布，开始实行"以市场供求为基础、参考一篮子货币进行调节、有管理的浮动汇率制度"。人民币汇率不再钉住单一美元，形成更富弹性的人民币汇率机制。当天，人民币对美元汇率上调 2.1%，即 1 美元 = 8.11 元人民币。

2006 年 1 月 4 日，人民银行在银行间即期外汇市场上引入询价交易方式，同时在银行间外汇市场引入做市商制度，改进了人民币汇率中间价形成方式。

2006 年 5 月 15 日，人民币对美元汇率中间价破 8.00，达到 1 美元兑 7.9982 元人民币。

2007 年 1 月 11 日，人民币对美元中间价突破 7.80，达到 7.7977 元，同时人民币汇率 13 年来首次超过港元。

2007 年 5 月 21 日，人民银行宣布放宽银行间市场人民币对美元汇率日波幅，从 ±0.3% 扩大到 ±0.5%。这是自 1994 年以来，人民币对美元汇价波幅的首次调整。

2012 年 4 月 16 日起，人民币汇率的日波动幅度由 ±0.5%，扩大至 ±1%。

三、人民币完全自由兑换问题

（一）货币可兑换

从一般意义上讲，货币可兑换，是指在外汇市场上，能够自由地用本国货币兑换某种外国货币，或者用某种外国货币兑换本国货币。一国居民可以自由选择和持有不同的货币资产，本币和外币的支付和转移不受限制，也不征收相应的税收或实行补贴。这是一种理想的或理论上的货币可兑换。在现实生活中，大多数国家对货币的自由兑换都进行一定的限制，从而形成了不同含义的货币可兑换。

一国货币的可兑换，是针对外汇管制而言的，根据一国外汇管制的宽严程度不同，货币可兑换可分为经常项目可兑换和资本与金融项目可兑换。经常项目可兑换是指对经常项目外汇支付和转移实行无限制的兑换；资本与金融项目可兑换是指对资本与金融项目的流出和流入的兑换均无限制。如果一国对经常项目和资本与金融项目的对外收支，都取消了限制，则该国货币就实现了完全可兑换。目前，世界上只有少数几个发达国家的货币实现了完全自由兑换，如美元、英镑、日元等。

货币可兑换的过程，一般要经过限制兑换、经常项目有条件可兑换、经常项目可兑换、经常项目可兑换加上资本与金融项目有条件可兑换、完全可兑换（即经常项目可兑换再加上资本与金融项目可兑换）、货币国际化等几个阶段。但是，一国货币完全可兑换与一国货币国际化是两个不同性质的概念。一国货币实现了完全可兑换并不等于该国货币就成为国际上可自由兑换的国际货币了。因为一国政府或中央银行通过取消各种对经常项目和资本与金融项目的限制，就实现了本国货币的可兑换；而在国际交易中是否被广泛运用、主要外汇市场上是否被普遍接受，则是判断货币国际化的基本标准。

（二）人民币经常项目可兑换

在《国际货币基金组织协定》的第八条第 2、第 3、第 4 款中，规定凡是能对经常性支付不加限制、不实行歧视性货币措施或多重汇率、能够兑付外国持有的在经常性交易中所取得的本国货币的国家，该国货币就是可自由兑换货币。其中，"经常性支付"的含义为所有与对外贸易、其他经常性业务、包括服务在内及正常的短期银行信贷业务有关的对外支付；应付的贷款利息和其他投资收入；数额不大的偿还贷款本金或摊提直接投资折旧的支付；数额不大的家庭生活费用汇款。可见，国际货币基金组织此处所指的自由兑换，实际上就是经常项目可兑换，因此，实现了经常项目可兑换的国家，又被称为"基金组织第八条款国"。但是，国际货币基金组织并未要求所有会员国在加入该组织时立即成为第八条款国。

1. 人民币经常项目可兑换的实现进程。1994 年 1 月 1 日，我国进行了外汇管理体制改革，首先实行了人民币经常项目有条件可兑换。所谓有条件可兑换，是指除经常项目的个别项外，其他项目都实行货币可兑换，取消对于这些项目的对外支付和资金转移的汇兑限制。在这次改革中，我国采取的实现人民币经常项目有条件可兑换的具体措施包括：取消对经常项目对外支付用汇的计划审批；境内企事业单位可持进口合同、境外金融机构的支付通知书及其他必要的有效凭证，直接到外汇指定银行，按照当日挂牌汇率，用人民币兑换外汇汇往国外；实现汇率并轨，实现以市场供求关系为基础的、单一的、有管理的浮动汇率制度；取消外汇留成和上缴制度；建立银行间外汇市场，改进汇率形成机制；取消外汇收支的指令性计划。

在这次改革之后，国际货币基金组织认为我国尚存在的对经常项目的汇兑限制包括：外商投资企业经常项目用汇仍然在外汇调剂中心办理，而没有纳入银行的结售汇体系；外汇年检存在外汇自求平衡的要求；某些非贸易、非经营性的交易尚存在用汇限制；移居国外成为非居民的个人在国内的资产收益受到兑付限制；某些外汇法规存在于经常项目可兑换相冲突的条款；个人因私用汇尚需审批，供汇范围窄且标准额度较低。

针对以上存在的情况，我国于 1996 年采取了一系列外汇体制改革措施，其中包括：1996 年 1 月，中国人民银行颁布《中华人民共和国外汇管理条例》，撤除了一些非贸易、非经营性交易的汇兑限制；1996 年 5 月，国家外汇管理局发布《境内居民因私兑换外汇方法》，扩大了供汇范围，提高了供汇标准，消除了对因私用汇的兑换限制；1996 年 6 月，中国人民银行颁布《结汇、售汇及付汇管理规定》，将外商投资企业纳入银行结售汇体系，并消除尚存的少量汇兑限制等。经过一系列改革，我国于 1996 年 12 月 1 日起，正式接受《国际货币基金组织协定》第八条第 2 款、第 3 款、第 4 款的义务，成为国际货币基金组织第八条款国，实现人民币经常项目下的可兑换。

2. 实现人民币经常项目可兑换的意义。实现人民币经常项目可兑换，对我国具有重大的政治经济意义，具体表现在以下几个方面：

（1）表明我国对外开放取得了突破性进展，有利于塑造我国开放社会的形象，能够促进我国与国际社会的政治经济往来。

（2）改进了汇率形成机制，有利于提高我国的资源配置效率。复汇率的消除和单一汇率的形成，使价格信号更加真实，从而能更有效地发挥资源配置功能。同时也减轻了不公平竞争的程度，有助于企业在国际竞争压力下改善经营状况。

（3）改善了国内投资环境，有利于我国吸引外资。人民币经常项目可兑换，大体上消除了外商投资企业和国内其他企业在经常项目货币兑换方面的差别待遇，提高了我国外资政策的透明度，减少了外商投资的风险，使外资企业在我国进一步得到国民待遇，改善了外资企业的投资和经营环境。

（4）更好地满足了社会各界对货币兑换的需要，加快我国经济市场化进程。

（三）人民币资本项目可兑换

1. 资本项目可兑换。如前所述，资本项目可兑换就是对资本项目交易的资本转移支付不加以限制。资本不仅可以在境内自由流动，亦可在境内和境外之间自由流动。具体来说，资本项目的可兑换包括：避免限制内资投资境外或外资投资境内所需转移的外汇数量；避免对到国外投资的人民币购汇流出或相应外汇流入结转人民币实行审批或限制；避免限制资本返还或外债偿还汇出；避免实行与资本交易有关的多重汇率制度。其中，对上述个别条款进行限制，便是资本项目的有条件可兑换。

2. 人民币资本项目可兑换的进程。我国在1996年12月实现了人民币经常项目可兑换后，资本项目的可兑换也在积极有序地推进。从可兑换进程看，我国采取了渐进式开放的道路。

（1）鼓励外商直接投资。长期以来，我国对外商直接投资一直实行鼓励政策，涉及外商直接投资有关的资金流入、汇兑、汇出等方面的管理政策也一直比较宽松。外商投资企业的外方既可用可兑换外币或人民币利润出资，也可用实物、无形资产及其他合法收入出资。外商投资企业外汇资本金可以结成人民币使用，外方撤资转股所得人民币也可兑换成外汇汇出境外。外商投资企业小于注册资本和承诺的投资总额之间差额的对外借款无需审批。外汇管理机关通过外商投资企业联合年检来全面检查和监控企业外汇收支行为与状况。

（2）规范外债管理。为防范外债风险，我国外债管理长期实行严格的数量控制。国家发展和改革委员会确定中长期和年度外债规模，并合理安排外债的行业、地区、期限、币种结构，以保证足够的清偿能力。根据债务人类型和债务期限的不同，实施不同的管理政策。对中资机构的短期外债实行余额管理，对中长期外债实行计划指标管理，向境内外资金融机构的借款视为外债管理；主权外债（主要是双边政府贷款和多边国际金融组织贷款）由财政部统一对外进行并需要获得国务院的批准；外商投资企业的中长期外债累计发生额和短期外债余额之和应当控制在审批部门批准的项目总投资和注册资本之间的差额以内；所有境内机构在境外发行中长期债券需经国务院批准，短期债券需经国家外汇管理局批准；所有对外借款均需办理外债登记；除财政部和银行以外的债务人对外偿还债务本息需经国家外汇管理局核准。

（3）审慎开放资本市场。我国对与资本市场相关的资本项目交易的汇兑大多数需要审批，才可以进行，而且对交易主体有一定的资格条件限制。境内机构经有关部门批准后，可在境外发行股票、债券和货币市场工具。具备相应业务资格的境内银行和非银行金融机构可以买卖境外债券、境外货币市场工具和集体投资类证券。

我国对境外投资者投资境内证券市场实行较严格的控制。早在2002年以前，境外投资者只能投资于中国的B股市场。从2003年开始，我国推出了合格境外机构投资者制度（Qualified Foreign Institutional Investors，QFII），投资品种包括股票、债券和基金等多种以人民币标价的金融工具。

2006年9月1日起，实施《合格境外机构投资者境内证券投资管理办法》，较大幅度地降低了合格境外机构投资者投资境内证券市场的门槛。

2007 年 6 月 18 日，中国证监会颁布了《合格境内机构投资者境外证券投资管理试行办法》，合格境内机构投资者（Qualified Domestic Institutional Investors，QDII），是与 QFII 相对应的一种投资制度，是允许在资本账户未完全开放的情况下，境内机构投资者往海外资本市场进行投资。

3. 人民币资本项目可兑换的条件。资本项目可兑换是一个国家经济发展到一定阶段，与世界经济贸易进一步融合所必须面临的问题，是全方位参与世界竞争的必然要求。而资本项目的开放程度又必须与本国的经济发展水平及金融监管能力相适应。概括地讲，一国货币要成功地实行自由兑换（特别是资本与金融项目下的自由兑换），应具备以下几项条件：

（1）健康的宏观经济状况。因为货币自由兑换后，商品与资本的跨国流动会对宏观经济形成各种形式的冲击，这就要求宏观经济不仅在自由兑换前保持稳定，而且还具有自由兑换后对各种冲击进行及时调整的能力。一国宏观经济状况是否健康，可以从以下三个方面考察：

第一，稳定的宏观经济形势。稳定的宏观经济形势要求一国经济运行处于正常有序状态，没有严重通货膨胀等经济过热现象，不存在大量失业等经济萧条问题，政府的财政赤字处于可控制的范围内，金融领域不存在银行巨额不良资产、乱集资等混乱现象。这种稳定不仅是货币自由兑换前的稳定，而且是实现货币自由兑换后的稳定，从制度上建立起防止各种经济部稳定状况的制约机制。

第二，有效的经济自发调节机制。有效的经济自发调节机制也就是市场机制，包括商品市场和金融市场，市场价格能够充分反映供求情况，不存在扭曲因素，能与国际市场上的价格保持一致，不会产生过大的差异。

第三，成熟的宏观调控能力。在货币自由兑换的进程中及其实现后，政府必须能娴熟地运用各种宏观政策工具，对经济进行调控，以应对各种复杂的局面。

（2）健全的微观经济主体。一国的微观经济主体主要是企业（当然包括金融企业），货币自由兑换后，企业面临着激烈的来自国内国外同类企业的竞争，国内企业的生存与发展状况，直接决定了货币自由兑换的可行性。从一般企业来看，主要体现在制度与技术两个方面，从制度上看，要求企业是真正的自负盈亏、自我约束的利益主体，能够对价格变动作出及时反应；从技术上看，要求企业具有较高的劳动生产率，其产品能够在国际上具有一定的竞争能力。同时，一国商业银行的经营状况良好对实现资本与金融项目下自由兑换的意义更为重大。

（3）合理的经济开放状态。在货币自由兑换后，一国的国际收支不仅面临着经常账户的不平衡，还要面临着国际资金流动尤其是大量短期投机性资金的频繁冲击，如果一国不拥有及时从国际金融市场上获取大量资金的能力，就势必要持有相当数量的国际储备，以维持本国外汇市场的稳定。

（4）恰当的汇率制度与汇率水平。汇率水平恰当不仅是货币自由兑换的前提，也是货币自由兑换后保持汇率稳定的重要条件，而汇率水平能否恰当进行调整从而保持在合理水平则是与汇率制度分不开的。一般说来，在资本可以自由流动时，选择具有更多浮动汇率特征的汇率制度较为合适。

总之，一国货币自由兑换特别是资本与金融项目下的自由兑换，是与该国的经济发展水平直接联系的。我国人民币资本项目可兑换必定是一个循序渐进的过程。应从我国的实际出发，借鉴国际经验，在风险可控的前提下，依照统筹规划、先易后难、留有余地的原则，进一步完善资本项目外汇管理措施，最终实现人民币完全自由兑换，促进国民经济健康发展。

附录：香港联系汇率制

产生背景

英国从 1841 年开始在香港实行统治，港英政府于 1863 年宣布当时的国际货币——银元为香港的法定货币，并于 1866 年开始发行香港本身的银元，直到 1935 年，香港的货币制度都是银本位。1935 年 11 月，由于美国及其他地方银价飙升，后来由于全球白银危机，港英政府放弃银本位制度，并于 1935 年 11 月 9 日宣布港元为香港本地货币，与英镑的固定汇率为 1 港元兑 1 先令 3 便士，即 16 港元兑 1 英镑的汇率与英镑挂钩。1972 年 6 月，英国政府决定让英镑自由浮动。其后，港元一度与美元挂钩，由 1972 年 6 月开始，发钞银行可以用港元购买负债证明书。1974 年 11 月，由于美元弱势，港元改为自由浮动。虽然浮动汇率制度实施后的最初两年运作很顺利，但自 1977 年开始，由于货币及信贷过度增长，导致贸易逆差扩大，通货膨胀高企，港元汇率持续下降，加上投机炒卖的活动出现了少有的抢购商品风潮，令港元贬值的情况进一步恶化。港英政府遂在 1983 年 10 月 15 日公布稳定港元的新汇率政策，即按 7.8 港元兑 1 美元的固定汇率与美元挂钩的联系汇率制度。

该制度规定向发钞银行发行及赎回为银行纸币提供支持的负债证明书时，发钞银行必须按照 7.80 港元兑 1 美元的固定汇率以美元交易。香港金融管理局（金管局）首要货币政策目标，是在联系汇率制度的架构内，通过稳健的外汇基金管理、货币操作及其他适当的措施，维持汇率稳定。

运作管理

香港的联系汇率制度属于货币发行局制度，在这个制度下，货币基础的流量和存量必须有充足的外汇储备支持，通过严谨和稳健的货币发行局制度得以实施。香港并没有真正意义上的货币发行局，纸币大部分由 3 家发钞银行即汇丰银行、渣打银行、中国银行（香港）发行。法例规定发钞银行发钞时，需按 7.80 港元兑 1 美元的汇率向金管局提交等值美元，并记入外汇基金的账目，以购买负债证明书，作为发钞的支持。相反，回收港元纸币时，金管局会赎回负债证明书，银行则自外汇基金收回等值美元。金管局与代理银行之间的交易也是按 7.80 港元兑 1 美元的汇率以美元结算。在货币发行局制度下，资金流入或流出会令利率而非汇率出现调整。若银行向货币发行当局出售与本地货币挂钩的外币（以香港而言，指美元），以换取本地货币（资金流入），基础货币便会增加，若银行向货币发行当局购入外币（资金流出），基础货币就会收缩。基础货币扩张或收缩，会令本地利率下降或上升，会自动抵消原来资金流入或流出的影响，而汇率一直保持不变。这是一个完全自动的机制。为了减少利率过度波动，金管局会通过贴现窗口提供流动资金。

金管局是香港政府架构内负责货币及银行体系稳定的机构，于 1993 年 4 月 1 日合并外汇基金管理局与银行业监理处而成立，由于香港没有中央银行，金管局行使中央银行功能。

优点与缺点

联系汇率的优点是显而易见的。它减少了因投机而引起的汇率波动，减少经济活动中的不确定性，使个人、企业、政府都有稳定的预期，从而有利于降低交易成本。

联系汇率制度的弱点也是很明显的。

首先，港元的发行是以100%的美元现钞为储备金的，而现钞只是最狭义的货币（M_0）。现钞之外，加上各种存款，共同构成广义货币（M_3）。其次，联系汇率制度使香港货币当局丧失了调整经济的灵活性。在货币政策方面，由于实行联系汇率制度，香港金融管理局在相当大的程度上就丧失了运用货币政策调整经济的能力。

资料来源：http：//www. baike. com。

本 章 小 结

1. 汇率的决定基础，按货币制度的不同而不同。金本位制度下，铸币平价是决定汇率的基础；纸币制度下，决定汇率的基础是两国货币所实际代表的价值量。

2. 汇率的决定理论是西方国际金融理论的核心。其中影响较大的有：购买力平价理论、利率平价理论、国际收支理论等。

3. 影响汇率变动的因素，在不同的货币制度下也有所不同。金本位制度下，汇率的变动在黄金输送点之内，比价稳定；纸币制度下，影响汇率变动的因素有很多，包括国际收支、相对通货膨胀率、相对利率、一国的经济实力、市场预期、财政货币政策、各国中央银行的直接干预等。

4. 汇率变动又反过来对经济产生影响，包括对一国国际收支的影响，对一国国内经济的影响，对世界经济的影响等。

5. 汇率制度又叫汇率安排，是指一国货币当局对本国货币汇率变动的基本方式所作的一系列安排或规定。汇率制度包括固定汇率制度和浮动汇率制度。

6. 人民币汇率目前是"以市场供求为基础、参考一篮子货币进行调节、有管理的浮动汇率制度"。

7. 人民币已经实现了在经常项目下的自由兑换，资本与金融项目下的自由兑换正在积极有序地推进。

复习思考题

1. 国际金本位货币制度下，汇率的决定基础是什么？汇率如何变动？

2. 纸币流通制度下，汇率的决定基础是什么？影响汇率变动的因素有哪些？

3. 汇率变动对一国国际收支的影响表现在哪些方面？具体分析汇率变动对一国进出口贸易的影响。

4. 固定汇率制和浮动汇率制各自对国内经济政策有何影响？

5. 人民币资本项目自由兑换的条件目前是否具备？

第三章　外汇市场与外汇交易

外汇市场是国际金融市场的重要组成部分。在国际经济交往中，进出口商为了结清货款、投机者为了获利、银行为了轧平头寸，或者都为了避免外汇风险，总要进行各种各样的外汇交易。

第一节　外汇市场概述

一、外汇市场的概念

外汇市场（Foreign Exchange Market），是指由各种经营外汇业务的机构和个人进行外汇买卖活动的交易场所，或者说，外汇市场就是经营外汇买卖的交易场所或网络；是国际金融市场的重要组成部分，由于它的存在，国际间资金的调拨和划转才得以进行，跨国资金流动才得以实现。

目前，世界上大约有三十多个主要的外汇市场，它们遍布世界不同的国家和地区，其中有较大影响的外汇市场有：欧洲的伦敦、法兰克福、苏黎世、巴黎等；北美的纽约、芝加哥等；亚太地区的东京、悉尼、新加坡、香港等。每个市场既各自独立又相互影响。它们相互之间通过先进的通信设备和计算机网络连成一体，市场参与者可以在世界各地进行交易。

二、外汇市场的参与者

（一）外汇银行

外汇银行是指经中央银行批准的可以经营外汇业务的商业银行和其他非银行金融机构。其主要包括专营外汇业务的本国商业银行、兼营外汇业务的本国商业银行、在本国开设的外国银行的分支机构和经营外汇业务的非银行金融机构。

这些银行和金融机构出于调剂不同外汇头寸的余缺、套利、投机等需要，进行自发性外汇交易，而且也对客户买卖外汇。外汇银行是外汇市场的主体。

（二）外汇经纪人

外汇经纪人是介于外汇银行之间或外汇银行与客户之间，专门促成外汇买卖成交、从中收取佣金的中间人。他们必须经过所在国中央银行的批准，才能取得中介业务的资格。他们与银行和客户都有十分密切的联系，通过通信网络将商业银行报出的汇率传递给有交易需求的市场参与者，买卖双方达成交易之后，经纪人从中收取相应的佣金。一般情况下，经纪人自己不做交易。

（三）中央银行

中央银行是外汇市场的参与者和调控者。中央银行为了稳定本币对外汇率、调节外汇储备的构成，除了代表政府为完成国际支付，与大商业银行和国际金融组织进行外汇交易活动之外，主要是通过一些经济手段和货币政策措施，对外汇市场进行干预和调控。当外汇市场上外汇短缺时，中央银行抛售外汇，购进本币；而当外汇过多时，则购进外汇，抛售本币。中央银行进入外汇市场只和外汇银行做交易。

所以，中央银行不仅是外汇市场的参加者，而且是外汇市场的实际操纵者。有时，一国中央银行为了不显露自己干预外汇市场的意向，也会委托外汇经纪商代理外汇买卖。

（四）一般客户

在外汇市场上，凡是在银行进行外汇交易的公司或个人，都是外汇买卖的一般客户（Customers）。主要包括进出口商、航运公司、保险公司、外汇投机者以及一般居民个人。他们出于贸易、旅行、购物、投资、投机等原因，需要与银行进行外汇买卖。他们是真实的外汇供给者或需求者。

三、外汇市场的类型

（一）按外汇交易的组织形式划分

1. 有形外汇市场。有形外汇市场是指有固定的营业场所和规定的交易时间，市场参与者只能在规定的营业时间内，到固定的营业场所进行交易。由于这种交易方式多流行于欧洲大陆，故又称为"大陆方式"。如巴黎、法兰克福、阿姆斯特丹等外汇市场就是属于有形外汇市场。

2. 无形外汇市场。无形外汇市场又称抽象的外汇市场，是指无固定的、具体的外汇交易场所，也没有统一规定的营业时间，交易双方通过电话、电传、计算机网络及专业的交易系统，达成外汇交易。人们通常所说的外汇市场，都是指的无形外汇市场。由于英美两国都采取这种交易方式，故又称为"英美方式"。如伦敦、纽约等外汇市场就是属于无形外汇市场。

（二）按外汇交易的参与者划分

1. 银行与客户之间的外汇市场。银行与客户之间的外汇市场，也叫"零售市场"。客户出于各种各样的目的，相应向银行买卖外汇。非投机性外汇买卖往往是与一国国际结算联系在一起的，故主要是本币与外币之间的相互买卖。在这个市场上，外汇银行一方面从客户手中买入外汇，另一方面又将外汇卖给其他客户，从中赚取买卖价差。

2. 银行同业间外汇市场。外汇银行在为客户提供中介服务时，往往难免会产生外汇"敞口头寸"（Open Position），即未平仓头寸，是指由于没有及时抵补（Covered）而形成的某种货币买入过多（又叫"多头"Long Position 或"超买"）或某种货币卖出过多（又叫"空头"Short Position 或"超卖"）。敞口头寸限额一般需规定敞口头寸的金额和允许的时间。不管是多头还是空头，由于汇率的变动都可能产生风险，所以外汇银行本着"买卖平衡"的原则，多头时抛出，空头时补进。这就需要借助于银行同业间的交易，及时进行外汇头寸的调拨，轧平各币种的头寸。更重要的是，外汇银行还出于投机、套利、套汇等目的，进行同业间更大规模的外汇买卖，由于同业间的外汇买卖差价小于外汇银行与客户之间的外汇买卖差价，所以，外汇银行同业间的市场又称"外汇批发市场"。

3. 外汇银行与中央银行之间的外汇市场。中央银行干预外汇市场所进行的外汇交易是在它与外汇银行之间进行的。通过这种交易，中央银行可以使外汇市场供求关系决定的汇率相对稳定在某一期望的水平上。如果某种外币兑本币的汇率低于期望值，中央银行就会向外汇银行购买这种外币，增加市场对该外币的需求量，促使外汇银行调高其汇率；反之，如果中央银行认为该外币的汇率偏高，就向外汇银行出售该外汇的储备，促使其汇率下降。由于这个市场是中央银行出于干预市场的需要而进行的交易，所以又叫"干预市场"。

（三）按外汇管制的宽严程度划分

1. 官方外汇市场（Official Exchange Market）。官方外汇市场是指受所在国政府主管当局控制的外汇市场。目前仍实行外汇管制的国家的外汇市场大多是官方外汇市场。但有些国家的官方外汇市场正在渐渐向自由外汇市场转化。

2. 自由外汇市场（Free Exchange Market）。自由外汇市场是指任何外汇交易都不受所在国主管当局控制的外汇市场，即每笔外汇交易从金额、汇率、币种到资金出入境都没有任何限制，完全由市场供求关系决定。目前，伦敦、纽约、苏黎世、法兰克福、东京等地外汇市场已成为世界上主要的自由外汇市场。

3. 外汇黑市（Black‑bourse）。外汇黑市是指非法进行外汇买卖的市场。其表现形式一般有两种：一是街面上零散的"黄牛"。主要是在外汇指定银行附近或涉外活动比较频繁的场所，如旅游地区、涉外宾馆附近等，交易形式也日趋隐蔽，如通过互换银行存单，或者在街上谈妥之后到其他地方交易。二是地下钱庄、黑窝点。这是一种非法组织，替代了银行的部分功能，成为地下银行。它是外汇黑市的一种重要表现形式。

四、外汇市场的作用

外汇市场的存在，为国际经贸往来提供了货币兑换和结算的便利，充当国际金融活动的枢纽，调剂外汇余缺，调节外汇供求，运用操作技术规避外汇风险。

1. 为国际经贸往来提供货币兑换和结算的便利。国际经济关系的发展，国际贸易的迅速增长，是同国际外汇市场提供货币兑换和国际结算的便利分不开的。不同地区间的支付结算。通过外汇市场办理，既快速又方便，而且安全可靠。

2. 充当国际金融活动的枢纽。国际金融活动包括由国际贸易、国际借贷、国际投资、国际汇兑等引起货币收支的一系列金融活动。这些金融活动必然会涉及外汇交易，只有通过在外汇市场上买卖外汇才能使国际金融活动顺利进行。同时，货币市场、资本市场上的交易活动经常需要进行外汇买卖，两者相互配合才能顺利完成交易，而外汇市场上的外汇交易在很大程度上进一步带动和促进其他金融市场的交易活动。因此，外汇市场是国际金融活动的中心。

3. 调剂外汇余缺，调节外汇供求。任何个人、企业、银行、政府机构，甚至国际金融机构都可在外汇市场买卖外汇，通过外汇市场上的外汇交易，调节外汇供求。

4. 运用操作技术规避外汇风险。外汇市场的存在，为外汇交易者提供了可以运用某些操作技术（如买卖远期、外汇期权、掉期、套期保值等）来规避或减少外汇风险的便利，使外汇买卖受行市波动的不利影响降到最小，从而达到避险保值的目的。

第二节　即期外汇交易与远期外汇交易

一、即期外汇交易

即期外汇交易（Spot Exchange Transaction）又称"现汇交易"，是指买卖双方以固定汇价成交后，在两个营业日（Working Day）内办理交割（Delivery）实际收付行为的外汇交易。它是外汇市场上最常见、最简单的一种外汇交易形式。它的基本作用是：（1）满足交易者临时性的付款需要，实现货币购买力的转移；（2）调整各种货币头寸；（3）进行外汇投机。即期交易的汇率构成了所有外汇汇率的基础。一般来说，在国际外汇市场上进行外汇交易时，除非特别指定日期，一般都视为即期外汇交易。

（一）即期外汇交易的交割日

即期外汇交易中，交割日（Delivery Date）又称"结算日"（Maturity Date）或"有效起息日"（Value Date），是进行资金交割的日期。根据国际金融市场惯例，交割日必须是两种货币的发行国家或地区的各自营业日，并且遵循"价值抵偿原则"，即一项外汇交易的双方必须在同一时间进行交割，以免任何一方因交割的不同时而蒙受损失。由于各具体的外汇市场习惯不同，所以交割日期的确定也不完全一样，具体包括以下三种情况。

1. 标准交割日（Value Spot），是指在成交后第二个营业日进行交割，如果遇到非营业日，则向后顺延到下一个营业日，但交割日的顺延不能跨月。目前世界上大部分的即期外汇买卖都采用这种方式。

2. 隔日交割（Value Tomorrow），又叫"次日交割"，是指在成交后的第一个营业日进行交割。实际上应理解为隔夜交割，或者说今天成交，明天交割，类似于股市中的"T+1"的形成。当交易的货币在同一时区时，通常采用这种方式，如美元与加拿大元、美元与墨西哥比索之间的即期交易，就是次日清算的。

3. 当日交割（Value Today），是指在成交的当日办理交割。曾经在香港外汇市场上，港元兑贸易的即期交易就是在当天交割，港元兑日元、新加坡元、马来西亚林吉特（又叫马来西亚元）、澳大利亚元则在次日交割，除此以外的其他货币则在第三天交割。所以，在不同的地区进行外汇即期交易时，不仅要把握实际交割日，还要关注当地外汇市场的有关具体交易细则。

（二）即期外汇交易的结算方式

即期外汇买卖一旦成交，其具体的结算方式有以下三种，即信汇、票汇和电汇三种。

1. 信汇。信汇即汇款银行应汇款人的申请，直接用信函通知国外的汇入银行，委托其支付一定金额给收款人的一种汇款业务。信汇的凭证是通过邮局的信汇委托书，只是汇出行在委托书上不必加注密押，而是以负责人签字代替。由于信汇邮程需要的时间比电信要长，银行可以利用资金，所以信汇汇率低于电汇汇率，其差额相当于邮程期间的利息。

2. 票汇。票汇即汇出行应汇款人的申请，开立以汇入行为付款人的汇票，交由汇款人自行寄送给收款人或亲自携带出国，凭票取款的一种汇款方式。票汇的凭证就是银行汇票。票汇的汇入行无需通知收款人取款，而是由汇款人自取，收款人通过背书可以转让汇票，到银行取款的可能不是汇票上原列明的收款人。

3. 电汇。电汇即经营外汇业务的汇款银行应汇款人的申请，直接用电信方式（电报、电传等）通知国外的汇入银行，委托其支付一定金额给收款人的一种汇款业务。电汇的凭证，就是经营外汇业务的银行的电信付款委托单据。由于以电汇方式汇款交付的速度快，银行不能占用资金，同时，收付双方受汇率变动的影响小，所以电汇汇率较高。国际外汇市场上公布的汇率多系银行电汇汇率，其他汇兑方式的汇率也均以电汇汇率为基础进行核算。因此，电汇汇率又被叫做基础汇率。在电汇方式下，买卖双方通过电话达成交易，通过传真予以确认。

早在1977年9月国际金融电讯协会（Society for World—wild Interbank Financial Telecommunication，SWIFT）正式启用，专门处理国际上银行间的转账和结算，使转账交换极其迅速和安全。目前，大多数国际性的大银行都已加入该系统。除此之外，世界上广泛运用的外汇交易系统还有路透交易系统（Reuter Dealing System）和德励财经终端（Telerate System）等。

二、远期外汇交易

远期外汇交易（Forward Exchange Transaction），又称"期汇交易"，是指外汇买卖双方签订合同，约定买卖的币种、金额、汇率、交割时间和地点，合同到期办理交割的外汇交易。也就是说，凡起息日在两个营业日以后的外汇交易，均属期汇交易。

（一）远期外汇交易的种类

远期外汇交易的交割日或有效起息日，在大部分国家是按月而不是按日计算的。通常按交割日及其确定方法的不同进行划分，有以下两种分类。

1. 根据交割日的不同划分，有规则交割日交易和不规则交割日交易。规则交割日交易，是指交割期限为1个月的整数倍的交易。通常有远期1个月、2个月、3个月、6个月的交易。

不规则交割日交易，是指远期期限不是1个月的整数倍的交易。比如远期23天交割的交易、远期41天交割的交易，或指定某月某日交割的非整月倍数的交易。

2. 根据交割日的确定方法不同划分，有固定交割日交易和选择交割日交易。固定交割日交易，是指交易双方商定某一确定的日期，作为外汇买卖的交割日，这类交易的交割日既不能提前也不能推后。当然这一确定的日期，必须是营业日，按照惯例仍然是遇到节假日往后顺延，但不跨入下个月。如果有一方提前交割，则另一方既不需要提前交割，也不会因为对方提前交割而支付利息；但若有一方延迟交割，则另一方可向其收取滞付的利息费用。

选择交割日交易，通常又称为"择期交易"（Optional Date Forward），是指交易双方在远期合同里约定交易的币种、金额、汇率和期限，但交割可以在这一期限内选择一日进行的远期外汇交易。具体交割日期的选择权，可以是交易双方的任何一方。

（二）远期汇率的报价和计算

在实际外汇交易中，银行报出的远期汇率也是采用双向报价。根据国际惯例，通常有两种远期汇率报价的方式：完整汇率报价方式和掉期率报价方式。

具体内容参见第一章第二节汇率的种类之即期汇率和远期汇率。这里仅就远期升贴水点数的计算介绍如下。

一家银行挂牌某种货币的远期是升水或贴水，只代表挂牌银行对这种货币走势的预测，但它的这种预测并不一定与实际到期的即期汇率完全吻合。那么挂牌银行又是根据什么来确定一种货币的远期是升水还是贴水呢？

尽管影响远期汇率的因素相当复杂，比影响即期汇率波动的因素还要多，但是，其中最主要的且能够定量计算的是各国同期货币的利率之差。在正常情况下，利率高的货币远期汇率表现为贴水，而利率低的货币远期汇率表现为升水，且升贴水的幅度，约等于两货币同期的利率之差。也就是利率平价理论的结论。于是，可用下列计算公式，求出升贴水的具体点数。

升贴水点数（掉期率）＝ 即期汇率×两货币利率之差×月数/12

例：即期汇率　GBP/USD＝1.1234，三个月期的利率分别是英镑1%，美元2%。求三个月的远期汇率是多少？

解：三个月的升贴水（掉期率）＝ 1.1234×（2%－1%）×3/12

　　　　　　　　　　　　　　＝0.0028（美元）

所以，三个月的远期汇率是即期汇率加上掉期率，即

GBP/USD ＝1.1234＋0.0028＝1.1262

这里为什么用加（＋），而不用减（－）呢？因为高利率货币美元远期贴水。贴水意味着美元的数量远期比即期多。同理，若公式中两货币利率之差是用低利率货币英镑1%减去高利率货币美元2%，得出掉期率为－0.0028美元，三个月的远期汇率仍然是：

GBP/USD ＝1.1234－（－0.0028）＝1.1262

如果即期汇率是买卖双向报价，需要分别计算买卖价的掉期率，然后再求出远期汇率的买卖价。实际上，由于买卖价差不可能很大，在利率和期限相同的情况下，计算出来的远期升贴水点数也相差无几。

接上例，若即期汇率　GBP/USD＝1.1234/45，三个月期的利率分别是英镑1%，美元2%。求三个月的远期汇率是多少？

解：三个月的升贴水（掉期率）＝1.1234×（2%－1%）×3/12＝0.0028085（美元）

　　　　　　　　　和　1.1245×（2%－1%）×3/12＝0.0028113（美元）

由此可知，保留到四位、五位小数时，升贴水点数也没有差别，因此，远期汇率的计算方法，只要把握住利率与汇率的关系，就能确定出远期汇率的高低大小。

另外，需要指出的是，在正常情况下，理论上，两种货币的利率之差是决定两种货币远期升贴水及其数值大小的主要因素，但并不是唯一的因素。国际政治经济形势的变化、货币所在国实施的经济政策（特别是汇率政策）、中央银行对外汇市场采取的干预措施及外汇市场的投机程度等诸多因素，都会不同程度地影响货币的远期汇率。有时因为这些因素的影响，使得远期汇率的升贴水完全背离两种货币的利率之差，甚至高利率货币远期升水，低利率货币远期贴水的情况也是时有发生的。

（三）远期外汇交易的目的

从事远期外汇交易的具体目的或动机可能多种多样，但其主要归纳起来，无非是套

期保值和投机获利。

1. 套期保值（Hedge），又叫抵补保值。是指买入（卖出）与现货市场数量相当、但交易方向相反的远期（或期货）合约，以期在未来某一时间通过卖出（买入）远期（或期货）合约补偿现货市场价格变动带来的实际价格风险。远期外汇套期保值，是指预计将来某一时间要支付或收入一笔外汇时，买入或卖出相等金额的远期外汇，以避免因汇率波动而造成经济损失的行为。套期保值可以简单地分为以下两种：

（1）买入套期保值，又称"多头套期保值"。用于未来有外汇支出、且预计支出货币汇率上升（升值）的情况。

例如：美国一进口商××年8月10日签订合同，从日本进口一批价值10亿日元的货物，双方贸易合同约定2个月后即××年10月10日付款。××年8月10日的外汇行情如下：

即期汇率　　　　　　　　USD/JPY = 116.40/50

2个月的掉期率（升贴水数）　　17/15

据此行情可知，2个月的远期汇率为　USD/JPY = 116.23/35

美国进口商预计2个月后的外汇（日元）行情有可能进一步上涨，付款时需要用更多的美元本币去兑换10亿日元的货款，于是，美国进口商决定运用远期外汇交易进行多头套期保值，即在签订贸易合同的同时或之后，在外汇市场上签订一笔远期外汇交易合同，买进10亿日元，期限2个月，价格USD/JPY = 116.23（当然也可以在此基础上买卖双方协商而定）。这样，10亿日元货款需要8 603 630.7美元（1 000 000 000/116.23），实际上相当于将美元成本固定了。

如果2个月到期时，汇率变动方向正如美国进口商的预计那样，假定为USD/JPY = 115.00/10，则美国进口商通过做远期外汇交易，规避了日元汇率上升的风险，也就是美国进口商支付10亿日元的货款，需要的美元数量比不做远期外汇交易少了92 021.5（10亿/115.00 - 10亿/116.23），即达到了套期保值的目的。

如果2个月到期时，汇率变动方向与美国进口商的预期相反，日元汇率不仅没有上升，反而下降了，假定为USD/JPY = 117.00/10，那么，美国进口商照样要执行到期必须交割的外汇合同，则美国进口商因做了远期外汇交易，亏损了92 021.5（10亿/117.00 - 10亿/116.23）美元。或者说，只要自己的预期与市场汇率走势相反，结果必然是亏损。

当然，如果美国进口商的预期与市场汇率走势一致，也完全可以在现汇市场上，以USD/JPY = 116.40的价格，用美元把2个月后需要支付的10亿日元货款买进，只需要8 591 065.3（10亿/116.40）美元，待2个月后对外付款，若存款日元2个月，还可以得到2个月的日元利息。但是，这样做的前提条件必须是进口商有足够的美元款项。

（2）卖出套期保值，又称"空头套期保值"。用于未来有外汇收入且预计收入货币汇率下降（贬值）的情况。

例如：瑞士一家出口公司，于××年3月1日与美国一公司签订贸易合同，向美国出口商品价值100万美元，贸易合同约定3个月后的××年6月1日收款。且××年3月1日的汇率行情如下：

即期汇率　　　　　　　　USD/CHF = 1.6000/10

3 个月远期 80/70

瑞士出口公司预测美元有进一步贬值的趋势，为避免外汇（美元）汇率下降（贬值），收回 100 万美元时，折合的瑞士法郎比原来减少，于是，瑞士出口公司决定运用远期外汇交易进行空头套期保值，即在签订贸易合同的同时或之后，在外汇市场上签订一笔远期外汇交易合同，卖出 100 万美元，期限 3 个月，价格 USD/CHF = 1.5920（1.6000 - 0.0080 当然也可以在此基础上买卖双方协商而定）。这样，3 个月到期时，无论外汇市场上的汇率怎么变化，瑞士出口商收回 100 万美元货款时，交割到期的外汇交易合同，换得 159.2 万瑞士法郎，保证了预期收入和利润。

如果不做这笔远期外汇交易，××年 6 月 1 日的汇率假定和瑞士出口商的预期方向一致，变为 USD/CHF = 1.5500/10，按此汇率，100 万美元只能换汇 155 万瑞士法郎，即瑞士出口商的货款收入变成瑞士法郎比做空头套期保值少了。因此，瑞士出口商做空头套期保值，规避了远期外汇（美元）贬值的风险。

如果 3 个月到期时，汇率变动方向与瑞士出口商的预期相反，美元汇率不仅没有下降，反倒上升了，假定为 USD/CHF = 1.7000/10，那么，瑞士出口商照样要执行到期必须交割的外汇合同，则因做了远期外汇交易，亏损了 10.8 万（170 万 - 159.2 万）瑞士法郎。或者说，只要自己的预期与市场汇率走势相反，结果也必然是亏损的。

当然，如果瑞士出口商的预期与市场汇率走势一致，也完全可以在现汇市场上，以 USD/CHF = 1.6000 的价格，把 100 万美元卖出去，得到 160 万瑞士法郎，而不等到 3 个月后向外卖出，只得到 159.2 万瑞士法郎。但是，这样做的前提条件必须是出口商有足够的美元现汇。

2. 投机。外汇投机是指以赚取利润为目的的外汇交易，投机者利用汇率差异，贱买贵卖，从中赚取差价。远期外汇投机是指投机者利用对远期汇率走势的预期，进行"买空"、"卖空"的行为。所以，远期外汇投机包括以下两种形式：

（1）买空。投机者预计某种货币远期汇率将上升，就在外汇市场上买进该种货币远期，到期后若该货币汇率果然上升，投机者就可按到期的远期合同中的汇率来交割远期，得到升值了的货币，再按上升了的汇率卖出该货币现汇，从而获得投机利润，这种先买后卖的投机交易，被称为"做多头"或"买空"。

例如：某日外汇市场上，美元兑日元的 3 个月远期汇率是 1 美元等于 110 日元，投机者认为 3 个月后美元将升值，则他签订了一份买入 1 万美元、价格 110 日元、期限 3 个月的远期外汇交易合同，3 个月后，如他所料，汇率变为 1 美元兑 120 日元，该投机者随将到期的合同按 110 日元的价格交割（买进 1 万美元，需要付出 110 万日元），同时，按当时的汇率 1 美元兑 120 日元，将 1 万美元卖出，得到 120 万日元，则赚了 10 万日元（120 万 - 110 万）。

（2）卖空。当投机者预计某种货币汇率将下跌时，在外汇市场上卖出该种货币远期，到时若该货币汇率果然下跌，投机者可按已经下跌了的汇率，买进该种货币，按合同汇率卖出该种货币，进行交割，从而赚取投机利润，这种先卖后买的投机交易，被称为"做空头"或"卖空"。

接上例，若投机者认为 3 个月后美元将贬值，投机者就会在外汇市场上签订 3 个月期限、卖出 1 万美元、价格 110 日元的远期交易合同，3 个月到期时，如他所料，汇率变为 1 美元兑 100 日元，投机者将手中的合同交割（卖出 1 万美元，得到 110 万日元），从而获得 10 万日元的利润（110 万 – 100 万）。

当然，如果市场汇率走势与投机者的预期方向相反，则投机失败。由此可见，外汇投机的实质是指持有外汇的多头或空头。那些不轧平外汇头寸进行套期保值的银行、进出口商等也属于投机者之列，顾客通过外汇交易将汇率变动的风险转嫁给银行后，如果银行认为未来的汇率变动对其头寸有利，而不将各种货币、各种交割期限的现汇和期汇头寸轧平，也是在进行外汇投机，希望从汇率的变动中获利。

三、掉期外汇交易

（一）掉期外汇交易的概念

掉期交易（Swap Transaction），又叫"调期交易"，也称"套头交易"，是指将货币相同，金额相同，而买卖方向相反，交割期限不同的两笔或两笔以上的外汇交易结合起来进行的交易。也就是在买进或卖出某种货币的同时卖出或买进金额相同的这种货币，但买进和卖出的交割日期不同。

需要指出的是，掉期交易和掉期率，尽管都有"掉期"二字，但它们是完全不同的两个概念，不可混淆，掉期交易是一种买卖行为，而掉期率是远期汇率与即期汇率之间的差额，即升贴水点数。在做掉期交易时往往需要用到掉期率（即升贴水点数）。

（二）掉期交易的特点

作为一种复合型的外汇买卖，掉期交易与套期保值不同，有下述三个特点：

1. 掉期交易强调的是买、卖同时进行。掉期交易买进外汇与卖出外汇的两笔交易在时间上是同时进行的，但是买进和卖出外汇的交割日期是错开的，这也是调期的原意，而套期保值不一定买卖双方同时进行。

2. 掉期交易买卖的货币种类相同，金额相等。掉期交易不改变交易者持有的外汇数量，只改变交易者所持货币的期限结构，而套期保值改变交易者的外汇数量。

3. 掉期交易绝大部分是针对同一交易对手进行的。掉期交易强调的是同一交易对手，而套期保值可以是不同的交易对手。

（三）掉期交易的类型

根据交割日的不同，掉期交易可分为以下三种类型：

1. 即期对远期的掉期交易（Spot – forward Swaps）。即期对远期的掉期交易，是指买进或卖出一笔现汇的同时，卖出或买进一笔期汇的掉期交易，是最普通的、最典型的一类掉期交易。在国际外汇市场上，最常见的即期对远期掉期交易有：即期对一周、即期对整数月，如 1 个月、2 个月、3 个月、6 个月等。

在短期国际资本输出入中，将一种货币调换成另一种货币，通常采用这种掉期形式，即卖出现汇，补进期汇，或买进现汇，卖出期汇。

例如：美国一家银行某日向客户按 EUR/USD = 1.1450 的现汇汇率卖出 200 万欧元，得到 229 万（1.145×200 万）美元，为防止将来欧元升值，或美元贬值，该银行就在卖出即期 200 万欧元的同时，买进 3 个月的远期 200 万欧元，其汇率为 EUR/USD = 1.1460，即签订 3 个月远期合同，以 1.1460 美元的价格买进 200 万欧元，到期交割时需要 229.2 万（1.1460×200 万）美元。这笔即期对远期的掉期交易，虽然卖出了即期欧元，但同时又买进了远期欧元，该银行的欧元头寸不变，美元现汇多头229万美元，3个月空头229.2万美元，其中0.2万美元的差额是该银行维持币种结构的必要成本，也叫掉期成本。这样，该银行以已知的、确定的掉期成本，有效地规避了将来欧元汇率进一步上升的风险。

2. 即期对即期的掉期交易（Spot Against Spot）。即期对即期的掉期交易是指买进或卖出一笔即期外汇的同时，卖出或买进币种相同、金额相等的另一笔即期外汇，但具体交割日不同。这一类型的掉期交易常见的有：（1）隔夜交易（O/N, Over-Next）。即第一个交割日是交易日当天，第二个交割日是明天，也就是交易日后的第一个工作日，或者说是今天对明天的掉期交易。（2）隔日交易（T/N, Tom-Next）。即第一个交割日是交易日后的第一个工作日，第二个交割日是交易后的第二个工作日，或者说是明天对后天的掉期交易。

无论是隔夜交易，还是隔日交易，其时间跨度虽然都是一个交易日，但它们的第一个交割日和第二个交割日都是不同的。

这类即期对即期的掉期交易，主要用于大银行之间，在合理发生严重动荡时期，因担心相隔一天的汇率会有较大的变动，因而不敢怠慢，故要做隔夜或隔日的掉期交易。

3. 远期对远期的掉期交易（Forward Against Forward）。远期对远期的掉期交易是指同时做两个不同交割期限、货币相同、金额相等、买卖方向相反的远期外汇交易。开展远期对远期的掉期交易，其好处是可以尽量利用有利的交易机会。现实中，银行在承做远期对远期掉期交易时，通常会将其拆分为两个即期对远期的外汇交易来做，而真正的远期对远期的掉期交易，在国际市场上较为少见。

（四）掉期外汇交易的目的

1. 轧平货币的现金流量。外汇银行的资金流量，由于时间上的差距产生流量上的不平衡情况，即在不同时点上，形成资金缺口。银行为了弥补资金缺口，从事掉期交易，不但可以平衡资金流量，而且不影响外汇头寸。

例：某银行某日分别做了四笔外汇交易如下：卖出即期美元300万；买入3个月远期美元200万；买入即期美元150万；卖出3个月远期美元50万。

单就外汇头寸而言，在数量上已经轧平，但是，美元的资金流量在时间上存在明显缺口。也就是即期美元空头150万，

3个月远期美元多头150万。

如果即期美元汇率上升，3个月远期美元汇率下降，该银行将要面临风险（即汇率风险）。另外，如果即期美元利率上升，3个月远期美元利率下降，该银行将要面临利率风险。

所以，为了规避资金流量在时间上缺口可能带来的美元汇率和利率风险，可以买入即期美元150万，同时卖出3个月远期美元150万，（即期对远期的掉期交易）从而轧平了美元的现金流量，规避了汇率和利率风险。

2. 消除各种外汇交易产生的风险头寸。银行与客户或与其他银行进行的很多即期、远期外汇交易，虽然由于客户与银行或银行与银行的交易有各种各样的金额、期限、方向，能在一定程度上相互抵消，但总会有承担汇率风险的风险头寸暴露。采用掉期交易抵补风险头寸，具有很好的适用性和灵活性。

例：某银行某日与众多客户的交易中，一共出现了 3 个月远期美元多头（超买）100 万，6 个月远期美元空头（超卖）100 万，若 3 个月美元汇率下降，6 个月美元汇率上升，该银行就要承担美元头寸暴露的汇率风险。于是，为了规避该风险，银行对多头、空头分别进行抵补，需要很多笔交易，付出较高的成本。而如果做 3 个月对 6 个月的远期对远期掉期交易，卖出 3 个月美元 100 万，同时买进 6 个月美元 100 万，这样就可以用较低的费用消除因外汇交易产生的风险头寸。

3. 调整外汇交易的交割日。银行在承做外汇交易时，时常有客户提出要求，把交割日提前或推后，从而造成资金流动的不平衡。为了应对这一情况，银行可以运用掉期交易，对交割日进行调整，并重新确定汇率水平。

例：一中国出口商在××年 1 月份预计 4 月 1 日将收到一笔货款 100 万美元，并按 3 个月远期汇率水平 USD/CNY = 6.2930 与银行做了一笔 3 个月远期外汇买卖，即 4 月 1 日卖出美元 100 万，价格 6.2930，银行 4 月 1 日买进 100 万美元，价格 6.2930。但是，该笔远期外汇交易合同签订之后，出口商获知海外进口商要推迟付款 1 个月，即 5 月 1 日付款 100 万美元。于是，该出口商向银行提出要求，将起息日推迟到 5 月 1 日。掉期率为 18 点。请问：银行怎么办？

为了满足客户的要求，银行可以将 4 月 1 日的美元多头 100 万，调整到 5 月 1 日美元多头 100 万。将原来的汇率水平 6.2930 调整到 6.2912（6.2930 − 0.0018）。相当于做了远期对远期的掉期交易，即 4 月 1 日，银行以 6.2930 的价格卖出 100 万美元，5 月 1 日，以 6.2912 的价格买入 100 万美元。银行以较少的人民币买进 100 万美元（尽管实际上 4 月 1 日的交易并没有真正做）。当然，若 5 月 1 日的汇率比 4 月 1 日的高（比如 6.2948），银行则可以不同意客户的请求，或者双方另外协商约定。

第三节　套汇交易与套利交易

一、套汇交易

（一）基本概念

套汇（Arbitrage）是指交易者利用不同时间或不同地点外汇市场上某些货币的汇率差异进行外汇买卖，从中套取差价利润的行为。套汇交易是外汇投机的方式之一，具有强烈的投机性。

套汇交易按划分标准不同，可以分为时间套汇和地点套汇。

1. 时间套汇（Time Arbitrage）。时间套汇是指套汇者利用不同交割期限所造成的汇率差异，在买入或卖出即期外汇的同时，卖出或买入远期外汇，或者在买入或卖出远期外汇的同时，卖出或买进期限不同的远期外汇，借此获取收益的套汇交易。它常被用做防止汇率风险的保值手段。所以，时间套汇实质上与前面讲过的掉期交易相同，这里不再赘述，仅就地点套汇进行介绍。

2. 地点套汇（Space Arbitrage）。地点套汇是指套汇者利用不同外汇市场之间的汇率差异，同时在不同的地点进行外汇买卖，以赚取汇率差额的一种交易方式。

在不同的外汇市场上，因外汇供求或其他关系的变动，会使同一种货币的汇率，在信息交流不够充分的情况下出现短暂的差异，哪怕是很微小的或是瞬间存在的，套汇者也能利用这个汇差，在汇率较低的市场买进一种货币，同时在汇率较高的市场卖出该种货币，从中获取差价利益，地点套汇交易就由此产生了。

这种套汇交易的结果，会造成汇率较低的货币求大于供，促使其汇率上升；而汇率较高的货币供大于求，促使其汇率下降。进而使不同外汇市场的汇率差异很快趋于消失。

在西方国家，大型商业银行是最大的套汇投机者，他们在海外广设分支机构和代理行，消息灵通，资金雄厚，套汇便捷，运用套汇交易赚取大量利润。不过，随着信息技术的现代化，不同外汇市场汇价差异出现的时间会越来越短暂，出现的机会也越来越少了。

（二）套汇交易必须具备的条件

一般来说，要进行地点套汇，必须具备以下三个条件：

1. 不同外汇市场的汇率存在差异。若不同地方的外汇市场上，某种货币的汇率没有差异，或差异很小，套汇者在不同市场买卖的结果没有收益或收益很小，不足以抵扣套汇费用，则套汇活动就不会发生。

2. 套汇者必须拥有一定数量的资金，且在主要外汇市场拥有分支机构或代理行。因为现代信息技术在外汇市场中的运用，使得不同外汇市场上的汇率差异出现的机会越来越少，汇价的差异也越来越小，扣除套汇费用，若套汇者投入的资金数量较少，将会无利可图。在主要外汇市场的分支机构，保证了外汇交易的顺利进行。如果是非机构的投资者，则需要在相应的银行开立账户，通过开户银行的有关交易平台进行。

3. 套汇者必须具备一定的交易技术和经验。由于不同外汇市场上的汇率是不断变化着的，套汇者需要具备一定的交易技术和经验，能够判断各外汇市场汇率变动及其趋势，并根据预测采取行动。

（三）地点套汇的种类

根据套汇的地方数量不同，可以将套汇分为两地套汇和三地套汇两种。

1. 两地套汇（Direct Arbitrage）。两地套汇，又叫"直接套汇"或"两角套汇"（Two Points Arbitrage），是指利用两个不同地点的外汇市场上某些货币之间的汇率差异，在两个市场上同时买卖同一货币，即套汇者将资金由一个市场转向另一市场，从中牟利的行为。亦即"低买高卖"，赚取价差的行为。

例：假设某日同一时刻，香港和纽约外汇市场的行情如下：

香港市场　　USD/HKD = 7.7869

纽约市场　　USD/HKD = 7.7836

套汇者就会在美元汇率较低的纽约市场买进美元，价格 7.7836 港元，同时在美元汇率较高的香港市场卖出美元，价 7.7869 港元，这样，每一美元的交易额（买卖一美元），就为套汇者带来了 0.0033（7.7869 – 7.7836）美元的套汇收益（暂不考虑套汇费用）。

然而，上例中的外汇行情仅仅是假设的，实际中的外汇市场行情并不是这样的，而是报价银行将买卖价（甚至包括钞买价）同时报出，套汇者进行套汇时，买卖价格的选择就显得尤为关键。

例：某日同一时刻，伦敦和纽约外汇市场行情如下：

伦敦市场：GBP/USD = 1.7200/10

纽约市场：GBP/USD = 1.7310/20

试计算，套汇者用 100 万英镑进行套汇，可获收益多少？（不计套汇费用）

解：由已知行情可知，英镑汇率在伦敦市场上较低，在纽约市场上较高，套汇者的总体思路应该是在伦敦市场买入英镑，卖出美元，同时在纽约市场卖出英镑，买入美元。

第一种方法：

套汇者在在伦敦市场买入英镑，价格 1.7210 美元，同时在纽约市场卖出英镑，价格 1.7310 美元。每一英镑的交易额可获得收益 0.01 美元，那么 100 万英镑的交易额可获收益 1 万美元。也就是 100 万 × （1.7310 – 1.7210）= 1 万美元。

第二种方法：

套汇者用 100 万英镑进行套汇，思路应该是：在纽约市场卖出英镑 100 万，得到美元 173.1 （1.7310 × 100）万美元；同时在伦敦市场买入 100 万英镑，付出 172.1 （1.7210 × 100）万美元，结果仍然是 1 （173.1 – 172.1）万美元。

如果套汇者将在纽约得到的 173.1 万美元这个数额在伦敦市场卖出，得到英镑，则得到

173.1/1.721 = 100.58 万英镑

于是，套汇者盈利 100.58 – 100 = 0.58 万英镑

所以，（100 万 × 1.7310/1.7210）– 100 万 = 0.58 万英镑。

上述两个结果都是正确的，因为套汇者的套汇具体思路不同，得到收益的具体货币也不相同，两个不同的货币种类，当然数量不会相等。

接上例，若问套汇者用 100 万美元进行套汇，可获收益多少？（不计套汇费用）

解：总体的套汇思路仍然是在伦敦市场卖出美元，买入英镑，同时在纽约市场买入美元，卖出英镑。既然套汇本金是 100 万美元，于是，套汇者就在伦敦市场卖出 100 万美元，得到（100/1.7210）万英镑；同时在纽约市场卖出（100/1.7210）万英镑，得到美元，即 100 万/1.7210 × 1.7310 = 100.58 万美元。

所以，套汇者可获收益 100.58 – 100 = 0.58 万美元。

当然，套汇者也可以这样思考：美元在伦敦市场上较贵，在纽约市场上较便宜，于是就可以在纽约市场上买入美元，同时在伦敦市场上卖出美元，低买高卖，赚取收益。即在纽约市场买入 1 美元，需要 1/1.7310 英镑，同时在伦敦市场卖出 1 美元，得到 1/1.7210 英镑。那么，1 美元的交易额，可获得收益（1/1.7210 – 1/1.7310）= 0.0034 英镑的收益，100 万美元的交易额，收益为 0.34 （100 × 0.0034）万英镑。

2. 三地套汇（Three Points Arbitrage）。三地套汇，又叫间接套汇（Indirect Arbitrage）或多地套汇，是指利用三个或三个以上不同地点的外汇市场上，三种或多种不同货币之间汇率的差异，进行低买高卖，赚取外汇差额的一种套汇交易。

由于外汇市场行情瞬息万变，情况复杂，两地直接套汇因其汇价差异的判断简单明了，所以，机会也越来越少。大量存在着三地或多地多种货币汇率的差异，而三地或多地多种货币的汇率差异的判断，不像两地两种货币的汇率差异判断那么简单，一看便

知，需要进行计算，才能进一步判断。

例：某日同一时刻，香港、伦敦和法兰克福三地的汇率行情如下：

香港　　　　　GBP/HKD = 12.5

伦敦　　　　　GBP/EUR = 2.5

法兰克福　　　HKD/EUR = 0.2

请问：三地汇率是否一致？能否进行套汇？

判断方法：

（1）三地（或多地）汇价连乘积不等于1，表明汇率有差异，可以套汇。这里须把三地（或多地）汇率换算成同一种标价方法后，再连乘。

上例中，香港　直接标价 GBP/HKD = 12.5

　　　　伦敦　直接标价 EUR/GBP = 1/2.5

　　　法兰克福　直接标价 HKD/EUR = 0.2

于是，$12.5 \times 1/2.5 \times 0.2 = 1$，表明三地汇率没有差异，不可以进行套汇。当三地中无论何地汇率发生变化，也无论是汇率上升还是下降，三地的汇率连乘积就不等于1，只要不等于1，就可以进行套汇。

（2）套算比较高低。上述三地中，任何一地汇率发生变化，套汇的机会就来了。

假如：伦敦市场汇率由2.5变为3.0，即

香港　　　　　GBP/HKD = 12.5

伦敦　　　　　GBP/EUR = 3.0

法兰克福　　　HKD/EUR = 0.2

于是，通过香港和伦敦两地，就可以套算出 HKD12.5 = EUR3.0。

HKD/EUR = 0.24，比法兰克福市场上的 HKD/EUR = 0.2 高出 0.04 欧元。

这表明港元 HKD 在法兰克福市场上比较便宜，于是，套汇者的套汇总体思路就应该是：在法兰克福买港元 HKD，卖出欧元 EUR；

同时在香港市场卖出 HKD，买进英镑 GBP；仍然是同时，在伦敦市场卖出英镑 GBP，得到欧元 EUR。

这样，在法兰克福市场卖出 1 欧元，得到 HKD1/0.2；在香港市场卖 HKD1/0.2，得到 GBP1/0.2 × 1/12.5；在伦敦市场卖出 GBP1/0.2 × 1/12.5，得到欧元 EUR1/0.2 × 1/12.5 × 3 = EUR1.2，即 1 欧元的交易额，通过三地不同货币的买卖，获得收益 0.2（1.2 − 1）欧元。

于是，欧元的利润率为（1.2 − 1）/1 = 20%。

同理，可以通过香港和法兰克福两地市场，套算出 GBP/EUR = 2.5　而伦敦市场是 GBP/EUR = 3。

于是，套汇者就在伦敦市场卖出 GBP1，得到 EUR3；在法兰克福市场卖出 EUR3，得到 HKD3/0.2；在香港市场卖出 HKD3/0.2，得到 GBP3/0.2 × 1/12.5 = GBP1.2。

这样，英镑的利润率为（1.2 − 1）/1 = 20%。

同理也可以计算出港元的利润率。

如果题中给出一定单位的货币，计算的时候，先不要管它。把整个思路理清，选定买卖方向和价格，算出每一单位的该种货币盈利多少之后，再乘以给定的货币数量

即可。

如上例，若套汇者用 100 万英镑进行套汇，可盈利

100 万 × （3/0.2/12.5 − 1） = 20 万英镑

同样，100 万欧元，可盈利 20 万欧元，那么，100 万港元呢？

然而，上例中的三地外汇市场行情，仍然是假设的，与实际情况不符，实际上，同两地直接套汇一样，三地或多地的市场汇率汇率，也是同时由外汇银行报出买卖两个价，而不是一个中间价。所以，三地或多地套汇，除了对三地或多地的汇率进行判断之外，同样需要进行买卖价格的选择。

例：某日纽约、伦敦和香港三地外汇市场即期汇率如下

纽约　GBP/USD = 1.4205/15

伦敦　GBP/HKD = 11.0723/33

香港　USD/HKD = 7.7804/14

试计算：套汇者用 1 000 万港元进行套汇，可获收益多少？（暂不考虑交易费用）

解：由纽约、伦敦两地套算出美元与港元的汇率 USD/HKD = 7.7892/954 与香港的 USD/HKD = 7.7804/14 相比，美元在香港市场上较便宜，或者说港元在香港市场上较贵，套汇者就应在香港买入美元，卖港元。

于是，套汇者在香港市场上，卖出 1 港元，得到 1/7.7814 美元；同时在纽约市场上，卖出 1/7.7814 美元，得到 1/7.7814/1.4215 英镑；同时在伦敦市场上，卖出 1/7.7814/1.4215 英镑，得到的港元数量为 1/7.7814/1.4215 × 11.0723 = 1.001 港元。

所以，套汇者的套汇收益为 1 000 万 × （1.001 − 1） = 1 万港元

接上例，若问套汇者用 1 000 万英镑套汇，收益多少？

解：通过纽约市场和香港市场套算出英镑兑港元的汇率为 GBP/HKD = 11.0521/613 与伦敦市场相比，在伦敦市场上英镑比较贵，套汇者应在伦敦市场卖出 1 英镑，得到 11.0723 港元，同时，在香港市场卖出 11.0723 港元，得到美元 （11.0723/7.7814），同时在纽约市场卖出美元 （11.0723/7.7814），得到英镑 11.0723/7.7814/1.4215 = 1.001

于是，套汇者的套汇收益为 1 000 万 × （1.001 − 1） = 1 万英镑

同样，若问套汇者用 1 000 万美元进行套汇，可获多少收益？

解：通过纽约市场和伦敦市场套算出

USD/HKD = 7.7892/954

与香港市场　USD/HKD = 7.7804/14　　比较可知，在香港市场上，美元较便宜，也就是说美元在纽约较贵。

于是，套汇者就应该在纽约外汇市场上卖出美元 USD1，得到英镑 GBP （1/1.4215）

同时，在伦敦市场上卖出英镑 GBP （1/1.4215），得到港元 HKD （11.0723/1.4215）

同时，在香港市场上卖出港元 HKD （11.0723/1.4215）得到美元 USD （11.0723/1.4215/7.7814） = 1.001

于是，套汇者的套汇收益为 （1.001 − 1） × 1 000 万 = 1 万美元

以上是三地套汇，如果是四地、五地甚至更多地方呢？只需要从中选择三地三种货

币的汇率，进行三地套汇，不同的是多选择几次罢了，思路和方法同上。

这里还需要说明的是，上述套汇均没有考虑套汇成本，包括佣金等其他费用。如果套汇成本高或接近套汇利润，则获利微小或无利可图，也就没有必要进行套汇交易。另外，在当今世界，由于现代化通信设备的迅速发展与完善，各大外汇市场交易已由国际卫星通信网络紧密地联系起来，外汇市场与外汇交易已日趋全球化、同步化。因此，对于套汇者来说，其赖以存在的基础——汇率差异在迅速减少，套汇的机会也由此大大减少，且三地套汇的结果同两地套汇的结果一样，使不同地方的汇率差异越来越小，直到无利可图。

二、套利交易

(一) 基本概念

套利是指利用相关市场或相关合约之间的价差变化，在相关市场或相关合约上进行方向相反的交易，以期价差发生有利变化而获利的交易行为。如果利用期货市场和现货市场之间的价差进行的套利行为，称为差期套利。如果利用期货市场上不同合约之间的价差进行套利的行为，称为价差交易。

外汇市场上的套利交易（Interest Arbitrage Transaction），亦称利息套汇或时间套汇，是指套利者利用不同国家或地区短期利率的差异，将低利率货币换成高利率货币，从中获取利息差额的一种外汇交易。它也是外汇市场上的一种投机活动。

(二) 套利交易的种类

按套利者在套利时是否做反方向交易轧平头寸划分，可将套利交易分为非抛补套利和抛补套利两种。

1. 非抛补套利（Uncovered Interest Arbitrage）。非抛补套利，是指单纯把资金从利率低的货币转向利率高的货币，从中谋取利率差额收入，不同时进行反方向交易。这种套利交易，不考虑套利期间汇率的变动，要承担高利率货币贬值的风险。

当然，高利率货币如果到期不贬值，那么，套利交易者赚的就是两货币的利率之差；如果到期高利率货币又升值，那么交易者既赚取了利差，同时又赚取了高利率货币升值带来的收益。

例：假设英美两国 6 个月的利率分别是英镑 7%，美元 9%。即期汇率 GBP/USD = 1.98 套利者用 100 万英镑进行套利，试计算：

（1）若到期汇率不变，套利收益是多少？

（2）若到期汇率变为 GBP/USD = 2.00，套利者的盈亏如何？

（3）若到期汇率变为 GBP/USD = 1.96，套利者的盈亏又怎么样？（暂不考虑交易费用）

解：

（1）将 100 万英镑按即期汇率，换成美元，以 9% 的利率投资或存款 6 个月时间，到期的本息和为

$$100 \times 1.98 \times (1 + 9\% \times 6/12) = 206.91 \ 万美元$$

若到期汇率不变，仍然是 GBP/USD = 1.98，则将到期的美元本息和 206.91 万美元按 1.98 的汇率，折合成英镑，得到

$$206.91/1.98 = 104.5 \text{ 万英镑}$$

如果套利者不做套利交易，100 万英镑 6 个月的本利和为

$$100 \times (1 + 7\% \times 6/12) = 103.5 \text{ 万英镑}$$

于是，套利者的套利收益为

$$104.5 - 103.5 = 1 \text{ 万英镑}$$

实际上，如果汇率不变，最简便的计算方法就是

$$100 \text{ 万} \times (9\% - 7\%) \times 1/2 = 1 \text{ 万英镑。}$$

但是，6 个月到期时，汇率不变的可能性很小，那么，汇率变化不外乎下面两种情况，要么上升，要么下降。

（2）若到期汇率变为 GBP/USD = 2.00，则套利者将到期的美元本息和 206.91 万美元，按到期的汇率折合成英镑

$$206.91/2.00 = 103.46 \text{ 万英镑}$$

如果套利者不做套利交易，英镑本身的本息和是 $100 \times (1 + 7\% \times 6/12) = 103.5$ 万英镑，而因为做了套利交易，结果反倒赔了 $103.46 - 103.5 = -0.04$ 万英镑。

因为高利率的美元，6 个月到期时贬值了。为了赚取 2% 的利差，承担了高利率货币美元贬值的风险。

（3）若到期汇率变为 GBP/USD = 1.96，则套利者将到期的美元本息和 206.91 万美元，按到期的汇率折合成英镑 $206.91/1.96 = 105.57$ 万英镑

比不进行套利交易多盈利 $105.57 - 103.5 = 2.07$ 万英镑

所以，套利者既赚了两货币的利差 2%，又赚了高利率货币美元升值的汇差，因此，我们可以说是套利者"双丰收"。

那么，到期汇率变为多少时套利者不赔不赚？$206.91/103.5 = 1.999$，即到期汇率变为 GBP/USD = 1.999 时，套利交易者盈亏平衡。

上例中的两货币利率，既可以看成是同期的存款利率，也可以是投资收益率。现实中，尽管高利率货币远期到底是升水还是贴水，受很多因素的影响，但是，完全可以用升（贴）水年率（幅度）（Percent per Annum）来与两货币的利差进行比较，就是把远期差价换算成年率来与两货币的利差比较，决定是否进行套利交易。

升（贴）水年率的计算公式如下

升（贴）水年率 = 升（贴）水额 / 即期汇率 × 12/月数 × 100%

非抛补套利带有很大的投机性，只要两货币的利差大于高利率货币贴水的年率，就可以做。

当两货币的利差小于高利率货币的贴水年率时，则非抛补套利亏损。如上例

$$(1.98 - 2.00) / 1.98 \times 12/6 \times 100\% = 2.02\%$$

而两货币的利率之差为 2%（9% - 7%），所以，套利者进行非抛补套利的结果是亏损。

由于未来汇率的走势很难准确把握，所以，为了避免非抛补套利亏损，最好是做抛补套利。

2. 抛补套利（Covered Interest Arbitrage）。抛补套利，是指套利者在即期市场上将低利率货币换成高利率货币的同时，为避免高利率货币在套利期间向不利方向变动带来

损失，在外汇市场上卖出高利率货币的远期，以避免汇率风险的外汇交易。这实际上就是将远期交易和套利交易结合起来进行。

从形式上看，抛补套利是一种掉期交易，即期卖出低利率货币，买进高利率货币；远期卖出高利率货币，买进低利率货币。因此，进行抛补套利的目的有二：（1）赚取两种货币间的利差；（2）避免高利率货币远期贬值的风险。

接上例，如果已知 6 个月的远期汇率是 GBP/USD = 1.99。即美元贴水 0.01（1.98 - 1.99），则套利者在做非抛补套利交易的同时，按已知的远期汇率 1.99 的价格，卖出 6 个月的远期 206.91 万美元，到期按合同价 1.99 的汇率交割，肯定能换回 103.97 万英镑（206.91/1.99）。即抛补套利的盈利 103.97 - 103.5 = 0.47 万英镑。

这个套利收益，与到期时的汇率高低没有关系，有效地规避了高利率货币美元远期贴水的风险。当然，也由于远期交易合同的签订，把高利率货币美元远期升值给自己带来收益的可能也转嫁出去了。所以，是否进行抛补套利，取决于套利者对未来汇率走势的正确判断或预期。

表 3 - 1、表 3 - 2、表 3 - 3 分别是不同期限的人民币存款利率、贷款利率和主要外币的存款利率。

表 3 - 1　　　　　　　　人民币存款利率表（2012 - 07 - 06）

项目	年利率（%）
一、城乡居民及单位存款	
（一）活期	0.35
（二）定期	
1. 整存整取	
三个月	2.85
半年	3.05
一年	3.25
二年	3.75
三年	4.25
五年	4.75
2. 零存整取、整存零取、存本取息	
一年	2.85
三年	2.9
五年	3
3. 定活两便	按一年以内定期整存整取同档次利率打 6 折
二、协定存款	1.15
三、通知存款	
一天	0.8
七天	1.35

表 3 - 2 人民币贷款利率表（2012 - 07 - 06）

种类	年利率（%）
一、短期贷款	
六个月（含）	5.6
六个月至一年（含）	6
二、中长期贷款	
一至三年（含）	6.15
三至五年（含）	6.4
五年以上	6.55
三、贴现	以再贴现利率为下限加点确定

表 3 - 3 主要外币存款利率（2012 - 08 - 22） 单位:%（年利率）

	活期	七天通知	一个月	三个月	六个月	一年	二年
英镑	0.1250	0.1750	0.2500	0.3500	0.6000	0.7500	0.7500
港元	0.0100	0.0100	0.1000	0.2500	0.5000	0.7000	0.7500
美元	0.0500	0.0500	0.2000	0.3000	0.5000	0.8000	0.8000
瑞士法郎	0.0001	0.0005	0.0100	0.0100	0.0100	0.0100	0.0100
新加坡元	0.0001	0.0005	0.0100	0.0100	0.0100	0.0100	0.0100
日元	0.0001	0.0005	0.0100	0.0100	0.0100	0.0100	0.0100
加拿大元	0.0100	0.0500	0.0500	0.0500	0.3000	0.4000	0.4000
澳大利亚元	0.2500	0.3000	1.2500	1.3125	1.3250	1.5000	1.5000
欧元	0.0100	0.0100	0.0500	0.1000	0.5000	0.7000	0.7500

关于套利交易，还需说明以下几点：

（1）国际间资金的流动是自由的。即套利交易必须以有关国家对货币的兑换和资金的转移不加任何限制为前提。

（2）利率差异是指同一类金融工具的名义利率。即不考虑通货膨胀因素，否则，不具有可比性。

（3）套利交易所涉及的交易，均是短期的，其期限一般都不超过1年。

（4）套利交易也涉及各种费用，所以不必等到远期升贴水率与利差完全一致，套利活动就会停止。

（5）套利是市场不均衡的产物，随着套利活动的进行，货币市场与外汇市场之间的均衡关系又会重新恢复。

第四节 外汇期货交易与外汇期权交易

一、外汇期货交易

（一）期货的出现

由于农作物的价格易受自然条件影响，价格的不平稳，对买卖双方都造成了很大的困扰，于是为控制成本或确保利润，买卖双方就预先约定将来的买卖价格和数量。这便是期货的早期形式。

1848 年，最早的期货交易所——芝加哥谷物交易所（Chicago Board of Trade，CBOT）成立。主要交易品种是玉米、燕麦等农作物。

1972 年，芝加哥商品交易所（Chicago Mercantile Exchange，CME）建立了国际货币市场（International Monetary Market，IMM），并首次开办了外汇期货交易。接着利率、股指等金融期货也都相继出现。

（二）外汇期货

期货（Futures）是一种可以转让的标准化的合约。期货交易是指买卖双方在通过期货交易所或期货经纪人，买卖期货合约的交易。

外汇期货（Foreign Currency Futures），又叫"外币期货"，是指交易者以保证金为抵押买卖标准化的远期外汇。

外汇期货市场是围绕外汇期货的交易活动而形成的一种金融衍生产品交易市场。

1. 外汇期货市场的结构（与商品期货市场的结构类似），如图 3-1 所示。

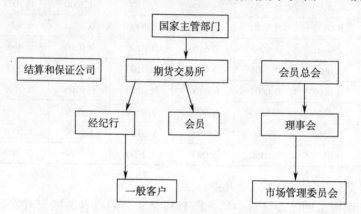

图 3-1　外汇期货市场结构图

（1）交易所。交易所是以股份公司形式向当地政府注册，实行会员制的非盈利团体。它是一个从事期货交易的场所，除了提供必需的设施外，还有很健全的管理机构，负责制定交易规则、设计期货合约的品种、条款等，监督交易、交割程序，管理交易所会员的日常活动，搜集交易行情、发布信息等。交易所内最高权力机关是"会员总会"，下设理事会，再下设专门的市场管理委员会，负责日常管理及交易活动。

（2）经纪行。经纪行是经注册登记的期货交易所的会员公司，它代替一般客户（不具备会员资格的客户）进行期货交易。

（3）结算与保证公司。结算与保证公司是为期货交易提供结算与保证服务的机构。有的交易所将二者分别设立，有的交易所将它们合二为一。

结算公司，又叫"结算所"（Clearing House），是非盈利机构，与交易所的关系可以是附属关系也可以不是。交易所的会员须在结算所开立保证金账户，每个营业日结束，所有成交合约的结算事务都由结算所负责办理，其结算的依据是：清算价格（结算价格）。即每个营业日最后几秒达成交易的平均价格。

结算所除了收取结算保证金和替会员办理合约结算外，它的存在对于期货交易而言是至关重要的。因为在交易所成交的所有期货合约，实际上都转化成了会员与清算所之间的合同或契约关系。也就是对于期货出售者来说，清算所是买进者；对于期货购入者来说，清算所又是卖出者。所以期货市场的参与者在做期货交易时，不必担心对方当事人的信用是否可靠和财务状况是否良好，因为万一出现违约造成的损失是由清算所承担的。

（4）一般客户，即交易者，是指非会员资格的交易者和具有会员资格的场内交易商。期货市场的交易者按其交易的主要目的不同，可把他们分为两类：商业性交易商，其目的是利用期货市场避免风险，也就是套期保值；非商业性交易商，目的就是投机。

2. 外汇期货市场的功能。外汇期货市场的功能与商品期货市场的功能一样，大概包括以下几个。

（1）规避风险，又叫套期保值（Hedge），这是所有期货市场最原始的功能，避险者同时在现货和期货市场上做反向交易，以期货的盈利抵补现货的亏损。套期保值者把期货市场当做转移价格风险的场所，利用期货合约作为将来在现货市场上买卖商品的临时替代物，对其现在买进准备以后售出商品或对将来需要买进商品的价格进行保险。

（2）价格发现。期货市场的价格是公开竞价，反映了买卖双方的需求。所谓价格发现，是指利用市场公开竞价交易等交易制度，形成一个反映市场供求关系的市场价格。具体来说就是，市场的价格能够对市场未来走势作出预期反应，同现货市场一起，共同对价格作出预期。

（3）外汇期货投机。外汇期货投机是通过买卖外汇期货合约，从外汇期货价格的变动中获利并同时承担风险的行为。投机交易的基本原理是投机者根据对外汇期货价格走势的预测，买进或卖出一定数量的外汇合约，如果价格走势如所预测，则可以在某一价格上顺利平仓，合约的买卖差价即为盈利；如果价格走势与预测方向相反，则投机就要承担风险，买卖差价即为亏损。

外汇期货投机分为空头投机和多头投机两种类型。所谓空头投机是投机者预测外汇期货价格将要下跌，从而先卖（开仓）后买（平仓），以高价卖出，以低价买入，从而达到获利目的。多头投机是投机者预测外汇期货价格将要上升，先买后卖，以低价买进，以高价卖出从而获利。

期货投机是期货市场中必不可少的一环，期货投机者承担了套期保值者力图回避和转移的风险，使套期保值成为可能。

3. 外汇期货合约的主要内容。外汇期货合约是一种法律契约，合约双方通过协商达成在未来一定时期内就某种外国货币按规定内容进行交易的具有法律约束力的文件，双方依此文件可以获得结算公司的保证。外汇期货合约的具体内容包括交易币种、交易单位、报价方法、最小变动单位、购买数量限制、交易时间、交割月份、交割地点等。美国芝加哥商品交易所的国际货币市场（IMM）约占全球外汇期货合约成交量的90%以上，表3-4将部分外汇期货合约的基本概况列示如下。

表 3 - 4　　　　　　　美国国际货币市场（IMM）外币期货合约概况

	英镑	欧元	瑞士法郎	日元
交易单位	GBP62 500	EUR125 000	CHF125 000	JPY12 500 000
报价方法	美分/英镑	美分/欧元	美分/瑞士法郎	美分/日元
最小变动单位 （基本点）	1 点 0.0001	1 点 0.0001	1 点 0.0001	1 点 0.000001
最小变动值 （美元值）	USD6.25	USD 12.50	USD 12.50	USD 12.50
购买数量限制	6 000 张	6 000 张	6 000 张	6 000 张
保证金				
初始	USD2 800	USD 2 100	USD2 000	USD2 100
维持	USD2 000	USD1 700	USD1 500	USD1 700
交割月份	3 月、6 月、9 月、12 月			
交割地点	清算所指定的货币发行国银行			

（三）外汇期货交易的基本规则

1. 保证金制度。期货市场上的保证金制度是期货市场上的核心。其中包括逐日盯市制度和维持保证金制度。

（1）逐日盯市制度（Daily Mark – to – market System），即每日无负债制度、每日结算制度，是指在每个交易日结束之后，交易所结算部门（或经纪人）先计算出当日各期货合约结算价格，核算出每个会员（或客户）每笔交易的盈亏数额，以此调整会员（或客户）保证金账户的金额，将盈利记入账户的贷方，将亏损记入账户的借方。若保证金账户上贷方金额低于保证金要求，交易所（或经纪人）通知该会员（或客户）在限期内缴纳追加保证金以达到初始保证金水平，否则，不能参加下一交易日的交易。

例：某投资者今天想买一份英镑期货合约，每份标准金额 6.25 万英镑，需交保证金 2 000 美元。于是该投资者需要在经纪人那里开一个保证金账户，最低存入 2 000 美元。紧接着以 GBP/USD = 1.5885 的价格买入一份英镑期货合约，即建仓，一份英镑合约多头头寸。

假如今天是 4 月 2 日（星期一），当天下午的收盘价是 GBP/USD = 1.5882，请问：该投资者保证金账户上的钱是多了还是少了？

$$（1.5885 - 1.5882）×62 500 = 18.75 \text{ 美元}$$

即保证金账户上金额变为 2 000 - 18.75 = 1 981.25 美元

4 月 3 日　　　收盘价　　　1.5880　　　账户余额 1 968.75 美元

4 月 4 日　　　收盘价　　　1.5875　　　账户余额 1 937.50 美元

4 月 5 日　　　收盘价　　　1.5860　　　账户余额 1 843.75 美元

如果该投资者不愿再继续赔下去，4 月 6 日（星期五）以 GBP/USD = 1.5853 的价

格卖出该份合约（即对冲，平仓。当然该合约仍没到期）。其账户余额为

$$2\ 000 - 62\ 500 \times (1.5882 - 1.5853) = 1\ 818.75\ 美元$$

投资者可以取走清户。

如果该投资者没有对冲，亏 200 美元不要紧，耐心等待，行情真的止跌回升了。

4 月 9 日	收盘价	1.5861
4 月 10 日	收盘价	1.5865
4 月 11 日	收盘价	1.5875
4 月 12 日	收盘价	1.5885 （与买入价持平）
4 月 13 日	收盘价	1.5890（开始赚钱）
4 月 16 日	收盘价	1.5985 保证金账户上余额为多少？

$$2\ 000 + 62\ 500 \times (1.5985 - 1.5885) = 2\ 625\ 美元$$

经纪人每天都帮投资者算好了，保证金账户上的余额天天在变。若市场行情与投资者的预期（英镑上涨）一致，那么，该投资者的保证金账户余额将会因此而不断增加。但是，若市场行情与该投资者的预期相反，亏到一定程度，经纪人（或交易所）是不会坐视不管的。

逐日盯市制度其原则是结算部门在每日闭市后计算、检查保证金账户余额，通过适时发出追加保证金通知，使保证金余额维持在一定水平之上，防止负债现象发生的结算制度。其具体执行过程如下：在每一交易日结束之后，交易所结算部门根据全日成交情况计算出当日结算价，据此计算每个会员持仓的浮动盈亏，调整会员保证金账户的可动用余额。若调整后的保证金余额小于维持保证金，交易所便发出通知，要求在下一交易日开市之前追加保证金，若会员单位不能按时追加保证金，交易所将有权强行平仓。

逐日盯市制度一般包含计算浮动盈亏、计算实际盈亏两个方面：

计算浮动盈亏。结算机构根据当日交易的结算价，计算出会员未平仓合约的浮动盈亏，确定未平仓合约应付保证金数额。计算公式是

浮动盈亏 =（当天结算价 – 开仓价格）×持仓量×合约单位 – 手续费

如果账户出现浮动亏损，保证金数额不足维持未平仓合约，结算机构便通知会员在第二天开市之前补足差额，即追加保证金，否则将予以强制平仓。如果账户是浮动盈利，不能提出该盈利部分，除非将未平仓合约予以平仓，变浮动盈利为实际盈利。

计算实际盈亏。平仓实现的盈亏称为实际盈亏。多头实际盈亏的计算公式是

盈/亏 =（平仓价 – 买入价）×持仓量×合约单位 – 手续费

空头盈亏的计算公式是

盈/亏 =（卖出价 – 平仓份）×持仓量×合约单位 – 手续费

（2）维持保证金制。维持保证金制，就是保证金的下限，也叫最低保证金。那么，最初开立保证金账户建仓时存入的保证金，叫初始保证金。维持保证金通常是初始保证金的 75%。当投资者保证金账户的资金余额下降到这一水平时，经纪人会通知你赶快往保证金账户上存钱，即追加保证金。如果投资者不照办，那么，下一交易日一开市，经纪人就会强行"平仓"，或叫"斩仓"，把投资者持有的头寸"对冲"掉，其损失部分从投资者的保证金账户中扣除。

接上例：每份英镑期货合约的初始保证金 2 000 美元，维持保证金 1 500（2 000 ×

75%）美元，当市场价格由 GBP/USD = 1.5885 下降到 GBP/USD = 1.5805 时，投资者保证金账户余额就由原来的 2 000 美元下降到 1 500 美元。也就是

$$2\ 000 - (1.5885 - 1.5805) 62\ 500 = 1\ 500 （美元）$$

当投资者接到追加保证金的通知后，无论什么原因不追加，那么下一交易日一开盘，当市场价变为 GBP/USD = 1.5800，经纪人就会比这个更低的价格填一张单子，很快将投资者的多头头寸对冲卖掉。若对冲价格为 GBP/USD = 1.5788，则保证金账户上余额为

$$1\ 500 - (1.5805 - 1.5788) 62\ 500 = 1\ 393.75 （美元）$$

2. 清算所的日结算制度。清算所作为期货交易的中间人，其作用是保证每笔交易的双方履约。清算所实行会员制，非会员必须经过某一会员才能进行清算。清算所记录发生的每一笔交易，并计算每一会员每天的盈亏额和净头寸。

客户在经纪人处存放保证金，非会员经纪人在会员处存放保证金，会员则在结算所存放保证金，即清算保证金。它没有初始和维持之分，因为清算所对会员进行逐日盯市，是以净头寸来计算的。每天，有净亏损的会员必须将保证金补足到初始水平，否则也同样会被清算所强行平仓。

例：同一期货品种某会员有两个客户，其中一个 20 份合约多头，另一位 15 份合约空头，那么，该会员的合约总头寸 35 份、净头寸是 5 份多头。

清算保证金是以这 5 份净头寸为基础计算的，如果清算保证金数量不够，会员的净头寸同样会被清算所强行平仓。

结算部门在每日闭市后计算、检查保证金账户余额，通过适时发出追加保证金通知，使保证金余额维持在一定水平之上，防止负债现象发生的结算制度。其具体执行过程如下：在每一交易日结束之后，交易所结算部门根据全日成交情况计算出当日结算价，据此计算每个会员持仓的浮动盈亏，调整会员保证金账户的可动用余额。若调整后的保证金余额小于维持保证金，交易所便发出通知，要求在下一交易日开市之前追加保证金，若会员单位不能按时追加保证金，交易所将有权强行平仓。

有了每日清算制度，交易者就无法在账面上保持长时间的亏空，个别人的违约行为也不会带来“多米诺骨效应”。总的看来，期货市场的保证金制度是相当成功的，在成熟的期货市场上，几乎不存在违约行为。

逐日盯市制度的存在和逐日结算制度的实施使得当期货价格发生剧烈波动时，期货交易者将可能会面临相当大的负现金流的风险，期货投资者必须计算出为满足逐日清算条件可能需要的资金，并在整个投资期间设立相应动态的现金流储备。对交易者而言提高了对资金流动性的要求，对市场而言逐日盯市制度则有助于避免资金信用风险。

另外，期货交易和股票交易中所采用的结算制度不同。期货交易采取的每日清算（逐日盯市）制度使得期货在清算的方式和现金流量都不同于股票交易。当期货价格随着时间变化时，贷记利润、借记损失，利润和损失依次累计，在任何一个时点每个期货保证金账户都有一笔净利润或净损失；股票交易则是简单的持有直到买卖时才进行清算，之前并无任何资金的转移。按照这种要求，期货合约每天都有现金的流入和流出，而股票只是在买卖日才有一次现金的流动。

（四）外汇期货交易案例分析

1. 套期保值（Hedge）。

（1）多头套期保值（Buying Hedge）。即在期货市场上先买入某种外币期货，然后卖出期货轧平头寸。通过期货市场先买后卖的汇率变动与现货市场相关交易的汇率变动损益相冲抵，以避免汇率波动风险，达到保值的目的。

美国进口商××年2月10日从德国购进价值12.5万欧元的货物，1个月后付款。为防止欧元升值使进口的本币成本增加，该进口商买入了一份3月份到期的欧元期货合约，金额为12.5万欧元，价格USD 0.5841。

该年2月10日的现货市场价格EUR/USD＝0.5815。1个月后欧元真的升值，即3月10日的欧元现货价格和期货市场价格分别为USD 0.5945和USD 0.5971。

试比较：该进口商不做期货套期保值与做期货套期保值的盈亏状况？（期货保证金暂不考虑）

其操作过程如表3-5所示。

表3-5　　　　　　　　　　多头期货套期保值操作过程

现货市场	期货市场
××年2月10日 汇率 EUR/USD＝0.5815 125 000×0.5815＝72687.5美元（无）	××年2月10日 价格 EUR/USD＝0.5841 买1份3月份欧元期货总价值73 012.5美元
××年3月10日（付款） 汇率 EUR/USD＝0.5945 125 000×0.5945＝74 312.5美元	××年3月10日（对冲） 价格0.5971卖出1份欧元期货合约总价值74 637.5美元
结果：损失1 625美元	结果：盈利1 625美元

该进口商由于欧元升值，为支付12.5万欧元的货款，1个月需要多支出1 625美元，即在现货市场上成本增加1 625美元。但由于做了套期保值，在期货市场上盈利1 625美元，从而将现货市场上的损失弥补了。

如果欧元的汇率不是上升，而是下降了，则期货市场上损失就要由现货市场上的盈利来弥补。因为期货和现货价格的走势方向是一致的，只不过幅度不同而已。

（2）空头套期保值（Selling Hedge）。即在期货市场上先卖后买来固定汇率，避免汇率波动的风险。

假设××年4月9日某出口商预计2个月后将收到货款CHF100万，为预防2个月后瑞士法郎贬值，该出口商利用期货市场进行套期保值。

假设4月9日现汇汇率USD/CHF＝1.3778/88，期货市场瑞士法郎价格0.7260美元。

6月9日现汇汇率USD/CHF＝1.3850/60，期货市场瑞士法郎价格0.7210美元。

请问：该出口商如何套期保值？（瑞士法郎期货合约每份的标准金额为12.5万）

其操作过程如表3-6所示。

表 3 - 6 空头套期保值操作过程

现货市场	期货市场
××年4月9日汇率 USD/CHF = 1.3778/88 CHF100 万折合多少美元? 1 000 000/1.3788 = 725 268 美元（无）	××年4月9日价格 USD/CHF = 0.7260 卖出 8 份 6 月到期的 CHF 合约总价值 8 × 125 000 × 0.7260 = 726 000 美元
6月9日（收款）汇率 USD/CHF = 1.3850/60 CHF100 万折合多少美元? 1 000 000/1.3860 = 721 501 美元	6月9日（对冲）价格 0.7210 买入 8 份合约（平仓）总价值 721 000 美元
结果：损失 3 767 美元	结果：盈利 5 000 美元

从表 3 - 6 中可知：该公司由于瑞士法郎贬值，在现货市场上少收入 3 767 美元，但由于做了空头套期保值，在期货市场上盈利 5 000 美元，从而将现货市场上的损失加以弥补并有盈利。

（3）交叉套期保值（Cross Hedge）。在两种非美元货币收付的情况下，该两种货币就要利用交叉套期保值。因为外汇期货市场上，期货合约的价格都是用美元表示的，若涉及两种非美元货币汇率的变动时，就要利用交叉套期保值。

例：德国一公司××年 5 月 10 日向英国出口一批货物，价值 500 万英镑，4 个月后用英镑结算。假设英镑 5 月 10 日和 9 月 10 日的汇率及英镑期货和欧元期货的价格如下表所示。为防止英镑贬值，该公司决定对英镑和欧元进行交叉套期保值。英镑期货合约每份 6.25 万，欧元期货合约每份 12.5 万。

其操作过程如表 3 - 7 所示。

表 3 - 7 交叉套期保值操作过程

现货市场	期货市场
××年 5 月 10 日 汇率 GBP/EUR = 2.8020 500 万英镑折合欧元 1 401 万欧元（无）	××年 5 月 10 日 英镑价格 1.6589 美元 卖出英镑期货合约 80 份 欧元价格 0.5860 美元 买入欧元期货合约 80 份
9 月 10 日（收款） 汇率 GBP/EUR = 2.7020 500 万英镑折合欧元 1 351 万欧元	9 月 10 日（对冲） 英镑价格 1.6189 美元 买入英镑期货合约 80 份（平仓） 欧元价格 0.6212 美元 卖出欧元期货合约 80 份（平仓）
结果 损失 50 万欧元	结果 英镑盈利 20 万美元 欧元盈利 35.2 万美元

该德国出口公司在现货市场上损失 50 万欧元，在期货市场上盈利 55.2 万美元。若 ××年 9 月 10 日欧元兑美元的即期汇率为 EUR/USD = 0.9，则期货市场上的盈利折合成欧元 61.33（55.2/0.9）万，期货市场上的盈利，弥补了现货市场上的亏损。

2. 外汇投机。投机（Speculative/Speculation）与套期保值恰好相反，投机不是避免外汇风险，而是接受或利用外汇风险。或者说，投机不是要尽量减少损失，而是要最大限度地追求利润。也就是投机者根据自己对市场价格走势的判断，把握机会，利用市场出现的价差进行买卖，从中获得利润的交易行为。投机活动的主要功能在于承担套期保值者所转移的汇率变动风险。

（1）单项投机。外汇期货单项投机就是通过买卖外汇期货合约，从外汇期货价格的变动中获利并同时承担风险的行为。投机者根据对外汇期货价格走势的预期，购买或出售一定数量的某一交割月份的外汇期货合约，有意识地使自己处于外汇风险暴露之中。一旦外汇期货价格的走势与自己的预期一致，则出售或购买以上合约进行对冲，可从中赚取买卖差价。如果外汇期货价格的走势与自己的预期相反，投机者则要承担相应的风险损失。外汇期货投机又分为多头投机即"买空"和空头投机即"卖空"。

多头投机，即买空（Buy Long or Bull）。是指投机者预计期货价格将要上升，在市场上买入期货，待将来价格上涨时，高价抛出，从中赚取买卖差价的行为。

例：假设某年 8 月 2 日，美国货币市场上 12 月份到期的日元期货合约，价格为 0.0083（1/120.40）美元，某投机者预计日元期货近期要上升，于是买入 10 份 12 月到期的日元期货，每份标准金额 1 250 万日元。等到 8 月 15 日，日元期货价格变为 0.0089（1/112.5）美元，于是该投机者卖出手中的日元多头合约，平仓出局。

试计算：该投机者的利润是多少？（不计手续费，暂不考虑保证金）

解：（0.0089 − 0.0083）×10×1 250 万

　　　= 7.5 万美元

所以，该投机者的日元期货多头投机收益为 7.5 万美元。

空头投机，即卖空（Sell Short or Bear）是指投机者预测期货价格将要下跌，在市场上卖出期货，待将来价格下降时，低价买进，从中赚取买卖差价的行为。

例：2010 年 3 月 10 日，IMM 英镑 6 月份到期的期货价格为 1.6447 美元，某投机者预测英镑期货价格将会下降，于是卖出 4 份 6 月到期的英镑期货。等到 3 月 25 日，英镑期货价格为 1.6389，于是该投机者在这个价位上买入 4 份合约对冲平仓。每份英镑期货合约的标准金额 62 500 英镑。

试计算：该投机者的投机利润是多少？（不计手续费，暂不考虑保证金）

解：（1.6447 − 1.6389）×4×62 500

　　　=1 450 美元

所以，该投机者的投机利润为 1 450 美元。

（2）多项投机。外汇期货多项投机又叫外汇期货套汇，它包括跨市场投机、跨币种投机和跨时间投机。

跨市场投机是指投机者预计同一种外汇期货，在不同的交易所价格走势出现差异，在一个交易所买入，同时在另一个交易所卖出，以期从中获利的交易行为。

跨币种投机是投机者预期交割月份相同而币种不同的期货合约价格将出现不同的走势，于是买入一种币种的期货合约，同时卖出另一币种的期货合约，从中获利的交易行为。

跨时间投机是指投机者根据对币种相同而交割月份不同的期货合约，在某一交易所的价格走势出现差异，买进某一交割月份的期货合约，同时卖出另一交割月份的同种期货合约，从中获利交易行为。

二、外汇期权交易

（一）基本概念

期权（Option），顾名思义，远期的选择权，即在约定的期限内，选择执行或不执行合同的权利。

期权交易，就是远期执行或不执行合约权利的买卖。

外汇期权交易（Currency Options），是外汇交易的一方在合同到期日或期满之前，执行或不执行合同权利的买卖。

期权交易是继期货交易之后出现的金融衍生产品。

（二）期权交易的基本特征

与期货、远期交易相比，期权交易的基本特征有：

1. 期权交易具有灵活性。即权利的拥有者具有执行和不执行合同的灵活性。且各种期权之间可以进行多种排列组合，满足不同的交易需求。

2. 期权交易的收益与风险具有明显的不对称性。即对于期权的购买者来说，最大的风险就是付出的期权费损失，但收益可能很大；对于期权的出售者来说，收益就是期权费，但承担的风险可能很大。

（三）外汇期权交易的分类

1. 看涨期权和看跌期权。

（1）看涨期权（Call Option），又称买权，是期权的买方与卖方约定在合同到期日或期满前，买方有权按约定的汇率买入特定数量的货币。

例：张三与银行签订买入 100 美元，价格 6.27 元人民币，期限 1 个月的期权合同。之后，美元汇率由 USD/CNY = 6.27，一路上涨，到期变为 USD/CNY = 6.30。

请问：若张三支付给银行一定的期权费（暂不考虑其具体数量）拥有期权，该怎么办？

因为张三是买入美元的一方，同时又是权利的买入一方，所以，美元价格上涨，当然有权执行合同，按合同价 USD/CNY = 6.27 买入 100 美元，只需要 627 元人民币。

如果美元汇率一路下降，由合同价 USD/CNY = 6.27 到期变为 USD/CNY = 6.20，拥有期权的张三应怎么办？

不执行合同，按市场价 USD/CNY = 6.20 买进 100 美元。

（2）看跌期权（Put Option），又称卖权，是期权的买方与卖方约定在合同到期日或期满前，买方有权按约定的汇率卖出特定数量的货币。

接上例，如果银行支付一定的期权费给张三，银行拥有执行或不执行合同的权利，那么，当汇率由合同价 USD/CNY = 6.27 到期变为 USD/CNY = 6.20 时，银行有权执行合同，按合同价 USD/CNY = 6.27 卖给张三 100 美元，得到 627 元人民币。反之，若汇率由合同价 USD/CNY = 6.27 到期变为 USD/CNY = 6.30 时，银行有权不执行合同。

2. 美式期权和欧式期权。

（1）美式期权（American Option）。是指期权的买方在合同到期日前的任何一天都可以行使权利，向对方宣布执行或不执行合同，比较灵活。

（2）欧式期权（European Option）是指期权的买方只能在合同到期日行使权利，决定执行或不执行合同。

这两种叫法，源于美洲和欧洲的期权交易方式，现在已经与地理位置不相关了，只保留其名称。

（四）外汇期权交易案例分析

1. 买入外汇看涨期权。美国进口商预计 6 个月后需向外支付货款 CHF1 000 万美元，因担心瑞士法郎升值，该进口商以 2.56% 的期权价格支付了一笔期权费，购买了一份瑞士法郎欧式期权，合约内容如下

买入 CHF1 000 万欧式看涨期权

执行价格　USD/CHF = 1.3900

期限 6 个月

合约签订当日即期汇率：USD/CHF = 1.4100。

请问：汇率变为多少时，该美国进口商盈亏平衡？并具体分析汇率变动对美国进口商的影响。

解：因即期汇率 USD/CHF = 1.41，所以期权费折合美元　256 000/1.41 = 181 560 美元

依题意，设汇率为 USD/CHF = x 时，美国进口商盈亏平衡，因为美国进口商的期权合同中是用本币美元买入瑞士法郎，若瑞士法郎汇率上涨，意味着 1 000 万瑞士法郎的货款需要用更多的本币美元，所以，含 x 的等式为

1 000 万/x − 1 000 万/1.39 = 181 560

解得　x = 1.3558

因此，当汇率变为 USD/CHF = 1.3558 时，美国进口商盈亏平衡（见图 3 − 2）。

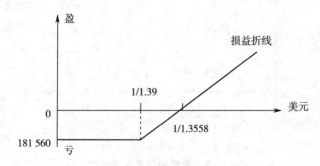

图 3 − 2　看涨期权多头盈亏图

从图 3 − 2 中可以看出：美国进口商付出的期权费 181 560 美元在原点的下方，即损失数。

当市场汇率变动在图形 1/1.39 的左边时，美国进口商有权选择不执行合同，按市场价，即 1 美元买入的瑞士法郎数量比 1.39 多，也就是向外付款时，买入 1 000 万瑞士法郎，所需要的美元较少，但期初付出的期权费就为净损失；当市场汇率变动在图形 1/1.39 和 1/1.3558 之间时，美国进口商有权选择执行合同，按合同价 USD/CHF = 1.39 的买入 1 000 万瑞士法郎向外付款，可以部分地弥补期权费损失，但仍未完全弥补；当市场汇率变到 USD/CHF = 1.3558 时，美国进口商有权选择执行合同，按合同价 USD/

CHF = 1.3900，买入 1 000 万瑞士法郎向外付款，正好把期权费损失完全弥补，亦称盈亏平衡点；当市场汇率变到图形中 1/1.3558 右边（瑞士法郎汇率上升超过 1.3558）时，美国进口商仍然是选择执行合同，按合同价 USD/CHF = 1.39 买入瑞士法郎向外付款，收益随着瑞士法郎汇率的上升而增加。

2. 买入外汇看跌期权（按合同价卖出外汇的权力）。某日，市场即期汇率为 USD/JPY = 115，一银行外汇交易员认为近期美元兑日元的汇率有可能下降。于是买入一项美元看跌期权，合同内容如下

卖出 1 000 万美元

执行价格 USD/JPY = 110

有效期 1 个月

期权费 17 万美元（合同金额的 1.7%）

请问：（1）汇率是多少时，该交易员盈亏平衡？

（2）在有效期内，该交易员应如何行使权利？

解：（1）因为期权费是在签订期权交易当时就付出的，所以，将期权费 17 万美元按当时的即期汇率 USD/JPY = 115 折合成日元

$$17 \times 115 = 1\ 955\ 日元$$

设汇率变为 USD/JPY = x 时，该交易员盈亏平衡，依题意得

$$（1\ 000\ 万 \times 110 - 1\ 000\ 万 x）= 1\ 955$$

解得： $x = 108.045$

即汇率变为 USD/JPY = 108.045 时，该银行交易员盈亏平衡（见图 3 - 3）。

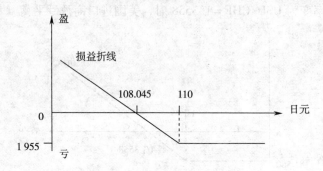

图 3 - 3 看跌期权多头盈亏图

（2）当市场美元汇率大于协议价 USD/JPY = 110 时，该交易员应选择不执行合同，按市场价（比 110 高）卖出美元，期初的期权费为净损失；当市场美元汇率在 USD/JPY = 108.045 和 USD/JPY = 110 之间时，该交易员应该选择执行合同，按合同价 USD/JPY = 110 卖出美元，可以部分地弥补期权费支出，但仍有亏损；当市场美元汇率小于 USD/JPY = 108.045 时，该交易员应选择执行合同，按合同价 USD/JPY = 110 卖出美元，其收入扣除期权费支出（1 955 日元）后仍有盈余，其盈利数量随美元汇率的下降而增加。

3. 卖出外汇看涨期权（获得期权费）。某日市场即期汇率 USD/CNY = 6.3710，中国一外贸公司预计 6 个月后将收到 100 万美元，因担心美元贬值，于是和银行签订卖出

美元看涨期权，协议内容如下

合同金额 100 万美元，

执行价 USD/CNY = 6.3700，

期权费为合同金额的 2%（2 万美元，由银行支付给该公司），

期限 6 个月。

请问：（1）汇率变为多少时，该公司盈亏平衡？

（2）美元汇率变动，对该公司的影响如何？

解：因即期汇率是 USD/CNY = 6.3710，所以期权费 2 万 ×6.3710 = CNY12.742 万

（1）设汇率变为 USD/CNY = x 时，该公司盈亏平衡，依题意得

$$100 万 \times (x - 6.3700) = 12.742 万$$

解得 x = 6.4974

即美元汇率变为 USD/CNY = 6.4974 时，该公司盈亏平衡（见图 3 - 4）。

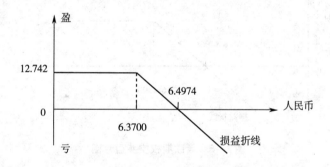

图 3 - 4 看涨期权空头盈亏图

（2）从图中可以看出：由于该公司期初收到了期权费，美元汇率变动时，没有执行或不执行合同的选择权。所以，当美元汇率小于 6.3700 时，由于对方（即银行）选择不执行合同，因此该公司净得期权费收入 2 万美元（12.742 万元人民币）；

当市场汇率变动在 USD/CNY = 6.3700 和 USD/CNY = 6.4974 之间时，因对方选择执行合同，按合同价 USD/CNY = 6.3700 买入美元，该公司不得不执行合同，按合同价 6.3700 卖出美元，尽管没有亏损，但期初的期权费收入变少了。

当市场汇率变动大于 USD/CNY = 6.3710 时，仍然是拥有权利的对方选择执行合同，该公司被动地执行合同，按合同价 USD/CNY = 6.3700 卖出美元，与市场价相比，该公司亏损，其亏损数量随美元汇率的上升而增加。

4. 卖出外汇看跌期权。某日市场即期汇率为 USD/CNY = 6.4700，中国一公司 6 个月后将收到 100 万美元，并预计美元汇率将稳定在 USD/CNY = 6.4700 的水平上，不会下跌，于是与银行签订了一份卖出美元看跌期权协议，内容如下

合同金额 100 万美元

期限 6 个月

执行价 USD/CNY = 6.4700

期权费为合同金额的 2%（2 万美元，该公司收到）

请问：（1）汇率是多少时，该公司盈亏平衡？

（2）具体分析汇率变动对该公司的影响。

解：因为即期汇率是 USD/CNY = 6.4700，所以，期权费按当日即期汇率折合成人民币

2 万 × 6.4700 = 12.94 万

（1）设汇率为 USD/CNY = x 时，该公司盈亏平衡

依题意得

$$100 \text{ 万 } (6.47 - x) = 12.94 \text{ 万}$$

解得　x = 6.3406

即美元汇率变为 USD/CNY = 6.3406 时，该公司盈亏平衡（见图 3 - 5）。

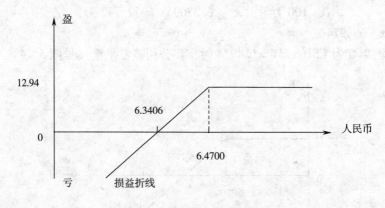

图 3 - 5　看跌期权空头盈亏图

（2）从图 3 - 5 中可以看出：由于该公司期初收到了期权费，美元汇率变动时，没有执行或不执行合同的选择权。所以，当美元汇率大于 6.4700 时，由于对方（银行）选择不执行合同，因此该公司净得期权费收入 2 万美元（12.94 万元人民币）；当市场汇率变动在 USD/CNY = 6.3406 和 USD/CNY = 6.4700 之间时，因对方选择执行合同，按合同价 USD/CNY = 6.4700 卖出美元，该公司不得不执行合同，按合同价 6.4700 买入美元，尽管没有亏损，但期初的期权费收入变少了；当市场汇率变动小于 USD/CNY = 6.3406 时，仍然是拥有权利的对方（银行）选择执行合同，按合同价 USD/CNY = 6.4700 卖出美元，该公司被动地执行合同，按合同价 6.4700 买入美元，与市场价相比，该公司亏损，其亏损数量随美元汇率的下降而增加。

附录：外汇期权交易与外汇期货交易、远期外汇交易的比较

附表　　　　　　　　外汇期权交易与外汇期货交易、远期外汇交易的比较

类型 比较项目	外汇期权交易	外汇期货交易	远期外汇交易
履约日期	必须符合交易所的标准规定	必须符合交易所的标准规定	买卖双方自由商定
履约义务	权利的买方有权要求对方履约或不履约	交易双方虽然都有履约义务，但可于到期前对冲平仓	交易双方均有履约的义务
合约特点	绝大多数是标准化，少数是双方协商而定	高度标准化	交易双方协商而定

续表

比较项目＼类型	外汇期权交易	外汇期货交易	远期外汇交易
保证金要求	权利的买方需向卖方交期权费	有初始保证金和维持保证金	无
交易参加者	经核准的交易所会员或在会员处开户的投资人	经核准的交易所会员或在会员处开户的投资人	对交易参加者的资格没有限制
交易方式	公开竞价，撮合成交	公开竞价，撮合成交	银行报价或双方协商
日价格波动	没有日价格波动幅度限制	有日价格波动幅度限制	没有日价格波动幅度限制
履约保证	权利的买方可以履约，也可以不履约	清算所为所有交易者提供履约保证	由交易双方的信誉作为履约保证

本 章 小 结

1. 外汇交易市场是指由各种经营外汇业务的机构和个人进行外汇买卖活动的交易场所或网络，是国际金融市场的重要组成部分，在现代通信技术高度发达的条件下，使全球各地的外汇市场连为一体。

2. 外汇市场的参与者包括外汇银行、外汇经纪人、中央银行和一般客户。

3. 外汇市场的类型，按外汇交易的组织形式划分，有有形外汇市场和无形外汇市场；按外汇交易的参加者划分，有外汇银行与一般客户之间的外汇市场、外汇银行之间的同业市场、外汇银行与中央银行之间的外汇市场；按外汇管制的宽严程度划分，有官方外汇市场、自由外汇市场和外汇黑市。

4. 外汇市场的作用有：为国际经贸往来提供货币兑换和结算的便利；充当国际金融活动的枢纽；调剂外汇余缺，调节外汇供求；运用操作技术规避外汇风险。

5. 20 世纪 70 年代以前，外汇市场上存在的基本外汇交易方式主要包括即期外汇交易、远期外汇交易、掉期外汇交易、套汇交易和套利交易等。即期外汇交易又称现汇交易，是指外汇买卖成交后在两个营业日内进行交割的外汇交易。远期外汇交易又叫期汇交易，是指外汇买卖双方成交后，按合同约定的汇率、期限、数量等，于未来特定日期进行交割的一种外汇交易。套汇交易包括两地和多地套汇，是指套汇者利用同一时间、同种货币的汇率，在不同外汇市场上的汇率差异，进行外汇的买卖，从中赚取收益的行为。套利包括非抛补套利和抛补套利，是指投资者根据两国国家市场利率的差异，将低利率货币换成高利率货币，以赚取利差的行为。

6. 外汇期货交易和外汇期权交易是 20 世纪 70 年代后期，在外汇市场上出现的外汇交易方式，它们的出现，为外汇交易者更好地避免外汇风险提供了有效的手段，但同时又增加了新的外汇风险。外汇期货交易又称外币期货交易，是指在固定场所内进行标准化的外汇期货合约买卖的一种外汇交易，它是在远期外汇交易的基础上发展起来的，但它又不同于远期外汇交易。外汇期权交易是指期权合约的买方在支付一定费用后，获得在约定的时间内，可以执行合同也可以不执行合同的权利的交易。在外汇期权交易中，权利的买方实际上是就"选择权"进行的交易。

复习思考题

1. 什么是外汇交易市场？外汇市场有哪些类型？

2. 什么是远期外汇交易？远期外汇交易有哪些作用？

3. 掉期外汇交易有什么特征？

4. 假设美国和墨西哥边境有两个相邻的小镇，啤酒和汇率分别如下：

墨西哥边境	美国边境
（小镇）	（小镇）

啤酒：0.1 比索/杯　　　　　　　　啤酒：0.1 美元/杯

汇价：0.9 比索 = 1 美元　　　　　汇价：0.9 美元 = 1 比索

假如：某墨西哥人只有 1 比索，且两国边境是开放的。请问：

（1）将会发生什么现象？

（2）发生这种现象的原因是什么？

5. 假设某日同一时刻，纽约、伦敦和法兰克福三地外汇市场的的行情如下

纽约外汇市场　　　　　　EUR/USD = 1.1841/51

伦敦外汇市场　　　　　　GBP/USD = 1.8665/75

法兰克福外汇市场　　　　GBP/EUR = 1.4872/82

　　某投资者以 100 万美元进行套汇，若套汇费用共计 1 万美元。

问：怎样进行套汇？结果可获套汇收益多少？

6. 某日市场即期汇率 GBP/USD = 1.6180/90

　　6 个月远期差价　　　　　　　　48/43

　　6 个月的银行存款利率分别是英镑 12%，美元 9%。

试问：（1）套利者是否进行抛补套利？为什么？

（2）如果套利者以 10% 的利率借入 100 万美元，期限半年，用于套利，可获收益多少？（不计交易费用）

7. 某年 6 月 12 日美国某公司向加拿大出口价值 1 000 000 加拿大元的货物，3 个月后以加拿大元结算。假设市场汇率如下

6 月 12 日　　　　现汇汇率　　　USD/CND = 1.3187

　　　　　　　　　期货价格　　　0.7582 美元

9 月 12 日　　　　现汇汇率　　　USD/CND = 1.3222

　　　　　　　　　期货价格　　　0.7560 美元

请问：美国出口商应如何利用期货市场进行套期保值？结果怎样？

8. 某银行一外汇交易员预期美元兑日元的汇率近期有可能上涨，于是买入一项美元看涨期权，合同金额 1 000 万美元，合同执行价 USD/JPY = 108.00，有效期 1 个月，期权费为合同金额的 1.5%。

试分析该交易员应如何行使权利？并用图形表示。

第四章 国际收支

国际收支是一国国民经济的重要组成部分。一国国际收支是否平衡，不仅对国内经济的发展产生影响，而且对其货币汇率和对外经济政策都有重要影响，所以，国际收支平衡是当今世界各国经济宏观调控的四大目标之一。国际收支失衡的原因及其调节理论，是国际金融理论的核心内容。

第一节 国际收支与国际收支平衡表

一、国际收支的概念

国际收支（Balance of Payments），是指一国居民在一定时期内，与非居民之间经济交易的系统记录。它是开放经济中的一个重要经济指标。

正如一国内部经济过程中需要财务记录一样，一国官方当局也应该对本国居民的一切对外经济金融关系进行统计总结。这就是国际收支要反映和研究的内容。

由于国际收支反映的是国际经济交往，在内容和形式上都经历了具有各自特点的不同的历史阶段，所以，在世界经济发展的不同阶段，国际收支概念的内涵也有一定的差异。

在国际信用不很发达、国际资本流动甚微的时代，国际收支主要反映对外贸易收支，即主要反映商品的进出口，因而当时的国际收支就基本上等同于一国的对外贸易收支。其后，随着国与国之间债权债务关系的增多，资本流动的快速发展，国际收支的概念就比较全面地包括了贸易收支、资本收支以及其他方式的国际转移等多项内容。

国际货币基金组织（IMF）对国际收支的定义为国际收支是一种统计报表，系统的记载了在一定时期内经济主体与世界其他经济体之间的各项经济交易，其中的经济交易在居民与非居民之间进行。

对于上述国际收支的概念，应从以下几个方面来理解。

1. 国际收支反映的内容是以交易为基础的货币记录。与国际收支的字面含义不同，它不是以实际收支为基础，而是以交易的发生为基础。尽管有些交易可能不涉及货币的收付，但未涉及货币收付的交易须折算成一定货币加以记录。交易的发生包括：（1）交换，即经济价值对等的交换。经济价值可总体上概况为实际资源（货物、服务、收入）和金融资产。（2）转移，即价值不对等的交换。可理解为一方向另一方提供了经济价值，但没有得到任何经济补偿。（3）移居，即把居住地从一经济体搬迁到另一经济体的行为。移居后，原有的资产负债关系会发生变化，这一变化应记录在国际收支中。（4）根据推论而存在的交易，在某些情况下，可以根据推论确定交易的存在，如国外直接投资者的投资收益再投资，尽管没有两国间的资金流动，也需要在国际收支中予以记录。

2. 国际收支是一个"时期数"，即"流量"。国际收支是对一定时期内的交易总计，这个时期一般为一年，当然也有根据需要而确定的半年、一个季度或一个月，在这些时期内所发生的交易，而不是截至某一时点的数。

3. 国际收支记载的经济交易必须是发生在一国居民与非居民之间。判断一项交易是否应包括在国际收支的范围内，所依据的标准不是交易双方的国籍，而是依据交易双方是否有一方是该国居民，另一方是该国的非居民。

在国际收支统计中，居民、非居民的判断标准如下：居民是指在一个国家（或地区）居住时间一年以上的政府、企业、事业单位和个人。非居民是指在一个国家（或地区）居住时间不满一年的政府，企业、事业单位和个人。两种例外情况：（1）外交使节、驻外军事人员、领使馆工作人员，无论在居住地居住多久，均是派出国的居民，居住国的非居民；（2）国际性机构是任何一国的非居民。

国际收支概念中之所以强调居民与非居民的区别，目的是为了正确反映国际收支情况。只有发生在居民与非居民之间的各种经济交易，才是国际经济交易。居民与居民之间的各种经济交易是国内经济交易，不属于国际收支范畴；而非居民之间的各种经济交易则是别国的事情，与该国国际收支无关。

二、国际收支平衡表

国际收支平衡表（Balance of Payments Statement），亦称国际收支账户，是指系统地记录一国（或地区）在一定时期内发生的所有国际收支的统计（会计）报表。通过国际收支平衡表，可综合反映一国的国际收支平衡状况、收支结构及储备资产的增减变动情况，为制定对外经济政策，分析影响国际收支平衡的基本经济因素，采取相应的调控措施提供依据，并为其他核算表中有关国外部分提供基础性资料。

（一）国际收支平衡表的编制原理

国际收支平衡表是按照复式簿记的原理编制的，即每一项交易发生，都应分别记入在相应的借方与贷方，且借方、贷方金额相等。

简单地理解为一切外汇收入项目或负债增加、资产减少都列为贷方（Credit），或称正号项目，用"＋"表示；一切外汇支出项目或资产增加、负债减少都列为借方（Debit），或称负号项目，用"－"表示。商品及劳务输出、国外单方面馈赠、资本输入等是从国外收入款项，都记入贷方；商品及劳务输入、对国外的单方面赠与、资本输出等是对国外支付款项，都记入借方。

资本输入包括两种形式：（1）增加在本国的外国资产，如外国居民购买本国的证券；（2）减少本国在国外的资产。这两者都是从国外收入款项，都应作为贷方记录。资本输出也有两种形式：（1）本国在国外资产增加，如本国居民购买国外的证券；（2）在本国内的外国资产减少。两者都需要向国外支付款项，因而都作为借方记录。

（二）国际收支平衡表的基本内容（账户构成）

国际收支平衡表所包含的内容十分繁杂，由于国与国之间在对外经济往来活动方面存在着明显差异，所以各国国际收支平衡表的内容也反映出不同的特征。比如，美国的国家收支平衡表中，留学生费用收入比重较大，东南亚各国的国际收支平衡表中旅游收入比重较大，等等。虽然各国的国际收支平衡表具体内容有别，详、简程度也有很大差异，但是，其主要结构和基本内容都是一致的。

按照国际货币基金组织出版的《国际收支手册》（第五版）规定，国际收支平衡表的标准组成部分是经常项目、资本和金融项目（见图4－1）。

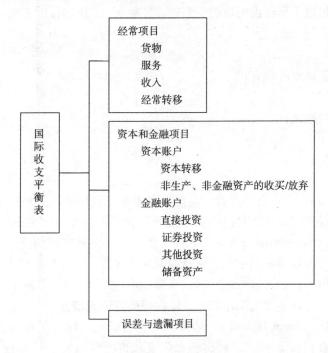

图4－1　国际收支平衡表的项目构成

1. 经常项目（Current Account）。经常项目，又称"经常账户"，是对实际资源在国际间流动行为进行记录的账户，它是一国对外经常发生的，是一国国际收支平衡表中最基本、最重要的项目。它包括货物、服务、收入和经常转移。

（1）货物（Goods），即有形贸易收支，也就是商品货物的进出口。货物包括一般商品、用于加工的货物、货物的修理、各种运输工具停靠港口期间购买的货物，以及非货币性黄金。在货物的所有权发生转移时进行记录，它是一国国际收支中最重要的项目。

一般商品包括机电产品、农产品、汽车、电子产品和纺织产品等。出口记入贷方，进口记入借方，其差额称为商品贸易差额。根据国际货币基金组织的建议，商品货物的进出口均按离岸价（Free On Board，FOB）计算。

离岸价＋运费＋保险费＝到岸价（Cost Insurance and Freight，CIF）

用于加工的货物，是指运到国外进行加工的货物的出口和运到国内进行加工的货物的进口。

货物的修理，是指向非居民支付的或从非居民得到的交通运输工具修理费。

各种运输工具停靠港口期间购买的货物，包括居民/非居民从岸上采购的燃料和物资等。

非货币性黄金（Non－monetary Gold），是指不作为储备资产（货币性黄金）的所有黄金的进出口，等同于一般商品。

（2）服务（Services），又称无形贸易收支或劳务收支，是指一国服务的输出输入。服务输出记入贷方，服务输入记入借方。服务贸易的内容非常广泛，主要包括：交通、运输、邮电、通信等费用的收支；包括客运、货运和其他辅助性服务（如货物装卸、保管、包装，为运输工具提供的牵引、领航、导航等）。货物保险不在此范围，列入专门的保险项下。

旅游收支；

银行保险等金融业务收支；

建筑收支；

专有权使用费收支；

政府服务收支；

其他劳务收支；

……

（3）收入（Income），又称收益，是指生产要素（包括劳动力和资本）在国家之间的流动所引起的报酬的收支。包括"职工报酬"和"投资收益"两部分。

职工报酬（Compensation of Employees），指受雇在国外工作的季节工人、边境工人和工作时间不超过一年的短期工人，以及在国外使领馆、国际组织驻本国机构工作的工人的工资和其他福利，记入贷方。同理，受雇在本国工作的外国季节工人、边境工人、短期工人、在本国驻外使领馆工作的工人应得报酬，记入借方。

投资收益（Investment Income），是指居民与非居民之间有关金融资产与负债的收入与支出。包括直接投资项下的利润利息收支和再投资收益、证券投资收益（股息、红利）、其他投资收益（利息）。本国居民因拥有外国企业直接投资资本所有权、证券和债权（长短期贷款和存款）所得股利、利润和利息收入，记入贷方；非居民因拥有本国直接投资资本所有权、证券和债权所得股利、利润和利息，记入借方。

（4）经常转移（Current Transfers），是指不发生偿还或报酬的价值的单方面转移，商品、劳务或金融资产在居民与非居民之间转移后，并未得到相应的补偿与回报，是不对等的交易，因而也被称为无偿转移（Unrequited Transfers）或单方面转移。它包括所有非资本转移项目，资本转移是在资本与金融账户中。经常转移通常包括各级政府的无偿转移和私人的无偿转移。

各级政府的无偿转移。如战争赔款、政府间的经济援助、军事援助以及捐赠，政府与国际组织间定期缴纳的费用，以及国际组织作为一项政策向各国政府定期提供的转移。

私人的无偿转移。如侨汇、捐赠、遗产继承、赠养费、资助性汇款、退休金等。

从外国向本国的无偿转移，记入贷方，而从本国向外国无偿转移，记入借方。

上述四个部分的总和，构成经常项目收支。若贷方金额大于借方金额，出现盈余（Surplus）时，称为经常项目顺差（Favorable Balance）；反之，当借方金额大于贷方金额，出现赤字（Deficit）时，称为经常项目逆差（Adverse Balance）。经常项目若能够长期保持顺差，那么该国的外汇储备就有了可靠的、稳定的来源，同时也能够反映出该国的对外贸易水平。

2. 资本和金融项目（Capital and Financial Account）。资本和金融项目是指对资产所有权在国际间流动行为进行记录的账户。反映居民与非居民间的资本和金融资产的增减。主要记录资本和金融资产的流出、流入情况。它包括资本账户和金融账户。

（1）资本账户（Capital Account），是反映资本在居民与非居民之间的转移。资本从居民向非居民转移，会增加居民对非居民的债权，或减少居民对非居民的负债，记入借方；资本从非居民向居民转移，则会增加居民对非居民的负债，或减少居民对非居民的债权，记入贷方。

资本账户又包括两部分：资本转移和非生产、非金融资产的收购或出售。

资本转移。主要是投资捐赠和债务注销。投资捐赠可以是现金形式（如遗产税），也可以是实物形式（如交通设备、机器、机场、医院、码头、道路等建筑物）。资本转移不同于经常转移，经常转移经常发生，规模较小，并直接影响捐助者和受援者的可支配收入与消费，而资本转移不经常发生，但规模较大，并不直接影响双方当事人的可支配收入和消费。债务注销是指债权国放弃债权而不要求债务国给予回报。

非生产、非金融资产的收购或出售。主要包括不是由生产创造出来的有形资产（如土地和地下资产）和无形资产（如专利、版权、商标经销权等）的收购或出售，以及租赁和其他可转让合同的交易。

（2）金融账户（Financial Account）。反映居民与非居民之间由于直接投资、证券投资和其他投资等引起的资产或负债的增减变动情况。居民对非居民的投资和提供的信贷记入借方，反之记入贷方。

金融账户根据投资类型或功能，又分为直接投资、证券投资、其他投资、储备资产四类。

直接投资（Direct Investment）是投资者在国外直接建立分支企业，或对在国外投资的企业拥有10%或以上的普通股或投票权，从而对该企业的管理拥有有效的发言权。直接投资项下包括股本资本、其他资产投资及利润收益的再投资等。

证券投资（Portfolio Investment）又叫间接投资，是居民与非居民之间投资于股票、债券、大额存单、商业票据以及其他衍生金融工具。

其他投资（Other Investment）包括长短期贸易信贷、贷款、货币和存款以及其他类型的应收、应付款项。

储备资产（Reserve Assets），又叫"官方储备"或"国际储备"，是指一国货币当局直接掌握并可随时动用的金融资产。它又包括货币性黄金、外汇、在国际货币基金组织的储备头寸、特别提款权和其他债权。具体内容将在第五章详细介绍。

这里需要注意，反映在国际收支平衡表上的储备资产，是增减变动额，而不是官方的持有总额，即表中的官方储备数字，只是编表期该国国际储备的变动情况。当一国国际收支出现顺差时，该国的官方储备就增加；反之，当一国国际收支出现逆差时，该国的官方储备就减少。为了使国际收支平衡表保持账面上的借、贷方金额相等，官方储备的增减变化必须反方填列。即把官方储备的增加数，用负号表示在借方（－）；把官方储备的减少数，用正号表示在贷方（＋）。储备资产的增减变动，反映的是官方部门的国际交易活动。由于往往是出于对冲私人部门国际交易影响的目的而发生，所以也被称为"平衡项目"，许多国家（包括我国）在编制国际收支平衡表时，会将这一项目单独列示。

3. 误差与遗漏项目（Errors and Omissions）。按照复式簿记原理，借方总额与贷方总额始终是相等的，国际收支平衡表应该是一份收支相等的统计报表，但实际情况往往是，一国的国家收支不是出现借方余额就是出现贷方余额，即国际收支往往不平衡。理论上，经常项目和资本与金融项目的借（贷）方差额，应该与官方储备的贷（借）方差额保持一致，但是，现实中的经常项目和资本与金融项目的借贷方数据都是统计得来的，而统计是有误差存在的。官方储备的数据是同期实际发生的，两者之间往往又不相等。同时，也是出于整个平衡表的需要，人为地设置"错误与遗漏"项目，用于轧平国际收支平衡表中的借、贷方差额。造成误差与遗漏的原因有以下三条。

（1）编制国际收支平衡表的原始资料来源不一。其中，有的来自海关报表，有的来自银行报表，有的来自政府主管部门的统计。难免口径不一，造成统计数据的重复或遗漏。

（2）统计资料不完整。比如，商品走私、个人携带外币出入境等，因当事人故意瞒报或虚报数据，造成有关数据只能是估算出来的。

（3）国际短期资本流动的影响。国际短期资本，又叫"热钱"（Hot Money），由于其投机性非常强，流入流出异常迅速，且为了逃避外汇管制和限制，常常采取隐蔽的形式，比如地下钱庄出入国境，因此很难得到真实数据。

由于上述原因，官方统计所得的经常项目、资本和金融项目两者之间实际上并不能真正达到平衡。如果经常项目、资本和金融项目两者的借方总额大于贷方总额，其差额就记入"误差与遗漏"项目的贷方。反之，如果经常项目、资本和金融项目的贷方总额大于借方总额，其差额就记入"误差与遗漏"项目的借方。

（三）记账实例（以中国为例）

1. 中国企业向印度出口价值 100 万美元的设备，货款已存入中国银行印度分行。

这笔业务，对于出口国来说，意味着本国拥有的实际资源的减少，因此应记入"商品"贷方，同时，货款已存入海外银行，属于金融账户下的其他投资，所以应记入"其他投资"借方。于是，该笔交易可记为：

借：其他投资（海外存款）		100 万
贷：商品（出口）		100 万

2. 中国一旅游团到泰国旅游，花费 30 万美元，款项从海外存款账户中扣除。

借：服务（旅游）		30 万
贷：其他投资（海外存款）		30 万

3. 日本某企业以价值 1 000 万美元的设备投入中国，开办中外合资企业。

借：商品（进口）		1 000 万
贷：直接投资		1 000 万

4. 中国政府向菲律宾提供无偿援助，其中一批小麦，价值 60 万美元，另外动用外汇储备 40 万美元。

借：经常转移		100 万
贷：商品（出口）		60 万
官方储备		40 万

5. 中国企业在海外投资所得利润 150 万美元，其中 75 万美元用于当地再投资，50 万美元购买当地商品运回国内，25 万美元调回国内通过外汇银行结汇，以换取人民币。

借：直接投资	75 万
商品进口	50 万
官方储备	25 万
贷：收入（投资利润）	150 万

6. 中国长城公司动用其在海外的存款 40 万美元，用以购买美国通用公司的股票。

借：证券投资	40 万
贷：其他投资	40 万

上述这六笔交易，假设就是某一年中国对外的全部往来（现实中不可能只有这六笔业务，也不可能做到每笔业务发生都由国家统计部门做会计分录）。根据上述分录，编制中国该年的国际收支平衡表（见表 4 - 1）。

表 4 - 1　　　　　　　　　　六笔交易构成的国际收支平衡表　　　　　　单位：万美元

项目	借方（-）	贷方（+）	差额
一、经常项目	1 180	300	-870
1. 货物	1 000 + 50	100 + 60	-890
2. 服务	30		-30
3. 收入	—	150	150
4. 经常转移	100		-100
二、资本和金融项目	240	1 110	870
1. 资本账户	—	—	—
2. 金融账户			
直接投资	75	1 000	925
证券投资	40	—	-40
其他投资	100	30 + 40	-30
官方储备	25	40	15
三、误差与遗漏项目	0	0	0
合计	1 420	1 420	0

第二节　国际收支的平衡与变动

一、国际收支的平衡

国家收支平衡表是一个国家对外经济交往的系统记录，是经济分析的重要工具之一，正确分析国际收支平衡表，可以掌握外汇资金的来源和运用情况，可以及时调节国际收支的不平衡。从国际收支平衡表的总体上看，经过平衡项目的调整，其总差额为零，即借贷双方在整体上总是平衡的。但是，为什么会常常听到国际收支盈余或赤字呢？因为账面上的数字平衡并不意味着国际收支就真正意义上平衡了。为了更准确地反映一国国际收支的真实状况，必须对国际收支平衡表进行结构分析，才能弄清平衡的含义。

国际收支平衡表的分析方法一般包括静态分析法、动态分析法和比较分析法。

（一）静态分析法

静态分析是指对某国在某一时期国际收支平衡表进行账面上的分析。从国际收支平衡表中计算和分析各个项目及其差额，进而分析其差额形成的原因。由于各个项目差额的形成有多方面的原因，只利用单一资料并不能全面掌握和认识其实际情况。因此，在分析各个项目差额形成的原因时，还应结合其他有关资料，进行综合研究。

静态分析法可以从贸易账户差额、经常项目差额、资本和金融项目差额、总差额入手，逐一进行计算并分析。

1. 贸易账户差额。贸易账户差额是指在一定时期内一国货物和服务的进、出口之间的差额。其计算公式为

$$贸易账户差额 = 出口（贷方） - 进口（借方）$$

这一差额在传统上常常作为整个国际收支的代表，因为对一个国家来说，贸易收支在全部国际收支中所占的比重相当大。同时贸易收支的数据尤其是商品贸易收支的数据易于通过海关及时收集，能够比较准确地反映出一国对外经济交往情况。贸易账户差额在国际收支平衡表中具有特殊重要性的原因还在于，它表现了一个国家或地区自我创汇的能力，反映了一国的产业机构和产品在国际市场上的竞争能力及在国际分工中的地位，是一国对外经济交往的基础，影响和制约着其他项目的变化。

2. 经常项目差额。经常项目差额是指一定时期内一国商品、服务、收入和经常转移项目的贷方总额和同期商品、服务、收入和经常转移项目的借方总额之差。当贷方总额大于借方总额时，经常项目顺差；反之，则为经常项目逆差。其计算公式为

$$经常项目差额 = 商品差额 + 服务差额 + 收益差额 + 经常转移差额$$

如果差额为正，则经常账户盈余，如果为负则经常账户赤字，如果为零，则经常账户平衡，经常账户差额的变化受其子项目差额的影响，其子项目和内部结构的变化都将直接影响经常账户的变化。

经常项目差额是国际收支平衡表中最重要的收支差额。如果出现经常项目顺差，则意味着由于有商品、服务、收入和经常转移的贷方净额，该国的国外财产净额增加。也即经常项目顺差表示该国对外净投资。在开放的宏观经济中，经常项目的差额概括了一国的净债务人或债权人的地位，能够清楚地反映出一国内外经济的紧密联系，被视为衡量国际收支的最好指标之一。

3. 资本和金融项目差额。资本和金融项目差额是指一定时期内一国资本项目借贷方差额与金融项目借贷方差额之和。该项目的总额可以看出一个国家资本市场和金融市场的开放程度。其计算公式为

$$资本和金融项目差额 = 资本账户差额 + 金融账户差额$$

如前所述，一笔对外贸易发生，必然对应着一笔金融流量，经常项目中实际资源的流动和资本与金融项目中资产所有权的流动是同一个问题的两个方面。若不考虑"错误与遗漏"，那么经常项目中的余额必然对应着资本与金融项目在相反方向上数量相等的余额。即

$$经常项目差额 + 资本和金融项目差额 = 0$$

4. 总差额。总差额又叫综合差额，是指经常项目和资本和金融项目中的经常转移、直接投资、证券投资、其他投资账户所构成的差额，也就是将国际收支账户中官方储备账户剔除后的余额。其计算公式为

总差额 = 经常项目差额 + 资本和金融项目中的经常转移、直接投资、证券投资和其他投资账户差额

国际收支总差额的状况必将导致该国国际储备量的变化，若总差额为正数，就表示国际收支顺差，该国的国际储备就相应增加；如果总差额呈现为赤字，就表示国际收支逆差，该国的国际储备就会相应减少。就目前看来，国际收支总差额是分析国际收支状况时最常用的指标，按惯例，在没有特别说明的情况下，国际收支差额通常指的是总差额。

（二）动态分析法

动态分析法是指对一国若干连续时期的国际收支平衡表进行分析的方法。

一国某一时期的国际收支往往与以前的发展过程有着密切的联系。因此在分析一国的国际收支时，需要将静态分析和动态分析结合起来进行。动态平衡是在较长时期内，国际收支的大体平衡，通常情况下，追求的国际收支平衡是指长期动态平衡。

动态平衡的特点是以实现经济发展目标为主。国际收支平衡与经济发展紧密联系，确定和实现国际收支平衡，不以年度时间为限，通过较长时期对国际收支的调节，促进国民经济的健康发展。

动态平衡与经济发展的客观实际比较相符，它允许一个国家，特别是处于经济起飞阶段的国家，在计划期内吸引外资和对外举债，使短期存在一定的逆差，只要这些债务有利于该国扩大出口，提高国际竞争力，并在整个计划期末可以实现大体的平衡，就可以认为这一阶段的国际收支是平衡的。

（三）比较分析法

比较分析法既包括对一国若干连续时期的国际收支平衡表进行的动态分析，也包括对不同国家相同时期的国际收支平衡表进行的对比分析。尤其是对国际上主要经济大国的国际收支平衡表进行比较分析，可以了解不同国家在世界经济中的地位，正确认识各国的国际收支状况，对调节本国的国际收支同样具有重要作用。

二、国际收支的变动

一国的国际收支不可能是静止不变的，从平衡到不平衡或从不平衡到平衡，可能是连年顺差，也可能是连年逆差。但每年差额的幅度却不可能完全一样，那么，国际收支平衡与否的标准以及不平衡产生的原因有哪些呢？

（一）国际收支平衡与不平衡的标准

国际收支平衡表中，除了误差与遗漏项目之外，其余所有项目都代表着实际的国际经济交易活动。按照交易主体的交易目的划分，这些实际发生的国际交易活动可以分为自主性交易和调节性交易两种类型。

1. 自主性交易（Autonomous Transaction）。自主性交易，又叫"事前交易"，是指一国居民自主地为了某种经济动机（如追逐利润、商品进出口、旅游、长期投资等）

而从事的交易。这种交易体现的是经济主体或居民的意愿，不代表国家和政府的意志，具有自发性和分散性的特点。其交易的结果很难平衡，不是借方大于贷方，就是贷方大于借方。这样就使外汇市场出现供求不平衡和汇率的波动，并给经济带来一系列影响。

2. 调节性交易（Regulative Transaction）。调节性交易，又叫"补偿性交易"或"事后交易"，是指中央银行或货币当局为弥补自主性交易不平衡而发生的交易。如政府或国际金融机构借款、动用储备等。这类交易活动由政府出面，体现了一国政府的意志，具有集中性和被动性的特点。

当自主性交易收支相等，不需用调节性交易来弥补时，也就是国际收支主动平衡。而自主性交易不平衡，必须用调节性交易来轧平时，这样达到的平衡，则称为被动平衡。不难发现，调节性交易只是在自主性交易出现缺口或差额时，由货币当局被动地进行的一种事后弥补性的对等交易，是为了弥补自主性交易的不平衡而人为作出的努力。由此可见，衡量一国国际收支平衡与否的标准，就是要看其自主性交易是否达到了平衡。

然而，在实际中却很难划清，因为一笔交易从不同的角度看，可以有不同的归类。比如，一国货币当局为扭转国际收支逆差情形的发生，采取提高本币利率的措施来吸引外资，这样，就投资者而言属于自主性交易，就货币当局而言却属于调节性交易。

（二）国际收支不平衡的原因

国际收支不平衡产生的原因有多种，由某种原因造成的国际收支不平衡又叫该种性质的不平衡，归纳起来，主要有以下几种。

1. 临时性不平衡。临时性不平衡又叫"季节性、偶发性不平衡"，是指由于生产、消费有季节性的变化，一国国家的进出口会随季节的变化而变化，结果就会造成季节性不平衡。由于是季节性影响，因此这种不平衡存在的时间就较短，而且可以自我修正，一个季节的逆差可以由另一个季节的顺差所抵消。

无规律的、偶然的短期灾害，如自然灾害、战争、政局动荡等偶发因素，也会引起国际收支的不平衡。但这种短期的、由非确定的偶然因素导致的国际收支失衡，一般程度较轻、带有可逆性，调节也比较容易。

2. 结构性不平衡。结构性不平衡是指一国的经济结构不能按照世界市场需求的变化来调整，造成的国际收支不平衡。世界各国由于各自所处的地理位置和自然环境决定了各自的经济结构。一般说来，生产结构的变动滞后于需求结构的变动。特别是发展中国家存在许多制约生产结构调整的客观因素，如科技落后、教育不发达、资金短缺、信息系统不健全、资源缺乏流动性等。这样，即使在贸易条件十分不利的情况下，它们仍只能大量出口初级产品或劳动密集型产品，其出口收入很难增加。除此之外，结构性因素也涉及一国应使其需求结构适应于世界市场供给结构的变动。例如，在20世纪70年代，石油输出国调整了石油产量，引起世界市场石油价格上涨数倍。许多国家未能及时用煤炭、核能等替代石油，导致国际收支出现巨额逆差。由于经济结构的原因引起的国际收支不平衡，具有长期性和持久性，因而又被称为"持久性不平衡"。

3. 周期性不平衡。周期性不平衡是指由经济周期变化而造成的国际收支不平衡。典型的经济周期具有衰退、萧条、复苏和繁荣四个阶段。这四个阶段各有其特征并对国际收支产生不同影响。例如，衰退阶段的典型特征是生产过剩、国民收入下降、失业增加、物价下降等。这些因素一般有助于该国增加出口和减少进口，从而可以缓解该国的国际收支逆差。又如，繁荣阶段的典型特征是生产和收入高速增长、失业率低、物价上升等。这些因素一般会刺激进口，从而容易造成贸易逆差。因此，经济周期会造成一国国际收支顺差和逆差的更替。

如果各国经济周期存在非同期性，则周期性因素对国际收支差额的影响较大。例如，当本国经济处于繁荣阶段，而贸易伙伴国处于衰退阶段，会使本国的贸易逆差增幅较大。第二次世界大战后，经济周期各阶段对国际收支的影响有所变化，如危机和萧条阶段仍可能出现物价上涨。但是，经济周期对国际收支差额的影响仍然存在，只不过表现力度有所不同。伴随着经济周期各阶段的交替变化，国际收支也就出现了周期性的不平衡。这种不平衡，又叫"循环性失衡"。

4. 收入性不平衡。收入性不平衡是指由一国国民收入发生变化而引起的国际收支不平衡。一定时期一国国民收入增多，意味着进口消费或其他方面的国际支付也会增加，国际收支可能会出现逆差。在其他条件不变的前提下，一国收入平均增长速度越高，会使居民增加对进口生产资料的需求，导致进口商品价格上升，该国进口支出也会很快增长。因此，收入增长较快的国家容易出现国际收支逆差，而收入增长较慢的国家容易出现国际收支顺差。但是，如果考虑到收入增长过程中其他因素的变化，如一国在国民收入增长过程中通过规模经济效益和技术进步引起生产成本下降，那么，国民收入增长不仅使进口增加，还会使出口增长。此外，需求弹性、供给弹性和收入弹性等因素的影响，国民收入的增加是否能带来国际收支顺差或逆差，很难确定，它取决于上述弹性的大小（有关弹性的内容，在本章第四节中介绍）。

5. 货币性不平衡。货币性不平衡是指因一国货币币值发生变动而引发的国际收支不平衡。一国货币的价值包括对内价值和对外价值。

（1）对内价值。在一定的汇率水平下，若本国货币对内价值下降，即国内通货膨胀，物价上涨，其产品的出口成本必然提高，产品的国际竞争力下降，商品出口必然减少，与此同时，进口成本降低，进口相应增加，从而会引起或加剧该国的国际收支逆差。反之，若本国货币对内价值上升，国内物价水平下降，本国产品的出口成本也会降低，产品的国际竞争能力提高，出口增加。同时，进口品的本币成本增加，进口减少，从而引起或加剧该国的国际收支顺差。

（2）对外价值。在国内物价稳定的情况下，若本币对外贬值，即本币对外汇率下降，本国出口品的外币价格必然降低（以美元兑人民币为例：若原来汇率是 USD/CNY =5，价值 5 元人民币的产品出口到国际市场上价格是 1 美元，现在汇率变为 USD/CNY =8，因为国内物价水平是稳定的，那么价值 5 元人民币的商品，在汇率为 USD/CNY =8 的水平上，以外币表示的价格，必然比 1 美元要少，只有 0.625 美元），出口品外币价格的降低，将刺激本国出口增加；同时进口品的国内价格伴随着本币对外汇率的下降而提高，进口减少，从而导致本国国际收支顺差；反之，若本币对外升值，即本币对外汇率上升，则会刺激进口增加，出口减少，导致本国国际收支逆差。

上述是引起国际收支不平衡的几个基本原因，但不是全部原因，如国际游资（热钱，Hot money）在国际间的流动，也会引起一国国际收支的不平衡。在具体分析某一个国家的国际收支不平衡原因时，也许只有其中一种或两种因素起作用，即使更多的因素同时起作用，每一种因素影响的程度也会有差异，而且有些作用还可能相互抵消。

（三）国际收支不平衡的影响

一国国际收支无论什么原因造成的不平衡，无论是顺差还是赤字，只要时间较短，差额不大，都不会对本国经济带来不良影响，但是，当不平衡持续的时间较长，差额较大时，就会影响到本国经济的健康发展。

1. 国际收支持续巨额逆差的对国内经济发展影响。

（1）引起本币对外汇率下降（本币对外贬值）。持续巨额逆差的国家，会增加对外汇的需求，促使外汇汇率上升，本币贬值。一旦本币汇率过度下跌，就会导致该国货币信用的下降，国际资本大量外逃，引发货币危机。

（2）引起国际储备下降，对外金融实力降低。储备的流失意味着该国金融实力和支付能力的下降，而发展经济所需要的生产资料进口就会受到影响，从而阻碍本国经济的发展。

（3）引起国民收入下降，失业率上升。如果逆差主要是贸易逆差所致，使该国获取外汇的能力减弱，将会造成国内失业增加，国民收入下降。如果是资本流出大于资本流入，则会造成国内资金紧张，利率上升，从而不利于本国经济的增长。

（4）国际经济地位和国际信誉下降。因为长期巨额逆差，在减少本国国际储备资产的同时，很容易引起债务危机，损害该国的国际经济地位和国际信誉。

2. 国际收支持续巨额顺差对国内经济发展的影响。

（1）引起本币对外汇率上升，出口受阻。在外汇市场上表现为有大量的外汇供应，这就增加了对本国货币的需求，导致外汇汇率下跌，本币汇率上升，影响本国出口商品的国际竞争能力；出口下降，最终加重国内失业。

（2）顺差累积的储备资产增加，造成本国货币供应量的增加，进而带来通货膨胀，物价水平上升。

（3）一些资源型国家如果发生过度顺差，意味着国内资源的持续性开发，不利于本国经济的长远发展。

（4）顺差容易引起国际摩擦，不利于国际经济关系的正常发展。因为本国的国际收支持续巨额顺差，意味着有关国家的国际收支赤字，一般而言，调节顺差要比调节赤字容易一些，因此，容易引起有关赤字国的不满，不利于国际经济关系的发展。

第三节　国际收支的调节

国际收支的调节大体上可分为两类：一类是自动的调节机制，是指利用市场经济内部自身存在的机制自发调节国际收支的不平衡，其特点是调节过程由国际收支的失衡自动引起，无需人为干预便能自动恢复到平衡；另一类是人为的调节政策，是指一国政府为了达到国际收支的平衡，有意识地采取一些政策措施对经济进行干预。

一、国际收支的调节机制

（一）金本位制下的自动调节机制——大卫—休谟机制

在国际金本位货币制度下，一个国家的国际收支可通过物价的涨落和现金（黄金）

的输出输入自动恢复平衡。这一自动调节机制称为"物价—铸币流动机制"。它是在1752年由英国经济学家大卫·休谟（David Hume）提出的，所以又称"休谟机制"。其调节的具体过程如下：一国的国际收支如果出现逆差，则外汇供不应求，外汇汇率上升，若外汇汇率上升超过了黄金输送点，则本国商人就不再用本币购买外汇付给外国商人，而是直接用黄金向外支付，这样黄金就大量流出，黄金外流导致本国流通中货币量减少，物价下跌，而物价下跌使得出口成本降低，本国商品的出口竞争力增强，出口增加，进口减少，直至国际收支改善。这样，国际收支的不平衡完全能够自发调节，用不着任何人为的干预。如果一国国际收支出现顺差，其自动调节过程完全一样，只是各经济变量的变动方向相反而已。

上述情形可用图4－2表示。

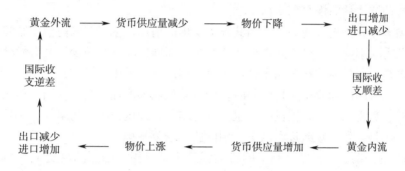

图4－2　物价—铸币流动机制

物价—铸币流动机制把物价变动理解为调节国际收支的直接手段，并应用货币数量论的分析，将国际收支、货币供给、物价水平等紧密联系在一起，在国际金本位制度下受到广泛推崇和运用。虽然从逻辑推理上看近乎完美，但是在理论分析上存在着一些缺陷：第一，以货币数量论为依据，得出物价仅因货币数量的变化而变化；第二，在金币流通的情形下，黄金流动不一定会引起物价变动，因为金属货币可以自发调节到必要的数量；第三，强调相对价格的变动，而忽视了产量和就业的变动等。

（二）纸币流通条件下的自动调节机制

在纸币流通条件下，黄金输出入虽已不复存在，然而价格、汇率、国民收入、利率等经济变量对国际收支自动恢复平衡仍发挥着一定作用。

1. 价格的自动调节机制。价格的自动调节机制是指通过国内价格水平的变化，自动影响到进出口的变化，使国际收支达到平衡。

当一国国际收支出现逆差时，由于外汇数量的减少，容易导致国内信用紧缩、利率上升、投资与消费相应下降，国内需求缩减，进而使国内物价与出口商品价格随之下降，出口商品的国际竞争能力提高，导致出口增加，进口减少，原来的国际收支逆差逐渐消除，达到平衡。

反之，当一国国际收支出现顺差时，由于外汇供给的增多，容易导致国内信用膨胀、利率下降、投资与消费相应上升、国内需求量扩大，从而对货币形成一种膨胀性压力，使国内物价与出口商品价格随之上升，从而削弱了出口商品的国际竞争能力，导致出口减少而进口增加，使原来的国际收支顺差逐渐消除，达到平衡。

2. 汇率的自动调节机制。汇率的自动调节机制是指通过一国货币对外汇率的升、降，自动消除顺差或逆差，从而恢复国际收支平衡。

当一国国际收支出现逆差时，外汇需求大于外汇供给，本国货币汇率下跌，本国出口商品以外币计算的价格下跌，而以本币计算的进口商品的价格上升，于是刺激了出口，抑制了进口，贸易收支逆差逐渐减少，国际收支达到平衡。

反之，当一国国际收支出现顺差时，外汇供给大于外汇需求，本币对外汇率上升，进口商品以本币计算的价格下跌，而出口商品以外币计算的价格上涨，因此，出口减少，进口增加，贸易顺差逐渐减少，国际收支达到平衡。

3. 国民收入的自动调节机制。国民收入的自动调节机制是指在一国国际收支不平衡时，该国的国民收入、社会总需求会发生变动，而这些变动反过来又会对国际收支的不平衡进行调节，从而恢复到平衡。

当一国国际收支出现逆差时，因其外汇支出的增加，会引起国内信用紧缩、利率上升，社会总需求下降，国民收入也会随之减少，而国民收入的减少，又必然会使进口需求下降，这样，贸易逆差逐渐缩小，进而达到国际收支平衡。

反之，当一国国际收支出现顺差时，因其外汇收入增加，会产生国内信用膨胀、利率下降，社会总需求上升，国民收入也会随之增加，而国民收入的增加，必然导致进口需求上升，于是，贸易顺差逐渐减少，国际收支恢复平衡。

4. 利率的自动调节机制。利率的自动调节机制是指一国国际收支不平衡会影响利率的水平，而利率水平的变动反过来又会对国际收支不平衡起到一定的调节作用，使国际收支达到平衡。

当一国国际收支逆差时，即表明该国银行所持有的外国货币或其他外国资产减少，负债增加，于是就会发生信用紧缩，银根相应地趋紧，利率随市场供求关系的变化而上升，利率上升必然导致本国资本不再外流，同时外国资本也纷纷流入本国以谋求高利。因此，国际收支中的资本项目逆差就可以减少而向顺差转化；同时，利率提高会减少社会的总需求，进口减少，贸易逆差也逐渐改善，国际收支逆差逐渐减少，进而达到平衡。

反之，当一国国际收支出现顺差时，即表明该国银行所持有的外国货币存款或其他外国资产增多，负债减少，因此产生了银行信用膨胀，使国内金融市场的银根趋于松动，利率水平逐渐下降。而利率的下降又会促使资本外流增加、内流减少，资本项目顺差逐渐减少而向逆差转化；同时，利率下降使国内投资成本下降，消费成本下降，因而国内总需求上升，对国外商品的进口需求也随之增加，这样，贸易顺差也会减少，整个国际收支趋于平衡。

总之，纸币流通条件下，国际收支本身也存在着上述的自动调节机制。但这些机制能否发挥作用以及作用的大小，会受到一些因素的影响和制约。

（三）自动调节机制发挥作用的条件

1. 只有在纯粹的自由经济中才能产生作用。国际收支的自动调节只有在纯粹的自由经济中，才能产生作用。政府的某些宏观经济政策会干扰自动调节过程，使其作用下降、扭曲或根本不起作用。自西方国家盛行凯恩斯主义以来，大多数国家都不同程度地加强了对经济的干预。

2. 只有在进出口商品的供给和需求弹性较大时，才能发挥其调节的功能。如果进出口商品供给、需求弹性较小或根本无弹性，自动调节机制就无法发挥其作用。比如，逆差造成的本币贬值，在无弹性的情况下，就不会导致的出口增加，进口减少，反而会使逆差进一步扩大（有关弹性的分析，将在本章第四节中介绍）。

3. 自动调节机制要求国内总需求和资本流动对利率升降有较敏感的反应。如果对利率变动的反应迟钝，那么，即使是信用有所扩张或紧缩，也难以引起资本的流入或流出和社会总需求的变化。对利率反应的灵敏程度与利率结构相关联，也与一国金融市场业务的发展情况息息相关。

由于自动调节机制充分发挥作用要满足上述三个条件，而在纸币流通条件下，这些条件不可能完全存在，导致国际收支自动调节机制往往不能有效地发挥作用。因此，当国际收支不平衡时，各国政府往往会根据各自的利益，采取不同的政策措施，对国际收支进行政策调节，以消除国际收支失衡给本国社会、经济带来的不利影响，使国际收支向着有利于本国社会经济健康、稳定发展的方向转变。

二、国际收支的政策调节

国际收支的调节政策是指国际收支不平衡时，国家通过改变其宏观经济政策和加强国际间的经济合作，主动地对本国的国际收支进行调节，以使其恢复平衡。人为的政策调节相对来说比较有力，但也容易产生一些负面作用（如考虑了外部平衡而忽视了内部平衡），有时还会因时滞效应达不到预期的目的。

（一）选择调节国际收支政策的原则

1. 根据其产生原因的不同选择适当的调节方式。国际收支不平衡产生的原因是多方面的，根据其产生的原因不同，选择适当的调节政策，可以有的放矢、事半功倍。例如，一国国际收支逆差是临时性的偶发因素所致，说明这种不平衡是短期的，因而可以用本国的国际储备或通过从国外获得短期贷款来弥补，达到平衡的目的，但这种方式用于持续性巨额逆差的调整不能收到预期效果。如果国际收支不平衡是由于货币性因素引起的，则可采取汇率调整方法。如果国际收支不平衡是因为总需求大于总供给而出现的收入性不平衡时，则可实行调节国内支出的措施，如实行紧缩性的财政货币政策。如果发生结构性的不平衡，则可采取直接管制和经济结构调整方式来调节。

2. 应尽量不与国内经济发生冲突。国际收支是一国宏观经济的有机组成部分，调节国际收支势必对国内经济产生直接影响。一般来说，要达到内外均衡是很困难的，往往调节国际收支的措施对国内经济会产生不利影响，而谋求国内均衡的政策又会导致国际收支不平衡。因此，要分清其轻重缓急，在不同的时期和经济发展的不同阶段分别作出抉择。一般的原则是尽量采用国内平衡与国际收支平衡相配合的政策。

3. 应尽可能减少来自他国的阻力。在选择调节国际收支的调节政策时，各国都以自身的利益为出发点，各国利益的不同必然使调节国际收支的对策对不同国家产生不同的影响，有利于一国的调节国际收支的措施往往有害于其他国家，从而导致这些国家采取一些报复措施，其后果不仅影响了国际收支调节的效果，而且还不利于国际经济关系的发展。因此，在选择调节国际收支的方式时，应尽量避免损人过甚的措施，最大限度地降低来自他国的阻力。

（二）国际收支的调节政策

1. 外汇缓冲政策。外汇缓冲政策是指一国运用所持有的一定数量的国际储备，主要是黄金和外汇，作为外汇稳定或平准基金（Exchange Stabilization Fund），来抵消市场超额外汇供给或需求，从而改善其国际收支状况。它是解决一次性或季节性、临时性国际收支不平衡简便而有利的政策措施。一国国际收支不平衡往往会导致该国国际储备的增减，进而影响国内经济和金融。因此，当一国国际收支发生逆差或顺差时，中央银行可利用外汇平准基金，在外汇市场上买卖外汇，调节外汇供求，使国际收支不平衡产生的消极影响止于国际储备，避免汇率上下剧烈动荡，而保持国内经济和金融的稳定。但是，动用国际储备，实施外汇缓冲政策不能用于解决持续性的长期国际收支逆差，因为一国储备毕竟有限，长期性逆差势必会耗竭一国所拥有的国际储备而难以达到缓冲的最终目的，特别是当一国货币币值不稳定，使人们对该国货币的信心动摇，因而引起大规模资金外逃时，外汇缓冲政策更难达到预期效果。

2. 财政政策。财政政策主要是采取缩减或扩大财政开支和调整税率的方式，以调节国际收支的顺差或逆差。当国际收支发生逆差时，第一，可削减政府财政预算、压缩财政支出。由于支出乘数的作用，国民收入减少，国内社会总需求下降，物价下跌，增强出口商品的国际竞争力，进口需求减少，从而改善国际收支逆差。第二，提高税率。国内投资利润下降，个人可支配收入减少，导致国内投资和消费需求降低，在税负乘数作用下，国民收入倍减，迫使国内物价下降，扩大商品出口，减少进口，从而缩小逆差。当国际收支发生顺差时，方向相反。可见，通过财政政策来调节国际收支不平衡主要是通过调节社会总需求、国民收入的水平来起作用的，这一过程的最中心环节是企业和个人的"需求弹性"，它在不同的体制背景下作用的机制和反应的快捷程度是不一致的，这取决于其产权制约关系的状况。

3. 货币政策。货币政策主要是通过调整利率来达到政策实施目标的。调整利率是指调整中央银行贴现率，进而影响市场利率，以抑制或刺激需求，影响本国的商品进出口，达到国际收支平衡的目的。当国际收支产生逆差时，政府可实行紧缩的货币政策，即提高中央银行贴现率，使市场利率上升，以抑制社会总需求，迫使物价下跌，出口增加，进口减少，资本也大量流入本国，从而逆差逐渐消除，国际收支恢复平衡。相反，国际收支产生顺差时，则可实行扩张的货币政策，即通过降低中央银行贴现率来刺激社会总需求，迫使物价上升，出口减少，进口增加，资本外流，从而顺差逐渐减少，国际收支恢复平衡。

但是，利率政策对国际收支不平衡的调节存在着一些局限性。

（1）利率的高低只是影响国际资本流向的因素之一，国际资本流向很大程度上还要受国际投资环境政治因素的影响，如一国政治经济局势较为稳定，受国际政治动荡事件的影响小，则在这里投资较安全，可能成为国际游资的避难所。此外，国际资本流向还与外汇市场上汇率的变动有关，游资以投机为目的获取更高利润，因此如果一国金融市场动荡，即使利率较高也难以吸引资本流入。

（2）国内投资、消费要对利率升降有敏感反应，而且对进口商品的需求弹性、国外供给弹性要有足够大，利率的调整才能起到调节国际收支不平衡的效果。反之，若国内投资、消费对利率反应迟钝，利率提高时，国内投资、消费不能因此减少，则进口需求也不会减少，出口也难以增加，国际收支逆差就难以改善。

（3）提高利率短期内有可能吸引资本流入本国，起到暂时改善国际收支的作用，但从国内经济角度看，由于利率上升，经济紧缩，势必削弱本国的出口竞争力，从而不利于从根本上改善国际收支。相反，为了促进出口而活跃经济必须降低利率，这又会导致资本外流，势必加剧国际收支不平衡，因此，利率政策调节国际收支不平衡容易产生内外均衡的矛盾。

4. 汇率政策。汇率政策是指通过调整汇率来调节国际收支的不平衡。这里所谓的"调整汇率"是指一国货币金融当局公开宣布的货币法定升值与法定贬值，而不包括金融市场上一般性的汇率变动。汇率调整政策是通过改变外汇的供需关系，并经由进出口商品的价格变化，资本融进融出的实际收益（或成本）的变化等渠道来实现对国际收支不平衡的调节。当国际收支出现逆差时实行货币对外贬值，当国际收支出现顺差时实行货币对外升值。

汇率调整政策同上述财政政策、货币政策相比较而言，对国际收支的调节无论是表现在经常项目、资本项目或是储备项目上都更为直接、更为迅速。因为，汇率是各国间货币交换和经济贸易的尺度，同国际收支的贸易往来、资本往来的敏感性较大。但是，汇率调整对一国经济发展也会带来多方面的不良影响。比如说，贬值容易给一国带来通货膨胀压力，从而陷入"贬值→通货膨胀→贬值"的恶性循环。它还可能导致其他国家采取报复性措施，从而不利于国际关系的发展等。

因此，一般只有当财政、货币政策不能调节国际收支不平衡时，才使用汇率手段。同时，汇率调整政策有时对国际收支不平衡的调节不一定能起到立竿见影的效果，因为其调节效果还取决于现实的经济和非经济因素：第一，汇率变动对贸易收支的调节受进出口商品价格弹性和时间滞后的影响，这在前面已经分析过，这里不再重复。第二，汇率变动对资本收支的影响不一定有效，其影响要看外汇市场情况而定。如果一国汇率下跌引起市场预测汇率还会继续下跌，则国内资金将会外逃，资本收支将会恶化，并且资本输出入主要还是要看一国的利率政策、融资环境等，这些都无法随汇率的变化而变化。第三，汇率变动对国际收支的调节还受制于各国对国际经济的管制和干预程度。这些管制和干预包括贸易壁垒的设置、外汇管制政策的松严等。

上述财政、货币和汇率政策的实施有两个共同特点，一是这些政策发生的效应要通过市场机制方能实现，二是这些政策的实施不能立即收到效果，其发挥效应的过程较长。

5. 直接管制。直接管制政策是政府通过发布行政命令，对国际经济交易进行行政干预，以求国际收支平衡。直接管制政策多用在国际收支逆差的调节，主要包括外汇管制和贸易管制两个方面：外汇管制方面主要是通过对外汇的买卖直接进行管制，以控制外汇市场的供求，维持本国货币对外汇率的稳定。如对外汇实行统购统销，保证外汇统一使用和管理，从而影响本国商品及劳务的进出口和资本流动，调节国际收支不平衡。贸易管制方面的主要内容是奖出限入。在奖出方面常见的措施有出口信贷、出口信贷国家担保制、出口补贴、出口退税等；而在限入方面，主要是实行提高关税、进口配额制和进口许可证制等，还有一些非关税壁垒的限制措施。

实施直接管制措施调节国际收支不平衡见效快，同时选择性强，对局部性的国际收支不平衡可以采取有针对性的措施直接加以调节，不必涉及整体经济。例如，国际收支不平衡是由于出口减少造成的，就可直接施以鼓励出口的各种措施加以调节。但直接管制会导致一系列行政弊端，如行政费用过大，官僚、贿赂之风盛行等，同时它往往会激起相应国家的报复，以致使其效果大大减弱，甚至起反作用。所以，在实施直接管制以调节国际收支不平衡时，各国一般都比较谨慎。

6. 国际借贷。国际借贷就是通过国际金融市场、国际金融机构和政府间贷款的方式，调节国际收支不平衡。国际收支逆差严重而又发生支付危机的国家，常常采取国际借贷的方式暂缓国际收支危机。但是，在这种情况下的借贷条件一般比较苛刻，这又势必增加将来还本付息的负担，使国际收支状况更加恶化，因此，运用国际借贷方法调节国际收支不平衡，仅仅是一种权宜之计。

7. 加强国际经济、金融合作。如前所述，当国际收支不平衡时，各国根据本国的利益采取的调节政策和管制政策措施，有可能引起国家之间的利益冲突和矛盾。因此，除了实施上述调节政策措施以外，有关国家还试图通过加强国际经济、金融合作的方式，从根本上解决国际收支不平衡的问题。其主要形式有以下三种。

（1）国际间债务清算自由化。第二次世界大战后成立的国际货币基金组织（IMF）和欧洲支付同盟（European Payment Union，EPU）的主要任务是促使各国放松外汇管制，使国际间的债权债务关系在这些组织内顺利地得到清算，从而达到国际收支平衡。

（2）国际贸易自由化。为了调节国际收支，必须使商品在国际间自由流动，排除任何人为的阻碍，使国际贸易得以顺利进行，为此或订立国际间的一些协定，或推行经济一体化，如欧洲共同市场（European Common Market）、拉丁美洲自由贸易区（Latin American Free Trade Association）、石油输出国组织（Organization of Petroleum Exporting Countries，OPEC）等等。

（3）协调经济关系。随着 20 世纪 80 年代全球性国际收支不平衡的加剧，西方主要工业国日益感到开展国际磋商对话、协调彼此经济政策以减少摩擦，共同调节国际收支不平衡的必要性和重要性。如：1985 年起一年一次的西方七国财长会议、1999 年成立的 20 国集团（G20）等，都是从寻求合作并促进国际金融稳定和经济的持续增长方面，协调各国经济政策的途径之一。

第四节　西方国际收支调节理论

国际收支基本理论主要是用来分析一国国际收支的失衡原因以及调节方法的理论，它始终伴随着世界经济形势和经济思想的发展而发展。在这一节里，主要介绍几个有影响的西方国际收支理论，即国际收支的弹性论、吸收论、货币论以及结构论。

一、国际收支调节的弹性论

弹性分析理论产生于 20 世纪 30 年代，由英国经济学家马歇尔（A. Marshall）提出，后经英国经济学家罗宾逊（J. Robinson）和美国经济学家勒纳（Lener）等人的发展而形成。它是一种适用于纸币流通制度初期的国际收支理论。弹性分析理论以金本位制崩溃后的浮动汇率制为基础，分析一国当局所实行的货币贬值对该国国际收支差额的影响，它着重于本币贬值改善贸易逆差所需的弹性条件的分析。

（一）有关弹性的基本概念

弹性，实际上就是一种比例关系。在经济学中的弹性是指一个变量相对于另一个变量发生的一定比例的改变。弹性的概念可以应用在所有具有因果关系的变量之间，若用在商品价格的变动与商品数量的变动关系上，就有了商品需求的价格弹性（Price Elasticity of Demand）和供给的价格弹性（Price Elasticity of Supply）。需求的价格弹性，简称需求弹性，是用来衡量需求的数量随商品价格的变动而变动的情况，即需求量变动的幅度（%）与价格变动的幅度（%）之比；供给价格弹性也被简称为供给弹性，它表示因价格变动的幅度而引起的供给量变动的幅度，即供给量变动的幅度（%）与价格变动的幅度（%）之比。

把供、需弹性分别引入到进出口方面，就出现了四个不同的弹性，用公式表示分别为

进口需求弹性 Em = 进口商品需求量的变动率／进口商品本币价格的变动率

出口需求弹性 Ex = 出口商品需求量的变动率／出口商品外币价格的变动率

进口供给弹性 Sm = 进口商品供给量的变动率／进口商品本币价格的变动率

出口供给弹性 Sx = 出口商品供给量的变动率／出口商品外币价格的变动率

（二）弹性分析理论的主要内容

进出口商品的供求弹性，是指进出口商品的供求数量对进出口商品价格变化反映的程度。弹性大，说明进出口商品价格能在较大程度上影响进出口商品的供求数量；弹性小，说明进出口商品价格变化对进出口商品供求数量的影响较小；无弹性，则说明进出口商品价格变化对进出口商品供求数量不产生影响。

1. 马歇尔—勒纳（Marshall – Lerner）条件。在各国进出口商品供给弹性无限大的情况下，一国要通过本币贬值改善国际收支，必须满足进出口商品需求弹性之和大于1。用公式表示如下

$$出口需求弹性 + 进口需求弹性 > 1$$

即　　　　　　　　　　　　　$$Ex + Em > 1$$

2. 对 Marshall—Lerner 条件的简要分析。

（1）当 0 < 出口需求弹性 Ex < 1 时，出口收入减少。即出口需求有弹性，但弹性不大，也就是出口商品外币价格下降的幅度大于出口数量增加的幅度。或者理解为出口商品的外币价格下降，能够使出口数量增加（有弹性），但增加的较少，不足以弥补因价格下降带来的出口收入的减少数。

例：一件出口商品，国内售价 5 元，在汇率为 USD/CNY = 5 时，出口到国际市场上，价格为 1 美元，若出口数量为 100 件，则出口收入（出口收入 = 出口商品数量 × 单价）为 100 美元，当汇率变为 USD/CNY = 10（国内物价稳定，仅汇率发生变化）时，出口商品的外币价格会因本币汇率的下降，由 1 美元变到 0.5 美元，出口数量由 100 件增加到 120 件、150 件、170 件、199 件，出口收入仍然是下降，由 100 美元变为 60 美元、75 美元、85 美元、99.5 美元。

（2）当出口需求弹性 Ex = 1 时，出口收入不变。出口需求弹性等于 1，表明出口商品外币价格的下降幅度与出口商品数量的增长幅度相等，导致原有的出口收入不变。

接上例，出口商品价格因汇率的变化，由1美元下降到0.5美元时，出口量由100件上升到200件，出口收入仍然是100美元，没有变化。

（3）只有当出口需求弹性 Ex > 1 时，出口收入才会增加。出口需求弹性大于1，表明出口商品外币价格下降的幅度小于出口商品数量增长的幅度，导致出口收入的增加。

接上例，出口商品价格因汇率的变化，仍然由1美元下降到0.5美元时，出口商品的数量由原来的100件上升到201件、202件……出口收入才会大于100美元。也就是当出口商品的需求弹性大于1时，本币对外贬值，才会使出口收入增加。

用图4-3表示如下：

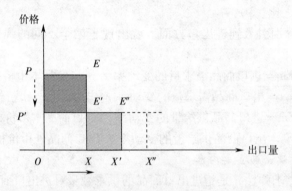

图4-3　出口需求弹性

如图4-3所示，当汇率没有变化时的出口收入是 OPEX 组成的面积，当出口商品外币价格因汇率下降，由 P 下降到 P′时，出口商品数量会从 X 增加到 X′，出口收入的增加数为 E′XX′E″，不足以弥补因外币价格下降引起的出口收入的下降数 PP′E′E。即第一种情况 0 < 出口需求弹性 Ex < 1，出口需求有弹性，但弹性不大。对出口收入的影响：当出口数量继续增加，由 X′增加到足以弥补因价格下降引起的出口收入下降数 PP′E′E 时，表明出口收入与原来相等，即出口需求弹性 Ex = 1；当出口数量继续增加到 X″甚至更多时，出口收入的增加额就大于 PP′E′E，即出口收入较原来增加了，即出口需求弹性 Ex > 1。

再看进口，因本币对外贬值，进口品的国内价格上升。在满足了出口需求弹性 Ex 大于1的情况下，只要价格上涨能使进口量下降就可以了。即只要 Em > 0，进口需求有弹性，进口支出能够减少就可以了。用图4-4表示如下：

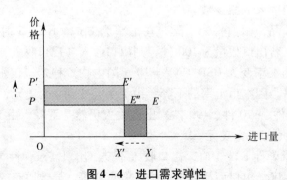

图4-4　进口需求弹性

如图 4 – 4 所示，本币对外汇率没有变动时的进口支出是 OPEX 组成的面积。因本币对外汇率下降而引起的进口商品本币价格由 P 上升到 P′时，进口数量会由 X 下降到 X′，即进口商品需求有弹性，即便是因进口商品本币价格上涨导致的进口支出增加额 PP′E′E″大于因进口数量减少导致的进口支出减少额 XX′E″E，也因为有出口需求弹性 Ex > 1 而保证的出口收入增加额大于进口支出的增加额，结果仍然是出口收入增加。

当进口需求弹性 Em < 0 时，则表明进口需求无弹性，伴随着进口商品本币价格的上涨，进口数量不下降，进口支出则会增加。但只要满足进口支出的增加数小于出口收入的增加数，即出口需求弹性 + 进口需求弹性 > 1，本币贬值，就能够使出口收入增加，进口支出减少，改善本国的国际收支。

所以，Marshall – Lerner 条件成立，即在各国进出口商品供给弹性无限大的情况下，一国要通过本币贬值改善国际收支，必须满足进出口商品需求弹性之和大于 1。若等于 1，表明本币贬值对国际收支没有影响；若小于 1，表明本币贬值不仅不能改善本国的国际收支，反而使国际收支出现逆差（或逆差进一步扩大）。但在实际经济生活中，各国进出口商品供给弹性能否达到无限大，若进出口商品的供给量对价格的变化反应较小或无反应，也就是进出口供给弹性很小或无弹性，那么本币贬值对进出口的影响效果就会事与愿违。

（三）对弹性论的评述

弹性论产生于 20 世纪 30 年代大危机和国际金本位制崩溃时期，主要贡献在于纠正了货币贬值一定有改善贸易收支的作用和效果的片面看法。指出了只有在一定的进出口供给和需求弹性条件下，货币贬值才有改善贸易收支的作用和效果。这一理论被经济学界广泛接受。但同时也存在着一些局限性。

1. 该理论建立在局部均衡分析的基础上，不够全面。因为在 20 世纪 30 年代，宏观经济学体系尚未建立，把一国的对外贸易收支等同于国际收支，没有考虑到劳务和国际间资本的流动，这是一个重大缺陷。同时假定国民收入、非外贸商品价格、消费偏好等因素都不变，只考虑汇率对进出口商品的影响，实际上其他因素并非不变。

2. 该理论假设各国进出口商品供给弹性无限大，不符合实际情况。各国进出口商品的供给完全有弹性，只适用于经济周期的危机和萧条阶段，国内外都有大量闲置的资源和劳动力未被充分利用，而不适用于经济周期的复苏与繁荣阶段。

3. 该理论是一种比较静态的分析方法，忽视了汇率变动的"时滞"效应。本币贬值的初衷是为了改善本国的国际收支逆差。即使满足上述条件，作用也不能立即发挥出来，因为在短期内，由于市场信息的收集、扩大出口数量以及进口替代品的数量等都要经过一段时间才能实现，但是本币贬值立即会体现在进出口商品的价格上，所以，贬值初期，不仅不能改善原有的逆差，反而会使逆差进一步扩大，只有经过一段时间的调整，贸易收入才会增加，使国际收支得到改善。国际收支的这一变动过程其函数图像类似于大写的英文字母"J"，所以，"时滞"效应又叫"J 曲线效应"（见图 4 – 5）。

如图 4 – 5 所示，在本币贬值的初期（A 点），是因为本国出现了一定程度的逆差，本币贬值的初衷是想让逆差缩小，但是，从 A 点开始，出口商品外币价格已经下降，但出口数量不会立刻增加，进口商品的本币价格已经上涨，但进口数量也不会马上减少，所以，原有的逆差进一步扩大，当到达 B 点时，伴随着出口数量的增加和进口数

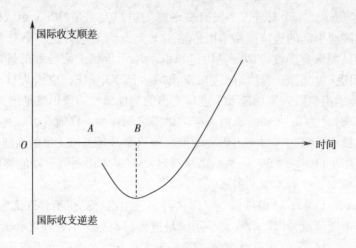

图 4 - 5　J 曲线效应

量的减少，逆差开始企稳并逐步缩小，贬值的作用继续发挥，国际收支达到平衡进而出现顺差。但到了后期，本币贬值所带来的效果，会因别国的逆差扩大而终止。根据国际上实施货币贬值政策的经验，通常货币贬值改善国际收支的时滞短则 6 ~ 9 个月，长达 2 ~ 3 年，而贬值幅度的大小以及出口商品需求与供给弹性的大小等，都会对贬值效应产生具体的影响。

二、国际收支调节的吸收论

（一）理论背景

国际收支调节的吸收论，又叫"国际收支支出分析法"或"国际收支总量吸收模型"，形成于 20 世纪 50 年代，1952 年，由西德里·亚历山大（S. S. Alexander）在对弹性理论的激烈争论中提出的。其背景首先是西欧国家正在恢复经济，国际收支危机严重，其次是凯恩斯主义理论已经成为西方国家经济学的主流学派。

（二）主要内容

吸收论主要分析收入和支出在国际收支调节中的作用，把国际收支差额归结为国内总产出（总收入）与总支出的差额。将国际收支作为重要的国民经济总量，认为调节总收入、总支出或者进出口的宏观经济政策，都会引起国民经济的调整，而总收入、总支出以及进出口之间有着某种规律性的互动关系，因此，只有从国民收入和国民支出两方面着手，才能全面理解国际收支的失衡与调节。

该理论实际上就是凯恩斯理论在国际收支中的具体运用，以凯恩斯的国民收入方程式为基础，即宏观经济学中国民收入与支出的关系。

国民收入（Y）= 国民支出（E）

在封闭经济条件下，国民收入（Y）= 消费（C）+ 投资（I）= 国民支出（E）

在开放经济条件下，把对外贸易加进去，得到

国民收入（Y）= 消费（C）+ 投资（I）+ 出口（X）- 进口（M）

$$X - M = Y - C - I = Y - (C + I)$$

继续设 B 为贸易差额，代表国际收支差额，A 为国内总支出（C + I），代表国内吸

收，则国际收支差额（B）＝国民收入（Y）－国内总支出（A）

　　　　即　　　　$B = Y - A$

该式高度概括了国际收支与国民经济总量之间的数量关系，表明国际收支不平衡的根本原因是总收入与总支出的总量失衡。

当 Y ＞ A 时，国际收支顺差；

当 Y ＜ A 时，国际收支逆差；

吸收论特别重视从宏观经济的整体角度来考察贬值对国际收支的影响。它认为，本币贬值能否有效地调节国际收支，主要由三个因素共同决定：（1）贬值对收入的直接影响 ΔY（即贬值的收入效应）；（2）贬值后的边际吸收倾向 α；（3）贬值对吸收的直接影响 ΔD。

所以，贬值要起到改善国际收支的作用，完全取决于宏观经济状况、资源配置情况以及本国的边际吸收倾向 α 的大小。当经济尚未实现充分就业、有闲置资源的存在、边际吸收倾向 α 小于 1（即吸收的增长小于收入的增长）时，贬值的收入效应较为显著。反之，若经济已经达到充分就业、资源达到优化配置、边际吸收倾向大于 1，则贬值主要引起吸收效应。

所谓边际吸收倾向，是指每增加的单位收入中，用于吸收的百分比。只有当这个百分比小于 1 时，整个社会增加的总收入才会大于总吸收，国际收支才能改善。

进一步分析，贬值的收入效应主要包括闲置资源效应、贸易条件效应和资源配置效应；贬值的吸收效应则由现金余额效应、收入再分配效应和货币幻觉效应等构成。

闲置资源效应是货币贬值的收入效应中最重要的一个，因为如果来自国外的需求因本币贬值而增加，本国能否保证出口的充分供应就成为出口增长与否的最大制约。本币贬值→出口增加，进口减少→闲置资源启用→通过外贸乘数作用，国民收入成倍增长→国际收支改善。（外贸乘数理论认为：出口具有与国内投资同样的增加国民收入总量的效应，并在边际储蓄倾向、边际进口倾向的影响下，经过国民经济各环节的传导，致使由此而产生的国民收入变动金额数倍于出口的初始变动额。这个倍数就成为"外贸乘数"）。

贸易条件效应。本币贬值→贸易条件恶化→实际国民收入下降→吸收减少→进口减少，出口增加→国际收支改善。

资源配置效应。本币贬值→出口增加，进口减少→出口生产部门和进口替代品生产部门的利润上升→国内资源重新配置→国民收入提高→国际收支改善。

现金余额效应。是货币贬值的吸收效应中最重要的一个，因为它既作用于商品市场，同时又作用于资本市场。本币贬值→国内物价总水平上升→手持现金余额增加→消费减少→商品与劳务进口下降→贸易收支改善；同样，本币贬值→国内物价总水平上升→手持现金余额增加→货币（资本）市场供给减少→利率上升→资本流入→资本账户改善。

收入再分配效应。本币贬值→国内物价总水平上升→国民收入向利润收入者及政府部门转移→吸收倾向下降→吸收总量减少→国际收支改善。

货币幻觉效应。本币贬值→由进口品开始国内物价轮番上涨→出现货币幻觉→消费与投资下降→吸收总量减少→国际收支改善。

（三）政策主张

吸收论有着强烈的政策主张。当国际收支逆差时，总可以从两个方面考虑解决办法：一是增加产出或收入；二是减少支出或吸收。通常将增加收入的政策称为支出转换政策，将减少吸收的政策称为支出减少政策。在采用货币贬值的同时，若国内存有闲置资源（衰退和非充分就业），应采用扩张性财政货币政策（支出转换政策）来增加收入（生产和出口）；若国内各项资源已达充分就业、经济处于膨胀时，应采用紧缩性财政货币政策（支出减少政策）来减少吸收（需求），从而使内部经济和外部经济同时达到平衡。

支出转换政策，目的在于将国内支出最大限度地转移到国内产品上，以增加本国收入。根据政策内容，可以划分为一般性政策和选择性政策。一般性政策是指汇率政策（或叫本币贬值政策），选择性政策主要指贸易管制政策，包括关税、出口补贴、进口限制等。实行固定汇率制度的国家，无法使用一般性政策，只能求助于贸易管制政策，直接限制居民对商品和劳务的选择自由。但是这种以行政命令方式出现的政策措施，容易遭受贸易对手国的谴责和报复，也有悖于国际贸易自由化的历史潮流，所以，除非支出减少政策难以奏效。否则不宜过度依赖贸易管制。实行浮动汇率制度的国家，汇率的随行就市为政府引导汇率变动奠定了基础。货币贬值政策具有隐蔽性和间接性，受到政府的广泛青睐，也正因如此，国际金融舞台上的汇率战频频发生。

支出减少政策，就是通过减少本国居民的投资和消费支出来调节国际收支逆差。具体地，支出减少政策涉及三种政策措施：即紧缩性货币政策、紧缩性财政政策、收入管制政策。紧缩性货币政策是指提高存款准备金率、提高再贴现率和公开市场业务中的出售政府债券；紧缩性财政政策有减支和增收两个方面，包括政府支出政策、政府购买政策、公共福利政策、税收政策和税收征管政策；收入管制政策包括最低收入保障制度、收入分配政策、工资管制政策等。支出减少政策的作用主要在两个方面：一是直接减少进口支出，改善国际收支；二是减少国内总需求，降低通货膨胀水平，增强本国商品价格优势，促使出口增加、进口减少，从而改善国际收支。由于支出减少政策在改善国际收支的同时，对国内总需求也具有遏制作用，所以成为高通货膨胀国家主要的国际收支调节手段。当然，支出减少政策能否生效，也要受支出对收入的影响程度、资源转移机制、支出减少中进口品比重等具体因素的限制。

（四）对吸收论的评述

吸收论是从总收入与总吸收（总支出或总需求）的相对关系中来考察国际收支失衡的原因，并提出国际收支的调节政策，而不是从相对价格关系出发，这是它与弹性论的重大差别。就理论基础和分析方法而言，吸收论是建立在凯恩斯的宏观经济学之上的，采用的是一般均衡分析方法；而弹性论则是建立在马歇尔等人建立的微观经济学基础之上的，采用的是局部均衡分析方法。就货币贬值的效应来讲，吸收论从贬值对国民收入和国内吸收的相对影响中来考察贬值对国际收支的影响，而弹性论则是从价格与需求的相对关系中来考察贬值对国际收支的影响。

吸收论的主要缺陷在于：（1）假定贬值是出口增加的唯一原因，并以贸易收支代替国际收支。（2）忽视了在国际收支中处于重要地位的国际间资本移动等因素。因此，从宏观角度看，它具有不够全面和自相矛盾的地方。不过，吸收论在国际收支调节理论的发展过程中，具有一种承前启后的作用。一方面，它指出了弹性论的缺点，吸纳了弹性论的某些合理内容，是在弹性论基础上的一大进步；另一方面，它指出了国际收支失衡的宏观原因和注意到国际收支失衡的货币方面。因此，吸收论成为20世纪70年代出现的国际收支调节的货币分析法的先驱。

三、国际收支调节的货币论

（一）理论背景

前面介绍的弹性论和吸收论都强调的是贸易收支的调整，而忽略了资本与金融账户。随着国际经济的发展，资本流动或金融资产交易的重要性越来越明显，在国际收支的构成中，其重要性在某种意义上甚至已超过了经常账户。正是在这种背景下，自20世纪70年代起，国际收支调整的货币论成为国际收支理论中的主流。货币论强调国际收支的货币特征，它是一种古老而又新兴的国际收支理论，大卫·休谟的"价格—铸币流动机制"是最早的国际收支货币论，现代的货币论是传统的货币理论在开放经济条件下的推广应用。货币论的主要代表人物有罗伯特·蒙代尔（Robert A. Mundell）、哈里·约翰逊（Herry Johnson）和雅各布·弗兰克尔（Jacob Frenkel）等。

货币分析理论抛弃了以前国际收支理论的分析方法，不以国际收支的某个具体项目为研究对象，不追求局部均衡，而是以国际收支平衡表的平衡项目为研究对象，强调国际收支的整体平衡。因此，这一理论将国际收支的研究范围从贸易收支扩大到资本项目，从而更接近于国际经济活动的实际。

（二）主要内容

货币分析理论认为国际收支是一种货币现象，强调货币供给与货币需求之间的关系在国际收支不平衡的产生和调节过程中的作用。

货币论的三个基本假定：（1）在充分就业均衡状态下，一国的实际货币需求是收入和利率等变量的稳定函数；（2）从长期看，货币需求是稳定的，货币供给变动不影响实物产量；（3）贸易商品的价格是由世界市场决定的，从长期看，一国的价格水平和利率水平接近世界市场水平。

在上述各项假定下，货币论的基本理论可用以下公式表达

（1）$MS = MD$

式中，MS表示名义货币的供应量；MD表示名义货币的需求量。从长期看，可以假定货币供应与货币需求相等。

（2）$MD = Pf(y \cdot i)$

式中，P为本国价格水平；f为函数关系；y为国民收入；i为利率（持有货币的机会成本）；$f(y \cdot i)$表示对实际货币存量（余额）的需求；$Pf(y \cdot i)$表示对名义货币的需求。

（3）$MS = m(D + R)$

式中，D表示国内提供的货币供应基数，即中央银行的国内信贷或支持货币供给的国内资产；R表示来自国外的货币供应基数，它通过国际收支盈余获得，以国际储备作为代表；m为货币乘数，指银行体系通过派生存款创造货币、使货币供应基数多倍扩大的系数。货币基数又称强力货币。若将m忽略，可得

（4）　MS = D + R

（5）　MD = D + R

（6）　R = MD − D

（7）　MD = EPf（y·i）

上述第（6）式，就是货币论的最基本方程式。这个方程式的含义包括：（1）国际收支是一种货币现象；（2）国际收支逆差，实际上就是一国国内的名义货币供应量（D）超过了名义货币需求量（MD）。由于货币供应不影响实物产量，在价格不变的情况下，多余的货币就要寻找出路。对个人和企业来讲，就会增加货币支出，以重新调整它们的实际货币余额；对整个国家来讲，实际货币余额的调整便表现为货币外流，即国际收支逆差。反之，当一国国内的名义货币供应量小于名义货币需求时，在价格不变的情况下，货币供应的缺口就要寻找来源。对个人和企业来讲，就要减少货币支出，以使实际货币余额维持在所希望的水平；对整个国家来说，减少支出维持实际货币余额的过程，便表现为货币内流，国际收支盈余；（3）国际收支问题，实际上反映的是实际货币余额（货币存量）对名义货币供应量的调整过程。当国内名义货币供应量与实际经济变量（国民收入、产量等）所决定的实际货币余额需求相一致时，国际收支便处于平衡。

上述第（7）式中，E 为本币衡量的外币价格（直接标价法）。当本国货币贬值时，E 值上升，由此引起国内价格 P 上升。E 和 P 同时上升，为了使等式两边相等，f（y·i）相应地下降，这表明对实际货币余额的需求下降。或者，f（y·i）不下降，则 MD 相应地上升，从而使国际收支得到改善（或逆差减少）。

由此，货币论关于贬值的上述公式可归结为：贬值引起贬值国国内价格上升、实际货币余额减少，从而对经济具有紧缩作用。货币贬值若要改善国际收支，则在贬值时，国内的名义货币供应不能增加。因为 R = MD − D，或 D 与 MD 同时增加，否则，贬值不能改善国际收支。

货币分析论的国际收支调节机制可以概括如下：

货币供给增加→出现超额货币供给→真实货币余额大于意愿持有货币余额→增加消费品和资本品开支→进口增加、出口减少，资本输出增加、输入减少→经常项目和资本项目收支都恶化→国际收支恶化。

货币供给减少→出现超额货币需求→真实货币余额小于意愿持有货币余额→减少消费品和资本品开支→进口减少、出口增加，资本输出减少、输入增加→经常项目和资本项目收支都改善→国际收支改善。

（三）政策主张

货币论的政策主张，归纳起来有以下几点。

1. 所有国际收支不平衡，在本质上都是货币的收支不平衡。正因如此，国际收支的不平衡，都可以由国内货币政策来解决。

2. 国内货币政策，主要指货币供应政策。因为货币需求是收入、利率的函数，而货币供应则在很大程度上可由政府操纵，因此，膨胀性的货币政策（使 D 增加）可以减少国际收支顺差，而紧缩性的货币政策（使 D 减少）可以减少国际收支逆差。

3. 国际收支的改善是有条件的。为平衡国际收支而采取的贬值、进口限额、关税、外汇管制等贸易和金融干预措施，只有当它们的作用是提高货币需求，尤其是提高国内价格水平时，才能改善国际收支，而且这种影响是暂时的。如果在施加干预措施的同时伴有国内信贷膨胀，则国际收支不一定能改善，甚至还可能恶化。

总之，货币论政策主张的核心是：在国际收支发生逆差时，应注重国内信贷的紧缩。

（四）对货币分析理论的评述

货币分析理论的基本观点及其所提倡的国际收支调节方法，在国际收支理论研究以及各国宏观经济实践中都有着广泛的影响。但质疑的声音并未因此而消失。就国际收支货币分析理论本身而言，局限性主要表现在以下几个方面。

1. 假设前提与实际情况相距甚远。货币论认为货币需求是收入和利率的稳定函数，但如果它不是稳定的，那么国际收支就不能仅仅从货币供应的变化中预测出来。另外，货币论假定货币供应对实物产量和收入没有影响，也不尽切合实际。

2. 关于贬值效应的论述不全面。货币论认为贬值仅有紧缩性影响，贬值能暂时性地改善国际收支，是因为它减少了对实际货币余额的需求和增加了对名义货币的需求。这是货币论与弹性论和吸收论的一个明显区别。弹性论认为在进出口需求弹性之和大于1时，贬值能改善贸易收支，从而对经济具有扩张性影响。吸收论认为当存在闲置资源时，贬值能扩大出口，增加国民收入，从而对经济具有扩张性影响。尽管弹性论和吸收论都给出了一定的条件，但它们都认为成功的贬值对经济增长具有刺激作用。但货币论认为，实际货币余额需求减少，意味着消费、投资、收入的下降，这无法解释为什么许多国家把贬值作为刺激出口和经济增长的手段。

3. 政策主张是以牺牲国内经济增长为代价的。货币论认为，国际收支逆差的基本对策是紧缩性的货币政策。这个政策结论的一个重要前提是价格不变，通过紧缩性货币政策来消除货币供应大于货币需求的缺口。然而，事实上，当名义货币供应大于货币需求时，价格必然会上升，从而名义货币需求 Pf（y·i）也会上升。在这种情况下，降低名义货币供应，在价格刚性的条件下，只能导致实际货币余额需求的下降；另外，货币论还提出当采用贬值来改善国际收支时，必须结合紧缩性的货币政策。因此，无论从哪个方面看，货币论政策主张的含义或必然后果，就是以牺牲国内实际货币余额或实际消费、投资、收入和经济增长来纠正国际收支逆差。这一点，曾受到许多国家，尤其是发展中国家经济学家的严厉批评。

四、国际收支调节的结构论

（一）理论背景

国际收支结构论的有关分析，散见在 20 世纪 50 年代和 60 年代的西方经济学文献中。但作为比较成熟和系统的独立学派，结构论是作为国际货币基金组织国际收支调节规划的对立面于 20 世纪 70 年代形成的。赞成结构论的经济学家，大多数来自发展中国家或发达国家中从事发展问题研究的学者。因此，结构论的理论渊源同发展经济学密切相关。结构论在英国十分活跃。英国萨塞克斯大学发展研究院院长保尔·史蒂芬爵士（Paul. Stephen），英国海外发展署（Overseas Development Association，ODA）的托尼·克列克（Tonv Klick），英国肯特大学的瑟沃尔（A. Thirwall），以及英国曼彻斯特大学的一批经济学家，都是结构论的积极倡导者和支持者。

在国际收支货币分析法流行的 20 世纪 70 年代中期，国际货币基金组织的理论权威、研究部主任波拉克（J. J·Polak）将货币论的主要精神结合到了国际货币基金组织的国际收支调节规划中，使货币论成了国际货币基金组织制定国际收支调节政策的理论基础。当成员国国际收支发生困难而须向国际货币基金组织借用款项时，成员国必须按国际货币基金组织国际收支调节规划的要求制定相应的调节政策，国际货币基金组织则帮助制定并监督调节政策的实施。由于货币论的政策核心是紧缩需求，以牺牲国内经济增长来换取国际收支平衡，因此，在国际收支发生普遍困难的 70 年代，众多成员国在执行了国际货币基金组织的国际收支调节规划后，经济活动普遍受到压制，有的甚至因过度削减预算和货币供应而导致国内经济、社会甚至政治动荡。

在这种情况下，结构论针对性地提出：国际收支失衡并不一定完全是由国内货币市场失衡引起的。货币论乃至以前的吸收论，从需求角度来提出国际收支调节政策，而忽视了供给方面对国际收支的影响。就货币论来讲，它主张的实际上是通过压缩国内名义货币供应量来减少实际需求。

（二）主要观点

结构论认为，国际收支逆差尤其是周期性的国际收支逆差，既可以是长期性的过度需求引起的，也可以是长期性的供给不足引起的，而长期性的供给不足往往是由经济结构问题引起的。引起国际收支长期逆差或长期逆差趋势的结构问题有以下表现形式：

1. 经济结构老化。经济结构老化是指由于科技和生产条件的变化及世界市场的变化，使一国原来在国际市场上具有竞争力的商品失去了竞争力，而国内因资源没有足够的流动性等因素，经济结构不能适应世界市场的变化，由此造成出口供给长期不足，进口替代的余地持续减少，结果是国际收支持续逆差（或逆差倾向）。

2. 经济结构单一。经济结构单一从两个方面导致国际收支的经常逆差：其一是单一的出口商品，其价格受国际市场价格波动的影响，因而国际收支呈现不稳定现象。在出口多元化的情况下，一种出口商品的价格下降，会被另一种出口商品价格的上升所抵消，整个国际收支呈稳定现象。而在出口单一的情况下，价格任何程度的下降，都会直接导致国际收支的恶化；其二是经济结构单一，经济发展将长期依赖进口，进口替代的选择余地几乎为零。这样，经济发展的速度和愿望越高，国际收支逆差或逆差倾向就越严重。

3. 经济结构落后。经济结构落后是指一国产业生产的出口商品需求对收入的弹性低和需求对价格的弹性高，进口商品的需求对收入的弹性高和需求对价格的弹性低。当出口商品的需求对收入的弹性低时，别国经济和收入的相对快速增长不能导致该国出口的相应增加；当进口商品的需求对收入的弹性高时，本国经济和收入的相对快速增长却会导致进口的相应增加。因此，在这种情况下，只会发生国际收支的收入性逆差，不会发生国际收支的收入性顺差，即国际收支的收入性不平衡具有不对称性。当出口商品需求对价格的弹性高时，本国出口商品价格的相对上升会导致出口商品数量的相应减少；当进口商品需求对价格的弹性低时，外国商品价格的相对上升却不能导致本国进口商品数量的相应减少。在这种情况下，货币贬值不仅不能改善国际收支，反而会恶化国际收支。同时，由货币和价格因素引起的国际收支不平衡，也具有不对称性。

国际收支的结构性不平衡，既是长期经济增长速度缓慢和经济发展阶段的落后所引起的，又成为制约经济发展和经济结构转变的瓶颈，如此形成一种恶性循环。发展经济改变经济结构需要有一定数量的投资和资本货物的进口，而国际收支的结构性困难和外汇短缺却制约着这种进口，从而使经济发展和结构转变变得十分困难。

由于国际收支的结构性失衡的根本原因在于经济结构的老化、单一和落后；在于经济发展速度的长期缓慢甚至停滞和经济发展阶段的落后，因此，支出增减型政策和支出转换型政策不能从根本上解决问题，有时甚至是十分有害的。

（三）政策主张

既然国际收支失衡的原因是经济结构导致的，那么，调节政策的重点应放在改善经济结构和加速经济发展方面，以此来增加出口商品和进口替代品的数量和品种供应。改善经济结构和加速经济发展的主要手段是增加投资，改善资源的流动性，使劳动力和资金等生产要素能顺利地从传统行业流向新兴行业。经济结构落后的国家要积极增加国内储蓄，而经济结构先进的国家和国际经济组织应增加对经济结构落后国家的投资，经济结构落后的国家通过改善经济结构和发展经济，不仅能有助于克服自身的国际收支困难，同时也能增加从经济结构先进国家的进口，从而也有助于经济结构先进国家的出口和就业的增长。

（四）对结构论的评述

结构论作为传统的国际收支调节理论特别是货币论的对立面出现，提出了改善经济结构，加速经济发展。以此来增加出口商品和进口替代品的数量和品种的供应。而改善经济结构和加速经济发展的主要手段是增加投资，改善资源的流动性，使劳动力和资金等生产要素能顺利地从传统行业流向新兴行业。经济结构落后的国家要积极增加国内储蓄，经济结构先进的国家和国际组织应增加对落后国家的投资。

但是，该理论同样也存在着一些缺陷。

1. 结构性失衡实际上是愿望与现实之间的失衡。结构性失衡的原因同进出口商品的特点及现实与愿望之间的差距有关，如果一国的出口商品没有能满足国际市场需求的特点，那么，出口商品需求对收入的弹性就会低。这种问题与其说是缺乏价格竞争力，不如说是缺乏非价格因素的竞争力。比如，产品质量低劣、售后服务质量太低、产品包装和款式不能满足消费心理等。对于经济结构单一和经济结构落后引起的国际收支困难，实际上是愿望与现实之间的失衡。

2. 结构论实际上是经济发展问题，而不是国际收支问题。因为国际收支的制约因素是到处存在的，它的存在对于维持一国经济长期均衡发展和世界货币金融秩序是十分必要的。结构论强调的实际上是经济发展问题，而不是国际收支问题。经济发展政策对国际收支失衡的调节，常常是行之无效的或收效甚微的。

3. 要求国际货币基金组织对长期失衡的国家提供贷款，客观上不现实。要求以提供暂时性资金融通为主的国际货币基金组织向经济结构落后的国家提供长期性国际收支贷款，而同时又不施予必要的调节纪律和恰当的财政货币政策，犹如把资金填入一个无底洞，既不利于有关国家经济的均衡发展，又违背了国际货币基金组织本身的性质和宪章，同时也是国际货币基金组织在客观上无力做到的。

上述几个理论，由于各自的时代背景、出发点不同，因而政策结论也不完全一样。

弹性论用局部分析法，指出进出口商品需求弹性必须大于1，贬值才能改善贸易收支；吸收论从宏观经济的整体出发，考察贬值对国际收支的影响，主张用紧缩的财政、货币政策来减少需求；货币论是从货币供求关系出发，主张国内信贷的紧缩，压缩国内名义货币供应量，以减少实际需求；结构论则是从货币论的对立面出发，提出了改善经济结构，加速经济发展。几个理论都有强调的重点所在，但也各有其缺陷。

五、开放经济条件下政策搭配的运用简介

国际收支不平衡是国内商品市场或货币市场失衡的外部表现。上述理论的共同特点是以实现国际收支的单独平衡为其最高目标。但是，在开放经济条件下，国际收支的单独平衡不应是其最高目标，同时实现或保持内部平衡和外部平衡才是最高目标。内部平衡是指国内经济增长、充分就业、物价稳定；外部平衡主要是指国际收支平衡。内外均衡是相互影响的，它们之间存在着非常复杂的关系。当政府采取措施努力实现某一均衡目标时，可能会造成另一均衡问题的改善，也可能对另一均衡造成干扰或破坏。前者称为内外均衡的一致，后者称为内外均衡的冲突。为解决这一冲突，政策搭配就应运而生了。在运用政策搭配以实现内外均衡的诸多方案中，斯旺提出的支出政策与汇率政策的搭配和蒙代尔提出的财政政策与货币政策的搭配最有影响，这里仅做简要介绍。

（一）斯旺的支出政策与汇率政策搭配

1. 理论背景。开放经济条件下，内外均衡是宏观经济政策的目标。当实际经济运行偏离了内外均衡，当局必须运用经济政策进行调整。1951年，英国经济学家詹姆斯·米德（J. Meada）在其《国际收支》一书中对开放经济条件下的内外均衡问题进行了分析，提出了著名的"米德冲突"（Meada Conflict），他认为在固定汇率制度下，政府单独使用支出增减政策或支出转换政策而同时追求内、外均衡两种目标的实现，将会导致一国内部均衡与外部均衡之间发生冲突。1955年，斯旺（Swan）进一步研究了内外的均衡与冲突，提出了用支出增减政策和支出转换政策解决内外均衡冲突的思想，这一思想被称为"斯旺模型"（Swan Model）。

2. 主要观点。假定经济体不存在国际间资本流动，支出增减政策和支出转换政策进行合理搭配，以解决内、外失衡（见图4-6）。

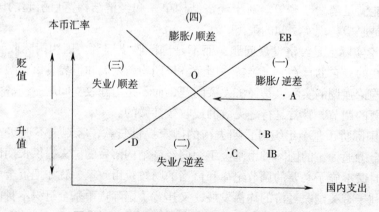

图4-6 支出转换政策与支出增减政策的搭配

图 4 - 6 中，横轴表示国内支出（消费、投资、政府支出），政府的支出增减型政策可以明显影响国内支出总水平，向右方向，表示国内支出增加，向左则表示减少。纵轴表示本国货币的实际汇率（直接标价法），单位外币折合的本币数量，向上表示本币贬值，向下表示本币升值。

IB 曲线表示内部均衡，实际汇率与国内吸收（充分就业、价格稳定）相吻合，该曲线自左上方向右下方倾斜，是因为本币汇率升值将减少出口，增加进口，所以，要维护内部均衡就必须增加国内支出。在 IB 曲线的右边，有通货膨胀压力，因为对于既定的汇率水平。国内支出大于维护内部均衡所需要的国内支出；在 IB 曲线的左边，有通货紧缩的压力，因为国内支出比维护内部均衡所需要的国内支出要少。

EB 曲线表示外部均衡，实际汇率与国内支出（消费、投资、政府支出）相吻合，即经常项目收支平衡。该曲线自左下方向右上方倾斜，是因为本币贬值会增加出口，减少进口，所以，要防止经常项目收支出现顺差，就需要扩大国内支出，抵消出口的增长。EB 曲线的右边，国内支出大于维持经常项目平衡所需要的国内支出，结果出现经常项目收支逆差；EB 曲线的左边，就会出现经常项目收支顺差。

IB 曲线与 EB 曲线的相交点 O，是理想的政策搭配，即此时的汇率政策和国内支出政策同时达到了内外均衡。

当一国宏观经济处于失衡，如：在区间（一）的点 A（对称地处在 EB 与 IB 之间）时，削减国内支出，压缩总需求，通货膨胀和国际收支逆差的压力同时下降，点 A 遂向点 O 方向切近。但若宏观经济的失衡，不是对称地处在 EB 与 IB 之间，而是在区间（一）的点 B 或区间（三）的点 C，政策搭配就变得十分必要。在点 B 处，为达到经常项目收支平衡，就要大幅度削减支出，使 B 点向 D 点移动。这样，虽然说外部失衡趋于减少，内部经济却进入衰退和失业，达不到内外均衡的 O 点。所以要同时采用本币贬值的汇率政策，使逆差减少，向 O 点切近。同理，在 C 点处，单单使用支出减少政策（压缩国内支出），也无法使 C 点向 O 点切近。由此，得到合理的政策搭配情况见表 4 - 2。

表 4 - 2　　　　　　　　　　支出增减政策与支出转换政策的搭配

区间	经济状况	支出增减政策	支出转换政策
（一）	通货膨胀／国际收支逆差	紧缩	贬值
（二）	失业／国际收支逆差	扩张	贬值
（三）	失业／国际收支顺差	扩张	升值
（四）	通货膨胀／国际收支顺差	紧缩	升值

斯旺模型存在两个理论弱点：第一，该模型没有对支出增减政策进一步细分；第二，该模型并没有分析国际资本流动对国际收支的影响。沿着斯旺模型的分析思路，美国经济学家罗伯特·蒙代尔（Robert Mundell，1962、1971）进一步把支出增减政策细分为财政政策和货币政策，从而修正了斯旺模型，并提出"指派法则"理论：每一个政策都应该用到效应最大化的方面，在固定汇率制度之下，财政政策应该用于解决内部失衡，而货币政策应该用于解决外部失衡。

（二）蒙代尔的财政政策与货币政策搭配

美国经济学家罗伯特·蒙代尔（Robert Mundell）于 20 世纪 60 年代提出，他对政策调控的研究是基于这样一个出发点：在许多情况下，不同的政策工具实际上掌握在不同的决策者手中。例如，货币政策是中央银行的权限，财政政策则由财政部门掌管。如果决策者不能紧密协调这些政策，而是独立进行决策的话，就不能实现最佳的政策目标。

1. 基本假设。（1）价格在短期内是不变的；（2）经济中的产出完全由总需求决定；（3）货币是非中性的，且与实际利率负相关；（4）商品和资本可以在国际市场完全自由流动，资本的自由流动可以消除任何国内外市场的利率差别。

2. 主要观点。如果每一工具被合理地指派给一个目标，并在该目标偏离最佳水平时按规则进行调控，那么在分散决策的情况下仍有可能实现最佳调控目标。关于如何指派，蒙代尔提出了"有效市场分类"原则。即每一目标应指派给对其有最大影响力，因而在影响政策目标上有相对优势的工具。若指派错误，经济会距离均衡点越来越远。根据这一原则，蒙代尔提出了以货币政策实现外部均衡，财政政策实现内部均衡的指派方案（如图 4 - 7 所示）。

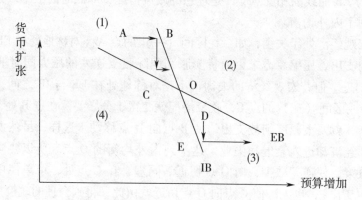

图 4 - 7　财政政策与货币政策的搭配

横轴以预算为代表，表示财政政策，自左向右表示财政政策的扩张、预算增加；从右向左，表示财政政策的紧缩、预算削减。纵轴以货币供给为代表，表示货币政策，自下向上，表示货币政策的扩张、银根放松；从上向下，表示货币政策紧缩、银根收紧。

IB 曲线表示内部均衡，在这条线上，国内经济达到均衡；在这条线的左边，表示国内经济处于衰退和失业；在这条线的右边，表示国内经济处于膨胀。

EB 曲线表示外部均衡，在这条线上，表示国际收支达到均衡；在这条线的上方，表示国际收支逆差；在这条线的下方，表示国际收支顺差。两条曲线的交点 O 是最佳的搭配，即内外均衡，此时的财政政策和货币政策均达到理想状态。

IB 曲线比 EB 曲线更陡峭，是因为蒙代尔假定，相对而言，预算对国民收入、就业等国内经济变量影响较大，而利率则对国际收支的影响较大。当国内宏观经济和国际收支都处于失衡状态时，比如，经济运行在区间（1）的 A 点，应该采用积极的财政政策来解决经济衰退问题，扩大预算，使点 A 向点 B 移动；同时，采用紧缩性的货币政策来解决国际收支逆差问题，使点 B 向点 C 移动。这样，扩张性的财政政策与紧缩性的货币政策如此反复使用，最终会使点 A 切近点 O，达到内外均衡。

如果政策指派方式相反，即以财政政策解决外部失衡问题，以货币政策解决内部失衡问题，其结果必然离均衡点 O 越来越远。比如：经济运行在区间（3）的点 D，若先以紧缩性货币政策解决通货膨胀问题，至 E 点，通货膨胀消除，但国际收支顺差加大；再以扩张性的财政政策解决顺差问题。如此下去的后果是经济将离均衡点 O 越来越远。所以，若经济运行在 D 点时，应该采用的政策是紧缩性的财政政策和扩张性的货币政策，这样才能消除衰退失业和国际收支顺差。

上述政策搭配的原理可同样推广到其他区间。于是，得到如下几种搭配（见表 4 - 3）。

表 4 - 3　　　　　　　　　　　财政政策与货币政策的搭配

区间	经济状况	财政政策	货币政策
（1）	失业／国际收支逆差	扩张	紧缩
（2）	通货膨胀／国际收支逆差	紧缩	紧缩
（3）	通货膨胀／国际收支顺差	紧缩	扩张
（4）	失业／国际收支顺差	扩张	扩张

"Swan" 与 "Mundell" 两个搭配模型，仅仅是政策搭配的两个范例。实际上，经济生活远比理论上的论述要复杂得多。比如：前述中假定经济衰退与通货膨胀是两种独立的情况，但实际上两者可能同时存在，即所谓"滞胀"（Stagflation）。那么政策搭配的任务就要复杂得多，政策工具的数目也会超过两个。再比如：货币贬值往往会引起外国的报复，因此，理论上应该贬值与实际上能否采用贬值，有时并不一致，这也给国际收支的政策调节带来了复杂性。

第五节　中国的国际收支

一、中国国际收支的基本状况

（一）中国国际收支的历史沿革

在新中国成立后的相当长时期内，我国都没有编制国际收支平衡表，而只编制外汇收支平衡表。1980 年 4 月，中国恢复在国际货币基金组织（IMF）的合法席位和权益，按照 IMF 的要求，开始试编国际收支平衡表，1981 年，我国制定了国际收支统计制度，1984 年又进行补充和修改，使国际收支平衡表在项目设置、分类上更有国际可比性。1985 年 9 月，国家外汇管理局首次正式公布了我国 1982—1984 年的国际收支平衡表。从 1987 年起，实行国际收支统计申报制度，逐年统计和编制国际收支平衡表，并对外公布。

（二）中国国际收支的基本特征

概况来看，中国国际收支状况有如下几个特征。

1. 国际收支规模不断扩大。仅以国际收支平衡表中的货物进出口来看，从 1982 年开始到 2011 年，其规模在不断地扩大，进口和出口规模分别从 1982 年的 169 亿美元和 211 亿美元扩大到 2011 年的 16 603 亿美元和 19 038 亿美元（见表 4 - 4）。

表 4 – 4　　　　　　　　**1982—2011 年 中国货物进出口规模**　　　　单位：亿美元

年份	贷方	借方	年份	贷方	借方
1982	211	169	1997	1 827	1 364
1983	207	187	1998	1 835	1 369
1984	239	239	1999	1 947	1 587
1985	251	382	2000	2 491	2 147
1986	258	349	2001	2 661	2 321
1987	347	364	2002	3 257	2 815
1988	411	464	2003	4 383	3 939
1989	432	488	2004	5 934	5 344
1990	515	424	2005	7 625	6 283
1991	589	502	2006	9 697	7 519
1992	696	644	2007	12 201	9 041
1993	757	863	2008	14 347	10 741
1994	1 026	953	2009	12 038	9 543
1995	1 281	1 101	2010	15 814	13 272
1996	1 511	1 315	2011	19 038	16 603

资料来源：国家外汇管理局网站 http：//www. safe. gov. cn 历年中国国际收支平衡表整理得出。

2. 国际收支构成发生显著变化。1982 年以前，我国对外经济活动相对较少，国际收支主要表现为商品进出口与侨汇收入。而 1982 年以后到现在，除商品进出口与侨汇两个传统项目外，其他项目如旅游、交通运输、劳务承包和金融账户的收支急剧增长。我国利用外资的规模与形式也有较大变化，政府、金融机构等部门进入国际资本市场融资的规模也在逐步增大。单就资本与金融项目的变化如表 4 – 5 所示。

表 4 – 5　　　　　　　　**1982—2011 年 中国资本与金融账户规模**　　　　单位：亿美元

年份	贷方	借方	年份	贷方	借方
1982	36	53	1997	926	716
1983	30	44	1998	893	956
1984	45	83	1999	918	866
1985	212	127	2000	920	901
1986	213	148	2001	995	648
1987	192	164	2002	1 283	960
1988	203	150	2003	2 432	1 883
1989	212	148	2004	3 984	2 903
1990	204	232	2005	4 851	3 897
1991	203	157	2006	7 346	6 853
1992	302	305	2007	9 936	8 994
1993	508	274	2008	9 845	9 444
1994	618	291	2009	8 634	6 649
1995	677	290	2010	11 667	8 798
1996	710	310	2011	13 982	11 772

资料来源：国家外汇管理局网站 http：//www. safe. gov. cn 历年中国国际收支平衡表整理得出。

3. 1994 年开始（1998 年除外）持续国际收支"双顺差"。1993 年之前，我国国际收支经常项目和资本项目基本上是顺差和赤字交替出现，且金额都不大，总体上看，属于平衡状态。但从 1994 年开始（除 1998 年资本项目少量逆差外），到 2011 年为止，出现持续巨额的国际收支"双顺差"（见表 4-6）。

表 4-6　　　　　　　　　1982—2011 年 中国国际收支状况　　　　单位：亿美元

项目 ＼ 年份	1982	1983	1984	1985	1986	1987	1988	1989	1990
经常项目差额	57	42	20	-114	-70	3	-38	-43	120
资本与金融账户差额	-17	-14	-38	85	65	27	53	64	-28
总差额	40	28	-18	-29	-5	30	15	21	92

项目 ＼ 年份	1991	1992	1993	1994	1995	1996	1997	1998	1999
经常项目差额	133	64	-119	77	16	72	370	315	211
资本与金融账户差额	46	-3	235	326	387	400	210	-63	52
总差额	179	61	116	403	403	472	580	252	263

项目 ＼ 年份	2000	2001	2002	2003	2004	2005	2006	2007	2008
经常项目差额	205	174	354	431	689	1 324	2 318	3 532	4 206
资本与金融账户差额	19	348	323	549	1 082	953	493	942	401
总差额	224	522	677	980	1 771	2 277	2 811	4 474	4 607

项目 ＼ 年份	2009	2010	2011	2012
经常项目差额	2 433	2 378	2 017	1 931
资本与金融账户差额	1 985	2 869	2 211	-168
总差额	4 418	5 247	4 228	1 763

资料来源：国家外汇管理局网站 http：//www.safe.gov.cn 根据历年中国国际收支平衡表整理得出。

二、中国国际收支的管理目标和调节政策

（一）中国国际收支的管理目标

从理论上讲，国际收支管理的目标是实现国际收支平衡。国际收支是否平衡，通常有短期静态平衡和长期动态平衡两种判断标准。前者是指报告期末（通常时长为 1 年）本国国际收支平衡表中总差额为 0。后者是指一段时期内（通常时长为 1 年以上），经常项目差额是否与正常的资本流量净值基本相抵，并与官方外汇储备资产的合理增减相适应，而且能够满足下列条件：一是能被本国经济正常发展所吸收或承受；二是有助于实现最佳经济效益。

具体到我国的实际情况，由于我国是发展中国家，国民经济在改革中发展，金融实力相对不强，因而在判断国际收支平衡与否时，必须考虑其与国民经济发展的关系。因此，我国的国际收支管理目标应该是以长期动态均衡为标准。即促进国民经济良性循环和健康发展，有利于合理人民币汇率水平的实现与稳定，使外汇储备水平处于最佳状态。

（二）中国国际收支调节政策的选择

近年来，由于中国经济的持续高速增长，国际收支连年呈现"双顺差"格局，使我国的外汇储备连年大幅度增长。持续的国际收支"双顺差"和较高的外汇储备规模，虽然有助于提升我国综合实力和国际竞争能力，但是"双顺差"毕竟是中国经济结构性失调的一个重要表现，是同制度缺陷、价格扭曲和宏观经济不平衡相联系的。要实现国际收支的管理目标，应该采取的调节政策如下。

1. 财政与货币政策。财政政策方面，税收是调节国际收支的最主要手段。运用关税（主要是进口关税）、出口退税、外商投资税收相对优惠等手段，来调节我国的对外经济活动。货币政策方面，除了通过紧缩或放松银根，调节货币总量外，还具体对进出口贸易和外商投资有针对性地发放优惠贷款，调节进出口贸易和外商投资。

2. 汇率政策。运用汇率政策调节国际收支，会面临一个两难选择：提高本币汇率，本币升值，贸易品价格竞争力下降，外部经济平衡难以维持；降低本币汇率，本币贬值，国内通货膨胀压力增大，国内经济难以平衡。作为发展中国家，维持经济的内部平衡比保持外部平衡更为重要，因此，应把人民币币值的稳定作为长期的政策目标。

3. 外贸政策。即通过对贸易外汇的调节，调整进出口商品结构，实现对外贸易从数量型向效益型转变，改善贸易条件等。有关政策的具体运用和产生的效果，如本章第三节国际收支的调节所述。

第六节　国际投资头寸表

一、国际投资头寸表的概念和编制意义

（一）国际投资头寸表（Interrnational Investment Position，IIP）的概念

《国际收支手册》（第五版）指出：国际投资头寸表是反映在某一特定时点上（如某年年末），一个经济体的金融资产对世界其他经济体的债权存量和构成，以及其对世界其他经济体的负债存量的价值和构成的统计报表。简言之，国际投资头寸表是一个经济体在某一特定时点，对世界其他经济体的金融资产和负债存量（余额）的统计报表。

（二）编制国际投资头寸表的意义

编制和公布国际投资头寸表，可为编表经济体衡量自身涉外经济风险状况提供基础信息，对宏观经济分析和政策决策具有重要意义。

1. 有利于完善宏观账户统计。编制和公布国际投资头寸表，标志着编表经济体对外部门统计信息的完整发布，有利于进一步完善包括国民账户、财政统计、货币金融统计和国际收支统计在内的四大宏观账户统计。

2. 为编表经济体制定涉外经济发展政策和调整对外资产负债结构提供基础性信息。国际投资头寸表所反映的涉外经济状况是产业政策、贸易政策、经济发展协调性等各种经济因素共同作用的结果，可为编表经济体制定涉外经济发展政策和调整对外资产负债结构提供基础性信息。

3. 便于更系统全面地反映其涉外经济发展和风险状况。掌握编表经济体涉外经济存量及其结构，便于更系统全面地反映其涉外经济发展和风险状况。此外，分析在世界

经济中占有重要或较重要地位的编表经济体的国际投资头寸表，掌握其对外资产负债状况，对分析世界金融资本状况，以便更科学地制定自身对策也具有重要意义。

国际投资头寸表与国际收支平衡表一起，构成一个经济体完整的国际账户体系。后者反映编表经济体在表格所覆盖时期内，与世界其他经济体发生的一切经济交易，即汇总交易流量；前者则反映在表格所指定时点，编表经济体对世界其他经济体的金融资产和负债的存量，并以其差额显示编表经济体的国际债权或债务地位。

二、国际投资头寸表的编制原则和主要指标

（一）国际投资头寸表的编制原则

《国际收支手册》（第五版）规定，国际投资头寸表的编制原则（包括计价、记账单位和折算等）与国际收支平衡表一样，按照复式簿记的原理，采用借贷记账法进行编制。国际投资头寸变动由报表所覆盖的时期内国际收支交易、价格及汇率变化等引起。

（二）国际投资头寸表的主要指标

根据国际货币基金组织第五版《手册》标准，国际投资头寸表项目按资产和负债设置，并以此计算出净头寸。资产项目分为对外直接投资、证券投资、其他投资和储备资产四个部分；负债项目分为吸收外来直接投资、证券投资、其他投资三个部分。

1. 净头寸。国际投资头寸表中对外金融资产和负债的差额，即净头寸，表明编表经济体是对外净债权国或净负债国。

2. 直接投资。以投资者寻求在本国之外，运用企业获取有效发言权为目的的投资，分为对外直接投资和吸收外来直接投资。其中，前者包括境内非金融部门对外直接投资存量和境内银行在境外设立分支机构所拨付的资本金、营运资本金和营运资本存量以及从境内外母子公司间的贷款和其他应收及应付款的存量。后者包括非金融部门吸收外来直接投资存量（即其历年吸收外来直接投资累计数据，扣减外来直接投资撤资、清算的累计数据）和金融部门吸收境外直接投资存量（包括外资金融机构设立分支机构、中资金融部门吸收外资入股和合资金融部门中的外方投资存量），以及境内外母子公司间的贷款和其他应收或应付款的存量。

3. 证券投资。证券投资包括股票、中长期债券和货币市场工具等形式投资。证券投资资产指编制报表经济体的居民所持有的非居民发行的股票、债券、货币市场工具、衍生金融工具等有价证券。证券投资负债则正相反。

（1）股本证券，包括以股票形式为主的证券。

（2）债务证券包括中长期债券和短期债券，货币市场工具或可转让的债务工具，如国库券、商业票据、短期可转让大额存单等。

4. 其他投资。其他投资是指除直接投资、证券投资和储备资产外的所有金融资产/负债，包括贸易信贷、贷款、货币和存款及其他资产/负债四类形式。其中长期是指合同期为一年期以上的金融资产/负债，短期为一年期（含一年）以下的金融资产/负债。

（1）贸易信贷，指编表经济体与世界其他经济体间，因货物进出口产生的直接商业信用。资产表示编表经济体的出口应收款及其进口预付款；负债表示其进口应付款及出口预收款。

（2）贷款，资产表示编表经济体境内机构通过向境外提供贷款和拆放等形式而持

有的对外资产；负债表示编表经济体机构借入的各类贷款。

（3）货币和存款，资产表示编表经济体存放境外资金和库存外汇现金，负债表示编表经济体金融机构吸收境外私人存款、国外银行短期资金及向国外出口商或私人借款等短期资金。

（4）其他资产/负债，指除贸易信贷、贷款、货币和存款以外的其他投资，如非货币型国际组织认缴的股本金，其他应收和应付款等。

5. 储备资产。储备资产是指编表经济体中央银行可随时动用和有效控制的对外资产，包括货币性黄金、特别提款权、在国际货币基金组织的储备头寸和外汇储备。

三、我国的国际投资头寸表

2006 年 5 月 25 日，国家外汇管理局首次公布我国国际投资头寸表。该报表记录了 2004 年、2005 年我国（不含香港、澳门和台湾地区）对世界其他国家或地区的金融资产和负债存量情况。随后，在公布每年国际投资头寸表时，分别根据最新数据调整原先公布的数据。

表 4 – 7　　　　　　　　　2004—2012 年中国国际投资头寸表　　　　　　单位：亿美元

年份 项目	2004	2005	2006	2007	2008
净头寸	2 764	4 077	6 402	11 881	14 938
A. 资产	9 291	12 233	16 905	24 162	29 567
1. 对外直接投资	527	645	906	1 160	1 857
2. 证券投资	920	1 167	2 652	2 846	2 525
2.1 股本证券	0	0	15	196	214
2.2 债务证券	920	1 167	2 637	2 650	2 311
3. 其他投资	1 658	2 164	2 539	4 683	5 523
3.1 贸易信贷	432	661	922	1 160	1 102
3.2 贷款	590	719	670	888	1 071
3.3 货币和存款	553	675	736	1 380	1 529
3.4 其他资产	83	109	210	1 255	1 821
4. 储备资产	6 186	8 257	10 808	15 473	19 662
4.1 货币黄金	41	42	123	170	169
4.2 特别提款权	12	12	11	12	12
4.3 在基金组织的储备头寸	33	14	11	8	20
4.4 外汇	6 099	8 189	10 663	15 282	19 460
B. 负债	6 527	8 156	10 503	12 281	14 629
1. 外国来华直接投资	3 690	4 715	6 144	7 037	9 155
2. 证券投资	566	766	1 207	1 466	1 677
2.1 股本证券	433	636	1 065	1 290	1 505
2.2 债务证券	133	130	142	176	172
3. 其他投资	2 271	2 675	3 152	3 778	3 796
3.1 贸易信贷	809	1 063	1 196	1 487	1 296
3.2 贷款	880	870	985	1 033	1 030
3.3 货币和存款	381	484	595	791	918
3.4 其他负债	200	257	377	467	552

续表

项目＼年份	2009	2010	2011	2012
净头寸	14 905	16 880	17 747	17 364
A. 资产	34 369	41 189	47 182	51 749
1. 对外直接投资	2 458	3 172	3 642	5 028
2. 证券投资	2 428	2 571	2 600	2 406
2.1 股本证券	546	630	619	1 298
2.2 债务证券	1 882	1 941	1 981	1 108
3. 其他投资	4 952	6 304	8 382	10 437
3.1 贸易信贷	1 444	2 060	2 769	3 387
3.2 贷款	974	1 174	2 232	2 778
3.3 货币和存款	1 310	2 051	2829	3 816
3.4 其他资产	1 234	1 018	552	457
4. 储备资产	24 532	29 142	32 558	33 879
4.1 货币黄金	371	481	530	567
4.2 特别提款权	125	123	119	114
4.3 在基金组织的储备头寸	44	64	98	82
4.4 外汇	23 992	28 473	31 811	33 116
B. 负债	19 464	24 308	29 434	34 385
1. 外国来华直接投资	13 148	15 696	18 042	21 596
2. 证券投资	1 900	2 239	2 485	3 364
2.1 股本证券	1 748	2 061	2 114	2 622
2.2 债务证券	152	178	371	742
3. 其他投资	4 416	6 373	8 907	9 426
3.1 贸易信贷	1 617	2 112	2 492	2 915
3.2 贷款	1 636	2 389	3 724	3 680
3.3 货币和存款	937	1 650	2 477	2 446
3.4 其他负债	227	222	214	384

说明：(1)本表记数采用四舍五入原则。(2)净头寸是指资产减负债，"＋"表示净资产，"－"表示净负债。(3)从2006年开始采用商务部、财政部等六部门开展外商投资企业联合年检中的外国来华直接投资存量数据作为本表外国来华直接投资数据源。

资料来源：国家外汇管理局网站。

附录一：2012 年中国国际收支平衡表

| 附表 | 2012 年中国国际收支平衡表 | | | 单位：亿美元 |

项目	行次	差额	贷方	借方
一. 经常项目	1	1 931	24 599	22 668
A. 货物和服务	2	2 318	22 483	20 165
a. 货物	3	3 216	20 569	17 353
b. 服务	4	－897	1 914	2 812
1. 运输	5	－469	389	859

项目	行次	差额	贷方	借方
2. 旅游	6	-519	500	1 020
3. 通信服务	7	1	18	16
4. 建筑服务	8	86	122	36
5. 保险服务	9	-173	33	206
6. 金融服务	10	0	19	19
7. 计算机和信息服务	11	106	145	38
8. 专有权利使用费和特许费	12	-167	10	177
9. 咨询	13	134	334	200
10. 广告、宣传	14	20	48	28
11. 电影、音像	15	-4	1	6
12. 其他商业服务	16	89	284	196
13. 别处未提及的政府服务	17	-1	10	10
B. 收益	**18**	**-421**	**1 604**	**2 026**
1. 职工报酬	19	153	171	18
2. 投资收益	20	-574	1 434	2 008
C. 经常转移	**21**	**34**	**512**	**477**
1. 各级政府	22	-31	9	40
2. 其他部门	23	65	503	438
二. 资本和金融项目	**24**	**-168**	**13 783**	**13 951**
A. 资本项目	**25**	**43**	**45**	**3**
B. 金融项目	**26**	**-211**	**13 738**	**13 949**
1. 直接投资	**27**	**1 911**	**3 079**	**1 168**
1.1 我国在外直接投资	28	-624	234	857
1.2 外国在华直接投资	29	2 535	2 845	311
2. 证券投资	**30**	**478**	**829**	**352**
2.1 资产	**31**	**-64**	**237**	**301**
2.1.1 股本证券	32	20	120	100
2.1.2 债务证券	33	-84	117	201
2.1.2.1（中）长期债券	34	-49	110	159
2.1.2.2 货币市场工具	35	-35	7	42
2.2 负债	36	542	593	51
2.2.1 股本证券	37	299	348	49
2.2.2 债务证券	38	243	244	2
2.2.2.1（中）长期债券	39	173	175	2
2.2.2.2 货币市场工具	40	70	70	0
3. 其他投资	**41**	**-2 600**	**9 829**	**12 429**
3.1 资产	42	-2 316	1 402	3 718
3.1.1 贸易信贷	43	-618	4	622

续表

项目	行次	差额	贷方	借方
长期	44	−12	0	12
短期	45	−606	4	610
3.1.2 贷款	46	−653	244	897
长期	47	−568	0	568
短期	48	−85	243	329
3.1.3 货币和存款	49	−1 047	1 027	2 074
3.1.4 其他资产	50	3	127	125
长期	51	−100	0	100
短期	52	103	127	25
3.2 负债	53	−284	8 428	8 712
3.2.1 贸易信贷	54	423	503	80
长期	55	7	9	1
短期	56	416	494	78
3.2.2 贷款	57	−168	6 480	6 648
长期	58	102	543	440
短期	59	−270	5 937	6 207
3.2.3 货币和存款	60	−594	1 339	1 933
3.2.4 其他负债	61	54	106	51
长期	62	47	47	1
短期	63	8	58	50
三、储备资产	64	−966	136	1 101
3.1 货币黄金	65	0	0	0
3.2 特别提款权	66	5	7	2
3.3 在基金组织的储备头寸	67	16	16	0
3.4 外汇	68	−987	112	1 099
3.5 其他债权	69	0	0	0
四、净误差与遗漏	70	−798	0	798

注：1. 本表计数采用四舍五入原则。

　　2. 本表数据由各季度数据累加而成。

资料来源：国家外汇管理局网站（http：//www.safe.gov.cn）。

附录二

一、《国际收支手册》各版的演变

至 2011 年，国际货币基金组织制定的《国际收支手册》（以下简称为《手册》）已有六版。前五版演变概况如下：

第一版《手册》，1948 年 1 月公布，内容主要包括数据的表格，以及完成这些表格的简要说明，没有讨论国际收支概念及表格编制方法。

第二版《手册》，1950 年公布，增加了用以说明国际收支体系有关概念的材料。

第三版《手册》，1961 年公布，提供了一整套可供各国满足自身需要的国际收支原则和向国际货币基金组织报告的基础。

第四版《手册》，1977 年公布，内容反映了国际金融体系及国际交易方式的重要变化，更全面地阐述了有关居民地位和计值的基本原则，以及其他会计原则，并为使用标准组成部分编制各种差额数据提供了灵活性。

第五版《手册》，1993 年 9 月公布，注意与《1993 年国民账户体系》（1993SNA）之间的协调，修改了许多重要概念的定义、术语和账户结构，还纳入国际投资头寸表的内容。

此后，国际货币基金组织制定和公布了一系列有关国际收支统计和编制的指南：《国际收支编制指南》（1995 年）、《货币与金融统计手册》（2000 年）、《政府财政统计手册》（2000 年）、《协调的直接投资调查指南》（2008 年）、《协调的证券投资调查指南》（1996 年、2001 年）、《国际储备和外币流动性：数据模版指南》（2000 年）、《国际服务贸易统计指南》（2001 年）、《外债统计、编制者和使用者指南》（2003 年）。国际清算银行公布了《国际银行统计指南》（2003 年）《国际汇款业务交易：编制者和使用者指南》（2008 年）。经合组织公布了《外国直接投资基准定义》（2008 年）。所有这些，为第六版《手册》创造了重要条件。

二、第六版《手册》的主要内容

国际货币基金组织于 2001 年起，开始着手修订《手册》工作，并于 2008 年 12 月推出了第六版《手册》，更名为《国际收支和国际投资头寸手册》第六版，简称为 BPM6，并提议将第四版和第五版《手册》分别简称为 BPM4 和 BPM5。国际货币基金组织建议各国于 2012 年或 2013 年起，按照 BPM6 编制国际收支平衡表和国际投资头寸表。

第六版《手册》分为十四章：第一章，导言；第二章，框架概述；第三章，会计原则；第四章，经济领土、单位、机构部门和居民地位；第五章，金融资产和负债分类；第六章，职能类别；第七章，国际投资头寸；第八章，金融账户；第九章，金融资产和负债的其他变化；第十章，货物和服务账户；第十一章，初次收入账户；第十二章，二次收入账户；第十三章，资本账户；第十四章，国际收支和国际投资头寸分析中的部分问题。另有九个附录：（1）特殊融资交易；（2）债务重组和相关交易；（3）区域性安排：货币联盟、经济联盟和其他区域性报表；（4）跨国企业活动统计；（5）汇款；（6）专题综述；（7）国民账户体系世界其他地方账户与国民账户的关系；（8）与《手册》第五版的不同；（9）标准组成和其他项目。

第六版《手册》特点：（1）考虑到经济全球化带来的经济形势变化及金融、技术创新，如以"经济所有权变更"替代"所有权变更"来确定收支交易的记录时间；报表将金融衍生品等列出专项；增加了"其他金融公司"等；（2）加强了国际收支和国际投资头寸账户统计和其他宏观经济统计的内在联系，如在平衡表金融账户和头寸表的金融资产和负债账户中使用"金融资产净变化"和"负债净变化"替代第五版中的"贷方"和"借方"，在部门分类上，采取了与国民账户中机构部门的全部分类；

（3）提高了数据的国际可比性；（4）强调了国际投资头寸统计的重要性；（5）详细说明了经济所有权等新引入的概念，增加了处理货币联盟等问题的具体指导；（6）细化了资产负债表内容；（7）吸收了1993年以来一系列《指南》的成果。

三、第六版《手册》对国际收支平衡表的项目设计

（一）经常项目，显示居民与非居民之间货物、服务、初次（主要）收入和二次（次要）收入的流量

1. 货物与服务。

(1)货物（一般商品贸易、转口商品贸易、非货币黄金）；

(2)服务（加工贸易服务，维修保养服务，运输，旅游，建筑，保险与养老金服务，金融服务，知识产权使用费，通信、计算机和信息服务，其他商业服务，个人、文化和娱乐服务，政府服务）；将"加工贸易"从商品项下转移到服务项下是一项明显的修订。

2. 主要收益（初次收入）账户：雇员报酬、投资收益、其他主要收益，其他初次收入（租金、产品和生产的税收及补贴等）；显示作为允许另一实体暂时使用劳动力、金融资源或非生产非金融资产的回报，即应付和应收的金额。

3. 次要收益（二次收入）账户：政府、金融公司、非金融公司、家庭及服务家庭的非营利组织、养老金权益变化的调整；显示收入的再分配，即一方提供用于当前目的的资源，但该方没有得到任何直接经济价值回报，如个人转移和经常性国际援助。

这些账户的差额称为经常账户差额，显示的是：出口和应收收入之和与进口和应付收入之和之间的差额（出口和进口指货物和服务，收入指初次收入和二次收入）。

（二）资本账户

显示居民与非居民之间非生产非金融资产和资本转移的贷方分录和借方分录，记录非生产非金融资产的取得和处置，如向使馆出售的土地、租赁和许可的出售，以及资本转移。

1. 非生产性、非金融性资产的获取或放弃。

2. 资本转移。

（三）金融账户

显示金融资产和负债的获得和处置净额，即特定时期由金融资产的净获得和负债的净产生。

1. 直接投资。

2. 证券投资

3. 金融衍生品（除官方储备外）和员工股票期权。

4. 其他投资。

5. 储备资产。

经常账户差额和资本账户差额之和为该经济体与世界其他地方之间的净贷款（顺差）和净借款（逆差）。换言之，金融账户衡量的是对非居民的净贷款和净借款是如何获得资金的；金融账户加上其他变化账户，说明了期初和期末之间国际投资头寸的变化。

经常账户与资本账户按全值列示交易，金融账户则按净额分别列示金融资产和负债

交易（资产的获得减去资产的减少，而不是资产减去负债）。

（四）净误差与遗漏

这是作为残差项推算的，可按从金融账户推算的净贷款/净借款，减去从经常和资本账户中推算的净贷款/净借款来推算，当净额为正值时，显示总趋势：(1)经常和资本账户中的贷项值过低过小；和/或(2)经常和资本账户中借款值过高过大；和/或(3)金融账户中资产净增加值过高过大；和/或(4)金融账户中净负债值过低过小。净值为负数时，这些趋势则相反。

四、报表示例

第六版《手册》提供了报表示例。

（一）国际账户概览

国际收支			
经常账户	贷方	借方	净额
货物与服务			
货物			
服务			
初次（主要）收入			
雇员报酬			
利息			
公司的已分配收益			
再投资收益			
租金			
二次（次要）收入			
对所得、财富等征收的经常性税收			
非寿险净保费			
非寿险索赔			
经常性国际转移			
其他经常转移			
养老金权益变化调整			
经常账户差额			
资本账户			
非生产、非金融资产的取得/处置			
资本转移			
资本账户差额			
净贷出（＋）/净借入（－）（来自经常账户和资本账户）			
金融账户（按职能类别）	金融资产净获得	负债净产生	差额
直接投资			
证券投资			
金融衍生产品（储备除外）和雇员认股			
其他投资			
储备资产			
资产/负债变化总额			
净贷出（＋）/净借入（－）（来自金融账户）			
误差与遗漏净额			

（二）国际投资头寸

1. 按职能类别。

资产（按职能类别）	期初头寸	交易（金融账户）	其他数量变化	重新定价	期末头寸
直接投资					
证券投资					
金融衍生产品（储备除外）和雇员认股权					
其他投资					
储备资产					
资产总额					
负债（按职能类别）					
直接投资					
证券投资					
金融衍生产品（储备除外）和雇员认股权					
其他投资					
负债总额					
国际投资头寸					

2. 按工具列示。

资产（按工具列示）	期初头寸	交易（金融账户）	其他数量变化	重新定价	期末头寸
货币黄金和特别提款权					
货币和存款					
债券证券					
贷款					
股权和投资基金份额					
保险、养老金和标准化担保计划					
金融衍生产品和雇员认股权					
其他应收/应付款					
合计					
负债（按工具列示）					
货币黄金和特别提款权					
货币和存款					
债券证券					
贷款					
股权和投资基金份额					
保险、养老金和标准化担保计划					
金融衍生产品和雇员认股权					
其他应收/应付款					
合计					
净国际投资头寸					

本 章 小 结

1. 国际收支是一国居民在一定时期内与非居民之间经济交易的系统记录，而国际收支平衡表是以复式簿记原理编制的国际收支统计报表。它主要包括经常项目、资本与金融项目，每一项目又包括若干二级账户甚至三级账户。

2. 国际收支平衡表的分析方法一般包括静态分析法、动态分析法和比较分析法。国际收支不平衡的产生原因有多种，由此出现了国际收支的临时性不平衡、周期性不平衡、收入性不平衡、结构性不平衡和货币性不平衡。

3. 国际收支不平衡包括顺差和逆差，合称为国际收支失衡。无论是顺差还是逆差，当金额较大、持续时间较长时，都会对本国经济的发展带来不良影响，所以都要采取相应的措施进行调节。

4. 国际收支的调节，包括自动调节和认为调节。其中自动调节又包括金本位制度下的自动调节机制和纸币流通条件下的自动调节机制。认为调节也就是政策调节，采用各种各样的政策措施，对国际收支进行事前调节或事后调节。其中主要的调节政策措施有外汇缓冲政策、财政政策、货币政策、汇率政策、直接管制、国际借贷、加强国际经济金融合作等。因为一国国际收支不平衡的原因往往是多样的，因此在调节国际收支失衡时，应根据不同的情况采用适当的政策搭配。

5. 在众多的国际收支调节理论中，有影响的西方国际收支调节理论主要有弹性论、吸收论、货币论、结构论以及斯旺和蒙代尔模型。这些理论在不同历史阶段，不同程度上均有一定的理论和实际意义，但又都有各自的内在缺陷。

6. 中国的国际收支状况，"双顺差"问题存在多年，虽然有助于提升我国综合实力和国际竞争能力，但是，"双顺差"毕竟是中国经济结构性失调的一个重要表现，采取怎样的调节政策和措施是有待进一步研究的课题。

复习思考题

1. 什么是国际收支？应如何理解国际收支的内涵？
2. 国际收支平衡表的基本结构和内容是什么？
3. 简述国际收支不平衡的原因有哪些？
4. 持续巨额的国际收支失衡，会带来哪些不良影响？
5. 什么叫"铸币—价格流动机制"？
6. 国际收支不平衡的政策调节措施有哪些？
7. 简要对比弹性论、吸收论、货币论和结构论的主要观点和各自的缺陷。
8. 你认为应该怎样看待中国的国际收支"双顺差"？

第五章　国际储备

作为融通赤字、维持汇率水平的重要保障，国际储备在一国稳定经济方面发挥重要作用。国际储备的管理主要包括规模管理和结构管理，其管理目标是实现国际储备资产规模适度化、结构最优化和使用高效化。

第一节　国际储备的含义与构成

一、国际储备的含义

（一）国际储备的概念

国际储备（International Reserves），是指一国货币当局持有的、能随时用来弥补国际收支逆差、干预外汇市场、维持本币汇率稳定的资产。

作为国际储备的资产必须具备以下三个特性：

1. 可得性。作为国际储备资产必须是该国政府所拥有的，或能随时、方便地被政府得到。民间企业和居民自己拥有的黄金和外汇资产不能被认作是该国政府的官方储备资产，因为这类资产的获取是有条件的。

2. 流动性。国际储备资产必须具有充分的流动性，能在其各种形式之间自由兑换，并确保在需要时具有及时无损失（或较小损失）地变现的能力。

3. 普遍接受性，即它是否能在外汇市场上或在政府间清算国际收支差额时被普遍接受。

（二）国际储备与国际清偿力

国际清偿力（International Liquidity）是与国际储备相近而又不同的一个概念，可定义为一国在不影响本国经济正常运行的情况下，平衡国际收支逆差及维持汇率稳定的总体能力。

国际清偿力的含义要比国际储备广泛，它不仅包括货币当局直接掌握的各种自有储备，而且还包括借入储备。所谓借入储备，是指一国对外借款的能力，主要包括：（1）该国从国际金融机构和国际资本市场融通资金的能力；（2）该国商业银行所持有的外汇资产；（3）其他国家希望持有这个国家资产的愿望；（4）该国提高利率时可以引起资金流入的程度等。换言之，一国弥补逆差及干预外汇市场除了可动用自有储备外，还可以通过向国际货币基金组织（International Monetary Fund，IMF）申请贷款，向外国政府和中央银行取得贷款，签订中央银行之间互惠信贷协议，或动用私人对外国人的短期债权等方式迅速获得短期外汇资产来应付国际流动性问题。所以说，国际清偿力反映的是一国货币当局对外支付、干预外汇市场的总体能力，它是一国政府在国际经济活动中所能动用的一切外汇资源的总和，而国际储备只是其中的一个部分。

不同类型的国家所拥有的国际清偿力有很大的差别。一般来说，由于发展中国家进入国际市场进行应急性筹资的能力受到极大的限制，所以其国际清偿能力在很大程度上取决于其自身持有国际储备的多少。

二、国际储备的构成

国际储备的构成，是指用于充当国际储备资产的资产种类。在不同的历史时期，充当国际储备资产的资产种类有所不同。第二次世界大战之前，黄金和可兑换成黄金的外汇构成了各国的储备资产；战后，IMF又先后给会员国提供两类资产，用以补充会员国的国际储备。目前，对于任何一个国家来说，其国际储备至少包括黄金储备和外汇储备两项资产。如果该国还是国际货币基金组织的成员国，则其国际储备中还包括在基金组织的储备头寸。如果该国还参与特别提款权的分配，则其国际储备中还包括第四项资产，即特别提款权。

（一）黄金储备（Gold Reserves）

黄金储备是指一国货币当局所持有的、作为金融资产的黄金，即货币性黄金（Monetary Gold），非货币用途的黄金（包括货币当局持有的）不在此列。

黄金因其良好的稳定性与稀缺性，一直是各历史时期重要的国际储备资产。虽然20世纪70年代布雷顿森林体系解体后，自1976年起，根据国际货币基金组织的《牙买加协议》，黄金同国际货币制度和各国的货币脱钩，黄金不准作为货币制度的基础，也不准用于政府间的国际收支差额清算，但是，国际货币基金组织在统计和公布各成员国的国际储备时，依然把黄金储备列入其中。这是因为，长期以来，黄金一直被人们习惯视为是最后的支付手段，加之世界上还有发达的黄金市场，各国货币当局可以在需要时方便地通过向市场出售黄金来获得所需的外汇。

近几十年来，世界黄金储备的实物量变动很小，一直徘徊在10亿盎司左右，黄金的价格波动却很大。战后布雷顿森林体系下，黄金市场价格被维持在每盎司35美元的官价上。布雷顿森林体系崩溃后，随着主要国家通货膨胀尖锐化，黄金价格如脱缰之马，猛烈上涨。2008年后由于国际金融危机的影响，国际黄金价格更是持续上升，2011年突破1900美元/盎司。金价的大幅波动给各国黄金储备价值的计算造成了麻烦，计算标准各有不同，有按数量来计算的，也有按市场价格来计算的。

根据2012年世界黄金协会（World Gold Council）发布的世界各国/地区黄金储备排行的统计，居前20名的见表5-1。

表5-1 2012年国际黄金储备分布情况

序号	国家/地区/组织	数量（吨）	黄金储备占外汇储备的比例（%）
1	美国	8 133.5	75.4
2	德国	3 395.5	72.3
3	IMF	2 814.8	—
4	意大利	2 451.8	71.9
5	法国	2 435.4	71.2
6	中国大陆	1 050.1	1.7

序号	国家/地区/组织	数量（吨）	黄金储备占外汇储备的比例（%）
7	瑞士	1 040.1	12.1
8	俄罗斯	936.6	9.6
9	日本	765.2	3.1
10	荷兰	612.5	60.7
11	印度	557.7	9.9
12	欧洲央行	502.1	32.2
13	中国台湾	422.7	5.6
14	葡萄牙	382.5	90.0
15	委内瑞拉	365.8	68.0
16	沙特阿拉伯	322.9	2.7
17	英国	310.3	15.8
18	土耳其	288.9	15.1
19	黎巴嫩	286.8	28.9
20	西班牙	281.6	29.3

资料来源：http://www.sina.com.cn, 2012 年 10 月 12 日。

（二）外汇储备（Foreign Exchange Reserves）

外汇储备是指各国货币当局持有的对外流动性资产，主要形式为存放在国外银行的可自由兑换的外币存款以及外国政府债券。外汇储备是当今国际储备中的主体，之所以称之为主体，主要是因为：第一，就金额而言，外汇储备的金额超过所有其他类型的储备。第二次世界大战后，外汇储备增长很快，在世界国际储备总额中所占的比重越来越大，1950 年仅占 27.5%，到 1970 年已达 48.6%。进入 20 世纪 80 年代以来，一直维持在 80% 以上。第二，外汇储备实际使用的频率最高，规模最大，而黄金储备几乎很少使用。储备头寸和特别提款权因其本身的性质和规模，作用也远远小于外汇储备。

一国货币充当国际储备货币，必须具备两个基本特征：一是能够自由兑换为其他货币（或黄金），为世界各国普遍接受作为国际计价手段和支付手段。二是内在价值相对比较稳定。在国际金本位制度下，随着黄金的生产赶不上贸易发展的需要，英镑成为各国最主要的储备货币，和黄金一起共同充当国际储备体系的中心货币。20 世纪 30 年代，美元崛起，与英镑共同作为储备货币。第二次世界大战后，布雷顿森林体系的建立使美元成为新的国际货币体系的中心货币和最主要的储备货币，几乎占据了世界外汇储备的全部份额。20 世纪 70 年代布雷顿森林体系崩溃后，美元作为储备货币的功能相对削弱，比重不断下降，其他主要货币地位则相应不断上升，国际储备货币出现了多样化的局面。这种储备货币多样化的局面实际上也是世界各国（尤其是美国与其他主要国家之间）经济发展不平衡、相对经济地位发生变化的体现。当前全球外汇储备的主要币种结构比重为美元 65%、欧元 26%、英镑 5%、日元 3%，美元仍作为最主要的国际储备货币，处于多样化储备体系的中心。

（三）在 IMF 的储备头寸（Reserve Position in IMF）

在 IMF 的储备头寸又称普通提款权，是指在 IMF 普通账户中会员国可自由提取使用的资产。

IMF 如同一个股份制性质的储蓄互助会。当一个国家加入 IMF 时必须向 IMF 缴纳一定数量的资金，这些资金便构成了 IMF 的金融来源。成员国向 IMF 缴纳的这笔资金可以看做是成员国的入股基金，即该国在 IMF 的"份额"（Quota）。IMF 成员国份额的数量是根据一定公式计算由 IMF 董事会决定的，在公式中影响成员国份额大小的最主要因素是成员国的 GDP 和贸易额等变量，各成员国并不能根据自己的意愿缴纳本国份额。在某些情况下，IMF 董事会也会根据情况调整某些成员国的份额。各国在 IMF 的份额中，25% 必须由黄金、特别提款权（SDR）或可兑换货币（如美元、日元、英镑等）缴纳，其余 75% 用本国货币缴纳。当成员国发生国际收支困难时，有权以本国货币为抵押向 IMF 申请提用可兑换货币。提用的数额分五档，每档占其认缴份额的 25%，档次越高，条件越高。由于第一档提款额就等于该成员国认缴的可兑换货币，因此，条件最为宽松，在实践中，只要提出申请，便可提用这一档，我们称这一档提款权为储备部分提款权。其余四档，为信用提款权。所谓储备头寸，就是指一成员国在 IMF 的储备部分提款权余额，再加上向基金组织提供的可兑换货币贷款余额。

（四）特别提款权（Special Drawing Right，SDR）

一国国际储备中的特别提款权部分，是指该国在基金组织特别提款权账户上的贷方余额。为了提供补充的国际储备手段以满足快速发展的世界经济的需要，国际货币基金组织于 1969 年创设特别提款权，以与成员国原有的普通提款权相区别。1970 年 IMF 开始按各成员国缴纳的份额，向参加特别提款权部的成员国分配特别提款权。SDR 最初按照固定的黄金数量来定义，一个单位特别提款权的含金量为 0.888671 克纯金，与 1971 年贬值之前的美元等值，1 个特别提款权等于 1 美元，后几次被重新定义。目前它是以四种货币的平均权重来定义：美元、欧元、日元和英镑。IMF 每 5 年更新一次它的权重。

SDR 作为 IMF 无偿分配给成员国的一种使用资金的权利，构成一国国际储备的一部分，但与其他储备资产相比，又有以下显著区别。

1. SDR 不具有内在价值。SDR 虽别名"纸黄金"（Paper Gold），但它并不像黄金那样自身具有内在价值。SDR 是 IMF 人为创造的、纯粹账面上的资产，其价值完全取决于 IMF 成员国是否愿意持有和接受它，并承担使之能正常发挥储备资产作用的各种承诺。

2. 与普通储备货币不同，特别提款权只能在 IMF 及各成员国政府之间发挥作用，任何私人企业不得持有和运用，不能直接用于贸易或非贸易的支付，因此具有严格限定的用途。SDR 的最主要用途在于，出现储备货币短缺的 IMF 成员国可以用自己的 SDR 换取其他成员国的美元或其他"可以自由使用"的货币。SDR 还被用于发放和偿还 IMF 的贷款，IMF 贷款（不管贷款的实际币种是美元还是其他货币）一般是以 SDR 为单位计算的。

3. 与普通提款权不同，它是由 IMF 按份额比例无偿分配给成员国的一种额外资产，成员国无条件地享有，且无须偿还。

第二节 国际储备的来源与作用

一、国际储备的来源

从一个国家的角度来说，国际储备的来源主要包括以下几个方面。

1. 购买黄金。黄金储备的增加一般通过两种途径：一是中央银行用本币在国内市场收购黄金。这一做法称为黄金的货币化，即将黄金从非货币化用途转换为货币用途。二是进入国际黄金市场购买。世界上有发达的黄金市场，一国可进入黄金市场进行黄金买卖。但对于非储备货币发行国来说，由于本币在国际支付中不为人们接受，在国际市场购买黄金只能使用国际间可接受的货币，即储备货币，这样，国际储备总量并不因此改变，改变的只是国际储备的结构，即黄金储备与外汇储备的比例。对于储备货币发行国，则可以通过用本国货币在国际黄金市场上购买黄金来增加其国际储备量。

2. 国际收支顺差。争取国际收支顺差是各国增加国际储备的重要途径，因为一国外汇储备增加的根本来源是该国的国际收支盈余，其中经常项目盈余是更为可靠、稳定的来源，它反映了该国的国际竞争力。长期资本项目收支顺差具有暂时性，因为它不能保证新资本的继续流入，还容易带来外资抽回投资的可能性。短期资本项目收支顺差是不稳定的。

3. 国外借款。一国货币当局可以从国际上取得政府贷款或国际金融机构贷款，以及中央银行之间的互惠信贷等，来补充外汇储备。

4. 外汇市场干预。外汇干预是一国增减国际储备的主要渠道。例如，当一国货币升值幅度过大，给国内经济和对外贸易带来不利影响时，该国货币当局会进入外汇市场抛售本币，购入外币进行干预，由此所得外汇一般列入外汇储备。

5. 特别提款权的分配。国际货币基金组织成员国所持有的特别提款权是由国际货币基金组织无偿分配给各成员国的账面资产。SDR 自创建以来，一共只发行了三次。2009 年之前的 40 年里，SDR 分配过两次，总规模不过 300 多亿美元。2009 年 8 月 28 日及 9 月 9 日，IMF 又增发了相当于 2 500 亿美元以及 330 亿美元的 SDR，这使得 SDR 的总体规模增加近 10 倍，显著扩大了 SDR 的吸引力与影响力。但总体来看，到目前为止，未偿付的 SDR 仅占全球储备的 4%，尚难以在全球储备体系中发挥重要作用。而且由于分配比例原则上按成员国缴纳份额之比例摊派，所以越是发展中国家，分配份额越少。

6. 在国际货币基金组织的储备头寸。储备头寸是国际货币基金组织成员国国际储备的来源之一，但其数额大小取决于各国的份额，而且其使用还受各种条件的限制。

综上所述，由于 IMF 成员国的国际储备由黄金储备、外汇储备、在 IMF 的储备头寸和特别提款权所组成，而储备头寸和特别提款权是 IMF 按各国份额予以分配的，一国无法主动增加其持有额，因此，一国国际储备的主要来源还是通过前四种方法获得。

二、国际储备的作用

国际储备是体现一个国家经济实力的重要标志之一。各国保持一定数量的国际储备，可能有各种各样的目的，但就国际储备的基本作用来讲，主要有以下几个方面。

（一）调节国际收支逆差，维持对外支付能力

当一国发生国际收支逆差时，国际储备可以发挥一定的缓冲作用，这种缓冲性可使一国在发生国际收支逆差时暂时避免采取调节措施，使其国内经济在一定程度上免受国际收支变化的冲击；即使一国国际收支情况长期恶化而不可避免要采取调节措施，国际储备的运用可以使该国政府赢得一定的时间，使得调节行动可以有步骤地、在适当时期进行，以缓和调节过程，从而减少因采取紧急措施而付出沉重的代价。当然，由于一国的国际储备总是有限的，所以对国际收支逆差的调节作用也只是暂时的。

（二）干预外汇市场，维持本国货币汇率的稳定

当本国货币汇率在外汇市场上发生波动时，尤其是由非稳定性投机因素引起本国货币汇率波动时，政府可动用储备来缓和汇率的波动。即如果本国货币汇率过低，货币当局即可抛售外汇储备，用以收购本国货币，维持汇率稳定；反之则相反。由于各国货币当局持有的国际储备总是有限的，因而外汇市场干预只能对汇率产生短期影响。但是，汇率的波动在很多情况下是由短期因素引起的，所以外汇市场干预能对稳定汇率乃至稳定整个宏观金融和经济秩序起到积极作用。

（三）充当对外借款的信用保证

国际储备可以作为国家对外借款的信用保证。无论是国际金融机构，还是一国政府在对外贷款时，首先考虑的是借款国的偿债能力。由于国际储备是借款国到期还本付息的基础和保证，国际上均将一国国际储备状况作为评估国家风险的重要指标。因此，国际储备充裕可以加强一国的资信，吸引国外资金流入，以促进本国经济的发展。特别是在一国经常项目收支恶化的情形下，充裕的国际储备更是其筹措外部资金的必要条件。

（四）维持本国货币地位，增强本国货币信心

如果一国货币当局国际储备资产充足，那么它便具有维持货币地位的能力，以争取到国际间的竞争优势。特别是对于发展中国家来说，持有较多的外汇储备有助于增强本国货币信心，防止投机性攻击，从而为一国提供防范金融危机的安全保障。经历了20世纪90年代的货币危机，特别是1997年东亚货币危机之后，许多发展中国家纷纷增加了外汇储备的持有，即反映了在金融全球化的背景下，新兴市场经济体外汇储备的功能已经发生了重大转变。外汇储备在"保持信心"方面的作用逐步增大，同时也意味着其作为一国财富的功能得到强化。

第三节　国际储备的管理

国际储备管理是指一国政府或货币当局根据一定时期内本国的国际收支状况和经济发展的要求，对国际储备的规模、结构及储备资产的运用等进行计划、调整、控制，以实现储备资产规模适度化、结构最优化、使用高效化的整个过程，是国民经济管理的一个十分重要的组成部分。

国际储备管理包括量的管理和质的管理两个方面。所谓量的管理，是指对国际储备规模的选择与调整；质的管理则是指对国际储备运营的管理，主要是其结构的确定和调整。因而，前者通常被称为国际储备的规模管理，后者则被称做国际储备的结构管理。

国际储备管理主要要解决两个方面的问题：一是如何确定和保持国际储备的适度规模；二是在储备总额既定的条件下，如何实现储备资产结构上的最优化。通过解决这两个问题，要实现两个目的：一是通过国际储备管理维持一国国际收支的正常进行；二是通过国际储备的管理，提高一国国际储备的使用效率。

一、国际储备规模的确定

（一）适度规模论

国际储备作为一国货币当局为弥补国际收支逆差、维持本国货币汇率稳定及应付各种紧急国际支付需要而持有的储备性资产，其存量应该保持在一定的水平，不宜过大，也不宜过小。储备资产不足，往往会引起国际支付危机，影响经济增长，缺乏对突发事件的应变能力。反之，储备资产数量过大则会导致机会成本上升，资源闲置和浪费。关于如何确定或衡量一国适度的国际储备水平，从 20 世纪 40 年代起，人们就开始不断予以关注和研究，通过对影响国际储备供求方面各个因素的分析，提出了许多非常具有价值的研究方法和模型。其中比较典型的有以下几种。

1. 比率分析法。这是由美国经济学家罗伯特·特里芬（Robert Triffin）在考察研究第一次世界大战和第二世界大战之间以及第二次世界大战后初期（1950—1957 年）世界上三四十个国家的储备状况后提出的。特里芬认为，一国的国际储备应与其贸易进口额保持一定的比例关系，国际储备充足的标准是国际储备量为该国年进口总额的 40%，而 20% 的比率是最低限度标准。同时，特里芬也指出，由于各国的具体条件与政策方面的差异，各国合适的储备进口比率标准也并非完全一致，一般工业国和重要贸易国的储备进口比率应在 30% 以上，而实行严格外汇管制的国家则可维持在 25% 左右，即满足三个月的进口额。特里芬提出的用进口指标来确定一国国际储备水平的做法简便易行，在 20 世纪 60 年代开始被各国认同，亦被国际货币基金组织所采用，目前已成为各国确定国际储备水平的最基本的方法。但这种测算方法是根据可观察到的和已实现的结果，而不是根据预测或潜在的结果来推算储备需求，因此，它只能作为一种参考或比较粗略的指标，一国不能完全依靠这种测算作为一国适度储备水平的依据，还必须要结合其他定量方法进行测算。

2. 成本—收益分析法。20 世纪 60 年代以来，以海勒（H. R. Heller）、阿加沃尔（J. P. Agarwal）为首的一批经济学家，将微观经济学的厂商理论——边际成本等于边际收益运用于外汇储备总量管理，从成本和收益的角度综合考虑引起外汇储备变动的各种因素，建立模型，确定适度的国际储备规模。该模型主要针对发展中国家，以发展中国家常见的经济条件为假设前提，这些条件包括：（1）由于进口价格上升和出口量下降等原因经常存在外汇紧缺；（2）如果没有必要的进口品，国内将出现大量的资源闲置；（3）在国际金融市场上的融资能力较弱；（4）在不能为国际收支逆差提供融资时，主要采用直接的贸易管制和外汇管制来平衡国际收支差额。在上述理论前提下，计算一国持有一定量储备所需花费的机会成本和可能的收益，然后计算出边际成本等于边际收益时的储备量，便是适度储备量。在这里，机会成本是指，如果将外汇储备转化为生产性投资所能增加的产量。储备收益是指，通过运用国际储备，避免在国际收支逆差时过度紧缩所损失的国内总产量。机会成本和储备收益相等的储备量便是最适度储备量。

　　这一方法虽有一定的说服力，但寻找实证来证明理论上的一些因素比较困难，因为宏观经济中有些变量并不像微观经济变量一样有界限十分明确的成本和收益，与后者相比，前者的成本和收益大多数时候不能直接表示，只能测算综合成本和收益，难以获得十分精确的计量。因此，真正采用这种分析方法还存在一定的难度。

　　3. 临界点分析法。这是以临界点为计算方法，即根据历年来国民经济发展水平找出最高储备量和最低储备量两个临界点，两个临界点之间作为适度储备区，其中的某一动点，便是适度储备量。这种方法认为，经济高速增长时，进口需求随之急剧增加，在该国经济发展最快年份可能出现的外贸量与其他国际金融支付所需要的储备资产数量，称为保险储备量，这是上限临界点。而经济发展缓慢，进口量锐减的年份所需要的最低储备量，称为经常储备量，这是下限临界点。下限不保，维持现行正常生产所需的进口就得不到保证，下限是制约国民经济正常运行的临界点。而上限则表明该国具有充分的国际清偿力，足以应付最高经济发展水平和任何突发事件对国际储备的需要。超过上限的储备，是没有必要的。因此，在上限和下限之间便是适度储备区，中间的某一动点便是最适度储备量。

　　4. 回归分析法。20 世纪 60 年代以后，多数研究人员利用回归技术并根据进口和储备对进口的目标比率来估计对储备的需求而得出最适度国际储备量。这一方法克服了比率分析法存在的周期性的困难，在分析问题时涉及更多的独立变量。这些变量包括：（1）国际收支变动量；（2）国内货币供应量；（3）国民生产总值和国民收入；（4）持有储备的机会成本，最主要的是与长期利率的关系；（5）进口水平和进口的边际倾向。总之，这一分析法使对国际储备适度性的测算从静态分析发展为对各种变量的动态分析。

　　20 世纪 70 年代初西方各国实行浮动汇率制度，研究重点转向汇率灵活性对国际储备需求的影响，得出结论：汇率灵活性的增强，可望抵消国际贸易的增长量对中央银行储备需求的影响。有研究表明，在浮动汇率制度下，工业国的储备持有量因汇率变得更加灵活而下降，而非产油发展中国家的储备持有量倾向于高出固定汇率制度时期。由于它们的本国货币钉住一种或几种浮动的货币，因而使国际收支容易遭受较大程度的变动。

　　上述各种分析方法表明，国际储备的需求及其适度性是一个极为复杂的问题。影响国际储备需求的因素或变量很多，并且储备适度性的测算也比较困难，各种分析方法虽各有其一定的根据，但各有长短，很难达到测算的准确性。因此，测算最适度国际储备水平，不能只采用一种方法，而应多种方法结合起来。最适度的国际储备量也不是某一个具体的数字，而可以是一个区域值，国际储备量只要保持在这一幅度之内，就可以说最适度水平已经实现。

　　（二）影响一国适度储备水平的主要因素

　　影响一国国际储备水平适度性的因素很多并且很复杂，这里可以概括为以下几个方面。

　　1. 国际收支流量的大小及其稳定程度。国际储备的最基本作用是弥补国际收支逆差，因此，国际收支流量的大小及其稳定程度是决定一国国际储备需要量的重要因素。这里主要考虑：（1）其贸易收支的稳定程度。如果一国出口商品的供给弹性和市场的需求弹性均大于1，进口商品的需求弹性小于1，则表明其外贸收支相对稳定。在这种情况下，如果进出口基本保持平衡或略有顺差，则不需要过高的国际储备。反之，如果出口商品的供给弹性小于1而进口商品的需求弹性却大于1，则表明该国外贸条件较差，需要保持比较充足的国际储备。（2）其国际收支差额状况及稳定程度。一般来说，如果一国国际收支持续顺差，则对国际储备的需求很小；如果一国国际收支经常出现逆差，则对国际储备的需求较大，相应地必须保持较高的国际储备。另外，对于一个国家来说，每年的国际收支差额都不一样，有时大，有时小，有时顺差，有时逆差，即有一个波动的幅度或稳定程度问题。波动幅度越大，对储备的需求就越大；反之，波动幅度越小，对储备的需求就越少。因此常可用经济统计的方法来求得或预测一段时期的平均波动幅度，以此作为确定储备需求的参考。

2. 经济调整的强度与速度。当一国面临长期性的国际收支逆差，不得不动用经济调整政策来解决时，猛烈的调节通常会导致经济萎缩、失业猛增等剧烈震荡。这时如果辅之以国际储备的运用，就会起到重要的"缓冲器"的作用，从而减轻经济震荡。因此有时承受调节负担的能力以及政府政策调节的意愿，会大大影响一国对储备需求的判断。要使经济调整引起的震荡小，就需要较多的国际储备；反之，则需要的国际储备就少。

3. 其他调节国际收支手段的运用及其有效性。如果一国实行严格的外汇管制或贸易管制，能通过有效控制进口和外汇资金的流动来改善国际收支，则其对国际储备的需求就相对较低；反之，管制越松，所需要的国际储备就越多。

4. 一国对汇率制度和汇率政策的选择。如前所述，国际储备的一大作用就是干预汇率，因此，一国对汇率制度和汇率政策的选择与储备需求密切相关。如果一国采取的是固定汇率制，并且政府不愿意经常性地改变汇率水平，那么，相对而言它就需要持有较多的储备，以应付国际收支可能产生的突发性巨额逆差或外汇市场上突然爆发的大规模投机。反之，一个实行浮动汇率制的国家，其储备的保有量就可相对较低。从理论上讲，在完全自由浮动的汇率制度下，国际收支的调整均由汇率的自发波动来进行，国际收支将自动趋于平衡，由此可以不持有任何的国际储备。

但从实际情况来看，20世纪70年代布雷顿森林体系崩溃，各主要西方国家转而实行浮动汇率制以来，国际储备量不仅没有减少，反而增长很快。特别是经历20世纪90年代末期的亚洲金融危机之后，广大新兴市场经济体普遍实行了浮动汇率制度，但是，其外汇储备却未如人们依据传统理论推断的那样大幅度减少，反而大幅度增加。其根本原因在于，这些经济体声称向浮动汇率制度转移，并不意味着他们放弃了对汇率的干预，实质上他们实行的是管理浮动汇率制。在这种制度下，国际储备的需求取决于当局外汇干预的程度。尤其在当前金融全球化，游资（Hot Money）剧增的大背景下，一国特别是新兴市场国家持有大量的外汇储备，不仅可以使货币当局更灵活地干预外汇市场，更可据此影响国际投机资本的预期，对国际投机资本保持一种"威慑"，使得它们不敢轻易对本国货币汇率进行攻击。从实践效果上看，一国外汇储备水平越高，其"引而不发"的"威慑"作用就越大，国际投机资本对该国的汇率和金融体系就越不敢造次。

5. 利用国际融资的能力。如果一国具有较高的资信等级，能迅速方便地获得外国政府和国际金融机构的贷款，且该贷款的来源稳定，或者该国在国际金融市场上的筹资能力很强，该国的国际储备所需规模可较小；反之，若一国国际资信较差，国际融资能力低，则该国的国际储备所需规模就较大。因此发展中国家一般由于从国际金融市场获得融资的难度较大，所以对国际储备需求相对较高。

6. 持有储备的机会成本。如果持有国际储备能够获利而无任何代价，一国当局必然会需求无限量的储备。然而，事实并非如此，持有储备需要付出一种代价，这种代价就是机会成本。一国政府的储备往往以存款的形式存放在外国银行，但如果动用储备进口物资所带来的国民经济增长和投资收益率高于国外的存款利率，其差额就构成持有储备的机会成本。这一差额越大，表明持有储备的成本也越大。显然，储备需求与其持有成本成反方向变化。具体来说，进口品的投资收益率越高，一国储备需求的水平就越低。一般来说，发展中国家存在严重的外汇瓶颈，外汇资金的投资收益率通常要高于发达国家，故持有储备的成本也就高于发达国家。

7. 经济政策的国际协调。国际双边和多边援助的有效运用、国际贸易政策与国际金融政策的协调融洽都有助于减少一国的外汇储备需求，拒绝国际援助会加重一国政府的外汇储备负担。

以上列举的影响适量储备水平的因素，涉及政治、经济及社会各个方面，这些因素交织作用，使适量储备水平的确定复杂化。一般来讲，确定适量储备水平时应综合考虑这些因素。

二、国际储备的结构管理

一国对国际储备的管理，除了在量上将国际储备保持在最适度水平上外，还需要在质上拥有一个适当的国际储备结构。也就是说，货币当局在确定了一国最适度国际储备水平之后，还面临着如何持有和管理这笔储备资产、各类储备资产的分配比例、外汇储备中币种结构、储备资产的资产组合和风险分散等问题。

一般来说，国际储备资产结构管理应遵循的原则主要有三方面：安全性、流动性和盈利性。一般银行经营的目的是追求资产在安全性、流动性、盈利性三者之间的矛盾和统一，且由于商业银行把追求利润放在首要地位，所以盈利性是它们经营管理的首要原则。但国际储备资产则不同。国际储备首先是一国能随时使用的干预性资产，是实现宏观均衡的重要砝码，因此，储备资产的流动性是应该遵守的首要原则。其次，国际储备作为价值储藏，其本金的安全性受到各国中央银行的密切关注。所以，在国际储备管理中，流动性和安全性比盈利性更加重要。

实践中，这三个原则常常是相互矛盾、相互排斥的，资产的安全性与流动性强，资产的风险就小，但风险小，盈利性也低。因此，单就外汇储备资产而言，在外汇储备存量一定时，在流动性和盈利性之间就有一个如何进行权衡的问题（如图 5 - 1 所示）。

图 5 - 1 中，X 轴为流动性系数，自左而右，数值越来越大，其最大值为 1，即表明外汇储备有充分的流动性，能保证一国的国际支付能力可随时动用。Y 轴为盈利性系数，假定国际金融市场上的证券投资收益率最高为 20%（盈利性系数 0.20）。于是，连接这两点有一条斜率为负的斜线，即表明流动性与盈利性呈反比关系。在最大流动性和最高收益率之间，可以有若干种组合，均是对流动性和盈利性的权衡。图中点 A 表

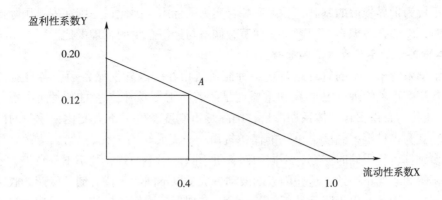

图 5 - 1 流动性与盈利性的权衡

明：当流动性系数达到 0.4 时（外汇储备的 40% 用于保证流动，可随时动用），剩余的 60% 可用于进行证券投资，其投资收益率可达到 12%。

一个国家究竟采用哪种组合，需视具体情况而定。一种管理措施的实施往往在有利于某一项原则的同时，却有损于另一项原则。当然，这三项原则之间也有一致性的一面。就安全性和盈利性而言，资金的安全离不开资金的盈利。资金的安全是相对的，风险则是绝对的。特别是在当今国际金融市场风云变幻、难以捉摸的情况下，资金的风险是不可避免的。要保证资金完好无损，资金就必须要有盈利性，只有盈利才是弥补资金风险损失的真正来源。由此可见，对国际储备资产的管理来说，在保证流动性和安全性的前提下，要尽可能追求盈利性。如果这三项原则相互间发生矛盾，只能作出妥协，而储备资产的流动性无疑应放在首位。如何协调这三项原则之间的关系，使之合理化，不仅是一种困难的抉择，而且也是一门经营管理的艺术。

（一）黄金、外汇储备的结构管理

国际储备的四个组成部分中，由于在 IMF 的储备头寸和特别提款权的多少取决于各成员国向 IMF 认缴的份额，其数量受 IMF 控制，各成员国自身无法主动随意变更，且这二者在整个国际储备中占比很低，因此，国际储备结构管理的重点是外汇储备和黄金储备。

黄金因其内在价值相对稳定且具有相对独立性，因而具有较高的安全性。但自 20 世纪 70 年代布雷顿森林体系解体后，黄金同国际货币制度和各国的货币脱钩，黄金不再作为货币制度的基础，加之由于金价波动较大，存储成本较高，盈利性低，因此许多国家对黄金储备采取了保守的数量控制政策。相比之下，外汇储备使用灵活、方便，作为金融资产的外汇储备还可以通过利息收入使自己增值，这种流动性、盈利性方面所具有的优势使其在国际储备中居于绝对优势地位。

值得一提的是，2008 年国际金融危机爆发以来，伴随着美元大幅贬值，以美元为主要储备货币的国家与地区财富快速缩水，这使得黄金的资产保值功能及其对信用资产贬值风险的对冲功能再次被各国央行所重视，各国央行开始净购入黄金。这说明随着经济全球化的不断加深，作为重要的国际储备资产，黄金在稳定社会经济、防范通货膨胀、提高国家资信、稳定汇率等方面，仍具备其他金融资产所不可替代的特殊地位。从美国等主要西方发达国家一直坚持持有巨额黄金储备的做法来看，黄金储备依然是支撑一国货币成为世界货币的基础，是国家综合实力的标志。因此，一国在安排国际储备资产结构时，应综合考虑多方因素，实现黄金储备与经济总量的合理配比。

（二）外汇储备货币种类的管理

外汇储备货币种类的管理指确定各种储备货币在一国外汇储备额中各自所占的比重。储备资产币种管理的必要性和重要性是随着布雷顿森林体系的崩溃而出现的。20世纪 70 年代初布雷顿森林体系崩溃后，国际货币制度发生了重大变化：单一的固定汇率制度转变为多种汇率制度，单一的储备货币——美元转向美元、马克、英镑、日元、法郎等多种储备货币同时并存，不同的储备货币除汇率不一致、利率不一致外，还有通货膨胀率等因素的不一致，这些因素的波动造成了以不同货币持有储备资产的收益差异和不确定性。因此，出于降低外汇储备风险、实现保值增值的目的，一国货币当局有必要在研究不同国家汇率、利率、通货膨胀率等因素的基础上，适当调度和搭配储备资产的币种构成，进行储备币种管理。

目前，大多数国家采取的是储备货币多元化的策略，这也是浮动汇率制度下各国货币当局避免风险、保持外汇储备购买力的必然选择。外汇储备属于金融资产的一种形式，根据詹姆士·托宾（James Tobin）的投资组合选择理论，把各种相互独立的不同资产混合搭配进行投资所承担的风险，一般要低于投资于任何一种资产所承担的风险，因为一部分资产的亏损可以由另一部分资产的升值来冲抵，从而维持预期的收益率，或保证资产的价值不受亏损。同样，一国货币当局实行储备货币多样化组合，也可以避免"将所有鸡蛋放在同一个篮子中"的风险，使整个储备资产实现保值增值。

另外，一国在选择何种货币作为储备货币时还需考虑到国际经贸往来的方便性，即在储备货币币种的搭配上，要考虑对外经贸和债务往来的地区结构和经常使用清算货币的币种。如果一国在对外经贸、债务往来及日常外汇市场干预中大量使用美元作为支付手段和清算手段，则该国需经常性地保持适当数量的美元储备。如果该国在其对外交往中大量使用欧元，则它必须经常性地保持一定数量的欧元储备。这样不仅可以避免因货币兑换而产生的交易成本，还可避免因兑换而产生的汇率风险。

综上，一般认为，一国外汇储备可分为两个部分。一部分基于日常弥补赤字和干预外汇市场的需要，称为交易性储备；另一部分基于不可预测的，突发的内外冲击，称为预防性储备。总的来看，交易性储备的货币构成应与弥补赤字和干预市场所需用的货币构成保持一致，而预防性储备则应按照分散原理进行投资。

（三）储备资产流动性结构的确定

在国际储备结构管理中，除了要考虑各种币种所占的权重外，还要考虑在每种货币储备中应以何种方式持有，即存款和各种证券该占多大比重为好。如果说储备货币构成的安排需要解决的是安全性与盈利性之间关系的话，那么此处需要权衡的主要是流动性与盈利性之间的关系。因为通常来说流动性与盈利性是呈反方向关系的，流动性（或变现性）高的资产，盈利性往往就低；而盈利性高的资产，其流动性往往就低，因此为了协调这二者间的关系，可根据变现能力将储备资产划分为三个档次。

1. 一级储备：这类储备资产的流动性最高但收益最低。主要包括活期存款、短期国库券、商业票据等，平均期限为三个月。

2. 二级储备：这类储备资产的盈利性高于一级储备，但流动性低于一级储备，主要是指中期债券，如中期国库券，平均期限为 2～5 年。

3. 三级储备：这类储备资产的盈利性高于二级储备资产，但流动性低于二级储备资产，主要包括各种长期投资工具，如长期公债和其他信誉良好的债券，平均期限为 4～10 年。

至于这三个档次的储备资产具体的比例安排，则要视各国的具体情况来定。一般来说，一国应当首先考虑拥有足够的一级储备来满足储备的交易性需求。这部分储备可以随时动用，充当日常干预外汇市场的手段。在满足这种交易性需要之后，货币当局就可以将剩余的储备资产在各种二级储备与高收益的三级储备之间进行组合投资，以期在保持一定的流动性条件下获取尽可能高的预期收益率。

另外，一国在安排储备资产的流动性结构中，还应将黄金、特别提款权和储备头寸考虑进去，以保持整个国际储备较优的流动性结构。从流动性程度来看，IMF 成员国在 IMF 的储备头寸随时可以动用，相当于一级储备。特别提款权仅能用于成员国政府对 IMF 与其他成员国政府的支付，如需用于其他用途，还须向 IMF 申请，并由 IMF 指定参与特别提款权账户的成员国向申请国提供所需货币，这一过程需要一定的时日，故可以将特别提款权视为二级储备。黄金储备资产不能直接用于国际支付，且通常不频繁使用，一般仅在突发性或紧急性支付时出售，来换得所需要的储备货币，用于对外支付，因此，黄金储备相当于三级储备资产。

第四节 中国的国际储备管理

一、我国国际储备的构成

我国自 1977 年起开始对外公布国际储备状况。1980 年我国正式恢复了在 IMF 和世界银行的合法席位，自此我国国际储备的构成，同世界上绝大多数国家一样，是由黄金、外汇、在 IMF 的储备头寸和特别提款权四个部分所构成。我国国际储备的构成主要有以下几个特点：

（一）黄金储备的数量总体稳定

我国的黄金储备量一直较为稳定。从 20 世纪 80 年代初直至 20 世纪末，我国的黄金储备一直维持在 394 吨（1 267 万盎司）左右的水平。进入 21 世纪以来，我国在 2001 年和 2003 年两次增加黄金储备，从 394 吨增加到 500 吨和 600 吨，到 2009 年又增加到 1 054 吨（3 389 万盎司），列世界第五位，黄金储备占外汇储备的比例是 1.6%。

（二）外汇储备增长迅速

外汇储备是我国国际储备的主体，约占整个国际储备额的 90% 以上。我国的外汇储备改革开放以前金额很少，一直都没有超过两位数。改革开放以来，外汇储备增长迅速，其中有两次高速增长时期。第一次是在 20 世纪 90 年代中期。1994—1997 年，随着社会主义市场经济体系的初步建立和外汇管理体制的改革，中国外汇储备终于摆脱了十余年低速徘徊的局面，出现了连续四年的高增长。第二次发生在 21 世纪初。从亚洲金融危机的冲击中恢复之后，中国经济很快就步入了快速发展的轨道。与此相伴，中国的外汇储备从 2001 年开始又快速增长。2006 年 2 月底，中国外汇储备达 8 536 亿美元，首次超过日本，列世界第一。2006 年底，中国外汇储备突破万亿美元大关。2011 年 3 月末，我国外汇储备又首次突破 3 万亿美元。我国 1978 年以来外汇储备的增长情况如表 5–2 所示。

表 5–2   1978 年以来我国的外汇储备规模   单位：亿美元

年度	金额	年度	金额
1978	1.67	1996	1 050.29
1979	8.40	1997	1 398.90
1980	-12.96	1998	1 449.59
1981	27.08	999	1 546.75
1982	69.86	2000	1 655.74
1983	89.01	2001	2 121.65
1984	82.20	2002	2 864.07
1985	26.44	2003	4 032.51
1986	20.72	2004	6 099.32
1987	29.23	2005	8 188.72
1988	33.72	2006	10 663.44
1989	55.50	2007	15 282.49
1990	110.93	2008	19 460.30
1991	217.12	2009	23 991.52
1992	194.43	2010	2 8473.38
1993	211.99	2011	3 1811.48
1994	516.20	2012	33 115.89
1995	735.97		

资料来源：国家外汇管理局官方网站。

（三）在 IMF 的储备头寸和特别提款权在我国的国际储备中不占重要地位

我国在国际货币基金组织的储备头寸，随着份额的增加而增加。特别提款权则是国际货币基金组织按份额比例分配给成员国的账面资产，用以弥补国际收支逆差，使用时需向基金组织申请批准后，由基金账户转账。我国于 1980 年 5 月恢复在国际货币基金组织的席位时份额只有 8 亿美元。2008 年通过的国际货币基金组织投票权改革方案于 2011 年 3 月 3 日正式生效后，国际货币基金组织 54 个成员的 SDR 份额得以增加，从而提高了中国、巴西、印度、俄罗斯等新兴经济体和低收入国家在 IMF 中的话语权。中国的份额一次增加了 50%，在 IMF 的特别提款权份额占 3.72%，投票权占 3.55%，均居第六位。

二、我国国际储备的管理

根据国家外汇管理局公布的中国国际投资头寸表，2011 年末我国储备资产总额为 32 558 亿美元，其中包括货币性黄金 530 亿美元、外汇储备 31 811 亿美元、在国际货币基金组织中的储备头寸 98 亿美元、特别提款权 119 亿美元。这表明外汇储备是我国储备资产的核心和主体，占比高达 97.7%，因此，我国国际储备管理的中心内容是外汇储备管理。

(一) 我国外汇储备的规模管理

近年来，我国外汇储备增长很快，引起了社会的普遍关注，对此学术界也有相当多的争论。总体来看，支持我国持有巨额外汇储备的观点主要有以下两点：

(1) 充足的外汇储备有利于增强国际清偿能力。我国是一个发展中大国，正处于经济高速增长和体制转轨时期，不确定因素比较多。充足的外汇储备有利于增强国际清偿能力，提高海内外对我国经济和货币的信心；应对突发性事件，防范金融风险，并提供雄厚的资金保障。尤其在金融危机肆虐、全球经济衰退的背景下，高额外汇储备可以作为国际金融的调节器，为国家金融稳定和危机救助提供保障。也就是说，相对于巨额外汇储备在防范金融危机、保证经济安全方面所带来的收益讲，任何的持有成本都是微不足道的。

(2) 加强科学管理，外汇储备可以取得令人满意的投资收益。外汇储备作为中央银行的海外资产，并不是完全搁置不用，而是由专门的机构和专业的人员进行规范化管理。只要加强科学管理，外汇储备可以在保证安全、流动的前提下，取得令人满意的投资收益。2005 年，国际货币基金组织在一份题为《外汇储备的财务成本》的研究报告中，通过对 110 个国家 1990—2004 年的全部数据进行严格实证分析，得出如下结论：在统计期内，即便将所有的成本（包括机会成本）都考虑在内，除发达国家之外的几乎所有国家的外汇储备都获得了净收益。应当说，较之同期其他任何投资而言，外汇储备的投资业绩都是不逊色的。仔细分析中国的国际收支表，也可以间接地推断中国外汇储备的收益情况。自 2005 年中国净投资收益首次实现 1993 年以来的逆转，从逆差变为顺差以来，近几年来这种顺差一直在持续，考虑到在中国的国际收支统计中，中国的投资收益包括"直接投资项下的利润利息收支和再投资收益、证券投资收益（股息、利息等）和其他投资收益（利息）"，而中国对外投资中官方证券投资（外汇储备使用）占主导地位，可以合理地推断，中国投资收益大幅上升与中国对外资产规模不断扩大（主要是外汇储备增加）密切相关。这间接说明，中国外汇储备的投资收益是令人满意的。

而反对我国积累高额外汇储备的观点则强调以下三点：

(1) 持有外汇储备具有很高的机会成本。中国作为一个发展中国家，国内各方面发展急需资金。但国内一方面以高成本吸引外商直接投资（FDI 在中国的收益率至少在 15% 以上），另一方面大量的外汇储备主要投资于发达国家债权，收益率一般远远低于直接投资收益率（例如美国 10 年期国债收益率仅为 4% 左右），这意味着持有外汇储备具有很高的机会成本。

(2) 高额外汇储备增加人民银行实际债务水平。外汇储备作为资产项反映在中国人民银行的资产负债表上，对应着本币负债。美元的不断贬值不但会直接造成外汇储备价值缩水，还会造成人民银行资产负债结构恶化，增加人民银行实际债务水平。

(3) 给政府宏观调控造成很大困难。在中国特色的强制性结售汇制度下，外汇储备累积将会导致以外汇占款形式发放的基础货币存量增加，即使通过人民银行票据和定向票据的方式对冲，外汇占款飙升还是造成中国国内流动性泛滥的主要原因。流动性泛滥不仅容易形成股票市场和房地产市场泡沫，而且给政府宏观调控造成很大困难。

综上可见，目前国内对我国的外汇储备存量是否过多看法尚未统一。但有一点可以达成共识的是，近年来，我国外汇储备增长速度过快。存量的管理固然应当重视，但增量的控制更让人关注。应当认识到，中国外汇储备的迅速增长，是由一系列国际和国内因素造成的。就国际而论，全球经济失衡当推首因；就国内而言，储蓄过剩并造成国际收支顺差，则属根源。特别需要注意的是，大量研究显示：无论是全球经济失衡还是国内储蓄过剩，都是由一系列实体经济因素和体制因素造成的，要在短期内矫正它们绝非易事。这意味着，外汇储备持续增长将是我们在今后一个较长时期中必须面对的情势，外汇储备的规模管理也将会面临更多的挑战。

（二）我国外汇储备的结构管理

如前文所述，我国外汇储备的结构管理同样面临着币种安排和流动性结构管理问题。就币种安排而言，在国际储备多元化的国际货币体系下，管理当局需要实行储备货币分散化战略。储备货币的选择标准有：应尽可能地选择和增加有升值趋势的"硬"货币；尽可能选择和增加汇率波动幅度较小的储备货币；储备货币的结构应与国际贸易结构和国际债务结构相匹配；储备货币要与干预外汇市场所需要的货币保持一致。目前我国外汇储备资产主要以美元资产形式持有，美元资产大约占到70%左右。提高欧元、英镑、日元等其他国际货币在外汇储备中的比例应该说是明确的方向。不过鉴于我国的外汇储备规模过于庞大，外汇储备币种的多元化实施应是一个循序渐进的过程。

关于储备资产流动性结构的确定，近年来我国的储备管理在储备资产分为"一级"、"二级"、"三级"进行管理的传统理念之外，朝外汇储备积极管理进行了新的有益的尝试。外汇储备积极管理是指在外汇储备超过了满足流动性和安全性所需规模的前提下，将富余储备交由专业投资机构管理，拓展资产种类，延长投资期限，从而提高外汇储备资产的整体收益水平。实施外汇储备积极管理能够提高外汇储备的收益率，将一部分外汇储备从人民银行的资产负债表中转出，因此有助于降低持有外汇储备的成本。2007年9月份在北京成立的中国投资有限责任公司（简称中国投资公司，China Investment Corporation）即是这种积极管理的重要体现。该公司注册资本金为2 000亿美元，在全球范围内对股权、固定收益以及多种形式的另类资产进行投资，目标是在可接受的风险范围内，实现长期投资收益最大化。

三、我国外汇储备管理体制的改革

当前外汇储备的增长已经成为影响中国经济运行日益重要的因素，并已显示出若干负面影响，而中国现行的外汇储备体制已经不足以应对这种新的复杂局面，改革传统的外汇储备管理体制，创造一个灵活且有效的制度框架，已成为当务之急。

中国的经济在过去三十多年改革开放中取得了巨大成就，今后的中国经济发展势必更广泛和更深入地融入全球经济的运行之中。因此，更加积极、主动地运用全球的资源来为中国的经济发展服务，或者说，着眼于全球经济运行来规划中国的资源配置战略，应当成为中国经济进一步发展的立足点。毫无疑问，外汇储备管理体制的改革应当被有机地纳入这一全球化发展战略之中。具体而言，中国外汇储备管理体制改革的主要目标是更加有效和多样化地使用外汇储备，实现商品输出向生产输出和资本输出的转变，并借此在全球范围内实现中国产业结构优化。因此，面对外汇储备不断增长的局面，我们应当综合他国经验和中国的实践，将外汇储备体制改革的重点放在外汇资产持有机构的多元化和外汇资产投资领域的多样化上。

1. 国家外汇资产持有者的多元化。迄今为止，中国依然实行比较严格的外汇管制。在现行的框架下，绝大部分外汇资产都必须集中于货币当局，并形成官方外汇储备；其他经济主体，包括企业、居民和其他政府部门在内，都只能在严格限定的条件下持有外汇资产。这种外汇管理体制是与传统体制下国家外汇储备短缺的情况相适应的；而如今的情况是，我们已经开始为外汇储备积累过多及增长过快而苦恼。适应上述变化，放松外汇管理已经势在必行。近来有关当局提出了要大力推行"藏汇于民"战略，正是适应了这种转变的趋势。

中国外汇储备管理体制的改革，就持有主体多元化而言，就是要将原先集中由人民银行持有并形成官方外汇储备的格局，转变为由货币当局（形成"官方外汇储备"）、其他政府机构（形成"其他官方外汇资产"）和企业与居民（形成"非官方外汇资产"）共同持有的格局。这样做的目的有二：其一，通过限定货币当局购买并持有的外汇储备规模，有效地隔断外汇资产过快增长对中国货币供应的单方向压力并据此减少流动性，保证货币当局及其货币政策的独立性；其二，为外汇资产的多样化创造适当的体制条件。

中国投资公司的设立和有效运行，标志着外汇资产持有主体的多样化进程已在中国展开，但其法律地位、管理目标等都需进一步明确。而且鉴于目前中国外汇储备的巨大规模，还可考虑再设立若干与中投类似的专业化投资型机构。

2. 与持有主体多样化相配合的外汇资产多样化。自20世纪末期以来，中国的外汇储备，无论就其币种而言还是就其资产种类而言，就已经是多元化管理。当前所谓外汇资产多样化的任务，就是在原先有效操作的基础上，对官方外汇资产作出明确的功能划分，并确定相应的管理机构，同时规定适当的监管框架。

在总体上，我们应当将国家外汇资产划分为两个部分。

第一部分可称流动性部分，其投资对象主要集中于发达国家的高流动性和高安全性的货币工具和政府债务上。这一部分外汇资产形成"官方外汇储备"，主要功能是用于为货币政策和汇率政策的实施提供资产基础。毫无疑问，官方外汇储备应继续由央行负责持有并管理。

第二部分可称投资性部分，它主要被用于投资在收益性更高的金融资产上。从持有主体上看，其中一部分可交由其他政府经济部门管理，形成"其他官方外汇资产"，主要用于贯彻国家对外发展战略调整，在海外购买国家发展所需的战略性资源、设备和技术，或者在海外进行直接投资，或者购买具有一定风险的高收益国外股票、债券乃至金融衍生产品。应当指出的是，只要制度设计得当，人民银行也可以持有一部分非储备的其他官方外汇资产。当然，在账目上，这部分外汇资产应与人民银行的资产负债表明确地划分开来。其余的外汇资产（非官方外汇资产），应当按照"藏汇于民"的思路，配合外汇管制放松的步调，鼓励由企业和居民购买并持有。

从本质上说，外汇储备管理体制的改革，无论涉及多么复杂的内容，最终的结果，都是要将原先由货币当局独揽外汇资产的格局改变为由货币当局、其他政府机构和广大企业和居民共同持有的格局。

这种"藏汇于民"的改革战略一经启动，我们必然就要面对外汇市场参与者增加、外汇交易量增加、外汇交易工具增多以及市场主体决策函数多样化的问题。这种结构的变化，必然会造成人民币汇率波动幅度增大，进而会增加货币当局调控外汇市场和人民币汇率的难度。对此，我们要有充分的准备。

附录：美国从美元作为主要国际储备货币中获得的利益

一、美国获得巨大的铸币税收益

铸币税，又被称为"货币发行收入"。在使用金属铸币时期，铸币制造者可获得铸币表面价值与货币铸造成本差额的收益。这就被称为"铸币税"。在纸币流通条件下，印制纸币的成本远低于铸造同样面值的铸币，因此，纸币印制者所获得的铸币税比金属铸币制造者所获得铸币税更为可观。

美元作为最主要的国际货币，美国又是近 70 年来世界上最大的进口国，只要美国能进口，则任何出口国都不会拒绝接受其以美元支付。形象说法是"只要美联储开动印钞机，就可源源不断地从世界各国进口它所需要的物资"。事实上，当代国际贸易结算并不使用现金，而是采用银行账户划拨。因此，连印钞机都不必开动，只要美联储决定增发美元，在银行账户上做一定的划拨，就可以进口实实在在的各种物资，由此获得"铸币税"的巨大收益。

二、长时期的美元贬值，使美国可以冠冕堂皇地赖掉其巨额的国际负债

严格意义上，美联储发行美元是增加美国政府的负债；而美元流出美国则是美国对外负债。持有美元的其他各国可向美国主张各自对美国的债权。但布雷顿森林体系崩溃 40 年来，美元总趋势是贬值。若以该体系崩溃前一美元折合 35 盎司黄金，或每桶石油仅 1~2 美元相比于当今每盎司黄金价在 1 600 美元（至今最高已超过 1 900 美元）以上，或每桶美元价屡屡突破 100 美元，则美国实际上对持有美元储备的国家冠冕堂皇地赖掉了其巨额国际债务。

通常，国际收支持续逆差可促使本币对外贬值。美元对外贬值则可使美国赖掉其对外债务。正因此，美国自布雷顿森林体系崩溃以来，美国对外贸易就持续逆差，且其总趋势是扩大。在 20 世纪 90 年代，克林顿担任美国总统的 8 年间，将其前任里根和老布什时期的巨额财政赤字转化为财政盈余，但即使如此，美国对外贸易逆差仍逐年增加，即使受"百年一遇"金融危机冲击，2009 年虽有所下降，但未等经济复苏，2010 年逆差额又重新抬头，2011 年更继续攀升。任何其他国家都不可能承受如此巨大的贸易逆差，而美国却能承受，其依靠的正是美元的国际地位。同时美国还可以巨大逆差作为向其贸易对方施加谈判压力和实行贸易保护主义的借口，或限制对方向美国出口，或要求对方"扩大"从美国进口，或指责对方"操纵"货币汇率，而对美国由此造成美元贬值赖掉的对外债务则绝口不提。据伦敦金融城测算，到 2010 年底，世界各国官方外汇储备就达 9.2 万亿美元，其中 60% 是美元。在此规模下，美元每贬值 1%，美国就"名正言顺"地赖掉了 552 亿美元对外债务。这里还没有计入各国民间（企业及私人）所持有的美元。

三、美国可以全然不顾他国要求地制定其货币政策，并以此影响他国货币政策

长期以来，世界各国但凡要开展对外经济贸易，就不能不关注美国货币政策的动向。美国则可以全然不顾其他国家的反应。20 世纪 80 年代初爆发的以拉丁美洲国家为代表的发展中国家债务危机、90 年代初欧洲货币体系危机及 1997 年爆发的亚洲金融危机，虽然都具有相当的冲击力，但终究没有造成全球性动荡。而由美国次贷危机引发的金融海啸则严重冲击了全球经济发展。美国是这次危机的肇事者，本应深刻反思。但其实不然，美国仍以要促使经济复苏为由，一再扩大货币投放和提高国债上限。由"量化宽松"货币政策投放的巨额美元由美国进口商品而流出美国，让美国企业和民众享受到了实实在在的进口物资，却把所投放巨额美元造成的通货膨胀及美元贬值的风险送给其他国家，促使各国被迫相应调整自己的货币政策。如此行径，使美国货币政策能最大限度地服务于美国利益，而全然不顾他国利益。

四、利用各国在美国的美元账户为美国的政治和外交服务

作为主要国际储备货币美元，其最基本的存在是各持有国家在美国的大商业银行开设美元账户和购买美国国债。这原本有利于实现外汇储备的流动性和盈利性，但也就很自然地为美国提供了为美国政治、外交服务的十分便利的工具。平时，美国可利用这些账户管理，了解各国资金流向；每逢与某些国家矛盾尖锐化，美国就可以宣布"冻结"有关账户，向对方施加巨大压力。

资料来源：http://www.baike.com。

本章小结

1. 国际储备是一国自有储备，它包括黄金储备、外汇储备、在国际货币基金组织的储备头寸和特别提款权的贷方余额。国际储备具有可得性、流动性和普遍接受性。

2. 国际清偿力是一国自有储备与借入储备之和，它反映一国货币当局对外支付、干预外汇市场的总体能力。

3. 国际储备管理主要涉及两方面的内容，一是储备的数量管理，主要解决如何确定和保持一国储备的适度规模，二是结构管理，主要解决在储备总额既定的条件下，如何实现储备资产结构上的最优化问题。影响一国适度储备水平的主要因素有：国际收支流量的大小及其稳定程度、经济调整的强度与速度、其他调节国际收支手段的运用及其有效性、一国对汇率制度和汇率政策的选择、利用国际融资的能力、持有储备的机会成本、经济政策的国际协调。国际储备资产结构管理应遵循的主要原则是安全性、流动性和盈利性。

复习思考题

1. 国际储备的含义与作用是什么？它与国际清偿力有何异同？

2. 影响一国储备水平的主要因素有哪些？

3. 国际储备的结构管理包括哪些方面的内容？

4. 近年来我国国际储备数量增长迅速，引起了对我国应持有的合理国际储备数量的讨论。请你谈谈对这一问题的看法。

5. 如何安排我国外汇储备的安全性、流动性和盈利性？谈谈你的看法。

第六章　国际金融市场

随着国际经济一体化和现代通讯技术的发展，国际资金流动的规模逐渐超过了国际贸易额，形成了庞大的国际金融市场。这个市场超越了地理空间的限制，使资金供需双方能够便捷地进行交流，增强了交易的深度和广度，使世界经济得到了前所未有的发展，但同时也产生了一些负面影响。本章主要介绍国际金融市场的构成及其业务活动。

第一节　国际金融市场的形成与发展

一、国际金融市场的概念

国际金融市场，是指资金在国际间进行流动或金融产品在国际间进行买卖和交换的场所。国际金融市场与国内金融市场在市场利率、资金的相互利用、市场活动的交叉及相互影响方面有着密切的关系，但是二者又有着明显的区别，主要表现在以下四个方面。

（1）参加者不同。国内金融市场的金融业务发生在本国居民之间，不涉及任何其他国家的居民；如果资金融通跨越国境涉及其他国家，则为国际金融市场。换言之，国际金融市场是在国际间居民与非居民之间，或者非居民与非居民之间进行金融活动的场所及关系总和。

（2）交易活动的范围不同。国内金融市场的交易活动只限于本国领土范围内进行，而国际金融市场的交易活动不受国界限制。

（3）使用的货币不同。在国内金融市场上仅限于使用本国货币，而国际金融市场则可使用多种货币。

（4）市场管理和干预的程度不同。国内金融市场严格受市场所在国政府政策和法令的管辖、约束，而国际金融市场政府管制和干涉相对较少，交易自由度较高。

二、国际金融市场的分类

人们基于不同的研究目的，可将国际金融市场从不同角度，根据不同标准进行分类。

（一）根据资金融通的期限划分

可分为国际货币市场和国际资本市场。国际货币市场（International Money Market）是指短期（期限在 1 年或 1 年以下）资金交易市场，包括银行短期信贷及短期债券及票据贴现市场。国际资本市场（International Capital Market）是指中长期（期限在 1 年以上）的资金交易市场，包括中长期银行信贷及有价证券的交易市场。

（二）根据市场交易对象划分

可分为国际资金借贷市场、国际证券市场、外汇市场及国际黄金市场。由于国际融资证券化是当今国际金融市场发展的一大趋势，所以证券市场是国际金融市场的主体。

（三）根据金融活动是否受所在国金融当局控制划分

可分为传统国际金融市场和离岸国际金融市场（Offshore Market）。前者是指本币市场（在岸市场），市场上的金融活动受本国金融当局控制；而后者是指市场金融活动不受任何国家金融当局控制和有关金融法规管制的，能使用任何自由兑换货币进行交易的境外市场（External Market），如欧洲货币市场和亚洲货币市场。离岸市场是目前最主要的国际金融市场，代表了国际金融市场发展的主流。

三、国际金融市场形成的条件

国际金融市场的形成，必须具备若干必要条件，其中主要有下列各项。

1. 比较稳定的政局。这是最基本的条件，是国际金融市场赖以生存和发展的前提。

2. 自由或宽松的外汇管制制度。即不实行或很少实行外汇管制与资金流动和信贷控制，外汇资金调拨兑换比较自由，对存款准备金、利率及税率方面都没有严格的金融管制条例，非居民参加金融业务活动享有与居民相同的待遇，并无歧视，等等。这样国际资金才可以自由地流出流入，从而形成频繁的国际资金交易。

3. 完备的金融制度与金融机构。一个国家和地区只有具备完善的金融制度，相对集中、足够数量的银行以及其他类型的金融机构，才能组织起相当规模的金融资产交易，满足国际资金流动和资金供求的需要。

4. 基础设施完备。现代国际金融市场主要以无形市场为主体，如果缺乏现代化的国际通信设备和完善的金融服务设施，就无法适应国际金融业务的需要。

5. 高素质金融人才充足。国际金融市场要得以高质量、高效率地专业运作，最终依托的是拥有较高国际金融专业知识水平和丰富实践经验的专业技术人才和管理人才。因此，金融从业人员的数量与素质是影响国际金融市场发展的关键因素。

6. 较强的国际经济活力。一个国家如果有较大的对外开放度，进出口规模较大，对外经济往来活跃，其货币是自由兑换货币，就有可能形成国际资金的集散地，从而形成国际金融市场。

四、国际金融市场的发展过程

随着国际间商品贸易的产生，国际支付活动也相应发展，当国际贸易与国际支付活动发展到一定程度时，便会出现国际间的资金信贷活动，从而开始形成国际金融市场，因此说国际金融市场是随着国际贸易的发展、世界市场的形成以及国际借贷关系的扩大而逐渐产生的。从世界范围考察，国际金融市场的形成与发展大致历经了以下阶段。

（一）第一次世界大战之前伦敦成为国际金融市场

从历史发展情况来看，第一次世界大战以前，由于英国经济迅速发展而居于世界首位。同时，英国的政局较稳定，英格兰银行的地位不断巩固加强。遍布世界各国主要地区的银行代理关系逐渐建立，银行结算和信贷制度比较完善。再加上从海外殖民地掠夺、榨取和积累的巨额利润，形成巨大的资金力量，成为提供信贷资金的重要来源。英镑成为当时世界上主要的国际结算货币和储备货币，从而使伦敦发展成为世界上最大的国际金融市场。

（二）第一次世界大战结束后伦敦作为国际金融市场的地位趋于衰落

1914 年第一次世界大战爆发，英国放弃了金本位制。战争结束后，英镑作为主要的国际结算货币和储备货币的地位已经削弱，伦敦的国际金融市场地位随之下降。战后，出现了西方相对稳定时期，英国于 1925 年恢复金本位制，实行了金块本位制。1929 年爆发了西方世界经济大危机，使英国无法维持这个变相的金本位制，不得不于1931 年 9 月宣布放弃，随即实行外汇管制，组成了一个排他性的英镑集团（Sterling Bloc）。1939 年 9 月，第二次世界大战爆发后，英国又用法律形式把英镑集团成员之间的关系固定下来，改称英镑区（Sterling Area），进一步加强了外汇和外贸管制，伦敦的国际金融市场地位更是大不如前。

（三）第二次世界大战结束后西方国际金融市场的发展经历了一个剧烈的演变过程

第一阶段，纽约、苏黎世与伦敦并列，成为三大国际金融市场。

第二次世界大战后，英国的经济遭到严重破坏。美国的纽约金融市场乘机崛起，美元成为各国的储备货币和重要的国际结算工具。当时，美国是西方世界最大的资金供应者，控制着整个西方世界的经济。国际借贷与资本筹措都集中在纽约，纽约成为西方最大的长短期资金市场。西欧各国经济遭受战争破坏的情况，大致与英国相似，只有瑞士能始终保持其货币自由兑换，并发展了自由外汇市场和黄金市场。在这一阶段，纽约、伦敦、苏黎世成为西方世界的三大金融市场。

第二阶段，欧洲货币市场的建立与扩展。

进入 20 世纪 60 年代以后，美国的国际收支持续出现巨额逆差，黄金流失，美元信用动摇，结果使大量美元流到美国境外，美国政府被迫采取一系列限制美国资本外流的措施。有些西欧国家为了防止因美元泛滥而引起外汇市场动荡，也采取了一些限制资金流入的措施。这些国家的银行为了逃避上述限制，纷纷把资金转移到国外，从而形成了许多逃避管制的金融市场。欧洲美元、亚洲美元乃至欧洲其他货币的市场相继建立，并且获得迅速发展。而伦敦既是重要的国际金融市场，又是规模最大的欧洲美元市场，恢复了主要国际金融中心的地位。

欧洲货币市场的出现，突出地表现在信贷交易的国际化，破除了金融中心必须是国内资本供应者的旧传统。这就为国际金融中心的分散创造了有利而重要的前提条件。从此，国际金融市场不再局限于少数的传统中心，而迅速并广泛地分散到巴黎、法兰克福、布鲁塞尔、阿姆斯特丹、米兰、斯德哥尔摩、东京、蒙特利尔等市场，它们成为境外欧洲货币市场。而且一些原来并不重要的地区，如巴哈马、开曼群岛、卢森堡、新加坡等，也成为具有一定重要性的境外美元或其他货币市场。境外货币市场的特点是，哪里管制较松、征税较低或免税、条件适宜于进行某一种金融活动，货币市场就在哪里发展起来。即使一个小岛或是一个游览的风景区，本身并没有巨大的资金积累，但只要具备这些便利条件，大量的游资就会流往那里，而需要资金者也能从那里借到资金。这就是一般所谓的离岸金融市场（Offshore Financial Market），意思是这是法令条例管辖不到的地方。例如，巴哈马原来只有外国银行分支行两所，20 世纪 70 年代以后形成加勒比海离岸市场，已有几百家外国银行在那里设立分支机构或附属机构。开曼群岛与巴哈马一样，在这个只有几万人的小岛上，竟开设了几百家银行和信托公司，成为重要的境外美元中心。

第三阶段，发展中国家金融市场的建立和逐步成为国际性的金融市场。

20 世纪 70 年代以后，发展中国家的兴起对国际金融市场的发展产生了很大的影响。第二次世界大战后发展中国家在摆脱殖民主义统治，取得独立以后，逐步摆脱了金融垄断势力的控制，建立和发展了自己的金融事业，提高了在国际金融市场中的地位和作用，积极建立并且发展了本国的金融市场和地区的金融中心。在亚洲，新加坡、马来西亚、菲律宾、泰国、印度尼西亚等国家的金融市场都有较大的发展。拉丁美洲、非洲等发展中国家的金融市场也逐步兴起。特别是发展中国家的石油生产国，由于掌握大量石油美元而获得国际收支巨额顺差，在国际金融市场中具有重要地位。这些国家的金融市场正在逐步发展成为国际性的金融市场。

五、国际金融市场发展的新趋势

20 世纪 80 年代以来，在电子计算机技术在金融领域广泛应用、各国纷纷放松金融管制等大背景下，国际资本流动日趋活跃，国际金融市场规模不断扩大，业务品种不断创新，市场发展呈现出鲜明的新趋势。

（一）国际金融市场发展的全球一体化趋势

金融全球化主要表现为金融机构设置的全球化、金融业务活动的全球化、资本流动的全球化和金融市场空间布局的全球化。由于电子技术广泛运用，计算机和卫星通信网络把遍布世界各地的金融市场和金融机构紧密联为一体，地理位置不再成为国际金融交易的障碍，资金全球性的调拨和融通借助电子化交易系统瞬间便可完成，从而使遍布全球的金融中心和金融机构形成全时区、全方位的一体化国际金融市场。

（二）国际金融市场的自由化趋势

20 世纪 80 年代以来，随着世界经济一体化程度的加深，国际垄断资本的跨国转移越来越频繁，规模日渐增长，迫使西方各国不得不放松金融管制，从而在国际金融市场上形成了一股声势浩大的金融自由化浪潮。虽然各主要西方国家放松金融监管的步骤和方式不尽相同，但总的来说，主要包括以下几方面的内容。

1. 放松对金融机构的控制，取消或放宽对各类金融机构融资经营业务领域的限制，允许各类金融机构之间的业务相互交叉。例如，美国传统上的商业银行和其他金融机构的业务划分是十分明确的，在 20 世纪 80 年代的新银行法出台后，这两者之间的界限趋于模糊，相互交叉的业务领域越来越广泛。

2. 取消对各类金融机构存放款的利率限制。如美国国会在 1980 年通过了《对存款机构放松管制与货币控制法》，规定逐步取消联邦储备委员会原来制定的《Q 条例》关于存款利率上限的规定。此外，原联邦德国、加拿大、意大利、英国等也相继取消了对银行存放款利率的限制。

3. 允许商业银行等金融机构自由设立分行或附属机构，允许它们持有或兼并其他种类的金融机构，从而组成混合经营的金融联合体等。这些管制的放松是为了给各类金融机构之间的公平竞争创造条件。

4. 开放国内资金市场，允许外国银行在本国自由设立分行，放宽外国银行在本国的业务经营范围，取消对外国居民在本国金融市场筹集资金的限制。这些措施旨在促进本国金融机构与外国金融机构之间的竞争，从而使本国银行和非银行金融机构向海外扩张。

5. 放宽对本国证券市场的控制，允许商业银行等金融机构或外国金融机构持有本国证券投资机构的股份，使其能自由地进入证券交易市场。这是为了促进本国证券市场的国际化。

总之，主要西方国家国内金融制度的放松管制行为，有力地促进了金融机构之间的竞争，同时也使国际银行业和国际金融市场上的竞争更加激烈。

（三）国际金融市场融资方式的证券化趋势

20 世纪 80 年代以来，国际金融市场上出现了"融资证券化"特征，即融资由银行贷款转向更具流动性的直接融资债务工具，筹资者除向银行贷款外，更多地通过发行各种有价证券、股票及其他商业票据等方式，在证券市场上直接向国际资本市场筹集资金。资金供应者在购进票据、债券和股票等金融产品后也可随时将拥有的产品出售，转换为资金或其他资产，有利于投资资金在保持流动性和安全性的同时，获取资金收益。

融资证券化主要表现为金融工具的证券化和金融体系的证券化。金融工具证券化指在创新金融工具，提供多样化金融证券产品基础上，大量融资选择证券产品来筹措资金；金融体系证券化指通过银行等金融机构间接融资筹资比重下降，借助发行对第三方转让的金融工具直接融资的比重提高，形成融资"非中介化"或"脱媒"现象。由此大大地促进了国际资本市场和跨国投资银行的发展。导致国际金融市场上融资方式证券化的原因是多方面的，主要有以下四方面：

1. 国际银团贷款风险提高，成本提升。20 世纪 80 年代初爆发的发展中国家债务危机，使国际银团贷款的风险急剧增加。同时石油输出国盈余资金的迅速减少也使国际银行贷款的资金来源大量减少。在这种情况下，国际商业银行不得不极力寻求分散和转移风险的新方法，并且强调其资产投资组合的流动性和分散化以及自在资本的充足性，这一切均意味着 80 年代银行贷款成本的相对上升。

2. 债券市场筹资成本降低。随着国际金融市场交易过程中计算机技术的广泛应用，数据处理的成本迅速降低，信息流通的渠道大为畅通，各主要西方国家对国内金融制度的放松管制，也使各种有价证券的交易过程和方式大为简化。兼之在债券票据市场上，能利用债券票据方式筹资的机构一般信誉较高、风险较低，这使得利用债券市场筹集资本的成本大幅度降低。

3. 金融工具的创新。20 世纪 70 年代以来，由于布雷顿森林体系的崩溃和浮动汇率制的合法化，西方国家金融市场上汇率、利率波动频繁，投资或借款风险加大。为了减少风险，各种新的金融工具如金融期货、期权、货币互换等相继出现，从而为人们筹资提供了更为广泛的渠道，同时也降低了筹资成本。

4. 实际利率的提高。20 世纪 70 年代，由于受"滞胀并存"危机的影响，西方很多国家的实际利率为负值，因而债券对投资人吸引力不大。但自 20 世纪 80 年代中期以来，西方国家的通货膨胀率普遍下降，实际利率得以恢复，从而也使投资者恢复了对长期债券的信心和兴趣。

总之，国际银团贷款风险的提高、贷款成本的相对上升，以及有价证券市场流动性的提高和筹资成本的降低，使各种类型的筹资者，包括政府机构和公司借款人等，都把注意力由传统的国际银行贷款逐渐转向发行长短期债券或商业票据，并且连跨国银行本身也成为债券市场的重要参与者，于是，就形成了国际金融市场上融资方式的证券化趋势。

（四）银行业务表外化趋势

银行表外业务（Bank Off – balance – sheet Business）又称无资产银行业务、无形银行业务，或称底线以下的银行业务，是指对银行产生收入的有承诺或合约的活动，在传统的账务处理程序下，不记入资产或负债方，仅在资产负债表上作一注释，或在线以下反映，其实质就是在不扩大银行资产负债的同时，开展一些收取佣金或手续费的业务。

银行的表外业务，大体上可以分为两类：一类是可以产生潜在的资产负债表或证券风险的表外业务，它包括贷款承诺、担保、互换与套利交易、投资银行业务活动四种；另一类是利用现有技术设备实行规模经营给银行带来收入的金融服务，但不在资产负债表上反映，具体包括与贷款有关的服务、信托与咨询服务、经营或代理业务、支付服务、进出口服务等，这类活动按性质来讲，是现有客户与银行业务关系的延伸。促进银行业务表外化趋势的原因也是多方面的，而且是极其复杂的。

（五）国际金融市场的金融创新趋势

20世纪70年代以后，国际金融市场上汇率、利率动荡起伏，加之西方主要国家的国内通货膨胀，使国际金融市场的资产价格波动和金融风险加剧。为规避金融市场风险和逃避金融管制，许多金融机构开始金融产品的创新，尝试推出有限的金融衍生产品。80年代以后，西方国家金融制度放松管制形成的金融机构之间的业务交叉和激烈竞争，促进了国际金融市场上金融交易方式和金融产品的创新发展，其中最具代表性的金融创新有被称为20世纪80年代国际金融市场"四大发明"的票据发行便利、互换交易、期权交易和远期利率协议。90年代以来，随着金融自由化浪潮持续延伸，西方国家进一步放松对国内金融市场的管制，并为本国居民进入欧洲债券市场融资提供方便，推动了以跨国金融收购兼并、业务融合和金融组织形式变革为基本特征的金融创新的深化。同时，现代化的信息处理和通信技术的迅速发展和广泛应用，极大地推进金融电子化、网络化的进程，金融电子商务形成全球全天候的金融交易系统，以电子资金转账为基础的终端业务系统和网上金融服务系统，在相当程度上取代了传统金融交易方式，对国际金融市场的经营模式和组织形式产生了革命性的深远影响。

六、国际金融市场的作用

国际金融市场尤其是第二次世界大战后国际金融市场的发展，对世界经济发挥着广泛而深刻的作用，主要表现在以下几个方面。

1. 国际金融市场为各国经济发展提供了资金。例如，亚洲美元市场对亚太地区经济建设起了积极的促进作用，欧洲货币市场带动了日本和联邦德国的经济复兴。特别是发展中国家，其经济发展中的大部分资金都是在国际金融市场上筹集的。

2. 对国际范围的国际收支不平衡起着调节作用。国际金融市场汇集着世界各国的外汇储备资金。在20世纪70年代石油输出国组织两次提高原油价格的时期，一方面石油输出国积累了大量国际收支盈余,即所谓的"石油美元",另一方面许多需要大量进口石油的国家又出现巨额赤字。石油输出国的盈余资金流向欧洲美元市场,形成数额庞大的信贷资金供给,同时众多赤字国则纷纷转向欧洲美元市场筹借资金,应付进口需求。国际金融市场对石油美元回流起到了十分关键的作用,缓和了世界范围国际收支严重失调的状况,使各国在动用国际储备外,多了一条外汇资金来源的渠道。目前,国际收支出现赤字的国家正在越来越多地依靠国际金融市场的信贷资金来平衡收支,发展经济。

3. 加速生产和资本国际化,优化世界经济资源配置。国际金融市场能在国际范围内把大量的闲散资金聚集起来,以满足国际经济贸易发展的需要。通过金融市场的职能作用,使世界上的资金充分发挥效用,从而加速生产和资本的国际化。同时国际金融市场上的市场规律使得资金流向经济效益最好、资金利润率最高的国家和地区,由此国际金融市场在加速生产和资本国际化的同时,对优化世界经济资源配置,建立合理的国际分工体系也起一定的积极作用。

4. 促进银行业务国际化。国际金融市场吸引了无数跨国银行,通过各种业务活动把各国的金融机构有机地联系起来,使各国银行信用发展为国际间银行信用,从而促进了银行业务国际化。

总体来讲,国际金融市场对世界经济的影响是积极的,但也应看到,国际金融市场的迅速发展也形成了一些不稳定的因素。例如,国际金融市场在有利于调节国际收支失衡和为发展中国家提供发展资金的同时,也埋下了债务危机的隐患;国际金融市场便利和促进了国际资本的移动,然而数额巨大、频繁和不规则的国际资本流动会影响到一些小型开放经济国家国内货币政策的执行效果,同时也会增加汇率的波动幅度和助长外汇市场上的投机行为,从而增加国际投资的风险;高度一体化的国际金融市场在经济衰退时期,也会加速经济危机的传播,还可以诱发国际金融危机,进而加深世界经济危机的动荡和危害;另外,国际金融市场虽有推动资源合理配置,促进世界经济一体化的功能,然而市场经济的无政府性也可能加剧世界范围的贫富差别,激化南北矛盾。这些都是值得重视的问题,也是一国在利用国际金融市场时需要慎重考虑的问题。

第二节 国际货币市场与资本市场

一、国际货币市场

国际货币市场(International Money Market),又称短期资金市场,是国际间从事短期资金借贷业务的场所,期限在 1 年或 1 年以下。

国际货币市场的业务主要包括银行短期信贷、短期证券买卖和票据贴现,其参与者包括商业银行、票据承兑公司、贴现公司、证券交易商、证券经纪商等。

(一)银行短期信贷市场

这是国际银行同业间的拆借或拆放,以及银行对工商企业提供短期信贷资金的场所,目的主要是解决临时性的短期流动资金需要和头寸调剂。短期信贷市场能将大量社会上暂时闲散的短期资金集聚起来,银行以存款形式吸收进来,再贷放给资金需求者,为后者提供融资。

该市场贷款期限最短为 1 天，最长为 1 年，也提供 3 天、1 周、1 个月、3 个月、6 个月等期限的资金。利率以伦敦银行间同业拆放利率（London Interbank Offered Rate，LIBOR）为基准。交易通常以批发形式进行，以英国为例，交易数量最少为 25 万英镑，高则可达几百万英镑、几千万英镑。交易方式简便，无需担保和抵押，完全凭信誉和电话电传进行。银行对工商企业提供贷款时要注意企业的借款用途、财务状况、按时归还等。

（二）短期证券市场

这是国际间进行短期证券发行和交易的场所，证券期限不超过 1 年。在这个市场上发行和买卖的短期证券主要包括以下四种：

1. 短期国库券（Treasury Bill）。即西方国家财政部为筹集季节性资金需要，或是为了进行短期经济和金融调控而发行的短期债券，期限主要有 3 个月和 6 个月两种，通常以票面金额打折扣和拍卖（Auction）的方式推销，到期按票面金额偿还。国库券信用一般高于银行信用和商业信用，而且流通性很强，因此通常被认为是短期投资的最好目标。

2. 可转让的银行定期存单（Transferable Certificate of Deposit，CD），它是存户在银行的大额定期存款凭证，可以进行转让和流通。20 世纪 60 年代初，美国开始发行这种存单，定额为 100 万美元或 100 万美元以上；英国于 60 年代末发行这种存单，金额从 5 万至 50 万英镑不等。存单利率与伦敦银行同业拆放利率大致相同，到期按票面金额和约定利率支付本息。

3. 商业票据（Commercial Bill），即信用良好的工商企业为筹集短期资金而开出的票据，可通过银行发行，票面金额不限；期限一般为 4 ~ 6 个月；采用按票面金额贴现的方式进行交易。

4. 银行承兑汇票（Bank Acceptance Bill），即经银行承兑过的汇票，由于银行信誉较高，银行承兑汇票比商业承兑汇票的流动性强，就更易于流通。

（三）贴现市场（Discount Market）

这是对未到期的票据按贴现方式进行融资的交易场所。所谓贴现，是指将未到期的信用票据打个折扣，按贴现利率扣除从贴现日至到期日的利息后，向贴现行（Discount House）换取现金的一种方式。贴现业务是货币市场融通资金的一种重要方式，贴现交易使持票人提前取得票据到期时的金额（扣除支付给贴现行的利息），而贴现行则向要求贴现的持票人提供了信贷。贴现行是贴现业务的主要经营者。贴现的票据主要有政府国库券、短期债券、银行承兑票据和商业承兑票据。贴现利率一般高于银行贷款利率。持票人向贴现行办理贴现业务以后，贴现行或从事贴现业务的银行还可向中央银行进行再贴现（Rediscount）。中央银行利用这种再贴现业务来调节信用、调节利率，进而调控宏观金融。目前，世界上最大的贴现市场在英国，它的历史可以追溯到第一次世界大战以前，贴现行也一直在英国的金融业中占据十分重要的地位。

二、国际资本市场

国际资本市场（International Capital Market）是指国际间资金借贷期限在 1 年以上

的交易市场，又称中长期资金市场。国际资本市场的业务主要有两大类，即银行中长期贷款和证券交易。

（一）银行中长期信贷市场

这是国际银行提供中长期信贷资金的场所。国际中长期资金的供求双方通过这一市场进行资金融通。这个市场的需求者主要是各国政府及其工商企业；资金期限1~5年一般称为中期，5年以上一般称为长期；资金利率由多方面因素决定，一般包括货币政策、通货膨胀率、经济形势及资金供求量等；对大额借款多采用银团贷款方式。由于这个市场资金周转期长，风险就比较大，所以银行在考虑贷款时除了审核申请贷款的用途外，还要着重分析其偿还债务的能力。

（二）证券市场

证券市场是从事有价证券发行和交易的市场，是资本市场的重要组成部分，是长期资本的最初投资者和最终使用者之间的有效中介。

广义的证券市场在结构上分为两部分，即发行新证券的初级市场（或称新发行市场），从事已发行证券交易的二级市场。

1. 初级市场。初级市场是指各个企业、机构和政府在发行证券时，从规划到推销、承购等阶段的全部活动过程。它的主要特征是：无固定场所，新发行证券的认购和分销不是在有组织的交易所进行；市场经营者主要提供有关发行新证券所要求的收益和谁是可能的购买者等情报，特别是价格和交易情报的传播。

初级市场主要由投资银行、信托公司等构成。投资银行的主要业务之一就是经营证券发行和分销，即收购发行人新发行的证券而转售于一般投资者，有时为了支持证券的发行价格也收购已发行的证券再予以转售。投资银行通过广泛的通讯网络和承销团及分销团，把证券迅速分销给社会各阶层人士。其利润来自新发行证券的收购价和转售价之间的差价，另外还能得到发行单位以后再发行证券时的优先取舍权和在公司董事会中担任董事的额外好处。新证券的发行方式，有公募发行和私募发行。公募发行是指证券直接发行给社会广大公众而没有特定的对象；私募发行是指新发行的证券由少数金融机构私下认购，如养老基金会、人寿保险公司等。

2. 二级市场。狭义的证券市场是指从事已发行的证券交易的二级市场，它是各种证券转让、买卖和流通的枢纽。它能把社会各阶层的闲散资金广泛动员起来用于长期投资，并能为证券持有人提供套期保值等便利。

二级市场包括证券交易所、经纪人、证券商和证券管理机构。证券交易所是证券市场的中心，它是一个高度专业化的场所，有固定场所。在交易所内，各种证券的交易量是大量的，并且是按照一定的准则和法规进行的。经纪人和证券商是证券市场的主要活动者，证券商用自己的资金直接从事证券买卖，并承担买卖的损益。经纪人受客户的委托，代理买卖证券，从中收取佣金。一般来说，有证券市场的国家都有证券管理机构，监督证券市场的活动。二级市场的交易按交易场所的划分有场内交易和场外交易两类。场内交易是指在一定的场所、一定的时间、按一定的规则买卖特定种类的上市证券。许多国家规定，上市证券的买卖应集中于交易所。场外交易是指在证券交易所外进行的交易，它没有中心场所，由买卖双方以议价方式进行，这种交易为多数未能在证券交易所上市的证券提供了交易的便利，这种方式在美国比较盛行。如果按交易期限来划分，二级市场的交易分现货、期货及期权等类型。

初级市场和二级市场是相辅相成的。初级市场所发行的证券，只有通过二级市场上的买卖转手，才能流转于社会各阶层；而如果没有初级市场，二级市场也就无法成立，因为它失去了可供交易的对象。

证券市场发行和交易的有价证券主要有：（1）政府债券，即由政府发行的中期国库券（Treasury Notes）和长期国库券（Treasury Bonds），这些债券随时可以在市场上转让，但不到期不得兑换本金。（2）企业债券，是公司对外举债并承诺在一定期限还本付息的承诺凭证。如果是有担保的企业债券，应在债券上注明"担保"字样。（3）公司股票，它是企业为筹措资金而发行的一种股权凭证，要按照本国公司法规定的格式内容制成，载明资本金总额、股份总数和每股金额，并向主管机关登记，经审查、批准后才能发行。股票一般可分为普通股（Common Stock）和优先股（Preferred Stock）。普通股只能在企业盈利时先支付优先股股息后再进行分配股息，至于具体能分多少股息，由董事会提出方案后经股东大会决定；优先股有固定的股息率，在企业盈利的税后净利中优先于普通股支付股息，如果当年净利不足以支付优先股股息时，如果是累积优先股，则可以在今后年度的盈利中补付。企业股票还可分为记名和不记名两种。不记名股票的发行必须在企业章程中明确规定，发行股数不得超过总数的二分之一。

第三节　国际黄金市场

国际黄金市场（Gold Market）是指世界各国集中进行黄金交易的中心城市，它有固定的交易场所。目前，世界上重要的黄金市场有伦敦、苏黎世、纽约、芝加哥和香港，号称五大国际黄金市场，其他如法兰克福、巴黎、布鲁塞尔、卢森堡、东京、澳门、曼谷和新加坡等几十个城市也都是重要的国际黄金市场。因为各个交易中心所处时区的不同，世界黄金交易可以在 24 小时内不间断进行。

一、国际黄金市场的供应与需求

国际黄金市场的黄金供应主要有以下几个方面：（1）生产黄金。这是国际黄金市场黄金的主要来源。目前全球黄金年产量大约 2 400 吨，南非、美国、澳大利亚、俄罗斯等一直是传统的产金大国。近年来，我国黄金产量上升很快，从 2007 年到 2011 年，已连续五年保持全球第一产金大国的地位。（2）国际货币基金组织、各国政府和私人抛售的黄金。（3）其他来源，如美国和加拿大出售的金币以及美国发行的黄金证券（Gold Certificate）等。

国际黄金市场的黄金需求主要有以下几个方面：（1）工业用金。工业用金范围极为广泛，主要有电子、首饰业、牙科、金牌奖章和金币的制造等行业，目前工业尤其是首饰用金占国际黄金需求量的比重最大。（2）作为官方的储备资产。国际货币基金组织、国际清算银行、各国的中央银行都拥有大量黄金储备资产。根据国际货币基金组织的国际金融统计数据库（IFS）2010 年 6 月版的数据显示，全球官方黄金储备量达 30 462.8 吨，而全球已确认的地上总存金量约为 16.6 万吨。（3）私人藏金。私人为保值或投机，千方百计地购入黄金。

二、黄金市场的结构与交易工具

黄金市场可分为实物黄金市场和非实物交割的期货期权市场两部分。前者买卖金条、金块和金币，后者买卖对黄金的要求权。两个市场由套利活动紧密联系在一起。期货期权的价格归根到底是由实物黄金市场上供求关系的变化决定的。

（一）实物黄金市场

实物黄金主要以金条和金块的形式进行买卖，官方或民间铸造的金币、金质奖章、珠宝首饰也在该市场上买卖。其中金条（Bullion）的形式有两种：纯度为 80% 的砂金和经提炼纯度为 99.5% ~99.9% 的条状黄金。实物市场是黄金批发商（生产商、提炼商、中央银行）同小投资者及其他需求者之间的联系纽带。

实物黄金市场基本上是即期市场，即现货市场，交易是在成交后即行交割或在两天内交割，为套期保值而做的远期交易是它的补充。现货交易在室内或场内进行，价格一般由买卖双方决定。实物市场的参与者由三部分组成，黄金交易商在市场上买入或卖出黄金；经纪人从中牵线搭桥，赚取佣金和差价，以便结清他们的头寸；银行为这些活动融通资金。

与其他投资方式相比，投资和持有黄金有两个明显的缺陷，即巨额的贮藏和安全费用，以及持有黄金不能产生利息。所以，许多持有大量黄金的机构想通过暂时转让所有权来更好地利用黄金的经济价值。20 世纪 80 年代中期以来黄金贷款市场的发展，满足了这方面需要。黄金贷款的贷方可以获得一笔利息（利率通常比普通贷款低），借方可以得到黄金，然后按预约的期限（一般是 4 ~6 年，有 1 ~2 年的宽限期）把实物黄金还给贷方。另外，还有一种短期黄金贷款市场。在这个市场上，黄金交易商有时为了轧平买卖之间的时间差，也向银行借黄金。

由于一些黄金的巨额持有者直接进入实物市场会对价格产生负效应，于是他们选择了黄金互换（Gold Swaps）的交易方式，即黄金持有者把金条转让给交易商，换取货币，在互换协议期满时（一般为 12 ~13 个月）按约定的远期价格购回黄金。黄金互换交易亦指交易商之间不同成色或不同地点的黄金互换，它可以减少交易成本，满足不同客户和不同市场的需要。

（二）黄金期货期权市场

黄金的期货期权交易目前已成为黄金市场的主要业务活动，交易商从事交易的目的主要是为了投机或套期保值，很少有实物黄金的实际过户。

黄金期货交易是指在合同规定的某个月的某个时间承诺交割或者接受和购买特定数额的黄金。期货合同由相关的交易所制定，其价格由竞价达成。期货买卖者可以做一个在同一月交割的相反交易停止（或放弃）期货，指令经纪人冲销原来的合同。没有被任何一方清算的合同称为处于未清算（Open）状态，这些合同的总和叫未清算权益（Open Interest）。市场参与者把未清算权益看做是市场状况的指示器。

黄金期权是指期权购买者在约定的未来时间内按协议价格（或实施价格）买卖实物黄金或黄金期货合同的权利。与期货合同不一样，期权是指实施的权利，而不是执行的义务。买入期权（Call Option）的购买者有权从期权签发人处按协议价格购得黄金，而卖出期权（Put Option）的购买者有权将来在规定的时间内按协议价格售出黄金。

黄金期货期权交易（包括现货交易），一般都通过经纪人（Bullion Broker）成交。这种经纪人为数不多，但在黄金交易活动中处于中心地位。黄金市场对每个经纪人席位要收取高额的费用。

近年来，黄金交易创新工具比较多，如黄金担保（Gold Warrant）、黄金杠杆合同（Gold Leverage Contract）、黄金存单（Depository Order）、黄金券（Gold Certificate）等。

三、国际主要黄金市场

（一）伦敦黄金市场

伦敦黄金市场历史悠久，组织健全，在世界黄金的销售、转运及调剂各方面发挥枢纽作用。按照传统习惯，黄金交易的报价一直是以伦敦黄金市场的报价作为世界上具有代表性的金价。早在 19 世纪初，伦敦就是世界黄金精炼、销售和交换的中心。1919年，伦敦黄金市场开始实行日定价制度，每日两次，该价格是世界上最主要的黄金价格，一直影响到纽约以及香港黄金市场的交易，许多国家和地区的黄金市场价格均以伦敦金价为标准，再根据各自的供需情况而上下波动，同时伦敦金价亦是许多涉及黄金交易和约的基准价格。

伦敦的黄金定价是在"黄金屋"（Gold Room）———一间位于英国伦敦市中心的洛希尔公司总部的办公室里进行的。从 1919 年 9 月 12 日，伦敦五大金行的代表首次聚会"黄金屋"，开始制定伦敦黄金市场每天的黄金价格，这种制度一直延续到了今天。五大金行每天制定两次金价，分别为上午 10 时 30 分和下午 15 时。由洛希尔公司作为定价主持人，一般在定价之前，市场交易停止片刻。此时各金商先暂停报价，由洛希尔公司的首席代表根据前一天晚上的伦敦市场收盘之后的纽约黄金市场价格以及当天早上的香港黄金市场价格定出一个适当的开盘价。其余四家公司代表则分坐在"黄金屋"的四周，立即将开盘价报给各自公司的交易室，各个公司的交易室则马上按照这个价格进行交易，把最新的黄金价格用电话或电传转告给其客户，并通过路透社把价格呈现在各自交易室的电脑系统终端。

各个代表在收到订购业务时，会将所有的交易单加在一起，看是买多还是卖多，或是买卖相抵，随后将数据信息以简单的行话告诉给洛希尔公司的首席代表以调整价格。如果开盘价过高，市场上没有出现买方，首席代表将会降低黄金价格；而如果开盘价过低，则会将黄金价格抬高，直到出现卖家。定价交易就是在这样的供求关系上定出新价格的。同时，在"黄金屋"中，每个公司代表的桌上都有一面英国小旗，一开始都是竖着的。在黄金定价过程中，只要还有一个公司的旗帜竖在桌上，就意味着市场上还有新的黄金交易订购，洛希尔公司的首席代表就不能结束定价。只有等到"黄金屋"内的五面小旗一起放倒，表示市场上已经没有了新的买方和卖方，订购业务完成，才会由洛希尔公司的代表宣布交易结束，定价的最后价格就是成交价格。定价的时间长短要看市场的供求情况，短则 1 分钟，长可达 1 小时左右。之后，新价格就很快会传递给世界各地的交易者。

当前，伦敦黄金市场上的四大定价金行分别为：洛希尔国际投资银行（N M Rothschild & Sons Limited），加拿大丰业银行（Bank of Nova Scotia），德意志银行（Deutsche Bank），美国汇丰银行（HSBC Bank USA）。瑞士信贷第一波士顿银行（Credit Suisse

First Bosto）于 2004 年 10 月 12 日退出其在伦敦、纽约和悉尼的有关贵金属造市、金融衍生物、清算及库存等业务。瑞士信贷的退出为黄金生产商进入伦敦定价委员会提供了一个机会。目前有多家黄金矿业公司欲购买该席位。

（二）苏黎世黄金市场

苏黎世黄金市场是第二次世界大战后发展起来的国际黄金市场。虽然瑞士本身没有黄金供给，但由于它提供了特殊的银行制度和辅助性的黄金交易服务体系，为黄金买卖创造了一个既自由又保密的环境，因此，瑞士在世界实物黄金交易中保持了独特的优势。瑞士通过与南非签订优惠协议，获得了 80% 的南非金，前苏联的黄金也聚集于此，使得瑞士不仅是世界上新增黄金的最大中转站，也是世界上最大的私人黄金的存储与借贷中心。不过尽管大部分世界新增黄金供应量流经瑞士，但由于市场交易规模不如伦敦，所以苏黎世黄金市场在世界黄金市场上的地位稍逊于伦敦。

苏黎世黄金市场没有正式组织机构，由瑞士三大银行，即瑞士信贷银行（Credit Suisse）、瑞士联合银行（Union Bank of Switzerland）和瑞士银行（Swiss Bank Corporation）组成的苏黎世黄金总库（Zurich Gold Pool），作为交易商的联合体与清算系统混合体在市场上起中介作用。黄金总库建立在瑞士三大银行非正式协商的基础上，不受政府管辖。黄金总库的成员在黄金市场上占统治地位，但许多小银行也冶炼、运输黄金，充当生产者与投资者之间的经纪人，黄金总库成员以外的交易商也可以独立地讨价还价。

苏黎世市场无金价定盘制度。银行的个别头寸是不公开的，联合清算系统对银行的不计名头寸进行加总，并每天按这些头寸的变动设定一个价格。这一联合定价被视为苏黎世黄金官价，并对总库成员有约束力，也给市场上的其他银行起了指导作用。全日金价在此基础上的波动无涨停板限制。苏黎世金市的金条规格与伦敦金市相同，可方便参与者同时利用伦敦市场，增加流通性，交易以现货为主，交割地点为苏黎世的黄金库或其他指定保管库。

（三）美国黄金市场

美国黄金市场以做黄金期货交易为主，是 20 世纪 70 年代中期发展起来的。美国黄金市场由包括纽约商业交易所（New York Mercantile Exchange, Inc.）、芝加哥国际商品交易所（IMM）、底特律、旧金山和水牛城共五家交易所构成，其中纽约商业交易所居主导地位，目前纽约黄金市场已成为世界上交易量最大和最活跃的期金市场。

纽约商业交易所（NYMEX）是由 New York Mercantile Exchange 和 The Commodity Exchange, Inc. 于 1994 年合并组成，是世界最具规模的商品交易所，同时是世界最早的黄金期货市场。根据纽约商业交易所的界定，它的期货交易分为 NYMEX 及 COMEX 两大分部，NYMEX 负责能源、铂金及钯金交易，其余的金属（包括黄金）归 COMEX 负责。COMEX 目前交易的品种有黄金期货、迷你期货、期权和基金。COMEX 黄金期货每宗交易量为 100 盎司，交易标的为 99.5% 的成色金。迷你黄金期货，每宗交易量为 50 盎司，最小波动价格为 0.25 美元/盎司。COMEX 的黄金交易往往可以主导世界金价的走向，实际黄金实物的交收占很少的比例。参与 COMEX 黄金买卖以大型的对冲基金及机构投资者为主，他们的买卖对金市产生极大的交易动力；庞大的交易量吸引了众多投机者加入，整个黄金期货交易市场有很高的市场流动性。

（四）香港黄金市场

香港黄金市场于 1910 年正式开业，自 1974 年 1 月当时的香港政府撤销了对黄金进出口的管制，香港金市开始以极快的速度发展。由于香港黄金市场在时差上刚好填补了纽约、芝加哥市场收市和伦敦开市前的空当，可以连贯亚、欧、美，形成完整的世界黄金市场，其优越的地理条件，吸引了伦敦和瑞士的各大金商和银行等纷纷来到香港设立分公司，促使香港成为世界最主要的黄金市场之一。

香港黄金市场由三个市场组成：（1）香港金银贸易市场。以华人资金商占优势，有固定买卖场所，公开喊价，现货交易。（2）本地伦敦金市场。以国外资金商为主体，没有固定交易场所。（3）黄金商品期货市场。是一个正规的市场，其性质与美国的纽约和芝加哥的商品期货交易所的黄金期货性质是一样的，交投方式正规，制度也比较健全，可弥补金银贸易市场的不足。这三个市场关系密切，成交额高的是香港金银贸易市场，而影响最大的是本地伦敦金市场。香港也是世界五大黄金交易市场中唯一同时拥有实金交易、无形市场和期货市场的地区。

第四节　欧洲货币市场

一、欧洲货币市场的含义

欧洲货币市场（Eurocurrency Market）是第二次世界大战结束以来，国际金融市场的一个重要内容，是国际金融市场的核心部分。

欧洲货币（Eurocurrency）是指一国本币在另一国的储蓄，实际是指境外货币，又称离岸货币（Offshore Currency），而非指欧洲国家的货币。任何可兑换货币都可以以"Euro –"形式存在（注意不要将"Euro –"这种用法和欧元"Euro"弄混淆）。例如，在美国境外的银行（包括美国银行在国外的分支行）所存贷的美元资金称为欧洲美元（Eurodollar），在欧元区以外存贷的欧元资金称为欧洲欧元，在英国境外银行存贷的英镑资金称为欧洲英镑，在日本境外银行存贷的日元资金称为欧洲日元，等等。

经营欧洲货币存贷业务的银行称为欧洲银行（Eurobank）。欧洲银行除具备一般的银行职能外，还是能管理欧洲货币运行的主要世界性银行。因此，实际上，"欧洲银行"只是大商业银行的一个部门，而这个名字正是来自于其所履行的欧洲货币运行职责。

欧洲货币市场是指非居民在货币发行国境外进行该国货币存储与贷放的市场，又可称为离岸或境外金融市场。如前所述，这里的"欧洲"一词与其字面意思不同，是强调"境外、离岸"之意。之所以冠以欧洲，是因为它最先出现在欧洲，但是后来随着市场规模和经营范围的不断扩大，欧洲货币市场不仅包括欧洲，而且还包括亚洲、北美、大洋洲、拉丁美洲以及其他各个经营境外货币存放款业务的国际金融中心。其中在亚洲的欧洲货币市场又称为亚洲货币市场。从地理位置看，欧洲银行集中的地方主要在以下 5 个地区：西欧包括伦敦、苏黎世、巴黎和英吉利海峡岛屿，加勒比及中美洲地区包括开曼群岛、巴哈马群岛及巴拿马，中东包括巴林，亚洲包括新加坡、香港和东京，美国包括允许设立国际银行业务部的各州。

二、欧洲货币市场的形成与发展原因

现代欧洲货币市场诞生于第二次世界大战后，是从欧洲美元市场发展起来的。欧洲美元市场的形成与发展主要有以下几方面的原因：

1. 前苏联在欧洲的存款。欧洲美元市场的起源可以追溯到 1957 年。在 20 世纪 50 年代期间，美国在朝鲜战争中冻结了中国存放在美国银行的资产，当时苏联考虑到"冷战"状态和反共情绪影响下的东西方关系，便将出口原材料所获得的美元存入巴黎的一家法国银行账户上，这也许就是欧洲美元市场的开端。此后，东欧的美元持有者，包括苏联各地的贸易银行多以这种方式将资金存于西方银行，特别是伦敦的银行。

2. 对英镑的限制。1957 年，由于英法联合入侵埃及，英国国际收支恶化，导致英镑发生危机。为了应付英镑贬值，英国政府加强了外汇管制，禁止英国商业银行用英镑对非英镑区居民之间的贸易进行融资，因此英国商业银行纷纷转向美元，开始将美元作为贷款的唯一替代品，以保持其在世界金融领域的借贷地位。这样，一个在美国境外经营美元存放款业务的资金市场开始在伦敦出现。

3. 美国当局对国内银行活动的管制。20 世纪 60 年代，美国资金不断外流，国际收支逆差逐渐扩大。为了防止国际收支进一步恶化，美国采取了限制资本流出的措施，迫使美国境外居民的美元借贷业务转移到欧洲美元市场上来，美国的商业银行也相应在欧洲开设了许多分支机构，加强海外经营活动，以逃避政府的金融法令管制，这些都刺激了欧洲美元市场的发展。1963 年 7 月，美国政府实行征收利息平衡税（Interest Equalization Tax），规定美国居民购买外国在美发行的证券（包括银行对非居民的贷款）所得利息一律要付税，以限制美国资金外流。1965 年美国政府制定了《自愿限制对外贷款指导方针》（Voluntary Foreign Credit Restraint Guidelines），要求银行与其他金融机构控制对非居民的贷款数额。1968 年又颁布《国外直接投资法规》。这一系列措施实际上把美国的资金市场与外界隔离开来，一方面限制了美国银行的对外贷款能力，另一方面却加强了美国银行海外分行的活动。

1963 年美国政府实行《Q 条例》（Regulation Q），规定银行对储蓄和定期存款支付利息的最高限额，导致在 20 世纪 60 年代，美国国内利率低于西欧，于是存户纷纷将大量美元转移到欧洲，这也为欧洲美元市场的发展提供了有利条件。

4. 西欧国家货币可兑换性的恢复。自 1958 年起，西欧一些国家逐步放松外汇管制，恢复其货币的自由兑换和资金的自由流动，这为欧洲美元和其他欧洲货币市场的顺利发展，提供了不可缺少的条件。

5. 石油输出国组织的影响。20 世纪 70 年代后，世界石油两次大幅提价，石油输出国手中积累了大量的所谓"石油美元"，这些美元大多存入欧洲美元市场，使该市场资金供给非常充裕。仅 1973—1976 年期间，石油输出国组织在欧洲货币市场上的存款就从 100 亿美元增加到 540 多亿美元。欧洲银行就将大部分石油美元存款贷给面临国际收支逆差的石油进口国，欧洲银行在石油美元回流过程中发挥了重要中介作用，而石油输出国组织为欧洲美元市场的美元交易增加创造了条件。

自 20 世纪 60 年代以来，由于美元危机频发，美元的国际金融霸权地位逐渐削弱，美元汇率不断下跌，抛售美元、抢购黄金和其他硬货币的风潮时有发生。于是，各国中

央银行为避免外汇风险，纷纷使外汇储备多元化，一些硬通货如德国马克、瑞士法郎和日元便成为抢购对象。另外，一些西欧国家，如瑞士和联邦德国，为了保护本币和金融市场的稳定，抑制通货膨胀，曾对非居民持有本币采取倒收利息或不付利息等措施加以限制，而对非居民的外币存款则给予鼓励。因此，硬通货资金被转存在其发行国以外的地区，形成了欧洲瑞士法郎、欧洲马克、欧洲英镑、欧洲日元、欧洲法国法郎等欧洲货币，使欧洲美元市场扩大而演变为欧洲货币市场。

除了上述一系列外部原因以外，欧洲货币市场自身的一些特性和优势，是促使其迅速发展的关键。欧洲货币市场是一个完全自由的国际金融市场，有很大的吸引力，它与西方国家的国内金融市场以及传统的国际金融市场有明显的不同，主要表现在以下几个方面：

1. 欧洲货币市场经营非常自由，不受市场所在地政府当局金融政策、法令的管辖以及外汇管制的约束，非居民可自由进行外币资金交易、自由转移资金，银行免缴存款准备金等。因此，欧洲货币市场的资金借贷十分自由，资金调拨非常方便，也因其市场管制少，金融创新活动发展更快，应用更广。这不仅符合跨国公司和进出口商的需要，而且也符合许多西方工业国家和发展中国家的需要。

2. 欧洲货币市场的经营以银行间交易为主，银行同业间的资金拆借占欧洲货币市场业务总额的很大比重，它也是一个批发市场（Wholesale Market），因为大部分借款人和存款人都是一些大客户，所以每笔交易数额很大。绝大多数欧洲货币市场上的单笔交易金额都超过100万美元，几亿甚至几十亿美元的交易也很普遍。欧洲货币市场的业务活动通过电话、电传等现代通信方式在银行之间和银行与客户之间进行，资金调拨灵活、手续简便，有很强的竞争力。

3. 欧洲货币市场有独特的利率优势。其存款利率相对较高，放款利率相对较低，存放款利率的差额很小，这一利差比较可见图6－1所示。这是因为它不受存款准备金以及利率上限等限制，兼之交易规模巨大相对降低了交易成本，客户大多信誉较高从而降低了贷款风险，这些都使得银行能提供更具竞争力的利率。所以，欧洲货币市场对资金存款人和资金借款人都更具吸引力。虽然存放款利率差额很小，但由于存贷款的数量很大，所以欧洲银行的利润仍然相当丰厚。

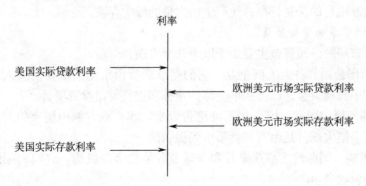

图6－1　欧洲美元市场利差示意图

4. 欧洲货币市场范围广阔，币种多，规模大，资金实力雄厚。市场范围已超出欧洲而遍布世界各地，各种主要可兑换货币应有尽有。市场规模之大是一般国际金融市场无法比拟的。这种完全国际性的国际金融市场，能满足各种不同类型的国家及其银行、企业对于各种不同期限与不同用途的资金需要。

5. 欧洲货币市场上的借贷关系为外国借贷双方之间的关系。这种类型的交易为大批离岸金融中心的建立提供了有利的条件。凡是有可能把国际间投资商和借款人吸引过来的地方，都有可能成为一个离岸金融中心。

总之，促使欧洲货币市场形成的具体原因是多方面的，美国在20世纪60年代的信贷限制政策和英国等西欧国家为境外银行业提供的方便和鼓励性措施为市场的形成创造了先决条件，美国的大规模国际收支赤字使美元资金大量外流以及石油美元的注入，使市场的形成变成现实，而欧洲货币市场自身所具备的优势则是其迅速发展壮大的内在保障。

三、欧洲货币市场的资金来源与运用

（一）欧洲货币的资金来源

欧洲货币市场的资金供给主要有以下几个方面：

1. 美国及其他国家的商业银行。以美国为主的商业性国际银行在国外分支机构所拥有的金融资产，是欧洲货币市场资金的主要来源。

2. 各国跨国公司和大工商企业。由于欧洲货币市场利率较高，经营灵活，手续简便，经营活动不受本国金融规章制度、法规的限制，所以各跨国公司和大企业都愿意将闲置资金投入欧洲货币市场，实现获利的目的。

3. 各国政府与中央银行。目前，各国政府和中央银行持有的外汇储备和外汇资金主要是美元资产，它们往往直接或间接地将所持有的美元投放到欧洲货币市场生息。

4. 石油输出国。其巨额"石油美元盈余资金"中有相当数量流入欧洲货币市场。20世纪70年代欧洲货币市场的迅猛发展，与石油涨价后石油美元的迅速增长有着极为密切的关系。

5. 国际清算银行和欧洲投资银行等国际金融机构。它们往往将外汇资金存入欧洲货币市场。

6. 派生存款。许多国家的中央银行把它们的美元等外汇储备直接或间接存入欧洲市场，经过欧洲银行的反复贷存，便产生出大量的派生存款。

（二）欧洲货币的资金运用

欧洲货币市场的巨额资金主要用于以下几个方面：

1. 各国跨国公司和各大工商企业。它们是欧洲货币市场的重要借款人，在欧洲货币市场上筹措中长期资金，以便从事全球性业务和进行大型投资项目。

2. 非产油发展中国家。1973年石油涨价以来，非产油发展中国家的对外债务迅速增加，这些资金绝大部分是由欧洲货币市场提供的。

3. 政府机构、国际性大商业银行和全球及区域性金融机构。它们利用欧洲货币市场调整各自的流动资金。

4. 外汇投机。自20世纪70年代初西方国家普遍实行浮动汇率制度以来，外汇汇率波动频繁，并且幅度较大，于是在国际金融市场上利用汇率变动而进行外汇投机赚取暴利的交易不断增加，从而扩大了对欧洲货币资金的需求。

5. 原苏联与东欧国家。20 世纪 70 年代后，苏联与东欧国家实行引进西方技术、设备的政策，造成巨额贸易逆差，并因此对西方的负债急剧增加，而这些巨额资金的绝大部分是来自欧洲货币市场。

四、欧洲货币市场的类型

欧洲货币市场按其境内业务与境外业务的关系可分为三种类型。

（一）一体型

一体型即境内金融市场与境外金融市场的业务融为一体，境内资金与境外资金可以随时互相转换。例如，在香港市场，一位香港居民将一笔美元存入某香港银行，这属于在岸交易；当该银行将此笔美元转贷给新加坡时，则又属离岸交易。离岸业务与在岸业务之间没有严格的分界，伦敦和香港都属于这种类型。

（二）分离型

分离型即境内业务与境外业务分开，居民的存贷业务与非居民的业务分开。分离型的市场有助于隔绝国际金融市场的资金流动对本国货币存量和宏观经济的影响。美国纽约离岸金融市场设立的国际银行业务措施（International Banking Facility，IBF），日本东京离岸金融市场上设立的海外特别账户，以及新加坡离岸金融市场上设立的亚洲货币账户，均属于此类。

（三）簿记型或走账型

这类市场没有或几乎没有实际的离岸业务交易，只是起着其他金融市场资金交易的记账和划账作用，目的是逃避税收和管制。中美洲和中东的一些离岸金融中心即属此类。

五、欧洲货币市场的经营活动

欧洲货币市场的主要业务经营活动，根据业务性质不同和期限长短，可具体分为以下三种：欧洲短期信贷、欧洲中长期信贷（即银团贷款等）和欧洲债券。由于欧洲债券的内容在本章第六节会有详细介绍，这里重点介绍前两种。

（一）欧洲短期信贷

欧洲短期信贷是指期限在 1 年或 1 年以内的欧洲货币存放业务。欧洲货币市场的短期信贷业务主要是银行同业间的资金拆借，通过银行的存放款来调剂资金的供求，所以它基本上是一个银行间的信贷市场。资金拆放都是以电话或电传联系，达成交易一般凭信用，无需任何抵押品，也不签订合同，但在联系时必须说明借款银行名称，借款行的负债影响着借款额度、期限和利率。

欧洲银行间的存款分三种：（1）通知存款，即隔夜至 7 天存款，客户可随时发出通知提取。（2）定期存款，分 7 天、1 个月、2 个月、3 个月、6 个月、1 年，通常以 1 个月和 3 个月的短期存款为最多，最长可达 5 年。（3）可转让定期存单，这是欧洲银行发行的境外货币存款凭证，期限为 1、3、6、9、12 个月等，持有者需要现款时可以在市场上转售。目前有美元、日元、英镑、科威特第纳尔等存单，以欧洲美元发行的数量最大。

在欧洲货币市场上，短期信贷交易的币种包括各种可兑换货币，最重要的参考利率是伦敦银行间同业拆放利率（London Interbank Offered Rate，LIBOR）。LIBOR 是目前在标准化报价、贷款协议和金融衍生品定价方面最被广泛认可的利率。LIBOR 是由英国银行家协会（BBA）正式定义的。例如，美元的 LIBOR 是伦敦时间每天上午 11 点作为 BBA 样本的 16 家跨国银行的银行同业贷款利率的算术平均数。类似地，BBA 在同一时间计算来自样本银行的日元的 LIBOR、欧元的 LIBOR 以及其他货币的 LIBOR。短期资金拆放有的就按伦敦同业拆放利率计息；有的在伦敦同业拆放利率基础上加一定的利差，利差大小一般在 0.5% 左右；有的甚至还可获得比伦敦同业拆放利率更低的利率（LIBOR Minus）。当然，银行同业拆放利率并不局限于 LIBOR，大多数国内银行为当地的贷款协议设定自己的银行同业拆借率，如香港银行同业拆放利率（HIBOR）、新加坡银行同业拆放利率（SIBOR）、巴黎银行同业拆放利率（PIBOR）、法兰克福银行同业拆放利率（FIBOR）等。

（二）欧洲中长期信贷

欧洲货币市场的借款人一般都是国家政府、地方政府、国际金融机构、中央银行、官办或私营专业银行、跨国公司等。由于这些借款人通常所需贷款规模较大，常常会超过某一单一银行的贷款限额，因此国际银团贷款就成了欧洲中长期信贷市场的主要组织形式。银团贷款（Consortium Loan）又称辛迪加贷款（Syndicated Loan），是由一家或几家银行牵头，联合几家甚至几十家国际银行组成一个银团共同向某客户或某工程项目进行贷款的融资方式。由于它具有筹资金额大、贷款时间长，贷款银行多能分散大规模贷款风险等特点，20 世纪 70 年代后期以来发展很快。

1. 辛迪加银团的构成

（1）牵头银行（Lead Manager）。银团贷款通常由一家银行牵头，全权负责整个贷款的组织工作，即称为牵头行。如果贷款数额较大，也可以组织一个 3 ~ 5 家银行的经理集团，由各经理银行协助组织贷款。借款人一般先要找到一家与自己有密切往来的银行作为贷款牵头银行。牵头银行接受借款人的委托，负责组织贷款，并同借款人商讨贷款协议的各项条款。一般来说，经理集团提供的贷款约占贷款总额的 50% ~ 70%。

（2）代理银行（Agent Bank）。它是贷款银团的代理人，负责监督管理这笔贷款的具体事项，包括同借款人的日常联系，通知各银行及时按规定拨款，负责计算和收取应偿还的利息及本金，并按各贷款银行提供的数额进行分配等。代理银行一般由牵头银行兼任，或是贷款数额较大的其他经理银行担任。

（3）参加银行（Participating Bank）。它是参与贷款银团并提供一部分贷款的银行。参加银行的数目由经理集团根据贷款的具体情况确定，由牵头银行或代理银行出面邀请。同牵头银行在辛迪加贷款方面有过良好合作关系的银行一般都会被邀请参与贷款。

2. 国际银团贷款的组织程序。借款人第一步是选定牵头银行，首先考虑与自己有密切业务往来，而且是关系良好的银行。如果该银行对借款人的意向感兴趣，借款人就可以出具一份委托书（Mandate Letter），授权该银行担任牵头银行，代借款人组织愿意提供贷款的各家银行，但是这份委托书并无法律上的约束力。然后由牵头银行向借款人出具一份义务承担书（Commitment Letter），表示愿意承担义务，承担义务有三种：（1）坚定承担（Firm Commitment），即使其他银行都不参与，自己也会单独提供这笔贷款。（2）尽最大努力承担（Best - efforts Basis）。竭尽全力组织银团，万一失败即不提供贷款。（3）不作承诺（No Commitment）。试试看，能组成银团最好，不成功即作罢。

第二步是牵头银行与借款人共同拟定一份情况备忘录（Information Memorandum），说明借款人的财务状况和其他有关情况。随后牵头银行即着手联系参加银行，一家信誉卓著的欧洲银行通常有多达500家银行参加银团贷款的详细档案材料，这些材料有助于牵头银行了解哪些银行对提供贷款感兴趣。如果邀请到足够的参加银行，就可以组成辛迪加集团。通常这需要15天至三个月时间，多数是在六个月左右。组成银团后，牵头银行就可以同借款人谈判商定贷款协议的具体条款并签订贷款协议。

3. 国际银团贷款的基本条件。国际银团贷款涉及的基本条件主要有下列各项：

（1）金额。金额少则数千万美元，多则数亿美元。

（2）货币。货币有欧洲美元、欧洲德国马克、欧洲日元、欧洲英镑等，在香港可以是港元。

（3）期限。贷款期限包括：①提款期（Drawdown Period），即签订贷款协议后支用款项的期限；②宽限期（Grace Period），即不需还本金但要按约定付息的期限；③偿还期（Repayment Period），即宽限期结束后偿还本金的期限。银团贷款期限一般为5～12年不等，但用于投资回收期较长的项目，贷款期限可长达20年以上。

（4）利率。贷款银行获得这些信贷资金首先是从银行间市场短期拆借得来，通过偿还期的转换，形成以新代旧的展期信用。所以，国际银团贷款大多按浮动利率定价，利率在展期基础上定期调整（如每三个月或六个月随LIBOR的变动而调整一次），贷款期限较短的采用固定利率。

浮动利率的基准利率通常都采用银行同业拆放利率，视贷款地点不同，可以采用有关市场的同业拆放利率，常用的有伦敦银行同业拆放利率（LIBOR）、新加坡银行同业拆放利率（SIBOR）、香港银行同业拆放利率（HIBOR）。有的贷款协议的基准利率采用贷款货币本国的优惠利率（Prime Rate）。浮动利率的计息方式，一般在上述基准利率的基础上，加0.5%至3%的利差不等，加息率取决于借款人的信誉。

（5）各项费用。借款费用具体包括：①管理费，即借款人付给牵头银行作为其组织和安排贷款的酬金，一般为贷款总额的0.5%～2.5%；②代理费，是借款人付给代理行，作为其提供服务的酬金，费用标准视贷款金额大小、事务繁简而定，一般均按商定的固定金额，每年支付一次，直至贷款全部偿还为止；③杂费，即借贷过程中所发生的车马费、聘请律师费、宴请费、通信费等，这些费用也由借款人承担；④承担费，即借款人未按期使用贷款，使贷款银行资金闲置，而向贷款行支付的赔偿费，费率一般在0.25%～0.75%，对每期未提用的金额收取。

（6）担保。如果借款人的资信与借款的金额不相称，往往需要政府、中央银行、大商业银行等提供担保。如到期时借款人无力偿还本息，担保人需无条件代为清偿。工程项目的贷款，则可用该项目的财产和收入作为抵押，以提供担保。

（7）偿还方式。还本付息方式主要有两种：①分散付息，最后一次还本。该方式适用于金额不大、期限较短的贷款。②本息分期摊还。该方式适用于金额较大，期限较长的贷款。

（8）文件。银团贷款的文件应包括：①政府批准文件；②借款人有权借款的证明书，包括政府批准书、董事会决议等；③律师意见书，以说明借款举债的合法性；④借款人有关提款的事前通知等。

4. 国际银团贷款协议的其他重要内容。国际银团贷款协议内容除上述贷款的基本条件外，还应至少包括以下内容：

（1）借款人身份的确定。借款人应提供如下证明：是否为独立的法人，能否承担全部债务责任；偿还能力和支付保证；是否受某些特定法律的制约，在国内外有否起诉和应诉能力。

（2）贷款人的义务。由于参与银行往往来自许多不同的国家，相互之间不甚了解，因此，每个参与银行只对他们同意提供的那一部分贷款承担责任，保证按协议准确无误地提供资金。如果其他银行违约，不承担任何连带责任。

（3）货币选择权条款。这是指借款人根据工程进度、进口来源等实际情况，在确定借款额度的同时，还要提出用款计划，选择一次提款或分期提款、一种境外货币或多种境外货币，确定每次提款的时间、地点、是否增加替代货币条款，等等。

（4）支付税款责任。银团贷款协议中，对税收条款要写清楚。目前对利息预扣税的处理有两种方式：①在贷款协议中规定贷款人收取全部利息，由借款人缴纳预扣税，但贷款人保证将所获得的税收减免退给借款人；②在两国之间订有避免双重课税条约的情况下，贷款国的税务当局对预扣税的支付，视做贷款人对所得税的预付。借款人缴纳预扣税，并在将扣税后的利息净额汇给贷款人的同时，附上"缴税证明"，使贷款人凭以向其国内税务局抵消其利息所得税。

（5）提前偿还权利的限制。提前偿还权利是指借款人不必等到贷款协议所规定的偿还期限届满，有偿还全部或部分贷款的权利。在国际银团贷款实践中，除非贷款协议中明确规定借款人有提前还款的权利，否则借款人无权提前偿还。因为借款人提前还款后，贷款人只能把提前还款额另行贷放，所以只有在借款人愿意承担贷款人因利率下降而遭受损失的前提下，才能允许提前还款。在银团贷款协议中加列的提前还本的加息条款，一般按原利率另加 0.5%。

（6）适用法律条款。借款人一般不能选用本国法律作为诉讼依据，按国际司法原则，可采用贷款国法律或第三国法律。但究竟选用何国法律作为发生纠纷判决的依据，最终由借贷双方协商确定。贷款协议中程序法的选择，是发生纠纷时裁判法院的选择。在贷款协议中，一般是在非排他性的基础上，罗列多个法院作为裁判法院，包括贷款人所在国的法院、借款人所在国或第三国的法院。由于银团贷款的借款人可能是政府、政府机构或国有企业，根据国际法原则，它们享有司法豁免权，在这种情况下，贷款人往往要求在协议上加列豁免权放弃条款，使自己的权利得到充分保证。

（7）成本增加条款。这是指贷款在筹资过程中筹资成本增加，其增加部分应由借款人负担的条款。筹资成本增加通常是因税收规定的变化或有关中央银行对存款准备金要求的变更而造成的。这类条款往往借款人不能接受，因而成为借贷双方争论的焦点。

（8）违约及交替违约条款。银团贷款中，借款人如发生违约行为，贷款银行有权停止继续提供贷款或提前收回贷款。违约行为主要包括：不能按期偿还本息，有证据表明借款人在协议中的陈述和担保是虚假的，借款人破产或濒临破产。与此同时，如果贷款人不能按协议规定，如期或如数向借款人提供贷款，也属违约，借款人有权要求贷款人赔偿因此发生的损失。所谓交替违约条款，是指协议中订明，在贷款期限内借款人在其他债权协议中的违约视同本贷款协议项下的违约，从而贷款人可要求借款人提前还款，以便取得和其他债权人同样的还款优先权。这一条款往往是贷款人强加于借款人的不公正条款，具有株连性质，借款人应力争不予列入，或限定其适用范围。

六、欧洲货币市场的经济影响

欧洲货币市场的运行，对国际经济和国际金融产生了极为重要的影响。

（一）积极影响

欧洲货币市场通过其众多离岸金融中心 24 小时不间断的业务活动，具体实现了国际金融市场的全球化。随着生产国际化的发展，国际间的经济联系不断扩展和深化，客观上就要求各国之间在货币金融方面加强联系。传统上的国际金融市场实际上是相互独立的，不能适应生产和资本流动国际化的要求。欧洲货币市场的产生与发展，打破了各国际金融中心之间相互独立的状态，并且使其间的联系不断加强。国际金融市场的全球化有利于进一步降低国际间资金流动的成本，有利于国际贸易的发展，还有利于在国际间协调资金的供给与需求，缓解各国之间国际收支的失衡。总而言之，欧洲货币市场的积极作用在于通过实现国际金融市场的全球化，而使国际金融市场的各方面有利因素得到最大限度的发挥。

（二）消极影响

欧洲货币市场在发挥积极作用的同时，对国际金融形势的许多方面也形成了消极影响。

1. 加剧了主要储备货币之间的汇率波动幅度。欧洲货币市场的大部分短期资金几乎都用于外汇交易，套汇与套利活动相结合，使大规模的资金在不同金融中心之间，以及在不同储备货币之间频繁移动，导致汇率的剧烈波动，从而进一步助长外汇市场上的投机交易，引起国际金融市场的动荡。

2. 增大了国际贷款的风险。欧洲货币存款绝大部分是一年以下的短期资本，而欧洲货币放款多半是中长期的，这种存短放长的信贷结构增加了金融市场的脆弱性，一旦有风吹草动，便会导致资金周转不灵。而且，欧洲货币市场的资金通过银行之间的多次转存转贷，形成锁链式的借贷关系，一旦个别银行资金出现问题，其影响和波及面必然极其广泛深远。例如 20 世纪 80 年代初，拉丁美洲几个国家宣布无力偿还到期债务，立刻在全世界范围形成深刻的国际债务危机。

3. 使各国的货币政策更加难以顺利贯彻执行。由于欧洲货币市场的存在，各主要西方国家的跨国银行、跨国公司和其他机构都可以在世界范围取得贷款资金和选择投放场所，这就增加了贯彻货币政策的难度。例如，西方国家为了反通货膨胀而收紧银根，实行紧缩政策，而国内银行和工商企业却可以方便地从利率低的欧洲货币市场借入资金，使紧缩政策不能达到预期效果。又如，当一些国家为刺激经济而放松银根时，大量资金为追求高利率而流向欧洲货币市场，结果是，各国货币当局将不得不提高国内利率以防止资金外流，这样，使放松的货币政策也难以奏效。

4. 加速了世界性通货膨胀。由于欧洲货币市场的借贷活动使一国的闲散资金变成了另一国的货币供应量，使市场的信用基础扩大。另外，在欧洲货币市场上，大量游资冲击金价、汇率和商品市场，也不可避免地影响到各国的物价水平，导致输入性通货膨胀。因此，有人认为，欧洲货币市场对 20 世纪 60 年代后期和 70 年代初期世界性通货膨胀起到了推波助澜的作用。

第五节　亚洲货币市场

一、亚洲货币市场的形成与发展

亚洲货币市场是指亚太地区的银行用境外美元和其他境外货币进行借贷交易所形成的市场。由于最初从事的交易中，约90%以上是美元的存款和贷款，因此又称亚洲美元市场。当今，亚洲货币市场主要在新加坡、香港、东京和马尼拉。

1968年10月1日，美国银行新加坡分行获准在银行内部设立一个亚洲货币单位（Asian Currency Unit），它受新加坡金融当局监督并遵守新加坡的《银行法》，但不受《银行法》中某些条款的约束，如最低现金余额和法定清偿能力的规定。亚洲货币单位的主要业务是吸收非居民的外币存款，为非居民进行外汇交易，从事资金借贷以及开立信用证、经营票据贴现等各种离岸金融业务。为防止离岸金融业务冲击国内金融体系，新加坡当局规定亚洲货币单位必须另立单独的账户，不能参与新加坡国内金融业务。1970年，新加坡政府又批准花旗、麦加利、华侨、汇丰等16家外国银行从事境外业务，它们当年吸收了3.9亿美元的外币存款，形成了初具规模的亚洲货币市场。此后，新加坡作为亚洲货币市场的交易和结算中心，其交易额迅猛增长。

香港金融市场也是亚洲货币市场的重要组成部分，香港市场经营的国际银团贷款在亚太地区占有非常重要的地位。自20世纪70年代末以来，香港金融中心一直与新加坡金融中心激烈地争夺亚洲美元资金。1978年香港放松了外国银行进入香港的限制，使商业银行从过去的74家增加到1985年8月的142家、分行1 500多家。1982年2月，香港取消对外币存款利息收入征收的15%的预扣税，这对吸引国际游资非常有利。目前，香港金融中心的资金不仅来自亚洲地区的新加坡、日本、巴林等，还有来自伦敦、纽约这样的金融中心，使香港成为重要的亚洲离岸金融中心。

日本东京是亚洲地区境外货币的另一个重要交易场所。日本在20世纪80年代初期以前一直实行较为严格的外汇管制，限制日元的国际化，限制外国资金流入日本市场，所以东京的离岸金融业务发展较晚。随着日本经济实力的强大及日元的国际化发展，1986年12月1日东京境外货币市场正式开放。当时有181家银行获大藏省批准（其中69家是外资银行）开展离岸金融业务。被获准的银行必须把境内业务与境外业务分开，另设海外特别账户，可自由接受海外金融机构、企业及政府方面的主要货币存放款及从事货币兑换交易。对海外金融机构的存放款实行自由利率，免征存款利息所得税，但仍需征印花税、地方税，不允许内外资金转换，不得从事远期和期货交易，对证券交易予以严格限制。东京离岸金融市场的业务活动与纽约的国际银行业务设施类似，它的建立有力地推进了日元国际化的进程，也使东京迅速成为继伦敦、纽约之后的最重要国际金融中心。

马尼拉于1977年7月7日正式开放离岸金融业务。菲律宾政府放宽了外汇管制，对外币存款免征所得税，只对离岸金融业务征收15%的所得税，1981年4月又降为5%，比新加坡还低5个百分点。

以新加坡为中心的亚洲货币市场之所以发展起来，主要是由于以下几个方面的原因。

1. 新加坡是生产和资本国际化进一步发展的结果。20 世纪 60 年代中期以后，西方跨国公司的战略重点转移，加强了在东南亚地区的投资活动，使这一地区的经济迅速发展，并出现了如新加坡、韩国、香港和台湾等新兴工业化国家和地区。这些国家和地区的政府、跨国公司和一些私人手中积聚了大量的美元及其他外汇储备资金；同时，本地区经济的高速增长，也形成了对资金需求的不断增长。但是在本地区金融市场不发达的条件下，盈余资金只能投向遥远的欧洲货币市场生息，而不能流向亚太地区资金匮乏的产业。在这种背景下，亚洲货币市场应运而生，外国银行不仅把本地区的资金聚集起来，而且还从欧洲货币市场上吸收资金以满足亚太地区的需求。因此可以说，亚洲货币市场是欧洲货币市场的延伸和扩展，是西方金融资本向全世界扩张的产物。

2. 亚洲金融市场具有良好的客观条件。该地区经济增长速度较快，汇率和物价稳定，交通通信设施完备，在地理位置上正处于美国西海岸与欧洲的中间，它的时差正好联系美洲各金融中心与欧洲各金融中心的交易，从而使欧洲货币在全球范围内实现 24 小时不间断交易。

3. 有关政府当局的政策鼓励和积极措施，对亚洲货币市场的形成与发展起到了关键作用。在这方面，新加坡的例子最为典型。新加坡的发展不同于伦敦、纽约等传统的国际金融中心，它既没有强大的经济背景作为依托，也没有完善的金融服务行业的支持。但新加坡政府选择了建立国际金融中心、发展国际金融业务，带动经济贸易发展的战略，并且为此采取了一系列相应的措施，主要包括：1969 年取消对非居民外币存款征收利息税；1973 年允许新加坡居民投资亚洲美元市场；1977 年将亚洲货币单位的利得税从 40% 降为 10%；1978 年取消外汇管制；1984 年建立金融期货市场等等。这一系列鼓励性的措施不仅吸引了大量的国际资本，而且也吸引了大量的跨国银行的涌入，从而推动了亚洲货币市场的发展。香港、东京、马尼拉等其他亚洲国际金融中心的发展也都与政府政策的积极诱导分不开。

二、亚洲货币市场的资金来源与运用

亚洲货币市场的资金来源主要有：（1）欧洲货币市场跨国银行同业存款；（2）中央银行的外汇储备和政府机构的财政盈余；（3）跨国公司的暂时闲置资金；（4）外国侨民、进出口商等非银行客户的外币存款。其中，欧洲货币市场是亚洲美元资金的重要来源。

资金运用方面，亚洲货币市场主要是银行同业市场，自 1975 年以后，贷给银行同业的款项一直占贷款总额的 70% 以上。对非银行客户主要是贷给亚洲国家的政府、企业和各类非银行金融机构。许多亚洲国家政府为了发展经济或弥补国际收支逆差，经常从亚洲货币市场借款，在本地区投资的跨国公司也从这里获得融资，一些非银行金融机构则利用这个市场应付国内外货币的大量需求。从地区分布上看，亚洲货币资金贷款大部分流向亚洲地区新兴工业化国家和地区以及东盟国家，流向欧洲货币市场的贷款约占 20% 左右。

三、亚洲货币市场的业务活动

亚洲货币市场交易额的 90% 以上是美元，是一个以短期借贷为主的市场，短期资产和负债均占很大比例。在这个市场上，利率随海外市场利率变动而变化，一般以纽约、伦敦离岸中心的利率为基础。亚洲货币市场资金交易形式包括：①短期资金交易，即 1 年或 1 年以下的境外货币借贷，其中银行同业信贷占主导地位。在这个市场上，贷款中的 70% 以上属于银行同业信贷，75% 的存款是银行同业存款。②中期资金交易，期限在 1 ~ 5 年。以美元可转让存单为主，具有期限长、面额大和自由转让等特点。③长期资金交易，指 5 年以上期限的离岸资金借贷，主要采取银团贷款和亚洲美元债券形式。1983 年后，债券已经取代银团贷款成为亚洲货币市场长期资金交易的主要形式。

四、亚洲货币市场的作用

亚洲货币市场已发展成为欧洲货币市场在亚太地区的一个重要延伸部分，这个市场的存在和发展对国际经济特别是亚太地区的经济与国际金融有着非常重要的影响。

1. 亚洲货币市场促进了亚太地区经济的发展。大量外资通过这个市场流入亚太地区，帮助一些国家尤其是发展中国家改善国际收支状况，而且也使这些国家扩大了投资能力，及时更新设备，改进生产技术，从而加快工业化进程，增强对外贸易。

2. 这个市场改变了国际金融的格局，即在某种程度上改变了国际金融以"伦敦—纽约"为轴心的格局。这种地区分布的变化，有利于国际经济的均衡发展。同时，在现代化通信联系下，亚洲的时区与北美及欧洲的时区相衔接，构成全球性 24 小时不间断的金融服务网，大大提高了金融服务的效率和能力。

3. 亚洲货币市场缓和了国际游资的冲击。这个市场资金一半以上来自亚洲以外地区，在吸收和分散国际游资方面起了重要的作用。

4. 亚洲货币市场在回流石油美元方面也起到了重要作用。资金雄厚的阿拉伯银行相继进入这一市场，使其更具国际性，使亚洲货币市场对国际资金流动的影响扩大。

亚洲货币市场在产生积极影响的同时，也对亚太地区的经济和金融带来一定的消极影响。比如，亚洲货币市场在某种程度上为国际资金的投机性流动提供了便利，不利于国际金融的稳定；这种资金流动冲击也增大了市场所在国金融政策调控的难度；同时也使亚太地区的发展中国家对世界市场特别是对西方国家市场的依赖日益增加，它们的经济发展受国际经济的影响加深了。

第六节　国际债券市场

一、国际债券市场的含义

（一）国际债券

国际债券是指国际金融机构以及一国的政府、金融机构或企业，在国际市场上以外国货币为面值发行的债券。发行国际债券对借款者有许多好处，如可筹集到期限较长的资金，使资金来源多样化，提高自己的声誉及扩大影响等。对投资者来说，投资于国际债券可获得资金收益，也可在市场上随时将债券出售变现。由于国际债券对投资者和借款者都有利，所以 20 世纪 80 年代以来，国际债券业务发展迅速，促使国际金融市场证券化。

（二）国际债券市场

国际债券市场由国际债券的发行者和投资者组成。这个市场具体地可分为发行市场和流通市场。发行市场从事国际债券的发行和认购；流通市场安排国际债券的上市和交易，两者相互联系、相辅相成。目前，世界上主要的国际债券市场是伦敦市场、纽约市场、东京市场、法兰克福市场、苏黎世市场、卢森堡市场、新加坡市场等。

二、国际债券的类型

国际债券的类型由于划分方法的不同而不同，其主要类型有以下几种：

（一）按照发行方式划分

1. 公募债券（Public Offering Bond）。它是指债券在证券市场上公开销售，购买者为社会的各个阶层。公募债券的发行必须经过国际上认可的债券信用评定机构的评级，借款人需将自己的各项情况公之于众。

2. 私募债券（Private Placement Bond）。它是指私下向限定数量的投资者发行的债券。这种债券不能上市交易转让，所以其债券利率高于公募债券利率，并且发行价格偏低，以保障投资者的利益。此外，这种债券发行金额较小，期限较短。发行私募债券手续简便，一般无需债券信用评定机构评级，也不要求发行者将自己的情况公之于众。

（二）按照是否以发行地所在国货币为面值划分

1. 外国债券（Foreign Bond）。它是指外国借款人在一国国内资本市场发行的，以一国国内货币标价的债券。如日本人在美国发行的美元债券，我国筹资者在日本发行的日元债券等，就属于外国债券。外国债券是传统的国际金融市场业务，其发行必须经发行市场所在国政府的批准，并受该国证券法规的制约。外国债券与一般国内债券的区别来自于国家对本国居民发行的债券与对外国人发行的债券所制定的法律上的区别，这些区别可以包括不同的税法、对可能发行的债券发行时间与数量的不同规定、对在发行前借款人要透露的信息类型与信息量的不同要求、不同的注册要求，以及对购买债券的人不同的限制。一些外国债券市场因其市场规模大、筹资者众多，而具有国际金融中广泛使用的共同名称。如在美国发行的外国债券称为扬基债券（Yankee Bond），相应的市场称为扬基债券市场。在日本发行的外国债券称为武士债券（Samurai Bond），在英国发行的外国债券称为猛犬债券（Bulldog Bond），在荷兰发行的外国债券称为伦勃兰特债券（Rembrandt Bond）。

2. 欧洲债券（Euro - bond）。它是指借款者在债券票面货币发行国以外或在该国的离岸金融市场发行的债券，例如，我国在日本发行的美元债券就属欧洲美元债券。欧洲债券不受任何国家金融法规的限制，免扣缴税，是跨国公司和许多发展中国家政府筹措资金的重要渠道。

（三）按照利率确定方式划分

1. 固定利率债券。它是指在发行债券时就将债券的息票率固定下来的债券。

2. 浮动利率债券。它是指债券息票率根据国际市场利率变化而变动的债券。这种债券的利率基准和浮动期限一般也参照伦敦银行间同业拆放利率。浮动利率债券是20世纪80年代以来国际债券市场上发展起来的一个新的金融工具，发行这种债券有一定的利率风险，但如果国际利率走势明显低浮，利率风险则可抵免。

3. 无息票债券。它是指没有息票的债券，其发行价格低于票面额，到期时按票面额收回，发行价格与票面额的差价，就是投资者的投资收益。借款者发行无息票债券，可以节省息票印刷费，从而降低等资成本，而投资者则可以获得比有息票债券更多的收益。

（四）按照可转换性划分

1. 直接债券（Straight Bond）。它是指按债券的一般还本付息方式所发行的债券，包括通常所指的政府债券、企业债券等。它是相对于可兑股债券和附认股权债券等债券新品种而言的。

2. 可兑股债券（Convertible Bond），又称可转换债券。它是指可以转换为企业股票的债券。它在发行时，就给投资者一种权利，即经过一定时期后，投资者有权按债券票面额将企业债券转换该企业的股票，成为企业股东，享有股票分红待遇。发行这种债券大多是一些大企业。20世纪80年代以来在国际债券市场上，这种债券发展迅速。

3. 附认股权债券（Bonds with Equity Warrants）。它是指能获得购买借款企业股票权利的企业债券。投资人一旦购买了这种债券，在该企业增资时，便有购买其股权的优先权，还可获得按股票最初发行价格购买的优惠。发行这种债券的大多是大企业。

4. 可转让贷款证券。当某银行需要借款时，可将所需借的款项、条件等记载入一张或几张证券（可转让贷款证券），然后将该证券售与贷款银行即可获得所需款项。当一家银行承担了这项贷款，它可将转让贷款证券出售给另外的银行或金融机构；而后者又可继续将该证券转让；依此类推。借款人不论该证券转至谁手，都需尽还款义务。这种证券使持有者有权得到原来贷款协议中规定的利息和其他好处，并随时可出让债权，具有很大的灵活性和方便性。可转让贷款证券能以不同的到期时间和不同的票面额大宗出售，是债券融资与银行信贷相结合的一种创新融资工具。

（五）按照短期票据种类划分

欧洲票据（Euronotes）信贷是由借款者发行的一系列短期票据，以便筹集到中期资金。它是于1984年底出现的创新金融工具。欧洲票据主要有三种形式：非承销欧洲商业票据（Non – underwritten Euro – commercial Paper）；多成分票据便利（Multiple – component Facilities）；承销欧洲票据便利（NIF 和 RUF）。

1. 非承销欧洲商业票据不是由银行承诺所支持，有更灵活的到期日。从7天到365天，通过自营商（Dealer）分销，它不与特定的信用额度相联系。由于没有银行的承诺所支持，不会产生银行的临时风险，借款人不必支付任何承销费。

2. 多成分票据便利，由银行承销，借款者能够进入不同市场，在不同市场转换，获得最便宜的资金来源，但要支付前端管理费和承担费。多种成分短期票据一般有3～6个月的固定到期日，由投标小组或单一推销机构分销。

3. 票据发行便利（Note Issues Facility，NIF）。它是一种承销性的欧洲票据，是银行等金融机构对客户发行短期票据所提供的融资额度。融资方式为银行对客户承诺约定一个信用额度，在此额度内帮助客一户发行短期票据取得资金；若有未能销售的部分，则统由该银行承购或给予贷款以弥补其不足额，使客户顺利取得必要的资金。一般来说，承销银行只为信誉好的借款者发行此类票据。

4. 展期承销票据便利（Revolving Underwriting Facilities，RUF）。它是上述票据发行便利允许贷款额度在约定的时期内可以展期使用的更为灵活的一种融资工具，以短接长，使短期资金延期为中期资金。

三、发行国际债券的资格审查

国际债券市场有严格的管理制度和共同遵守的活动规则，不是任何人都可随意进入市场发行债券。借款者在进入国际债券市场时，首先要到资本市场管理委员会或证券交易委员会等机构注册登记，提供各种证明文件，经审查批准确认后才取得债券发行资格。债券发行管理机关对借款者的资格审查主要有以下几个方面：

1. 担保证书。发行国际债券一般不需要提供抵押品，但要有政府、大企业或大银行出具保证书。

2. 债信审查。主要调查发行人在历史上有无拖欠的未清偿债务或债券诉讼纠纷等。

3. 发行经验。国际债券市场一般规定，借款者必须有一定的发行经验和技术。发行者必须熟悉国际金融基本知识和国际金融市场的发展情况，了解国际债券市场的各项规则和发行程序，发行者要具备较高的业务素质，才有资格进入国际债券市场。

4. 前后两次债券发行间隔的时间不能太短。通常规定同一个发行者在1年中不得发行两到三次，以避免到期日过于集中而出现偿付困难。

5. 评定信用等级。在国际债券市场上发行公开的债券，常通过专门的评级机构对发行者的偿还能力作出估价，对债券进行信誉评级，作为投资者购买债券的参考。评级机构对投资者有道义上的义务，无法律上的责任。债券的等级对债券发行人十分重要，它直接影响筹资成本，因此较低等级债券的发行人通常选择不将结果公之于众。很多国家都设有对债券的评级机构，较为权威的国际评级机构有美国的标准普尔公司（Standard & Poor's Corp）、穆迪投资服务公司（Moody's Investment Service Company）、加拿大债券级别服务公司、英国艾克斯特尔统计服务公司、日本的社债研究所。各家评估公司对债券评级分类方法不尽相同，但分级的原则基本上是按公司对其发行的债券的本金和利息支付能力以及风险程度来划分档次。如标准普尔公司对发行者的信誉评级有9等：AAA（最高信用、最低风险级）、AA（高信用级）、A（中高信用级）、BBB（中级）、BB（中低信用级）、B（低信用高风险级）、CCC（可能出现违约拖欠）、CC（违约可能性很大）、C（没有偿还能力）。

四、国际债券发行前的准备

借款者在进入国际债券市场之前，除了取得发行资格外，还要确定发行目标，作为与承销商谈判的基础，争取最有利的发行条件。这些准备包括以下几个方面：

1. 发行金额。应根据企业或项目扩展的需要和市场销售的可能性确定。初次发行金额不要太大。考虑到发行成本，发行金额也不要太小。每笔2 000万美元以下的发行成本太高。每笔5 000万至1亿美元以上的发行比较合算，但要考虑销路。

2. 货币种类。各种可兑换货币均可，但要结合项目的需要，并且综合考虑货币汇率与债券的利率对借款者的影响。

3. 债券利率。债券利率是决定筹资成本高低的主要因素。发行者首先要获得一个较高的信用等级，以便制定较低的利率水平。其次，发行者应在国际利率水平较低的情况下进入市场，选择一个较为有利的发行时机。债券的利率分为表面利率和实际收益率（Yield Rate）。表面利率就是息票利率；收益率是投资者实际的得益率。由于债券可以

低价或溢价发行，就会使投资人的实际得益增加或减少，从而产生了收益率。收益率的计算公式是

$$收益率 = \frac{债券票面额 \times 息票利率 + （票面额 - 发行价格）\div 期限}{债券发行价格}$$

4. 债券期限。国家机构在筹资时通常发行 10 年以上的债券。但近些年来世界经济的各种不稳定因素使得主要国际债券市场发行债券的期限有缩短的趋势，有的公司发行 5 ~7 年的债券，到期再发行，借新债还旧债。

5. 发行价格。这是债券发行时的实际售价，用对债券票面金额的百分比表示。如按票面额 100% 的价格发行，称为等价发行（at Par）；如按低于票面额的价格发行，则称低价发行（under Par）；如果按超过票面额的价格发行，则称为溢价发行（over Par）。一般情况下，固定利率的债券通常以不同于票面金额的价格发行，因为利率固定后，在债券发行时，如果市场利率高于息票率，则有可能低价发行；反之，如果市场利率低于息票率，则有可能溢价发行。而浮动利率的债券则通常以 100% 票面金额发行。

6. 发行费用。国际债券筹资者除定期向债券持有人支付利息外，尚需负担一定的发行费用。发行费用一般包括最初费用和期中费用两种。最初费用主要包括：承购手续费，约占债券发行额的 2% ~2.5%；偿还承购债券的银行所支付的实际费用；债券印刷费；律师费；上市费。期中费用包括的：债券管理费；付息手续费，一般为所付利息的 0.25%；还本手续费，一般为偿还金额的 0.125%；此外，还有注销债券和息票的手续费、财务代理人的杂费以及计划外提供服务所花去的费用等。

因此，发行者最终发行成本计算公式是

$$成本率 = 收益率 + \frac{（发行额 - 按发行价格收入资金额 + 费用）\div 期限}{按发行价格收入资金额}$$

五、发行国际债券的主要文件

发行国际债券所需的文件主要包括以下几个方面：

1. 有价证券申报书。它是发行者向发行地政府递交的发行债券申请书，主要包括：发行者所属国的政治、经济、地理等情况，发行者自身地位、业务概况和财务状况，发行本宗债券的基本事项，发行债券筹资的目的与资金用途等。

2. 债券募资说明书。它是发行人将自己的真实情况公布于众的书面材料，主要内容与有价证券申报书类似。

3. 债券承销协议。它是由债券发行者与承销团订立的协议，包括以下主要内容：债券发行的基本条件；债券发行的主要条款（与银团贷款的主要条款基本一样，这里不再重复）；债券的发行方式；发行者的保证和允诺，发行者对承销团支付的费用；承销商的保证和允诺等。

4. 债券受托协议。它是由债券发行者和受托机构订立的协议，主要内容除受托机构的职能和义务外，基本与承销协议一样。

5. 债券登记代理协议。它是由债券发行者与登记代理机构订立的协议，主要内容除登记代理机构的义务外，与承销协议基本一样。

6. 债券支付代理协议。它是由债券发行者与支付代理机构订立的协议，主要内容

除债券还本付息地点、债券的挂失登记和注销外，与承销协议基本一样。

7. 律师意见书。它是债券发行者与承销团各自的律师就与发行债券有关的法律问题表达意见的一种书面材料。

六、国际债券的发行程序

借款者在获得发行资格和做好发行准备后，就开始进入发行市场，主要经历以下步骤：

1. 发行者确定主承销商和承销商集团。

2. 发行者通过主承销商向发行地国家政府表示发行债券的意向，征得该国的政府许可。

3. 在主承销商的帮助下，发行者申请信用评级。

4. 发行者通过主承销商，组织承销集团，设立受托机构，登记代理机构和支付代理机构。

5. 发行者与主承销商及辅承销商商讨债券发行的基本条件及主要条款。

6. 发行者按一定格式向发行地国家政府正式递交有价证券申报书。

7. 发行者分别与承销团代表、受托机构代表、登记代理机构代表和支付代理机构代表签订各种协议。

8. 发行者通过承销团，向广大投资者提交"债券募资说明书"，介绍和宣传债券。

9. 主承销商组织承销团承销债券，各承销商将承销款项付给主承销商。

10. 主承销商将筹集的款项交受托机构代表换取债券，随后将债券交给各承销商。

11. 各承销商将债券出售给广大投资者。

12. 登记代理机构受理广大投资者的债券登记。

13. 受托机构代表将债券款项拨入发行者账户。

上述是公募债券的发行程序，如果发行私募债券则程序要简单得多。

七、国际债券的交易方式

（一）在证券交易所挂牌上市

公募债券发行后，发行者一般应在主承销商的协助下尽快使债券上市。债券上市的手续是发行者必须向债券上市地的证券管理部门提出申请，提供所需要的文件，以便他们审核。债券上市后，只要债券未全部清偿，发行者就要始终对债券进行管理，包括参与交易，以维持债券在市场上的信誉。

（二）场外交易

场外交易即在证券交易所以外的地方进行的证券交易。通常是在证券公司或银行的柜台，以电话、电报或电传方式成交。场外交易的债券无需登记入市。

八、国际债券的偿还方式

（一）债券期满时一次偿还

（二）债券在期中开始偿还

期中偿还有三种方法：（1）定期偿还，即每半年或 1 年偿还一定的金额，期满时还清余额；（2）任意偿还，即由发行者任意偿还债券的一部分或全部，但这种方法，必须在票面额上加一定的升水，以补偿投资人的损失；（3）购回注销，即由发行人在规定期限内从市场上购回债券予以注销。采取期中偿还的方式，计算债券的实际期限的一个公式是

$$实际期限 = \frac{\sum 每年偿还本金额 \times 使用年限}{债券发行额}$$

本 章 小 结

1. 国际金融市场，是指资金在国际间进行流动或金融产品在国际间进行买卖和交换的场所。我们可以从不同的角度将它分为几个子市场。按照资金融通的期限划分，可分为国际货币市场和国际资本市场；按照市场交易对象划分，可分为国际资金借贷市场、国际证券市场、外汇市场及国际黄金市场；按照融资活动是否受所在国金融当局管制划分，可分为传统国际金融市场和离岸金融市场。

2. 国际货币市场的业务主要包括银行短期信贷、短期证券买卖和票据贴现。国际资本市场的业务主要有两大类：银行中长期贷款和证券交易。

3. 黄金市场可分为实物黄金市场和期货期权市场两部分，两者通过套利活动紧密联系在一起。国际主要黄金市场有伦敦黄金市场、苏黎世黄金市场、美国黄金市场和香港黄金市场。

4. 欧洲货币市场是指非居民在货币发行国境外进行该国货币存储与贷放的市场，又可称为离岸或境外金融市场，是国际金融市场的核心部分。欧洲货币市场经营自由，以银行间交易为主，具有独特的利率体系，市场范围遍布世界各地。欧洲货币市场的主要业务是欧洲短期借贷、欧洲中长期借贷（即银团贷款）和发行欧洲债券。它对世界经济和国际金融产生积极和消极两方面的影响。亚洲货币市场是欧洲货币市场在亚太地区的延伸。

5. 国际债券的类型很多，有公募债券和私募债券，外国债券和欧洲债券，固定利率债券、浮动利率债券和无息票债券，直接债券、可转换债券、附认股权债券和可转让贷款证券，非承销欧洲商业票据、多成分票据便利和承销欧洲票据便利。

复习思考题

1. 什么是国际金融市场？它是怎样分类的？
2. 近年来国际金融市场发展出现了哪些新趋势？
3. 简述国际金融市场的作用。
4. 简述欧洲货币市场的发展及其特点。
5. 简述亚洲货币市场的作用。
6. 外国债券与欧洲债券的区别是什么？

第七章　国际资本流动

国际资本流动（International Capital Flow），是指资本从一个国家（或地区）向其他国家（或地区）的流动或转移。从一国的角度来看，资本从国外流入到国内就称为资本流入（Capital Inflow），资本从国内流向国外则称为资本流出（Capital Outflow）。国际资本流动是推动世界经济增长，促进国际贸易、技术转移及国际分工，加速世界经济全球化的重要力量。但是，资本的过量、不合理流动，也是导致债务危机乃至金融危机的根本原因。当今世界，国际资本的流动已引起越来越多国家的高度关注。

第一节　国际资本流动的原因和影响

一、国际资本流动的原因

引起国际资本流动的原因很多，有根本性的、一般性的、政治的、经济的等。但从总体来看，由于资本的本性是追逐利润，所以国际资本流动的根本原因不外乎以下两个：一是追逐利润，二是规避风险，任何国际资本的流出或流入，都是这两者权衡的结果。具体分析主要有以下几个方面。

（一）过剩资本的形成

过剩资本是指相对的过剩资本，是相对于在国内寻找不到获利较高的投资场所而言的过剩。随着资本主义生产方式的建立，资本主义劳动生产率和资本积累率的提高，资本积累迅速增长。在没有资本管制的条件下，大量的过剩资本就被输往工资费用相对较低、原材料价格相对便宜、距离消费市场相对较近的国家或地区，追逐高额利润，早期的国际资本流动就由此而产生了。随着资本主义的发展，资本在国外获得的利润也大量增加，反过来又加速了资本积累，加剧了资本过剩，进而导致资本对外输出规模的扩大，加剧了国际资本流动。近20~30年来，国际经济关系发生了巨大变化，国际资本、金融、经济等一体化趋势有增无减，加之现代通信技术的发明与运用，资本流动方式的创新与多样化，使当今世界的国际资本流动频繁而快捷。总之，过剩资本的形成既是早期也是现代国际资本流动的一个重要原因。

（二）利用外资策略的实施

利用外资是以特定方式获得并运用国外资金发展国民经济的一种形式。无论是发达国家，还是发展中国家，都会不同程度地通过不同的政策和方式来吸引外资，以达到一定的经济目的。美国目前既是全球最发达的国家，又是全球最大的债务国。而大部分发展中国家，经济比较落后，迫切需要资金来加速本国经济的发展，因此，往往通过开放本国市场、提供优惠税收、改善投资环境等措施，吸引外资的进入，从而增加或扩大了对国际资本的需求，引起或加剧了国际资本流动。

（三）利润的驱动

增值是资本运动的内在动力，利润驱动是各种资本输出的共有动机。当投资者预期一国的资本收益率高于别国时，资本就会从别国流向这一国；反之资本会从这一国流向他国。此外，当投资者在一国所获得的实际利润高于本国或他国时，该投资者就会增加对这一国的投资，以获取更多的国际超额利润或国际垄断利润，这也会导致或加剧国际资本流动。在利润动机的驱动下，资本从利润较低的国家或地区流往利润率较高的国家或地区。

（四）汇率、利率的变化

汇率的变化会引起国际资本流动，尤其是 20 世纪 70 年代以来，随着浮动汇率制度的普遍建立，主要国家货币汇率经常波动，且幅度较大。如果一个国家货币汇率持续上升，则会产生兑换需求，从而导致国际资本流入；相反，如果一个国家货币汇率不稳定或下降，资本持有者可能预期到所持的资本实际价值将会降低，则会把手中的资本或货币资产转换成他国资产，从而导致资本向汇率稳定或升高的国家或地区流动。

在一般情况下，利率与汇率呈正相关关系。一国利率提高，其汇率也会上浮；反之，一国利率降低，其汇率则会下浮。例如，1994 年美元汇率下滑，为此美国连续进行了多次加息，以期稳定美元汇率。尽管加息能否完全见效，取决于各种因素，但加息确实已成为各国用来稳定汇率的一种常用方法。当然，利率、汇率的变化，伴随着的是短期国际资本（游资或热钱）的经常或大量的流动。

（五）政治、经济及战争风险的存在

政治、经济及战争风险的存在，也是影响国际资本流动的重要因素。政治风险是指由于国家执政当局变更及政策的改变、罢工、暴动等所引起的财产损失；经济风险是指由于国家经济形势恶化，国际收支巨额逆差、严重通货膨胀、货币汇率发生剧烈变动等原因造成的财产损失。战争风险是指可能爆发或已经爆发的战争对资本流动造成损失的可能。为了规避这些风险，资本往往会流向那些政治、经济局势都较稳定的国家或地区，以追求资本的安全。

（六）国际炒家的投机

所谓投机，是指投机者基于对市场走势的判断，以追逐利润为目的，刻意打压某种货币而抢购另一种货币的行为。这种行为的普遍发生，毫无疑问会导致有关国家货币汇率的大起大落，进而加剧投机，汇率进一步动荡，形成恶性循环，投机者则在"乱"中牟利。这种资本大规模的流动，会导致该国经济的衰退。如 1997 年 7 月爆发的东南亚货币危机。

此外，诸如新闻舆论、谣言、政府对市场的干预以及人们的心理预期等因素，都会对短期资本流动产生极大的影响。

二、国际资本流动的经济影响

国际资本流动的经济影响，既有促进世界经济发展的积极一面，也有造成混乱、危机的消极一面。

（一）国际资本流动的积极影响

1. 促进全球经济效益的提高。资本流动促进全球经济效益提高，主要是指长期资

本的流动。如前所述，资本的相对过剩，是资本输出的物质基础。资本从相对过剩的地方，流到相对短缺的地方，总是能够发挥其较大的效益。首先，资本的流动不仅能使资本输出国获得较高的利润，而且由于资本流动大多伴有生产要素的转移，从而有利于生产要素在全球范围内的合理配置，产生较高的经济效益。其次，伴随资本流动而发生的是先进技术与管理知识的扩散与传播，从而会促进全球经济效益的提高。最后，资本流动会带动资本输出国出口贸易与国民收入的增加，并推动着国际分工在世界范围内展开，这也有利于提高全球的经济效益。

2. 调节国际收支。资本流入意味着本国收入外汇，而资本流出则意味着本国支出外汇。因此，国际资本流动具有调节国际收支的作用。当然，短期资本流动的这一作用是短暂的，长期资本流动的这一作用是持久的。长期资本流入在增强流入国投资能力的同时扩大了生产，增加了出口，从而起到改善国际收支的作用。

3. 加速世界经济的国际化进程。生产国际化、市场国际化和资本国际化，是世界经济国际化的主要标志。这三者之间互相依存，互相促进，推动了整个经济的发展。第二次世界大战后，资本流动国际化已经形成了一个趋势，到 20 世纪 80 年代以来，更是有增无减。尤其是资本流动国际化的外部环境与内部条件不断充实，如全球金融市场的建立与完善、高科技的发明与运用、新金融主体的诞生与金融业务的创新，以及知识的累积、思维的变化等，这些都使得资本流动的规模大增、速度加快、影响更广，而其所创造的雄厚的物质基础，又反过来推动了生产国际化与市场国际化，使世界经济的国际化进程得以加快。

（二）国际资本流动的消极影响

1. 对世界经济的稳定发展产生影响。长期过度的资本输出、输入，会冲击世界经济的稳定。在货币总额一定的条件下，大量资本输出会使本国的投资下降，从而减少国内的就业机会，对本国经济发展形成压力。

若输入国缺少正确的政策、管理不善、使用不当，而长期过度的资本输入不仅会使本国资源遭到掠夺，无法建立自己的优势产业，而且还可能使本国的部分行业受到国外垄断资本的控制，影响到世界经济的稳定发展。

2. 易于造成货币金融混乱。短期资本流动在这方面的消极影响最为显著。各国由于国际收支和利率的差异，导致了投机性的短期资本流动频繁，投机者利用汇率、利率的变化，进行各种投机炒作，更加剧了各国国际收支的不平衡和汇率的不稳定，尤其是专业的投机资本（国际游资），国际市场上一有风吹草动，就会兴风作浪，大规模地从一些国家流进流出，严重干扰和影响了这些国家正常的经济、金融秩序，造成货币金融的混乱。1997 年爆发于泰国的金融危机就是一个例证。

3. 加重外债负担，甚至陷入债务危机。对于资本输入国来说，如果大量的资本流入是属于本国借入的外债，当超出了本国还本付息的承受能力时，将会陷入债务危机的困境之中。如 20 世纪 80 年代初期的墨西哥，2001 年底的阿根廷以及 2009 年年底始于希腊的欧洲债务危机等。

三、国际资本流动的一般模型

国际资本流动的一般模型，亦称麦克杜加尔（G. D. A. Macdougall）模型，或称完全竞争理论，是一种用于解释国际资本流动的动机及其效果的理论，它实际是一种古典经济学理论。

该理论认为国际资本流动的原因是各国利率和预期利润率存在差异，认为各国的产品和生产要素市场是一个完全竞争的市场，资本可以自由地从资本充裕国向资本稀缺国流动。例如，在 19 世纪，英国大量资本输出就是基于这两个原因。国际间的资本流动使各国的资本边际产出率趋于一致，从而提高世界的总产量和各国的福利。

该模型的假定条件是整个世界由两个国家组成，一个国家为 A，资本充裕，一个国家为 B，资本短缺（如图 7-1 所示）。

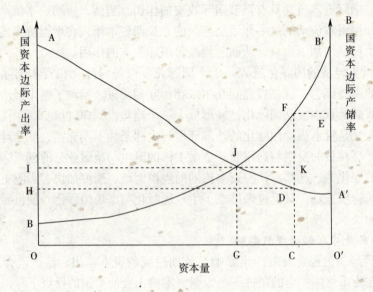

图 7-1　麦克杜加尔模型

世界资本总量为横轴 OO′，其中，资本充裕的 A 国资本量为 OC，资本短缺的 B 国资本量为 O′C。曲线 AA′和 BB′分别表示 A、B 两个国家在不同投资水平下的资本边际产出率，又称边际资本系数（Marginal Capital Coefficient），是指增加一单位的产量时，需要增加的资本量。它意味着：投资水平越高，每增加单位资本投入的产出就越低，亦即两国投资效益分别遵循边际收益递减规律。

封闭经济条件下，因为资本没有互为流动，所以无论是资本充裕的 A 国，还是资本短缺的 B 国，资本只能在国内使用。

如果资本充裕的 A 国把其全部资本 OC 都投入到国内生产，则资本的边际收益为 OH，总产出为曲边梯形 OADC 的面积。其中，资本使用者的收益是曲边三角形 HAD 的面积，资本所有者的收益是矩形 OHDC 的面积。

如果资本短缺的 B 国也将全部资本 O′C 都投入到国内生产，则其资本的边际收益率为 O′E，总产出为曲边梯形 O′B′FC 的面积。其中，资本使用者的收益是曲边三角形 EB′F 的面积，资本所有者的收益是矩形 O′EFC 的面积。

开放经济条件下，由于资本互为流动，这时，如果资本充裕的 A 国把总资本量中的 OG 部分投入本国，而将剩余部分 GC 投入资本短缺的 B 国，并假定后者接受这部分投资，则两国的效益都会增大，并且达到资本的最优配置。

就资本输出国（A 国）而言，输出资本后的国内资本边际收益率由 OH 升高为 OI，国内总产出变为曲边梯形 OAJG，其中，资本使用者的国内收益为曲边三角形 IAJ 的面积，资本所有者的国内收益是矩形 OIJG 的面积。

就资本输入国（B 国）而言，输入资本后的国内资本总额增为 O′G，总产出为曲边梯形 O′B′JG 的面积，其中，总产出增加量为曲边梯形 CFJG 的面积。这部分增加量，又被分为两部分，矩形 CKJG 是资本输出国所有的收益，曲边三角形 JFK 则是资本输入国的所得。

这样，由于资本的输出与输入，就使资本输出国增加了曲边三角形 JKD 面积的收益，而资本输入国也增加了曲边三角形 JFK 面积的收益。资本流动增加的总收益就为这两个分收益之和，即 $S_{\triangle JFK} + S_{\triangle JKD}$。

从上面的模型分析，可得出下面三个结论：

1. 在各国资本的边际生产率相同的条件下，开放经济系统里的资本利用效益远比封闭经济系统里的高，并且总资本能得到最佳的利用。

2. 在开放经济系统里，资本流动可为资本充裕国带来较高收益；同时，资本短缺国也因输入资本使总产出增加而获得新增收益。

3. 由于上述两个原因，最后也因为资本可自由流动，结果在世界范围内可重新进行资本资源配置，使世界总产值增加并达到最大化，促进了全球经济的发展。

第二节　国际资本流动的类型

国际资本流动的分类，若按照不同的分类标准，就有不同的类型。按资本流动方向划分：有资本流入和资本流出；按资本流动规模划分：有资本流动总额和资本流动净额；按资本流动的期限划分：有短期资本流动和长期资本流动；按资本流动与实际生产、交换有无直接联系划分：有产业性资本流动和金融性资本流动。这里先按照资本流动的期限为标准，介绍短期资本流动和长期资本流动，之后分析金融性资本流动。

一、短期资本流动

短期资本流动，是指期限在一年或一年以内的资本流动。按流动的动机不同，可以划分为以下四类。

（一）贸易资本流动

贸易资本流动，是指由国际贸易引起的货币资金在国际间的融通和结算，是最为传统的国际资本流动形式。国际贸易活动的进行必然伴随着国际结算，引起资本从一国或地区流向另一国或地区。各国出口贸易资金的结算，导致出口国或代收国的资本流入；各国进口贸易资金的结算，则导致进口国或代付国的资本流出。随着经济开放程度的提高和国际经济活动的多样化，贸易资本在国际流动资本中的比重已经大为降低。

（二）银行资本流动

银行资本流动，是指各国外汇专业银行之间由于调拨资金而引起的资本国际转移。各国外汇专业银行在经营外汇业务过程中，由于外汇业务或谋取利润的需要，经常进行套汇、套利、掉期、外汇头寸的抛补和调拨、短期外汇资金的拆进拆出、国际间银行同业往来的收付和结算等，都要产生频繁的国际短期资本流动。

（三）保值性资本流动

保值性资本流动，又称为"资本外逃"（Capital Flight），是指短期资本的持有者为了不遭受损失而在国与国之间调动资本所引起的资本国际转移。保值性资本流动产生的原因主要有国内政治动荡、经济状况恶化、加强外汇管制和颁布新的税法、国际收支发生持续性的逆差等，从而导致资本外逃到币值相对稳定的国家，以期保值，免遭损失。

（四）投机性资本流动

投机性资本流动，是指投机者利用国际金融市场上利率差别或汇率差别来谋取利润所引起的资本国际流动。具体形式主要有：对暂时性汇率变动的投机；对永久性汇率变动的投机；与贸易有关的投机性资本流动；对各国利率差别作出反应的资本流动。由于金融开放与金融创新，国际间投机资本的规模越来越庞大，投机活动也越来越盛行。

二、长期资本流动

长期资本流动是指期限在一年以上的资本流动。它主要包括三种类型：国际直接投资、国际证券投资和国际借贷。

（一）国际直接投资

国际直接投资（International Direct Investment），是指投资者以生产资本在国外投资创办企业或与当地资本联合经营而进行的一种对外投资。按照 IMF 的定义，通过国际直接投资而形成的直接投资企业是"直接投资者进行投资的公司型或非公司型企业，直接投资者是其他经济体的居民，拥有（公司型企业）10% 或 10% 以上的流通股或投票权，或拥有（非公司型企业）相应的股权或投票权"。直接投资往往和生产要素的跨国界流动联系在一起，这些生产要素包括生产设备、技术和专利、管理人员等。因而国际直接投资是改变资源分配的真实资本的流动。

1. 国际直接投资的分类。

（1）从投资者对外投资的参与方式的不同，可分为合资企业、合作企业、独资企业三种形式。合资企业属于股权式的合资，合资双方共同投资，共同经营，按各自的出资比例共担风险、共负盈亏；合作企业属于契约式，中外双方不以投资数额、股权等作为利润分配的依据，而是通过签订合同具体确定各方的权利和义务；独资企业是单独出资、控制和所有、单独承担经营风险和享有全部经营收益的企业。

（2）从投资者是否新投资创办企业的角度，可分为：创办新企业和控制外国企业股权两种形式。创办新企业又称绿地投资，是指跨国公司等投资主体在东道国境内依照东道国的法律设置的部分或全部资产所有权归外国投资者所有的企业。创办新企业会直接导致东道国生产能力、产出和就业的增长。控制外国企业股权，是指外国投资者通过一定程序、渠道，购买东道国企业的股票达到一定比例，从而达到一定控制的权利。

（3）从子公司与母公司的生产经营方向是否一致看，可分为横向、垂直和混合三种类型。横向型投资，是同样或相似的产品，一般运用于机械制造业、食品加工业；垂直型投资，可以是同一行业的不同程序的产品，多见汽车、电子行业，也可以是不同的行业有关联的产品，多见资源开采，加工行业；混合型投资，是生产完全不同的产品，目前只有少数巨型跨国公司采取这种方式。

2. 国际直接投资的特点。国际直接投资与其他投资相比，具有实体性、控制性、渗透性和跨国性的重要特点。具体表现在以下三个方面。

（1）国际直接是长期资本流动的一种主要形式，它不同于短期资本流动，它要求投资主体必须在国外拥有企业实体，直接从事各类经营活动。

（2）国际直接投资表现为资本的国际转移和拥有经营权的资本国际流动两种形态，既有货币投资形式又有实物投资形式。

（3）国际直接投资是取得对企业经营的控制权，不同于间接投资，是通过参与、控制企业经营权获得利益的。

（二）国际证券投资

国际证券投资（International Portfolio Investment），也称为国际间接投资，是指通过在国际债券市场上购买外国政府、银行或工商企业发行的中长期债券，或在国际股票市场上购买外国公司股票而进行的对外投资。从一国资本流出和流入角度来看，购买国际证券意味着资本流出，发行国际证券则意味着资本流入。

国际证券投资与国际直接投资存在区别，主要表现在：证券投资者只能获取债券、股票回报的股息和红利，对所投资企业无实际控制和管理权。而直接投资者则持有足够的股权来承担被投资企业的盈亏，并享有部分或全部管理控制权。

国际证券投资的特点有以下四个方面。

1. 国际证券投资的方式是购买股票和债券，不涉及真实资本的国际转移。

2. 国际证券投资不一定要跨国界进行，也可以在本国进行，即购买本国金融市场上出售的外国证券。

3. 国际证券投资比较灵活，持有证券可随时转让，从而收回投资资本。而以固定资产形式存在的直接投资，其利润的回收需要一定时间。

4. 国际证券投资的手续方便，限制性条件较少。

（三）国际借贷

国际借贷（International Loans），是指期限在 1 年以上的政府贷款、国际金融机构贷款、国际银行贷款、出口信贷、国际租赁等。其主要特征包括：（1）不同于证券融资。国际借贷以协议为基础，即是一种合同性融资，是特定借款人与特定贷款人之间的协议行为，其借贷的成立与债权人的变更均受到合同法规则的限制。（2）不同于国内贷款。借款人与贷款人分属于不同的国家或地区，其贷款协议、履行行为和争议解决受到国际惯例或相关国家法律的支配。（3）不同于跨国直接投资形成的国际股权性关系。国际贷款关系本质上是借款人与贷款人之间的债权债务关系，它是某种法律上可期待的清偿信用，具有期限性的特征。

1. 政府贷款（Government Loan）。政府贷款指一国政府利用自己的财政资金向另一国政府提供的优惠贷款。贷款期限长，利率低，带有经济援助的性质。

政府贷款的特点有以下三个方面。

（1）政府贷款是以政府名义进行的政府双边贷款，一般是在两国政治外交关系良好的情况下进行的，是条件优惠的贷款。

（2）政府贷款是具有双边经济援助性质贷款，期限比较长，属于中长期贷款，一般从 10 年到 30 年不等，有的甚至长达 50 年；利率比较低，一般在 1% ~ 3% 左右，有的无息。除贷款利息外，有的贷款国政府规定借款国须向其支付费率很低的手续费。

（3）政府贷款额一般不大，因它受到贷款国的国民生产总值、国际收支及财政收支的制约，不大可能像国际银行或国际金融组织那样经常提供大额贷款。

2. 国际金融机构贷款（Loans from International Financial Organizations）。国际金融机构贷款亦称国际金融组织贷款，是由一些国家的政府共同投资组建并共同管理的国际金融机构提供的贷款。旨在帮助成员国开发资源、发展经济和平衡国际收支。其贷款发放对象主要有以下几个方面：对发展中国家提供以发展基础产业为主的中长期贷款，对低收入的贫困国家提供开发项目以及文教建设方面的长期贷款，对发展中国家的私人企业提供小额中长期贷款。

国际金融机构贷款的特点有以下两个方面。

（1）贷款条件优惠。国际金融组织的贷款一般利率较低，期限较长。如国际开发协会，主要是对低收入的贫困国家提供开发项目以及文教建设方面的长期贷款，最长期限可达 50 年，只收 0.75% 的手续费。

（2）审查严格，手续繁多，从项目申请到获得贷款，往往需要很长的时间。

3. 国际银行贷款。国际银行贷款，又叫国际商业银行贷款（International Commercial Bank Loans），是指一国借款人在国际金融市场上向外国银行借入货币资金。外国商业银行既包括资金实力雄厚的大银行，也包括中小银行及非银行的金融机构。

国际商业银行贷款的特点有以下六个方面。

（1）来源广泛。国际上众多的商业银行和银行集团，均可为贷款提供资金来源。

（2）手续简便。安排融资时间较短，且无附加条件，资金的用途一般不受贷方限制。

（3）方式灵活。可借到不同的货币资本，期限与数额也可由自己选定后与银行协商，还本付息的方法也较多。

（4）成本高。利率往往高于其他国际信贷形式，而且其他费用也较高。

（5）风险大。贷款银行普遍采用浮动利率计息，加上汇率的频繁变动，增大了客户的利率风险和汇率风险。

（6）期限较短。通常以中、短期贷款为主，长期的一般也限于 10 年以内。

4. 出口信贷（Export Credit）。出口信贷是一种国际信贷方式，它是一国政府为支持和扩大本国大型设备等产品的出口，增强国际竞争力，对出口产品给予利息补贴、提供出口信用保险及信贷担保，鼓励本国的银行或非银行金融机构对本国的出口商或外国的进口商（或其银行）提供利率较低的贷款，以解决本国出口商资金周转的困难，或满足国外进口商对本国出口商支付货款需要的一种国际信贷方式。出口信贷名称的由来就是因为这种贷款由出口方提供，并且以推动出口为目的。

在国际贸易中，卖方同意买方在收到货物后可以不立即支付全部货款，而在规定期限内付讫由出口方提供的信贷，是奖励出口的一种措施。通常将 1～5 年期限的出口信贷列为中期，将 5 年以上者列为长期。中、长期出口信贷大多用于金额大、生产周期长的资本货物，主要包括机器、船舶、飞机、成套设备等。

出口信贷的特点有以下三个方面：

（1）利率较低。对外贸易中长期信贷的利率一般低于相同条件资金贷放的市场利率，由国家补贴利差。大型机械设备制造业在西方国家的经济中占有重要地位，其产品价值和交易金额都十分巨大。为了加强本国设备的竞争力，削弱竞争对手，许多国家的银行竞相以低于市场的利率对外国进口商或本国出口商提供中长期贷款，即给予信贷支持，以扩大本国资本货物的国外销路，银行提供的低利率贷款与市场利率的差额由国家补贴。

（2）与信贷保险相结合。由于中长期对外贸易信贷偿还期限长、金额大，发放贷款的银行存在着较大的风险，为了减缓出口国家银行的后顾之忧，保证其贷款资金的安全发放，国家一般设有信贷保险机构，对银行发放的中长期贷款给予担保。

（3）由专门机构进行管理。发达国家提供的对外贸易中长期信贷，一般直接由商业银行发放，若因为金额巨大，商业银行资金不足时，则由国家专设的出口信贷机构给予支持。不少国家还对一定类型的对外贸易中长期贷款，直接由出口信贷机构承担发放的责任。它的好处是利用国家资金支持对外贸易中长期信贷，可弥补私人商业银行资金的不足，改善本国的出口信贷条件，加强本国出口商夺取国外销售市场的力量。

5. 国际租赁（International Lease）。国际租赁，又称租赁贸易或租赁信贷，也称为国际金融租赁或购买性租赁。指出租人通过签订租赁合同将设备等物品较长期地租给承租人，承租人将其用于生产经营活动的一种经济合作方式。在租赁期内，出租人享有租赁物的所有权，承租人拥有租赁物的使用权，并定期向出租人缴纳租金，租赁期满后租赁物按双方约定的方式处理。租赁业务主要包括融资性租赁和经营性租赁两种方式。

三、国际资本流动与国际资金流动

在国际资本流动的分类中，按照资本流动与实际生产、交换有无直接联系划分，有两大类型：一类是产业性资本流动，是指与实际生产和交换发生直接联系的资本流动。如国际直接投资、国际贸易信贷、国际贸易支付等。另一类是金融性资本流动，是指与实际生产和交换没有直接联系的资本流动。如外汇买卖、证券买卖、衍生金融工具交易等。两者的区别见表7－1。

表7－1　　　　　产业性资本流动与金融性资本流动的区别

	产业性资本流动	金融性资本流动
主体	以跨国公司为主	以跨国金融机构为主
形式	多种多样。可以是实物，也可以是货币资本，还可以是专有技术、商标等	相对单一，仅是货币金融形式
成因	较为复杂。往往涉及对企业专有技术、商标的维护，对企业经营权的控制等	较为简单。主要受国际金融市场上各种投资活动的收益与风险情况影响
特点	比较稳定。直接介入了企业的经营管理，对企业享有永久性权益。	比较活跃。与实际生产不发生直接联系，流动性强

从表7－1可以看出，产业性资本流动与金融性资本流动在主体、形式、成因和特点几方面都有着很大的区别，具有各自相对独立的规律。产业性资本流动与实际生产、交换直接联系，属于国际投资研究的范畴；金融性资本流动与实际生产、交换没有直接联系，具有更为明显的货币金融性质。由于它的规模巨大，且发展速度非常快，特别是

20 世纪 80 年代以来，越来越脱离实物经济，表现出自身相对独立的运动规律，对于开放经济的运行发挥了重大影响。因此，在国际金融学的研究中，除了从整体上把握资本流动的规律外，还要特别注重分析金融性资本的国际流动原因、机制、影响等一系列问题。

对金融性资本国际流动的研究，近年来引起了越来越多的关注，为了进一步分析研究的方便，我们将与实际生产、交换没有直接联系，而与实物经济越来越脱离的、以货币金融形态存在于国际间的金融性资本流动称为"国际资金流动"。

四、国际资金流动

第二次世界大战后的初期，各国在实行固定汇率制的同时，对资本流动实行严格管制，国际间的资金流动，主要体现为美国官方以赠款或贷款的形式对外输出资金。随着战后各国经济的恢复，20 世纪 60 年代，发达国家之间的资金互相流动占了国际资金流动的主要部分，欧洲货币市场的发展使国际资金流动的规模大大增强了。20 世纪 70 年代，浮动汇率制的实施，各国对原有的金融管制逐步放松或取消，进一步推动了国际资金流动的发展。80 年代以后，国际资金流动出现了许多新情况，使国际资金流动成为国际金融领域乃至国际经济中最为活跃的现象。

（一）国际资金流动飞速增长的原因

20 世纪 80 年代以来，国际资金流动飞速增长，是由一系列因素造成的。

1. 国际范围内与实际生产相脱离的巨额金融资产的积累。造成巨额金融资产积累的主要原因在于：主要可兑换货币发行国长期通货膨胀；产油国大幅度提高油价而形成的巨额石油美元；以及美国巨额国际收支赤字而流到世界上的大量美元。随着金融市场及金融中介的发展，这些美元又派生出更多的金融资产。从而使越来越多的金融资产与实际生产相脱离。2005 年，全球知名的管理咨询公司——麦肯锡公司（McKinsey & Co.）在一份报告（这份报告旨在分析全球金融资产的分布情况，跟踪资产从一个地区流向另一个地区的轨迹，得出全球金融资产的具体数据）中称，全球金融资产为 140 万亿美元，创出了新的纪录，是同年全球商品和服务年总产值的三倍多。

2. 各国对国际资金流动管制的放松。第二次世界大战后的很长时间内，各国的资本管制都是很严格的。20 世纪 70 年代以后，各主要资本主义国家兴起了放松外汇管制、资本管制乃至金融管制的浪潮，对本国是银行信贷市场与证券市场逐步放开，允许外国金融机构进入本国金融市场，允许非居民到国内金融市场投资等。进入 20 世纪 90 年代，绝大多数发达国家都放开了对国际资本流动的管制。同时，新兴市场国家的外汇管制也明显放松。

3. 利润和风险的差异。资金的所有者或经营者为了降低风险，增加利润，总是不断地在全球范围内寻找机会，造成了国际资金流动的快速增长。

（二）国际资金流动的特点

进入 20 世纪 80 年代后，国家资金流动除了流动规模巨大，越来越不依赖于实物经济基础这一特点之外，还突出表现在以下两个方面。

1. 资金流动的结构发生巨大变化。国际资金流动的结构可以从两个方面考察。一是横向流动，即表现为资金在不同国家或地区之间的流动；二是纵向流动，即表现为资金在外汇市场、信贷市场、证券市场以及衍生工具市场之间的流动。

（1）资金在不同国家或地区之间横向流动。20世纪80年以前，资金多是从发达国家流向发展中国家。其中部分发展中国家的过度举债，导致了80年代初期一些国家无力偿还到期外债本息的国际债务危机爆发。1982年，墨西哥首先宣布本年度到期的外债本息无力偿还，紧接着拉美和非洲等40多个国家相继效仿。国际债务危机爆发之后，发达国家减少了对发展中国家的资金流出。90年代以来，随着国际债务危机问题的逐步解决，以及发展中国家普遍实行了市场化的经济改革，国际资金开始大量流向新兴市场国家（包括发展中国家、转轨型国家等）。

（2）资金在外汇市场、信贷市场、证券市场、衍生金融工具市场之间纵向流动。具体表现在：第一，国际资金流动呈现出证券化倾向。因为证券融资可以克服银行融资流动性差的缺点，使资金流动更为自由灵活。第二，衍生工具交易迅速增长。根据国际清算银行1995年对26个国家使用衍生产品交易的用户进行调查的结果显示，交易所及场外交易市场的衍生工具交易的名义本金达64万亿美元；仍是国际清算银行的统计，到2008年底，美国仅金融衍生品总市值就高达416万亿美元，如果加上其他金融资产，总值高达600万亿美元。如此庞大的金融资产，仅发生5%的坏账就有30万亿美元，接近美国两年的GDP，也相当于美国广义货币M_2的3倍。

2. 机构投资者成为国际资金流动的主体。机构投资者包括各种各样的投资基金、保险公司、信托公司、投资银行、商业银行等。机构投资者与个人投资者相比，机构投资者一般具有较为雄厚的资金实力，在投资决策运作、信息搜集分析研究、投资方式等方面都配备有专门部门，由投资专家进行管理。在众多的机构投资者中，"对冲基金"（Hedge Fund）具有三个鲜明的特点：（1）主要活动在离岸金融市场上完成（目的是规避管束）；（2）在交易过程中，负债率非常高，往往是从银行借入资金进行投机活动；（3）大量从事金融衍生工具交易。因此，对冲基金的投机性特别强，成为在国际金融市场上兴风作浪的急先锋。在众多的对冲基金中，索罗斯（Soros）的量子基金影响较大，由于它的投机活动，直接导致了1992年的欧洲货币危机和1997年的东南亚金融危机。

（三）国际资金流动的影响

国际资金流动的飞速增长，对一国开放经济的运行乃至全球经济都带来了重大影响。其中最直接体现在它对全球金融市场的影响上，这一影响可从两个方面分析：第一，推动了国际金融市场的全球一体化，其主要标志就是资金的价格——利率在不同市场上趋于一致。第二，使国际金融市场上的价格波动加剧，其主要标志就是外汇市场上的交易价格——汇率波动频繁。

资金在国际上流动时，往往具有放大效应，其原因如下所述：

1. 国际间资金流动可以借助于衍生工具发挥影响。绝大多数衍生金融工具的共同特征是具有杠杆作用，这样，一定数量的国际资金就可以制造出名义数额非常大的衍生工具合约。这就使得一定数量的资金可以对衍生市场上的价格发挥很大影响，并且利用衍生工具市场与其他金融市场之间的密切关系，进而影响到一国与全球经济。

2. 国际间资金流动可以在短期内迅速扩充其实力。国际上流动着的各种资金之间存在着密切的联系，这使得一定数量的资金可以在短期内迅速扩充其实力。如投资基金主要活动在各国的证券市场，一般与银行存在着比较紧密的联系，它既可以在相当短的时间内进入一国的同业拆借市场拆入资金，也可能与某些银行达成协议，在较长的时间内获得信贷支持，这些都使得原有的资金在国际间流动时的冲击力加大。

3. 国际资金流动中存在着"羊群效应"（Bandwagon Effect），即指有影响的国际资金流动，会带来市场上其他参与者的纷纷仿效，美国对冲基金在市场上扮演了领头羊的角色，各种机构投资者的共同活动，使其意图很快变成了现实。有些机构投资者就是利用国际资金流动的这一效应，故意将某一信息广为宣传，有意识地诱发市场恐慌情绪与从众心理，来实现原有数量的资金无法达到的效果。

国际资金流动的飞速增长，使国际金融市场发生了深刻变化，这些变化又对一国经济和全球经济产生影响，一方面，国际金融市场的一体化使资金在各国之间在转移非常迅速便捷，为一国更灵活地根据国内需求来利用外资提供了条件。但另一方面，国际资金频繁、大规模地进出一国，会使该国国际收支受到很大冲击；并且该国货币当局对货币政策运用的自由度也受到限制，本国利率的变动不可能完全根据国内需要来确定。从外汇市场看，由于国际资金的大规模、频繁流动，造成汇率的过度变动也加大了汇率风险，使一国微观经济主体的行为甚至宏观经济变量都会受到巨大影响。

因此，国际资金流动在为各国利用外资提供条件的同时，对经济的稳定及发展也造成了很大的冲击。

第三节　国际货币危机

一、货币危机的概念

货币危机（Currency Crisis），又称国际收支危机（Balance of Payments Crisis），它有广义和狭义之分。

（一）广义货币危机

广义货币危机泛指汇率的变动幅度超出了一国可承受的范围，这一现象就是广义货币危机，也就是指一国货币对外贬值在短期内超过一定幅度，即可称为该国货币危机。这个幅度一般认为15%～20%。

（二）狭义货币危机

狭义货币危机是指发生在固定汇率制下，市场参与者对一国固定汇率失去信心，通过外汇市场抛售该国货币，导致该国货币的汇率在短时间内急剧贬值，固定汇率制度崩溃，外汇市场持续动荡，带有危机性质的事件。

狭义的货币危机与特定的汇率制度（通常是固定汇率制）相对应，实行固定汇率制的国家，在非常被动的情况下（如在经济基本面恶化的情况下，或者在遭遇强大的投机攻击情况下），对本国的汇率制度进行调整，转而实行浮动汇率制，这一现象就是狭义货币危机。

（三）货币危机与金融危机的关系

货币危机是指对货币的冲击导致该货币大幅度贬值或国际储备大幅下降的情况，它既包括对某种货币的成功冲击（即导致该国货币的大幅贬值），也包括对某种货币的未成功冲击（只导致该国国际储备大幅下降而未导致该国货币大幅贬值）。对于每个国家而言，货币危机的程度不同。

金融危机又称金融风暴（Financial Crisis），是指一个国家或几个国家与地区的全部或大部分金融指标（如短期利率、货币资产、证券、房地产、土地价格、商业破产数和金融机构倒闭数）的急剧、短暂和超周期的恶化。金融危机可以分为货币危机、债务危机、银行危机等类型。金融危机的特征是人们基于经济未来将更加悲观的预期，整个区域内货币币值出现较大幅度的贬值，经济总量与经济规模出现较大幅度的缩减，经济增长受到打击，往往伴随着企业大量倒闭的现象，失业率提高，社会普遍的经济萧条，有时候甚至伴随着社会动荡或国家政治层面的动荡。近年来，金融危机呈现多种形式混合的趋势。

二者有不同的地方，货币危机是金融危机的一种，主要发生在外汇市场上，体现为汇率的变动；金融危机的范围更广，除外汇市场外，还包括发生在股票市场和银行体系等国内金融市场上价格的波动以及金融机构的经营困难和破产等。

货币危机是金融危机爆发的助动力。当整个区域内货币币值出现幅度较大的贬值，人们将更加悲观地预期经济未来，经济总量与经济规模就会出现较大的损失，经济增长受到打击，当中将伴随着企业大量倒闭，失业率提高，社会普遍的经济萧条，甚至有些时候伴随着社会动荡或国家政治层面的动荡。这就是货币危机冲击国际金融市场，导致金融危机的过程。

货币危机可以诱发金融危机，而金融危机也常常导致该国货币危机的发生。但在许多研究中，二者往往并不加以区分。

二、货币危机发生的原因

随着市场经济的发展与全球化的加速，经济增长的停滞已不再是导致货币危机的主要原因。经济学家的大量研究表明：定值过高的汇率、经常项目巨额赤字、出口下降和经济活动放缓等都是发生货币危机的先兆。就实际运行来看，货币危机通常由泡沫经济破灭、银行呆坏账增多、国际收支严重失衡、外债过于庞大、财政危机、政治动荡、对政府的不信任等引发。

（一）经济基础薄弱带来的投机冲击

经济基础薄弱带来的投机冲击是指政府过度的扩张性财政、货币政策，导致本国经济基础恶化，由此引发对固定汇率的投机，进而爆发货币危机。

一国的经济基础很大程度上取决于该国的产业结构。强大的制造业、合理的产业结构是防止金融动荡的坚实基础。产业结构的严重缺陷是造成许多国家经济危机的原因之一。如阿根廷一直存在着严重的结构性问题。20 世纪 90 年代虽实行了新自由主义改革，但产业结构调整滞后，农牧产品出口占总出口的 60%，而制造业出口只占 10% 左右。在国际市场初级产品价格走低及一些国家增加对阿根廷农产品壁垒之后，阿根廷丧失了竞争优势，出口受挫。再如，1997 年东南亚金融危机前夕，泰国、印度尼西亚等国产业长期停留在劳动密集的加工制造业，在中国大陆与东欧转型国家的竞争下，逐渐失去原有的价格优势，出口不断下降，外汇收入持续减少，在外来投机的冲击下，货币危机爆发了。

具体分析如下：假定一国货币需求非常稳定，货币供给就由两个部分构成，即央行的国内信贷和央行持有的外汇储备。在本币供求平衡的状态下，如果政府采取持续扩张的财政和货币政策。即意味着本币供给的增多，在需求一定的情况下，必然会伴随着外汇储备的减少（如图 7 - 2 所示）。

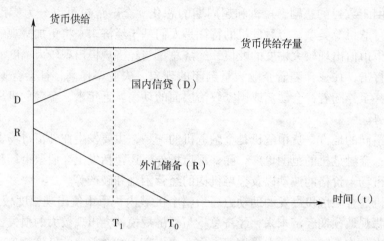

图 7 - 2　扩展性货币政策引起的货币危机

图 7 - 2 中，横轴代表时间（t），纵轴表示货币供给，由于居民对货币供给存量的自发调整，一国经济中的货币供给存量始终保持不变，体现为图中的一条水平线（货币供给存量）。国内信贷（D）是一条向上倾斜的曲线，表示该国国内信贷随时间的推移而持续增加。外汇储备（R）是一条向下倾斜的曲线，因为在货币供给存量不变的情况下，外汇储备必然随着国内信贷的增长而下降。如果没有投机因素，R 会下降到 T_0，此时，政府已无力维持固定汇率，货币危机爆发，本币对外大幅度贬值后，自由浮动。

实际上，国际投机因素是不可能没有的。如果投机者能够对一国经济的基本面有比较正确的预期，往往会提前借入该国货币，以固定汇率抛售本币，换取外汇，结果导致市场上本币贬值，政府要维持固定汇率，就不得不动用外汇储备，当外汇储备消耗殆尽（图中 T_1 点）时，固定汇率制被迫放弃，货币危机发生。

（二）外汇储备不足

货币危机发生前夕，往往出现经常项目顺差持续减少，甚至出现巨额逆差。当国外投资者意识到该国"资不抵债"（外汇储备不足以偿还所欠外债）时，清偿危机会随之出现。在其他众多不稳定因素诱导下，极易引发撤资行为，从而导致货币危机。拉美等地发生的货币危机主要是由于经常项目逆差导致外汇储备减少而无法偿还对外债务造成的。在危机发生的过程中，一国政府基本上处于被动地位，预期（投机）因素只是使货币危机发生的时间提前了。若政府有足够数量的外汇储备，对付一个或数个投机家是不成问题的。很可惜，1997 年东南亚遭受货币危机的国家，大多数国家的外汇储备均低于国际公认警戒线（全年平均进口额的 1/4，即 25%）。2003 年阿根廷需要偿还债务本息达 296.14 亿美元，相当于中央银行持有的外汇储备的 2.9 倍。

（三）金融市场开放过快

许多研究材料表明：一些拉美、东南亚、东欧等新兴市场国家过快开放金融市场，尤其是过早取消对资本的控制，是导致货币危机发生的主要原因。金融市场开放会引发大规模资本流入，在固定汇率制下导致实际汇率升值，极易扭曲国内经济；而当国际或国内经济出现风吹草动时，则会在短期内引起大规模资本外逃，导致货币急剧贬值，由此不可避免地爆发货币危机。在转型经济国家中，捷克本是一个较为成功的范例。1992年底，捷克经济出现复苏迹象，物价稳定，财政盈余，外国直接投资增加，国际收支状况良好。然而，为加入经济合作与发展组织（OECD ①），捷克加快了资本项目开放步伐。1995年10月生效的新《外汇法》规定了在经常项目下的完全可兑换和在资本项目下的部分可兑换，接受了《国际货币基金组织协定》第八条款义务。1997年底大量短期外资外流，最终引爆了货币与金融危机。据统计，在还没有做好充分准备就匆匆开放金融市场的国家已有3/5发生过金融危机，墨西哥、泰国等都是典型的例子。

（四）银行系统脆弱

在大部分新兴市场国家，包括东欧国家，货币危机的一个可靠先兆是银行危机，银行业的弱点不是引起便是加剧货币危机的发生。在许多发展中国家，银行收入过分集中于债款收益，但又缺乏对风险的预测能力。资本不足而又没有受到严格监管的银行向国外大肆借取贷款，再贷给国内成问题的项目，由于币种不相配（银行借的往往是美元，贷出去的通常是本币）和期限不相配（银行借的通常是短期资金，贷出的往往是历时数年的建设项目），因此累积的呆坏账越来越多。如东亚金融危机爆发前5～10年，马来西亚、印度尼西亚、菲律宾和泰国信贷市场的年增长率均在20%～30%，远远超过了工商业的增长速度，也超过了储蓄的增长，从而迫使许多银行向国外举债。由此形成的经济泡沫越来越大，银行系统也就越发脆弱。

（五）外债负担过重

泰国、阿根廷以及俄罗斯的货币危机，就与所欠外债规模巨大且结构不合理紧密相关。如俄罗斯从1991～1997年起共吸入外资237.5亿美元，但在外资总额中，直接投资只占其中的30%左右，短期资本投资约占70%。由于俄罗斯金融市场的建构和发展一直是以债市为中心，债市的主体又是自1993年后由财政部发行的期限在1年以内的短期国债（80%是3个月至4个月的短期国债），这种投资的短期性和高度的对外开放性，使俄罗斯债市的稳定性弱，因而每每成为市场动荡的起源。在危机爆发的1997年10月，外资已掌握了股市交易的60%～70%，国债交易的30%～40%。最终使俄财政部于1998年发布"8·17联合声明"，宣布"停止1999年底前到期国债的交易和偿付"，债市的实际崩溃，迅速掀起股市的抛售狂潮，从债市、股市撤离的资金纷纷涌向汇市，造成外汇供求关系的严重失衡，直接引发卢布危机。

综上所述，20世纪90年代国际金融危机频频发生，先后肆虐于西欧（1992—1993年）、墨西哥（1994—1995年）、东亚（1997—1998年）、俄罗斯（1998年）、巴西（1999年）、土耳其（2001年）、阿根廷（2001—2002年）等国家或地区。大多数遭受危机侵袭的国家几乎走过了同样的道路，最后尝到了同样的苦果。这一历程可概括为固

---

①　OECD，即经济合作与发展组织（Organization for Economic Co‑operation and Development）上简称经合组织，是由市场经济国家组成的政府间国际经济组织，旨在共同应对全球化带来的经济、社会和政府治理等方面的挑战，并把握全球化带来的机遇。经合组织成立于1961年，总部设在巴黎，截至2010年5月，成员国总数34个。

定汇率→经济快速增长→币值高估→财政赤字不断增加、国际收支持续恶化→本国货币贬值、金融危机、经济直至社会危机→全面衰退→被迫作休克性调整，最后接踵而来的是一个十分痛苦漫长的恢复期。

三、货币危机的传播

（一）传染效应（Contagion Effect）

由于贸易自由化、区域一体化，特别是资本跨国流动的便利化，一国发生货币风潮极易引起邻近国家的金融市场发生动荡，这在新兴市场尤为明显。泰国之于东亚，俄罗斯之于东欧，墨西哥、巴西之于拉美等反复印证了"多米诺骨牌效应"。这种因他国爆发货币危机而传播过来的货币危机，被称为"蔓延型货币危机"。尽管危机通常只在一个新兴市场出现，但因惊惶而失去理智的投资者往往将资金从所有新兴市场撤出。众多投资者撤资会造成了一种不理智的结果，势必将相关国家置于金融危机的险境。

那么，货币危机最容易蔓延到哪些国家呢？

1. 与危机发生国有密切贸易联系，或者是出口上存在竞争关系的国家；

2. 过分依赖外资流入的国家；

3. 与危机发生国有着较为相近的经济结构、发展模式，尤其是存在潜在经济问题的国家。

1992 年秋英镑与欧洲汇率机制的基准汇率受到投机性攻击时，相伴随的还有意大利里拉，英镑与里拉双双退出了欧洲汇率机制。随后，仍留在欧洲汇率机制内的爱尔兰镑和法国法郎等货币都遭到攻击，汇率发生急剧波动。

1994 年底墨西哥比索大幅贬值时，南美的阿根廷、巴西及东南亚的菲律宾等国货币对美元汇率发生强烈波动。之后，远在非洲之角的南非也出现了汇率动荡。

1997 年 7 月 2 日泰铢危机爆发，到 1998 年初，半年之内，东南亚各国的货币贬值幅度如下：泰铢贬值 54%；印度尼西亚盾贬值 73%；马来西亚吉林特贬值 45%；菲律宾比索贬值 40%；韩圆贬值 51%；新加坡元贬值 19%；台币贬值 18%。因为这些国家或地区（如亚洲四小龙、四小虎①）有着相近的经济结构和发展模式。

（二）预期自致货币危机

预期自致货币危机，是指货币危机的发生，不是由于国内经济基础的恶化，没有实施扩张性的财政货币政策，外汇储备也充足，而是由于贬值预期的自我实现所导致的。或者说，货币危机的爆发，与一国经济的基本面关系不大，是在国际短期资金流动独特的规律（追逐投机利润）下，由心理预期因素导致的。

如何理解预期自致货币危机呢？

1. 从投机者的投机成本和预期收益的比较，进行分析。投机者对一国货币进行攻击的步骤如下所述：

---

① "亚洲四小龙"是指从 20 世纪 60 年代开始，亚洲的香港、新加坡和韩国、中国台湾推行出口导向型战略，重点发展劳动密集型的加工产业，在短时间内实现了经济的腾飞。所谓"东亚模式"引起全世界关注，它们也因此被称为"亚洲四小龙"。"亚洲四小虎"是指泰国、马来西亚、印度尼西亚和菲律宾四国。这四个国家的经济在 20 世纪 90 年代都像 20 世纪 80 年代的亚洲四小龙一样突飞猛进，因而得名。

第一步，在该国（货币有贬值预期的国家）货币市场上借入该国货币。

第二步，在该国外汇市场上抛售借入的该国货币，换成外汇。如果这一攻击取得成功，该国货币汇率就真正下降。若不下降，则继续借，继续抛，向下打压。

第三步，投机者用较少的外汇，买进该国已经贬值了的货币，归还原来的借款本息。这样，余下的外汇，就是投机利润。

以泰国为例：索罗斯以 40 亿美元作抵押，从泰国的商业银行获得价值相当的泰铢贷款，接着在泰国市场上，以 23 或 24 泰铢兑 1 美元的汇率，抛出泰铢，购进美元，等待泰铢大幅度贬值。当市场汇率达到 1 美元 = 35 泰铢时，索罗斯拿出一部分美元购买泰铢，归还贷款本息和。两者的差价高达 48%，余下的美元就是投机收益。

于是，投机者的投机成本为借款利息（假定借款利率 10%）。预期收益则为预期贬值幅度带来的收入（余下的外汇）＋ 持有外币期间的利息。

所以，政府提高利率就可以有效地提高投机者的投机成本。若投机者的借款利息小于预期收益时，按照上述步骤投机成功。反之，若投机者的借款利息大于预期收益时，投机者就投机失败或者不会进行投机。投机者对该国货币预期的未来贬值幅度越高，对提高本币利率的承受能力（也就是可以接受的本国利率上升幅度）就越高。从理论上讲，一国为了遏制投机冲击，总可以将本币利率提高到高于投机者的承受能力（假定提高到 20% 或更高），来提高投机者的投机成本，使投机者的借款利息大于其预期收益，投机失败，本币不贬值或贬值很小，固定汇率制度得以维持。

2. 从政府维持固定汇率制的成本和收益的比较，进行分析一国提高本币利率并不是没有成本和代价的。当一国被迫放弃固定汇率制时，一定是因为提高本币利率的成本大于维持固定汇率制的收益。那么，提高本币利率来维持固定汇率制的成本和收益又是什么呢？

（1）政府维持固定汇率制的成本，也就是提高本币利率的国内代价，一般包括：第一，债务负担加重；因为政府总有一定数量的债务（国债），如果政府的债务存量较高，提高本币利率必然会增大利息支出，加大预算赤字，给政府带来沉重的利息负担。第二，高利率不利于银行稳定经营；利率上升过高，即意味着风险的增大。第三，高利率意味着经济紧缩，会带来经济衰退和高失业率等一系列社会问题。尤其是当今股市、房地产市场与利率的关系十分密切，如果因为利率提高导致股市下跌、房地产市场低迷，就会使整个经济陷入萧条乃至危机的境地，经济危机、社会危机远比货币危机更可怕。

（2）政府维持固定汇率制的收益。一般包括：第一，固定汇率制可以消除汇率自由浮动给国际贸易和投资带来的不利影响，为一国经济发展创造较为有利的、稳定的外部环境。第二，政府可以从对汇率的维持中，获得政策一致性的声誉。这种声誉会对公众的预期产生重大影响，从而使政府以后的经济政策更容易见效。

因此，当政府面临投机冲击时，是否决定提高本币利率，取决于成本和收益的比较。当维持固定汇率制的成本 > 收益时，维持现有利率水平（不提高），放弃固定汇率制，让汇率自由浮动，即本币对外贬值；当维持固定汇率制的成本 < 收益时，提高利率水平，加大投机者的投机成本，以维持固定汇率制度。换句话说，政府只能将本币利率水平提高到一定的限度，如果为维持固定汇率而要求将利率提高到超过这一限度，那

么，政府宁可放弃对投机攻击的抵御，听任投机成功，不再提高本币利率，本币对外贬值，让汇率自由浮动（如图7－3所示）。

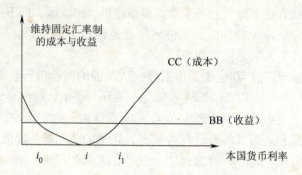

图7－3 维持固定汇率制的成本与收益

在图7－3中，横轴表示本国货币利率水平，纵轴表示维持固定汇率制的成本与收益。BB线表示维持固定汇率制的收益，根据上面的分析，它与利率的高低无关，因此是一条水平线。CC曲线表示维持固定汇率制的成本，它随着利率的变动而变动，假定一国经济中存在着最佳的利率水平为i，此时，维持固定汇率制的成本为零，也就是成本与收益之间的距离最佳。当利率在此水平升降变动一定范围（$i_0 \sim i_1$）时，都将使成本与收益之间的距离变小。为了抵御投机，将利率水平提高，成本会随之增加CC曲线向上倾斜，当从最佳水平i提高到i_1时，BB线与CC曲线相交，表明维持固定汇率制的成本与收益相等。从图7－3中可以看出，当维持固定汇率制所需要的利率水平低于i_1时，维持固定汇率制的成本低于收益，因此该国的固定汇率制将会被维持下去；但当维持固定汇率制所需要的利率水平高于i_1（即需要继续提高利率）时，维持固定汇率制的成本高于收益，因此，该国不会再继续提高利率，放弃对投机攻击的抵御，即固定汇率制将被放弃，货币危机随之发生。

综上所述，投机者只要预期投机成功后的该国货币贬值幅度超过该国提高利率后两国利率之间的差额，投机者就会选择进行投机攻击。如果投机者预期该国货币的贬值幅度足够大，那么在利率提高到该国政府可以承受的上限后，投机者仍可以接受这一利息成本，继续借该国货币，继续向该国市场上抛出所借的该国货币，换成外汇，打压该国货币汇率，以迫使政府最终放弃固定汇率制，投机成功，货币危机发生。

另外，投机者最后能否投机成功，还取决于以下几个因素：投机者掌握的投机资金数量的多少；市场上"羊群效应"是否发生；一国政府的态度是否坚决；各国政府之间的国际协调和合作是否及时有效等。

1997年6月30日，泰国总理还在电视上向外界保证"泰铢不会贬值，我们要让那些投机分子血本无归"。然而，仅仅隔了一天时间，1997年7月2日，泰国央行宣布泰铢自由浮动，放弃固定汇率制度。当天泰铢贬值20%，随后，央行行长宣布辞职。到1997年8月5日，泰国央行决定关闭42家金融机构，至此，泰铢完全陷入崩溃境地。

泰铢完全崩溃之后，投机分子开始扫荡东南亚市场，大概在10天左右的时间，东南亚各国的货币均出现了不同程度的贬值。1997年7月12日，索罗斯乘兴进入香港市场，以同样的方式来打压港市。然而，他错了，仅仅几个小时，他就悄然离开，总结教训，准备卷土重来。投机家们抛出多少港元，香港政府就接下来多少港元，结果汇率不变。接下来，投机家们对股市也不放过，在恒生指数一路走低的情况下，抛出原来持有的股票，往下打压股市。香港政府在时机成熟的时候出面，动用政府资金接手股票，并修改游戏规则，暂停在联交所上市的、占恒生指数权重超过30%的三只股票（汇丰银行、香港电讯、中国电讯）的交易。同时在中国政府的有力支持下，香港政府坚决捍卫港元的汇率稳定，投机家们卖出多少港元，政府就买入多少港元。结果历时数月，保持住了港元对美元的联系汇率。投机者在香港彻底失败。

四、货币危机的影响

（一）对危机发生国的影响

1. 不利影响。

（1）扰乱该国金融市场，使该国经济陷入混乱状态。从国际资金流动角度看，大量资金频繁流动会扰乱该国的金融市场运作；货币危机发生过程中，政府采取的提高利率措施会给国内经济带来诸多冲击，不稳定的市场局面会对本国的正常生产经营活动带来很大干扰，一国的经济秩序也往往陷入混乱状态。

（2）容易诱发金融危机、经济危机、政治危机乃至社会危机。货币危机发生后，外国资金往往大量撤出该国，会给该国经济发展带来沉重打击。同时，货币危机导致以本币衡量的对外债务大量增加，政府被迫采取的浮动汇率制往往因为政府无力有效管理而波动过大，给正常的生产、贸易等带来不良影响。以货币危机为先导，很容易诱发金融危机、经济危机、政治危机乃至社会危机。

（3）危机发生后，往往需要慢长痛苦的调整期。货币危机发生后的相当长时期内，政府被迫采取的补救措施，通常是紧缩性的财政货币政策。在货币危机并不是由扩张性宏观政策因素导致时，这一措施的后果会带来巨大的灾难。另外，为了获得外国或国际机构的资金援助，一国政府将被迫接受很多附加条件。如东南亚货币危机发生后，印度尼西亚在接受 IMF 的 400 亿美元贷款时，必须承诺改革金融、贸易和经济管理体制，包括关闭银行、减少食品补贴、撤除贸易障碍等，结果又在国内引起了挤兑风潮、居民抢购食品等一系列严重后果。

2. 积极影响。

（1）货币危机的发生，可能从根本上解决该国经济原来被掩盖的许多问题。因为货币危机暴露了一国经济原有的弊端，诸多问题可以借助于货币危机的发生得到解决。

（2）货币大幅度贬值，有利于该国国际收支的改善。货币危机发生后，纠正了该国原来存在的币值高估的现象，本币对外大幅度贬值，有利于本国商品出口增加，旅游外汇收入增加等。当然，这些有利影响的本身，也是在非常痛苦的过程中发挥出来的。

（二）对国际金融体系的影响

货币危机的发生，对国际金融体系造成巨大冲击，同时，也为国际金融体系提出了许多新的课题。如在国际资金流动规模如此巨大的今天，如何防止货币危机的发生？有无必要对国际资金流动进行管制？什么样的汇率制度可以有效地抵御货币危机？各国政府的经济政策应如何协调等等。这些问题有待进一步思考和研究。

五、美国次贷危机

（一）次贷危机的爆发

次贷危机（Subprime Lending Orisis），又称次级房贷危机，是指一场发生在美国，因次级抵押贷款机构破产、投资基金被迫关闭、股市剧烈震荡引起的风暴。以 2007 年 4 月美国第二大次级房贷公司——新世纪金融公司破产事件为标志，由房地产市场蔓延到信贷市场，进而演变为全球性的金融危机。

在美国，贷款是非常普遍的现象。很少有人全款买房，通常都是长时间贷款，失业和再就业是很常见的。这些收入并不稳定甚至根本没有收入的人，买房因为信用等级达不到"优"的标准，就被定义为"次级信用贷款者"，简称"次级贷款者"。次级抵押贷款是一个高风险、高收益的行业，指一些贷款机构向信用程度较差和收入不高的借款人提供的贷款。美国次级抵押贷款市场通常采用固定利率和浮动利率相结合的还款方式，即购房者在购房后头几年以固定利率偿还贷款，其后以浮动利率偿还贷款。在 2006 年之前的 5 年里，由于美国住房市场持续繁荣，美国的次级抵押贷款市场迅速发展。可是，2006 年之后，随着美国住房市场的降温尤其是短期利率的提高，次贷还款利率也大幅上升，购房者的还贷负担随之加重。同时，住房市场的持续降温也使购房者出售住房或者通过抵押住房再融资变得困难。这种局面直接导致大批次贷的借款人不能按期偿还贷款，次级抵押贷款机构破产，导致投资银行被迫关闭，进而引发保险公司、对冲基金等也陷入危机境地，次贷危机爆发。其演变的大致过程如图 7 - 4 所示。

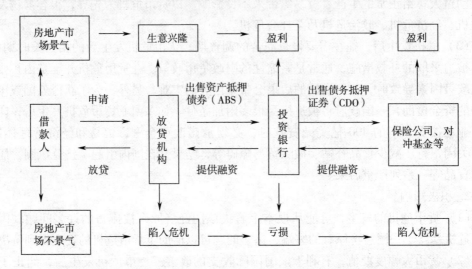

注：ABS，资产抵押债券（Asset - Backed Securities，ABS），是以资产（通常是房地产）的组合作为抵押担保而发行的债券，是以特定"资产池"（Asset Pool）所产生的可预期的稳定现金流为支撑，在资本市场上发行的债券工具。

CDO，债务抵押债券（Collateralized Debt Obligation，CDO），又称担保债务权证，是一种信用衍生产品。它是一种新兴的投资组合，以一个或多个类别且分散化的抵押债务信用为基础，重新分割投资回报和风险，以满足不同风险偏好投资者的需要。

图 7 - 4 次贷危机演变示意图

（二）次贷危机产生的主要原因

1. 宽松的贷款标准和创新的贷款品种。危机的导火索是美国房地产次级抵押贷款市场。在住房抵押贷款市场上，所谓的优质贷款市场，主要是面向信用等级高的优良客户；而次级贷款市场（Subprime Market）主要是面向那些收入较低、负债较重的人，其中大多数是中低收入阶层；还有一个是"二选一"（ALT－A，Alternative A）贷款市场，主要是面向一些信用记录不错但缺少固定收入、存款、资产等合法证明文件的人。2001—2005 年，美国房地产市场进入繁荣期，房地产金融机构在盈利动机的驱使下，除了基本满足优质客户的贷款需求外，把主要目光投向原本不够资格申请住房抵押贷款的潜在购房者群体，即次级抵押贷款市场。

在一个房地产市场繁荣的环境中，房地产金融机构发放次级抵押贷款的积极性要强于优质贷款，原因如下：

（1）次级抵押贷款的利率高于优质贷款的利率。相同的期限，较高的收益率促使房地产金融机构将更多的资金投向次级抵押贷款。

（2）虽然违约率较高，但有房产做抵押。因为在房地产市场繁荣的大环境下，随着房价的上涨，房地产金融机构根本不用担心客户违约，一旦出现违约，房地产金融机构可以没收抵押品（房产），通过拍卖而收回贷款本息。

（3）房地产金融机构可以通过证券化，将风险转嫁出去。即房地产金融机构将与次级抵押贷款相关的风险资产分解组合后，转换成债券，在资本市场上出售。据统计，在美国 2006 年新发放的抵押贷款中，优质贷款占 36%，而次级贷款占 21%，ALT－A 贷款占 25%。而在 2001 年时，美国次级贷款总规模占抵押贷款市场总规模的比率仅为 5.6%。

针对次级抵押贷款申请者大多收入水平较低的特点，房地产金融机构开发出多种抵押贷款品种。2006 年新增次级抵押贷款中，90% 左右是可调整利率抵押贷款，其中大约 2/3 属于 2＋28 混合利率产品，即偿还期限 30 年，前两年以明显低于市场利率的固定利率计息，第三年开始利率浮动，并采用基准利率加风险溢价的形式。这就意味着几年以后，借款者的还款压力会上升不少，很可能超过低收入还款者的承受能力。

2. 风行的证券化和偏高的信用评级。证券化是 20 世纪 80 年代金融创新的一种，房地产金融机构为了迅速回笼资金，以便提供更多笔抵押贷款，于是就在投资银行的帮助下，将一部分住房抵押贷款的债权从自己的资产负债表中剥离出来，以这部分债权为基础，发行"住房抵押贷款支持证券"（Mortgage－Backed Security，MBS），这是资产抵押证券（ABS）的一种，其偿付给投资者的现金流来自于由住房抵押贷款组成的资产池产生的本金和利息。这样，借款者未来偿还抵押贷款所支付的本息，就成为房地产金融机构向 MBS 购买者支付本息的基础。而一旦房地产金融机构将 MBS 出售给机构投资者（投资银行），那么与这部分债权相关的收益和风险就完全转嫁给了投资银行。

根据抵押贷款的资产质量差异，房地产金融机构会发行几种完全不同的债券，通常有优先级 MBS、中间级 MBS 和股权级 MBS。由于收益分配和损失分担的顺序不同，这些债券获得的外部信用评级也就不同。

投资银行以中间级 MBS 为基础，再发行债券，被称为"担保债务权证"（Collateralized Debt Obligation，CDO）或"债务抵押债券"。之后经过层层包装，优先级的 CDO

大多能够获得信用评级机构的 AAA 评级，重新赢得稳健型机构投资者（商业银行、共同基金、养老基金等）的青睐；股权级的 CDO 风险虽然大于中间级 MBS，但因能够获得更高的收益率，常常得到投机性机构投资者（对冲基金等）的追捧。

信用评级机构的收入是基于所评证券的金额，而不是信用评级级别的高低。在市场繁荣时期，信用评级机构为了承揽更多的业务，有时候通过提高信用评级级别的方式增大收入，这就意味着信用评级机构主观上降低了信用评级的标准。此外，由于证券化产品过于复杂，很多机构投资者对证券化产品的定价缺乏深入了解，完全依赖产品的信用评级进行投资决策。这样，证券化产品偏高的信用评级导致机构投资者的非理性追捧，最终导致信用风险的层层累积。

那么，谁是最终投资者呢？购买证券化产品的投资者种类很多，大多是实力较大的金融机构，其中有稳健型的商业银行、保险公司、养老基金等，也有追求高收益、高风险的对冲基金，投资者的地域范围则是以美国为主，遍及全球。

3. 基准利率上升和房价下跌。2005 年之前长达 18 年之久的美联储主席这个职位，一致由"四朝元老"（里根、布什、克林顿、小布什）格林斯潘担任，在格林斯潘为白宫工作的 18 年里，见证了美国持续时间最长的经济繁荣，所以，很多人都认为，美国经济只要由他掌舵就能一直欣欣向荣。的确，他指挥着美国经济巨轮驶过了暗礁丛生的 20 世纪 80 年代，又使美国在 90 年代经历了前所未有的经济繁荣。进入 21 世纪，格林斯潘采取连续降低利率的方式刺激经济增长，大量的流动性资产涌入金融市场，导致资产价格泡沫化。但是，随着 2003 年美国经济的全面复苏，通货膨胀压力重新显现，美联储为此从 2004 年 6 月起，两年内连续 17 次上调联邦基金利率，逐渐刺破了美国房地产市场的泡沫。2005 年夏末，房地产价格上升势头忽然中止，2006 年美国房地产进入修正期，至同年 8 月房地产开工指数同比下降 40%，2007 年，住宅房地产销售量和销售价格继续下降，二手房交易的下跌程度为 1989 年以来之最。与此同时，2004—2005 年签订的次级抵押贷款合同，至 2007 年进入利率重新设定期，借款者面临的还款压力骤然增加，房价却在不断下跌。这些借款者很难获得新的抵押贷款，即使出售住房也偿还不了本息（因为房价也下降了），剩下的就只有违约。

（三）次贷危机的影响

1. 对美国经济的影响。美国次级抵押贷款市场危机，最直接的影响了众多收入不高的购房者。由于无力偿还贷款，他们将面临住房被银行收回的困难局面。同时许多金融机构在这次危机中破产倒闭，股市剧烈动荡，继而扩散到整个金融市场和实体经济，使美国经济陷入衰退。

2. 对全球经济的影响。这场危机从住房市场蔓延到信贷市场、资本市场，从金融领域扩展到经济领域，并通过投资渠道和资本渠道从美国波及全球范围。同时，次贷危机后西方国家央行的注入流动性和降息等应对政策，也助长了全球通货膨胀。

3. 对中国经济的影响。

（1）次贷危机主要影响了中国的出口行业。次贷危机引起美国经济及全球经济增长的放缓，对中国经济的影响不容忽视，而这其中最主要是对出口的影响。由于美国的进口需求疲软，造成我国出口增长下降。

（2）面临经济增长趋缓和严峻就业形势的双重压力。美国次贷危机造成我国出口增长下降，一方面引起我国经济增长在一定程度上放缓，同时，由于我国经济增长放缓，社会对劳动力的需求小于劳动力的供给，使整个社会的就业压力增加。

（3）次贷危机加大了中国的汇率风险和资本市场风险。为应对次贷危机造成的负面影响，美国采取宽松的货币政策和弱势美元的汇率政策。美元大幅贬值给中国带来了巨大的汇率风险。在发达国家经济放缓、中国经济持续增长、美元持续贬值和人民币升值预期不变的情况下，国际资本加速流向我国寻找避风港，加剧了中国资本市场的风险。

第四节　国际债务

一、外债概述

（一）外债（External Debt）的概念

关于外债的概念，国际上有许多不同的看法和统计口径。根据国际货币基金组织和世界银行的定义，外债是任何特定的时间内，一国居民对非居民承担的具有契约性偿还责任的负债，不包括直接投资和企业资本。

正确理解这一概念，必须把握以下几点：

1. 外债必须是居民与非居民之间的债务

2. 外债必须是具有契约性偿还义务的，即具有法律约束力，正式签订法律文书，到期必须归还的债务。因此，口头协议或意向性协议形成的债务，由于不具备法律约束力，不视为外债。

3. 外债不同于外资。外债作为外资的一部分，既与直接投资有本质的区别，也与购买股票进行投资不同。直接投资是以利润分配形式偿还，并在合同有效期间双方共担经营风险，外债则由举债国使用并按规定的期限归还本金和支付利息。购买股票进行投资，不具备偿还义务，不属于外债范畴。

4. 外债指的是全部债务。全部债务，既包括外币债务，也包括本币债务和实物形态构成的债务。以本币承担债务的方式，对于一些作为国际储备货币发行国的发达国家（如美国）来说，具有现实意义。以实物形态构成的债务，一般包括补偿贸易项下进口方需以商品、物资等清偿的债务。

（二）外债的作用

一国对外举借外债，通常有两种目的（或作用）：

1. 弥补暂时的外汇短缺。当一国出现国际收支暂时性不平衡，如出现经常项目逆差时，在不动用其储备的情况下，就可以借来外债予以弥补，使其国际收支重新达到平衡。一般说来，适度的外债规模可以加速一国的经济增长，而超出国力承受极限的外债则可能对一国的经济产生很大的压力，这不仅表现在外债的还本付息可能会减少一国今后所能动用的资源，从而影响到经济的增长；而且外债增长过快也将影响到一国的进出口及国际收支的平衡。

2. 促进本国的经济增长，或用于弥补财政赤字。在经济开放条件下，一国的总投资应等于国内积累与利用国外资金总和。当国内积累不能满足其投资需要时，就有必要借用国外资金。因而，外债是由国内积累、国内储蓄与投资的差额引起的。适度的外债规模，可以促进本国的经济增长。当一国的财政出现赤字时，也可以通过官方向国际金融组织、外国政府借入外债，来弥补本国的财政赤字。

（三）外债的分类

按债务人不同，可分为国家债务（National Debt）与非国家债务，也称为主权债务（Sovereign Debt）与非主权债务。主权债务是指一国以自己的主权为担保向外，不管是向国际货币基金组织还是向世界银行，还是向其他国家借来的债务。非主权债务是指一般的公司债务，不是以国家主权为担保向外借入的债务。主权债务和一般的公司债务是一样的，只不过是一般公司借债的时候是以自己的资产作为抵押向外借债。

按债权人不同，可分为政府贷款（又称双边贷款）、国际金融组织贷款（又称多边贷款）、外国商业银行贷款，以及外国证券投资者等。

按债务时间的长短不同，可分为中长期外债与短期外债。中长期外债是指期限一般在 1 年以上的外债；短期外债是指期限在 1 年以内的外债。

按利率的不同，可分为固定利率外债与浮动利率外债。

（四）外债规模的监测指标

1. 外债总量指标。它是对外债承受能力的估计，反映外债余额与国民经济实力的关系。

（1）负债率（Liablility Ratio or Ratio of External Debt to GNP），是指一国外债余额与当年该国国民生产总值的比率。公式为

$$负债率 = 外债余额 / 国民生产总值 \times 100\%$$

这一指标是用来衡量一国对外资的依赖程度的高低，用以考察利用外资与经济发展两者之间的关系，或者从总体上考察该国对外债的承受能力，其参考标准一般在 5% ~ 20%。若超过 20%，就表明该国对外债依赖程度较高，当金融市场或国内经济发生动荡时，容易出现偿债困难。

（2）债务率（Foreign Debt Ratio or Ratio of External Debt to Exports），是指外债余额与当年出口商品、劳务外汇收入的比率。公式为

$$债务率 = 外债余额 / 当年商品、劳务出口收汇额 \times 100\%$$

这一指标衡量一国负债能力和风险的大小，其参考标准一般不得超过 100%。若超过，则表明该国的债务较重，风险较大。

2. 外债偿还指标。它是对外债偿还能力的估计，反映当年还本付息额与经济实力的关系。

偿债率（Debts Service Ratio），是指当年外债还本付息额与当年商品、劳务出口外汇收入额的比率。公式为

$$偿债率 = 当年外债还本付息额 / 当年商品、劳务出口收汇额 \times 100\%$$

这一指标是用来衡量一国外债偿还能力的高低，一般参照数据是小于 20%。若超过 20%，就表明该国偿债负担过高，有可能发生债务危机。这一限度仅是主要参考，并非超过了就一定会发生债务危机。因为一国的偿债能力还受所借外债的类型、期限、还款条件及一国总体经济实力的影响。

3. 外债结构指标。它是在既定的外债规模条件下，衡量外债本身内部结构的指标。

短期外债比率（Ratio of Short – term External Debt），是指一国外债余额中，期限在1年或1年以内的债务所占的比重。公式为

$$短期外债比率 = 短期债务 / 外债总额 \times 100\%$$

这是衡量一国外债期限结构是否合理的指标，它对特定年份还本付息影响较大，国际公认的参考标准为不超过25%。通过债务内部结构对比关系反映举债成本。并预示偿还时间和偿还能力，旨在降低借款成本，调整债务结构，分散债务风险。

另外，外债的结构指标还有币种结构、利率结构等。

上述参考指标，都是从不同的侧面反映一国债务负担或清偿能力，在运用时尚需要结合一国具体情况，将各指标综合考察比较。利用上述指标对一国外债负担进行分析，可看出其是否具备还本付息的能力。如果超过上述警戒线或安全线，就表明该国很容易发生或已经发生债务危机。

二、20世纪80年代国际债务危机

国际债务危机（International Debt Crisis），是指在国际借贷领域中因大量负债，超过了借款者自身的清偿能力，造成无力还债或必须延期还债的现象。

发展中国家的债务危机起源于20世纪70年代，从1976—1981年，发展中国家的债务迅速增长，到1981年外债总额积累达5 550亿美元，1982年8月，墨西哥对外宣布，本年度到期的外债本息无力偿还，紧接着巴西、阿根廷等拉丁美洲国家和一些中等收入的发展中国家，也相继对外宣布无力偿还外债。债务危机爆发，引起国际社会的普遍关注。墨西哥1982年的外债总额为195亿美元，1988年达到1 017亿美元，为1982年的5倍多。这样，整个20世纪80年代，发展中国家受到了严重的债务困扰局面。

（一）债务危机的状况与特点

1. 债务规模巨大。债务危机爆发以后，发展中国家的债务总额急剧增长。到1985年底，发展中国家债务总额又上升到8 000亿美元，1986年底为10 350亿美元。1989年，所有发展中国家的债务余额已高达1.262万亿美元，发展中国家债务余额与当年出口额的比率高达187%，其中撒哈拉以南非洲国家的这一比率更高达371%。发展中国家的偿债率为22%，而在债务形势严重的拉美国家，这一比率高达31%。到1990年，发展中国家的债务总额已经达到1.341万亿美元。

2. 债务高度集中。自1982年以后，发展中国家外债的半数，是集中在以南美中等收入发展中国家为主的十几个国家。其中拉丁美洲的主要债务国——阿根廷、巴西、智利、哥伦比亚、墨西哥、巴拿马、秘鲁、乌拉圭、委内瑞拉，这9个国家的债务总额达到3 000亿美元，占发展中国家债务总额的57%。在这9个国家中，又主要集中在巴西、墨西哥和阿根廷3个国家中，它们的债务总额占发展中国家外债总额的40%左右。而且，对于这些重债国来说，它的债务70%以上是国际私人商业银行的贷款，因而还本付息的负担十分沉重。

3. 某些低收入债务国处境十分艰难。在外债负担最为沉重的国家当中，还有位于非洲撒哈拉南部的低收入国家。它们的外债总额与南美主要债务国相比虽然不大，在20世纪80年代末仍不到1 300亿美元，而且其中约70%是官方贷款，但是它们的外债总额却几乎与国民生产总值相等。

（二）国际债务危机的原因

国际债务危机的爆发，既有一国内部的原因，也有外部的原因。20 世纪 70 年代，许多非产油的发展中国家，盲目借取大量外债，不切实际地追求经济高速增长，但由于世界经济的衰退和石油价格的上涨，使许多非产油的发展中国家出现了严重的国际收支赤字。1970 年每桶石油价格为 2 美元，到 1979 年最高时达到 41 美元/桶。非石油出口国的对外支付成本大幅度上涨，引发了债务危机。但从根本上说，债务危机产生的直接原因在于内因，即对国际资本的盲目借入、使用不当和管理不善而导致的。具体表现为以下几个方面。

1. 借入的外债使用不当。如何将借入的外债投入到适当的部门并最大限度地发挥其使用效益，是偿还债务的最终保证。从长期来看，偿债能力取决于一国的经济增长率，短期内则取决于该国的出口能力。也就是取决于外债所形成的生产能力和出口创汇能力。20 世纪 60 年代以后，广大发展中国家大力发展民族经济，为了加快增长速度，迅速改变落后面貌，举借了大量外债。但是，没有根据投资额、偿还期限、项目创汇以及宏观经济发展速度和目标等因素综合考虑，不顾国家财力、物力和人力等因素的限制，盲目从事大型工程建设。更有甚者，还有部分外债根本没有流入到生产领域，而是盲目过量地进口消费品和奢侈品，这必然导致偿债能力的减弱。而不合理的消费需求又是储蓄率降低的原因，使得内部积累能力跟不上资金的增长，进而促使外债的进一步增长。

2. 外债结构不合理。这主要表现在以下几个方面。

（1）商业贷款比重过大。商业贷款的期限一般都较短，在经济形势较好或各方一致看好经济发展时，国际银行就愿意不断地发放贷款，因此这些国家就可以不断地通过借新债还旧债。但在经济发展中一旦出现某些不稳定因素，如政府的财政赤字、巨额贸易逆差或政局不稳等使市场参与者失去信心，外汇储备不足以偿付到期外债时，银行也不愿再发放新的贷款了。为偿还到期的外债，本来短缺的外汇资金这时会大规模流出，导致危机的爆发。

（2）外债币种过于集中。主要集中在美元等少数国家的货币。为了消除 20 世纪 70 年代普遍严重的通货膨胀状况，80 年代初，发达工业国家采取了放慢经济增长的政策，大幅度提高利率，西方七国短期资金的平均名义利率由 1979 年的 9.2% 上升到 1982 年的 12.9%。发达国家利率的提高，对债务国是十分不利的。因为 20 世纪 70 年代以来，国际商业贷款陆续采用浮动利率计息。据国际货币基金组织计算，国际金融市场上利率每提高一个百分点，非石油出口国大约要多付 40 亿美元的利息。巴西和墨西哥就得各多付 7.5 亿美元的利息。1979 年以来，许多债务国举借的新债仅仅是用于支付利息。1982 年非石油出口国举借新债 737 亿美元，而这一年支付的利息却达到 630 亿美元。

（3）期限结构不合理。爆发债务危机的国家，短期债务所占的比重过大，造成偿债时间集中。有些国家则是用借入的短期贷款在国内做长期投资，当流动性不足以支付到期的外债时，就会爆发危机。

3. 对外债缺乏宏观上的统一管理和控制。外债管理需要国家从宏观上进行统一的管理和控制，提高借入外债的使用效率，减少外债的风险，使风险和收益达到最圆满的结合。其管理的范围相当广泛，涉及外债的借、用、还各个环节，需要政府各部门进行政策协调。如果对借用的外债管理混乱，多头举债，无节制地引进外资，往往会使债务规模处于失控状态和债务结构趋于非合理化，它妨碍了政府根据实际已经变化了的债务状况对政策进行及时调整，而政府一旦发现政策偏离计划目标过大时，偿债困难往往已经形成。

4. 外贸形势恶化。20 世纪 80 年代初期，国际经济形势发生了变化，资本主义国家先后爆发了第二次世界大战后最严重的经济危机。发达国家的实际国民生产总值的增长率和世界贸易增长率都下降了，在 1982 年还出现了负增长。它们从发展中国家的进口需求大大减少，致使发展中国家的贸易条件恶化，出口收入大为降低。据联合国贸易和发展会议统计，非石油出口国的贸易在 1981 年的水平大约比年前的水平低 30%。1981—1983 年，初级产品价格下降到达萧条以来的最低点，不幸的是发展中国家的出口品往往是初级产品占绝大多数。出口收入的减少，经常项目逆差急剧增加，对外债的还本付息能力大大降低。

（三）国际债务危机的影响

国际债务危机的爆发，不仅给国内政治、经济和社会发展带来严重影响，而且对国际金融环境也带来了不良影响。

1. 对国内政治、经济的影响。

（1）使国内投资规模大幅度缩减。债务危机的爆发，使债务国的国际信誉大大降低，进入国际资本市场筹资的渠道受阻，不仅难以借到条件优惠的借款，甚至连条件苛刻的贷款也不易借到。国际投资者也会减少对该国的投资，国内资金的持有者对国内经济前景持悲观态度，也会减少投资，使国内经济发展应有的投资规模无法维持。同时，为了外债还本付息的需要，债务国必须大幅度压缩进口以获得一定的外贸盈余，这样，为经济发展和结构调整所需的材料、技术和设备等进口必然受到严重抑制，从而造成生产企业投资的萎缩。

（2）加剧国内通货膨胀。国际债务危机爆发后，由于投资的减少，企业生产能力的降低，生产规模的压缩，市场上的商品供给就会出现缺口，商品价格就会随之上升。同时，为了还本付息，国家往往将出口置于国内需求之上，为了减少外汇支出，国家往往采取限制进口的措施，使进口减少，这样，当国内市场的货物供应量减少到不能满足其基本需要时，通货膨胀就不可避免。

（3）国内经济增长速度放缓或停滞。为了制止资金外流，控制通货膨胀，政府会大幅度提高利率，使国内投资减少，需求下降，这些又会使国内经济增长速度受阻，甚至会出现较大幅度的倒退。整个 20 世纪 80 年代，拉丁美洲的经济基本上在原地踏步，国内生产总值累计增长 12.4%，人均增长 -9.6%。

2. 对国际金融环境的影响。国际债务危机的爆发，会造成国际金融环境的混乱。

（1）债务国需要更多的资金援助。债权国与债务国同处于一个金融体系之中，一方遭难，势必会牵连另一方。债权人若不及时向债务国提供援助，就会引起国际金融环境的进一步混乱，从而影响世界经济的发展。

（2）债权国（或银行）遭受损失。对于那些将贷款集中在少数债务国的债权国（或银行）来说，债务国出现问题，不能还本付息，必然会遭受损失，甚至破产。

（3）加剧全球股市、汇市的波动。债务危机的爆发，不仅使债务国国内局势急剧动荡,也影响到债权国的股票市场和外汇市场,进而造成国际金融环境的混乱。

(四) 国际债务危机的解决方案

为缓解债务危机的国际影响,发达国家政府、国际金融组织、债务国及某些国际经济会议都提出了不少解决方案、办法,其中影响较大的解决债务危机的措施有以下几个方面。

1. 债务重新安排。债务重新安排是指债务人与债权人协商,要求将债务期限重新作出安排。这样,一方面债务国可以有机会渡过难关,重整经济;另一方面债权人亦有希望收回贷出的本金和应得的利息。债务重新安排主要通过以下两个途径进行:

(1) 官方债务重新安排。官方债务重新安排是由"巴黎俱乐部"(Paris Club)① 负责安排的。通常,参加"巴黎俱乐部"的债务国,要先接受 IMF 的经济调整计划,然后才能向会议主席提出召开债务重新安排会议。获得重新安排的借款只限于政府的直接借款和由政府担保的各种中、长期借款,短期借款很少获得重新安排。典型的重新安排协议条款包括:将现在所有借款的 80% ~ 100% 延长时间偿还,通常有 4 ~ 5 年的宽限期,然后分 8 ~ 10 年时间偿付。至于利率方面,会议不作明确规定,而由各债权国与债务国协商。此外,其中有一小部分是采用再融通方式解决,即借新债还旧债。

(2) 商业银行债务重新安排。商业银行债务重新安排在某种意义上比官方债务重新安排更复杂。因为商业贷款的债权银行数目十分庞大,每家银行自然都会尽最大努力去争取自己的利益。而且,商业贷款的种类很多。例如,欧洲债券市场的首次外债重新安排中,债权人以不同贷款形式分成三个集团:一是债券的持有人,二是中、长期的银团贷款债权,三是短期信贷的债权人。它们经过将近两年的时间才达成初步的协议。商业银行主要对本期或一年内到期的长期债务重新安排,有时也包括到期未付的本金,但对利息的偿还期不予重新安排,必须在偿还利息欠款后,重新安排协议才能生效。债务重新安排后典型的还款期为 6 ~ 9 年,包括 2 ~ 4 年的宽限期。利率会高于伦敦银行间同业间拆放利率。

债务重新安排协商会议要求各债权银行共同寻求一个大家都能接受的方案,同时,实事求是地衡量债务国所处的经济、金融形势,拟定一个符合债务国偿还能力的还款协议。通常,银行要求债务国在完成政府官方债务重新安排后,才去达成商业贷款重新安排。债务重新安排给了债务国喘息的时间,并使债务国有可能将大量到期债务转为中长期债务。但从根本上说,重新安排债务,虽能解一时之急,却不能从根本上解决债务危机。由于债权银行在计息标准、货币构成和偿还期等方面所做的让步,以不损害自己的利益为前提。因此,债务国负债总额不可能因债务重新安排而大量减少,只是"变短期为中长期"而已。

2. 债务资本化。债务资本化是指债务国将部分外债转变为对本国的投资,包括债务转换股权、债务转用于资源保护以及债务调换等,从而达到减少其外债的目的。

---

① 巴黎俱乐部(Paris Club)也称"十国集团"(Group–10),成立于 1961 年 11 月,是一个非正式的官方机构,由于其经常在巴黎克莱贝尔大街的马热斯蒂克旅馆聚会,故称巴黎俱乐部。它不是一个专门的组织,而只是一个讲坛性质的松散的联合体。十国都是主要的西方发达工业国家,自 20 世纪 80 年代初以来,巴黎俱乐部为解决发展中国家债务问题,同广大发展中国家政府进行了积极广泛的合作,达成了数十项的债务重新安排协议,并为债务国提供新的资金援助。

（1）债务转换股权（Debt – for – Equity），简称"债转股"，是 1983 年以来出现的解决债务国部分债务的办法，基本步骤为：

首先，由政府进行协调、转换的债务需属于重新安排协议内的债务。债权方、债务方和政府各方经谈判同意后，委托某中间机构将贷给公共或私人部门的贷款向二级市场打折扣出售。有时外国银行亦把债权直接打折扣售给债务国中央银行。

其次，投资人向债务国金融当局提出申请。在取得同意后，即以这一折扣价买下这笔债务，然后到债务国中央银行按官方汇率贴现，兑换成该国货币。

最后，投资人使用这笔货币在该债务国购入股权进行投资。于是，这笔债务便从债务国的外国贷款登记机构注销而转入股票投资登记机构。除由政府进行协调解决的债务交易外，尚有不经政府协调的债务人与投资者之间的直接交易。由外国投资者从国际二级市场以折扣购进尚未到期的债券，而债务人则用本国货币提前支付这些外债。当转换完毕后，双方即在一定期限内通报债务国中央银行，注销外债。有些到期外债还通过国内证券交易所公开拍卖，由债券持有人通过提出折扣进行竞争，从债务国中央银行处换取该国的货币进行投资。

债转股的优点：第一，无需动用本国外汇就可减少债务，并可引进先进技术和提高就业率；第二，可在一定程度上缓解债务国缺乏资金的矛盾；第三，可吸引外逃资金回来参加国内建设。但同时也有不利影响：第一，债务转换股权如采用过多，引进过量外资，将导致一些部门的控制权逐渐落入外国公司之手，出现经济被外资控制的局面；第二，如果政府通过全国的银行系统筹措债务转移所需的资金，势必造成债务国货币供应量大增，使本国货币贬值；第三，单纯通过国内资本市场进行融资以满足债权对股权转换的资金需求，会导致国内流通资金的紧张，产生利率上升的压力；第四，债务额过于庞大的国家实际上也没有过多的投资机会。因此，这种债转股的方法不能被广泛实施。

（2）债务调换（Debt Conversion）。债务调换是指发行新债券以偿付旧债。具体做法为一国以债券形式举措新债，出售债券取得现款，以便在二级市场上回购债务，或直接交换旧债。这种方案的设想是，如果新债券能比现存债务以较小的折现率出售，那么其效应将是减少债务而不必使债务国动用大量外汇储备。但这种方法受限于一国的债券信誉及资本市场的发达程度。

（3）债务减免，又叫"债务转用于资源保护"（Debt – for – Nature），是指通过债务转换取得资金用于保护自然资源。这种措施由世界野生物基金组织主管科研的副会长托马斯·E. 勒夫乔埃于 1984 年提出。具体做法为世界野生物基金组织同债务国金融机构、中央银行、政府资源管理机构或私人自然资源保护组织达成原则协议，定下换成当地货币的汇率及管理和使用这笔资金的代理机构，然后以其收到的捐赠资金从私人银行或二级市场以折扣价购进债务后，转售给债务国资源管理机构或私人自然资源保护机构，并向该国中央银行兑换成该国货币，然后再交给资源保护机构用于环保项目投资。这样，环保机构可以从二级市场以较大的折扣购入大于其票面价值数倍的债权，之后再与债务国进行谈判，可免除部分债务，并将免除债务的这笔资金以本币投资于全国性的环保项目。到 1988 年，至少有厄瓜多尔、玻利维亚、哥斯达黎加和墨西哥四国制定与落实了这种方案。虽然这些方案免债金额不大，但对发展中债务国来说，既减轻了债务负担又能保护生态环境，对经济发展还是具有一定现实意义的。

三、欧洲主权债务危机

欧洲主权债务危机，简称"欧债危机"。是指 2009 年开始于希腊等欧盟国家所发生的国家信用危机。2009 年 11 月，希腊财政部宣布其 2009 年财政赤字占国内生产总值（GDP）的比例将达到 13.7%，国家负债高达 3 000 亿欧元，创下历史新高。同年12 月，全球三大评级公司标普、穆迪和惠誉分别下调希腊的主权债务评级，导致市场出现恐慌，成为欧洲主权债务危机的发端。此后，"欧洲（猪）五国 PIIGS"（Portugal—葡萄牙、Italy—意大利、Ireland—爱尔兰、Greece—希腊、Spain—西班牙）的主权信用评级也相继被调低。到 2010 年该五国及欧盟其他国家的债务与 GDP 的比率（见图7 -5）。

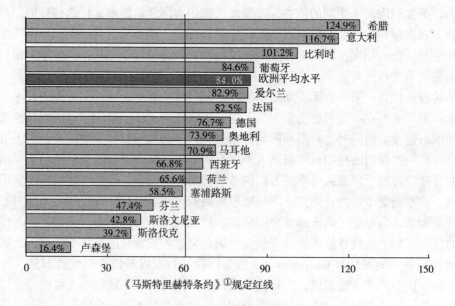

图 7 -5 2010 年欧洲各国债务与 GDP 比值

进入 2011 年下半年，欧债危机出现了向法国等欧元区核心国家蔓延的势头，国际社会对欧元的信心减弱，整个欧盟面临严峻的考验。

（一）欧洲债务危机的成因

欧洲主权债务危机爆发的主要导火索是希腊，即希腊早在 2001 年达到了欧盟的财赤率要求，同年加入欧元区。但是，这一过程对希腊国家而言，所付出的代价也是相当巨大的。具体而言，希腊为了尽可能缩减自身外币债务，与高盛签订了一个货币互换协议。这样，希腊就通过货币互换协议减少了自身的外币债务，达到足够的财赤率加入欧元区。但通过与高盛所签订的协议来看，希腊就必须在未来很长一段时间内支付给对方高于市价的高额回报。随着时间的推移，希腊的赤字率显然会走入低迷状态，进而导致

---

① 《马斯特里赫特条约》即《欧洲联盟条约》，于 1991 年 12 月 9—10 日第 46 届欧洲共同体首脑会议在荷兰的马斯特里赫特（Maastricht）举行。经过两天辩论，通过并草签了《欧洲经济与货币联盟条约》和《政治联盟条约》，即《马斯特里赫特条约》。这一条约是对《罗马条约》的修订，它为欧共体建立政治联盟和经济与货币联盟确立了目标与步骤，是欧洲联盟成立的基础。

了 2009 年欧洲主权债务危机的形成。从其内部分析，欧债危机的原因主要有以下几个方面。

1. 欧元区经济发展不平衡。欧元区的各个国家经济差距较大，区域之间发展极不平衡。其中，德国、意大利、法国等国家经济较为发达，而希腊、爱尔兰等外围国家经济较为落后，德国的 GDP 占欧元区 GDP 总规模的 20%，德法意三国占比更是高达 50%。在成立欧元区之后，德意法等核心国利用制度的原有优势、技术和资金优势，乃至所谓"地区意识和价值优势"，享受着地区整合和单一货币区域的好处；而在欧元区核心圈的外围，希腊、爱尔兰等国形成了比较劣势带。在单一货币区内，统一的货币政策更加倾向于德意法等国家的经济目标，从而导致区域发展不均衡现象愈发严重。

2. 各国产业结构不合理。在欧盟国家中，希腊经济发展水平相对较低，资源配置极其不合理，以旅游业和航运业为主要支柱产业。为了大力发展支柱产业并拉动经济快速发展，希腊对旅游业及其相关的房地产业加大了投资力度，希腊 90% 的家庭财富是以房地产形式存在的。其投资规模超过了自身能力，导致负债提高。

意大利经济结构的最大特点，是以出口加工为主的中小企业（创造国内生产总值的 70%）。主要依靠出口拉动的经济体极易受到外界环境的影响，2009 年其出口总量出现大幅下滑，随着世界经济日益全球化和竞争加剧，意大利原有的竞争优势逐渐消失。

建筑业、汽车制造业与旅游服务业是西班牙的三大支柱产业。由于长期享受欧元区单一货币体系中的低利率，使得房地产业和建筑业成为西班牙近年经济增长的主要动力。从 1999 年到 2007 年，西班牙房地产价格翻了一番，同期欧洲新屋建设的 60% 都发生在西班牙。

爱尔兰一直被誉为欧元区的"明星"，因为其经济增速一直显著高于欧元区平均水平，但是爱尔兰的经济以出口为主，比重占整个国家经济的 70%，这意味着爱尔兰出口的提高是以降低其国内消费为代价的。同时也离不开房地产投资的拉动，早在 2005 年爱尔兰房地产业就已经开始浮现泡沫，且在市场推波助澜下愈吹愈大，2008 年爱尔兰房价已经超过所有经合组织成员国房价。

葡萄牙在过去十几年中最为显著的一个特点是服务行业持续增长，这与其他几个欧元区国家极其相似，2010 年葡萄牙的农林牧渔业只创造了 2.38% 的增加值，工业创造了 23.5% 的增加值，而服务业创造的增加值达到了 74.12%。

总体看来，PIIGS 五国属于欧元区中相对落后的国家，它们的经济更多依赖于劳动密集型制造业出口和旅游业。随着全球贸易一体化的深入，新兴市场的劳动力成本优势吸引全球制造业逐步向新兴市场转移，南欧国家的劳动力优势不复存在。而这些国家又不能及时调整产业结构，使得经济在危机冲击下显得异常脆弱。

3. 刚性的社会福利制度。欧盟各国的社会福利占 GDP 的比重大多在 20% 以上。2010 年希腊社会福利支出占 GDP 的比重为 20.6%，而社会福利在政府总支出中的占比则高达 41.6%。在经济发展良好的时候并不会出现问题，而当本国经济增长停滞时，问题就出现了。从 2008 年到 2010 年，爱尔兰和希腊 GDP 都出现了负增长，而西班牙这两年 GDP 也出现了负增长，但这些国家的社会福利支出并没有因此减少，导致其财政赤字猛增，2010 年希腊财政赤字占 GDP 比重达到了 10.4%，而爱尔兰这一比重更是高达 32.4%。

4. 单一货币制度的缺陷。

（1）货币制度与财政制度不能统一，协调成本过高。根据欧元之父——蒙代尔的有效市场分配原则，货币政策服务于外部目标，主要维持低通货膨胀，保持对内币值稳定，财政政策服务于内部目标，主要着力于促进经济增长，解决失业问题，从而实现内外均衡。欧洲中央银行在制定和实施货币政策时，需要平衡各成员国的利益，导致利率政策调整总是比其他国家慢，调整也不够到位，在统一的货币政策应对危机滞后的情况下，各国政府为了尽早走出危机，只能通过扩张性的财政政策来调节经济，许多欧元区成员国违反了《稳定与增长公约》中公共债务占 GDP 比重上限 60% 的标准，但是并没有真正意义上的惩罚措施，由此形成了负向激励机制，加强了成员国的预算赤字冲动，主权债务激增。

（2）欧盟各国劳动力无法自由流动和各国不同的公司税税率，造成了经济的泡沫化。最初蒙代尔的最优货币区理论是以生产要素完全自由流动为前提，并以要素的自由流动来代替汇率的浮动。欧元体系只是在制度上放松了人员流动的管制，但是，由于语言、文化、生活习惯、社会保障等因素的存在，欧盟内部劳动力并不能完全自由流动。另一方面，欧盟国家只统一了对外关税税率，并没有让渡公司税税率，欧元区核心国家（法、德）的公司税税率偏高（约为 30% 左右），较高的税率促使其资金外流。其他边缘国家及东欧国家的公司税税率普遍低于 20%，这些税率较低的国家也正是劳动力比较充足的国家，资金和劳动力的结合使得这些国家的经济不断膨胀，从而导致了国内经济的泡沫化。

（3）欧元区制度设计上没有退出机制，出现问题后协商成本很高。由于在欧元区建立的时候，制度设计上没有充分考虑退出机制，这给以后欧元区危机处理提出了难题。个别成员国在遇到问题后，只能通过欧盟的内部开会讨论，来解决成员国出现的问题，市场也随着一次次的讨论而跌宕起伏。不可否认，各国都从自身的利益出发，一次次的讨论使得危机不能得到及时解决，造成协商成本很高。

（二）欧债危机对世界经济的影响

欧元区主权债务危机的爆发，已经成为影响国际金融稳定和世界经济复苏的一个重要因素。伴随危机的不断深化，欧元区生存前景开始遭到质疑，欧盟内部成员国对经济货币联盟的改革方向意见分歧加剧，欧洲一体化进程面临不进则退的重大抉择，这场危机对世界经济的潜在破坏性影响也进一步凸显。

1. 欧元区减债困难增大，并拖累世界经济复苏。为取信于资本市场，尽快改善政府财政状况，向外界表明政府解决债务问题的决心，危机爆发后欧盟成员国把采取财政紧缩作为应对危机的首要举措，争取尽快减少赤字，恢复财政平衡。这些措施导致各国失业率上升、福利下降，有效需求萎缩。据经合组织报告称，欧元区经济增长率将由2011 年的 1.6% 降至 2012 年的 0.2%。瑞银、花旗等多家金融机构也预测欧元区将陷入轻度经济衰退。欧元区面临着促进经济增长和缩减财政赤字的两难处境。同时，为修补货币联盟关键性的制度缺陷而提出的改革倡议，如建立财政联盟、强化经济治理、发行共同债券等，或遭遇严重分歧而搁浅，或涉及旷日持久的谈判，或面临充满变数的修改联盟条约等挑战，改革方向的不确定性和经济动荡局面可能延续。因此，从中期看欧盟经济将继续承受沉重的债务压力；加上美国经济复苏乏力，日本陷入长期经济停滞，发达国家整体陷于较长时期的低增长、高失业、高债务负担的概率加大。这将对世界经济增长造成长期拖累。

2. 欧债危机通过贸易途径影响世界经济。欧债危机已经对欧盟的内外贸易产生显著影响，进而通过贸易途径影响其主要贸易伙伴的经济增长。欧盟是世界上最重要的贸易集团，是美、中等国第一大贸易伙伴。欧债危机造成欧盟需求萎缩，贸易保护主义倾向抬头，给贸易伙伴国经济增长带来负面影响。

3. 欧元区主权债务和银行风险相互交织，已成为国际金融稳定的重大威胁，这种影响可以从两个方面来分析。

（1）危机久拖不决导致全球金融系统性风险加大。欧债危机的短期直接影响是使欧元区公债的安全性遭到质疑，欧元作为国际储备货币的吸引力下降，国际资本纷纷逃离欧元资产。一旦欧债危机失控，例如发生成员国无序违约或欧元解体等事件，将危及国际金融体系安全。

（2）欧洲资金回撤对世界经济的消极影响。欧洲银行体系是此次危机的重灾区。欧盟要求各大银行提高核心资本充足率，银行被迫在全球范围内实行业务收缩，导致资金回流。根据国际清算银行的统计，欧洲银行投入新兴经济体的资金高达 3.4 万亿美元，其中 1.3 万亿美元流入了东欧国家。中东欧国家及亚洲部分新兴经济体经济发展高度依赖欧元区国家银行的注资。一旦发生欧元区资金回流，将导致这些国家本币贬值，通胀压力加大，投资锐减，危及实体经济。

至于欧债危机如何尽快解决，需要多方的努力与配合，目前仍在探索之中，有待进一步研究。

第五节　中国利用外资与外债管理

一、中国利用外资

（一）中国利用外资情况

中国利用外资经历了一个曲折的过程。20 世纪 50 年代初期，曾向苏联政府贷款 19 亿美元，引进了 156 项重点工程建设项目，为社会主义工业化建设打下了基础。60 年代初，我国利用延期付款方式从日本和西欧引进设备，同时又利用中国银行吸引的外汇存款建立了一支规模不小的远洋运输船队。在当时特定的历史条件下，我国曾依靠独立自主、自力更生地发展本国经济，认为"既无内债，又无外债"是国家强盛的标志，否定了利用外资的必要性。

1979 年以后，中国才开始积极地、较大规模地利用外资。利用外资的统计数据经常包括协议利用外资额和实际利用外资额。协议利用外资金额，通常简称协议外资，是指在一定时期内，经主管部门批准的与境外政府、部门、银行、企业和国际组织签订的借款或投资协议（合同）资金总额，包括大陆与港、澳、台同胞及华侨签订的协议金额。它是反映全国及各地区、各部门同境外发生借贷关系和利用外资规模。实际利用外资额，是指在和外商签订合同后，实际到达的外资款项。只有实际利用外资才能真正体现我国的外资利用水平。随着国内投资环境的不断改善，外资流入也逐年稳步增加，实际利用外资情况如表 7-2 所示。

表 7-2 **1979—2011 年我国实际利用外资金额** 单位：亿美元

年份	1979—1982	1983	1984	1985	1986	1987	1988	1989	1990	1991
金额	124.6	19.8	27.1	44.6	72.6	84.5	102.3	100.6	102.9	115.5
年份	1992	1993	1994	1995	1996	1997	1998	1999	2000	2001
金额	192.0	389.6	432.4	481.3	548.0	644.7	585.6	526.6	593.6	496.7
年份	2002	2003	2004	2005	2006	2007	2008	2009	2010	2011
金额	550.1	561.4	640.7	638.0	694.7	826.6	923.9	900.3	1 057.3	1 160.1

资料来源：中华人民共和国商务部网站，作者通过全国利用外资情况统计整理得出。

（二）中国利用外资的基本形式

我国利用外资的基本形式，一般分为外商直接投资、外商间接投资、外商其他投资和我国的对外借款。采用最多的是直接投资方式，包括中外合资经营企业、中外合作经营企业、外商独资经营企业和合作开发。

1. 外商直接投资（Foreign Direct Investment，FDI）。外商直接投资，也叫国际直接投资（International Direct Investment），是指外国企业和经济组织或个人（包括华侨、港澳台胞以及我国在境外注册的企业）按我国有关政策、法规，用现汇、实物、技术等在我国境内开办外商独资企业、与我国境内的企业或经济组织共同举办中外合资经营企业、合作经营企业或合作开发资源的投资（包括外商投资收益的再投资），以及经政府有关部门批准的项目投资总额内企业从境外借入的资金。它以控制经营管理权为核心，以获取利润为目的。

（1）中外合资经营企业亦称股权式合营企业。它是外国公司、企业和其他经济组织或个人同中国的公司、企业或其他经济组织在中国境内共同投资举办的企业。其特点是合营各方共同投资、共同经营、按各自的出资比例共担风险、共负盈亏。各方出资折算成一定的出资比例，外国合营者的出资比例一般不低于 25%。

（2）中外合作经营企业亦称契约式合营企业。它是由外国公司、企业和其他经济组织或个人同中国的公司、企业或其他经济组织在中国境内共同投资或提供合作条件举办的企业。各方的权利和义务，在各方签订的合同中确定。举办中外合作经营企业一般由外国合作者提供全部或大部分资金，中方提供土地、厂房、可利用的设备、设施，有的也提供一定量的资金。

（3）外商独资企业。它是指外国的公司、企业、其他经济组织或者个人，依照中国法律在中国境内设立的全部资本由外国投资者投资的企业。根据外资企业法的规定，设立外资企业必须有利于我国国民经济的发展，并应至少符合下列一项条件，即采用国际先进技术和设备的；产品全部或者大部分出口的。外资企业的组织形式一般为有限责任公司。

（4）合作开发资源。中外合作开发资源是指我国企业与外国石油企业以风险合同形式，在我国海域内与内陆可能含油地区合作勘探、开发石油资源的一种方式。在勘探阶段由外国石油企业投资，负责全部勘探作业，若具有商业性开发价值，则中外双方合作开发，投产后按合同规定给予外国企业一定勘探费用的补偿；若不具备商业性开发价值，则风险全部由外国企业承担。合作开发主要是海上和陆上石油合作勘探开发。它是目前国际上在自然资源领域广泛使用的一种经济合作方式，其最大的特点是高风险、高投入、高收益。合作开发和以上三种方式相比，所占比重很小。

2. 外商间接投资（Foreign Indirect Investment，FII）。外商间接投资是指国内政府、金融机构、企业为筹集外币资金在国际资本市场上发行国际债券，由外商购买而形成的投资。这是外商间接投资的一种方式。另一种方式是 1992 年开始的我国股份制企业为筹集外币资金，在国内或国际金融市场上发行的以外币计价的股票，其中有 B 股股票，即中国企业在内地股票市场发行，但以美元和港元标价和出售的股票；H 股股票，即中国企业在中国香港市场发行，以港元或美元标价和出售的股票；N 股股票，即中国企业在纽约市场发行，以美元标价和出售的股票。这些股票的投资者与国内普通股股票（A 股）的投资者都是发行股票企业的股东，享有同等的权利和义务。

2002 年 11 月 5 日，我国正式出台《合格境外机构投资者境内证券投资管理暂行办法》。合格的境外机构投资者（Qualified Foreign Institutional Investors，QFII）是一国在货币没有实现完全可自由兑换、资本项目尚未开放的情况下，有限度地引进外资、开放资本市场的一项过渡性的制度。这种制度要求外国投资者若要进入一国证券市场，必须符合一定的条件，得到该国有关部门的审批通过后汇入一定额度的外汇资金，并转换为当地货币，通过严格监管的专门账户投资当地证券市场。截至 2012 年 8 月底，经中国证监会和外汇管理局审批通过的合格境外机构投资者共 152 家，累计批准额度 298.68亿美元[①]。

3. 外商其他投资。外商其他投资是指外商直接、间接投资以外的各种利用外资形式。包括国际租赁方式进口设备的应付款；补偿贸易中外商提供的进口设备、技术、物料的价款；加工装配贸易中外商提供的设备、物件和物料价款等。

4. 我国的对外借款。对外借款是指通过对外正式签订借款协议，从境外筹措资金的利用外资方式。它包括我国借入的外国政府贷款、国际金融组织贷款、外国银行商业贷款和出口信贷等。

二、中国外债管理

在我国利用外资的各种形式中，外商直接投资与间接投资中的各种股票发行，不会构成我国的对外债务，而发行国际债券和对外借款则成为我国的对外负债。2003 年 1月 8 日，国家发展计划委员会、财政部和国家外汇管理局共同颁布《外债管理暂行办法》，其中第二条对外债解释为：外债是指境内机构对非居民承担的以外币表示的债务。"境内机构"，是指在中国境内依法设立的常设机构，包括但不限于政府机关、金融境内机构、企业、事业单位和社会团体。"非居民"，是指中国境外的机构、自然人及其在中国境内依法设立的非常设机构。

---

① 资料来源：国家外汇管理局网站，www.safe.gov.cn。

我国外债的管理部门是国家发展计划委员会（2003 年改组为国家发展和改革委员会）、财政部和国家外汇管理局。

（一）我国外债的分类

1. 按照债务类型划分，外债分为外国政府贷款、国际金融组织贷款和国际商业贷款。外国政府贷款，是指中国政府向外国政府举借的官方信贷；国际金融组织贷款，是指中国政府向世界银行、亚洲开发银行、联合国农业发展基金会和其他国际性、地区性金融机构举借的非商业性信贷；

国际商业贷款，是指境内机构向非居民举借的商业性信贷。包括向境外银行和其他金融机构借款；向境外企业、其他机构和自然人借款；境外发行中长期债券（含可转换债券）和短期债券（含商业票据、大额可转让存单等）；买方信贷、延期付款和其他形式的贸易融资；国际融资租赁；非居民外币存款；补偿贸易中用现汇偿还的债务；其他种类国际商业贷款。

2. 按照偿还责任划分，外债分为主权外债和非主权外债。主权外债，是指由国务院授权机构代表国家举借的、以国家信用保证对外偿还的外债。非主权外债，是指除主权外债以外的其他外债。对外担保形成的潜在对外偿还义务为或有外债。

（二）我国外债的管理

国家根据外债类型、偿还责任和债务人性质，对举借外债实行分类管理。

国际金融组织贷款和外国政府贷款由国家统一对外举借。

国家发展计划委员会会同财政部等有关部门，制定世界银行、亚洲开发银行、联合国农业发展基金会和外国政府贷款备选项目规划，财政部根据规划组织对外谈判、磋商、签订借款协议和对国内债务人直接或通过有关金融机构转贷。其中，世界银行、亚洲开发银行、联合国农业发展基金会和重点国别外国政府贷款备选项目规划须经国务院批准。

财政部代表国家在境外发行债券由财政部报国务院审批，并纳入国家借用外债计划。其他任何境内机构在境外发行中长期债券均由国家发展和改革委员会会同国家外汇管理局审核后报国务院审批；在境外发行短期债券由国家外汇管理局审批，其中设定滚动发行的，由国家外汇管理局会同国家发展和改革委员会审批。

国家对国有商业银行举借中长期国际商业贷款实行余额管理，余额由国家发展和改革委员会会同有关部门审核后报国务院审批。境内中资企业等机构举借中长期国际商业贷款，须经国家发展计划委员会批准。国家对境内中资机构举借短期国际商业贷款实行余额管理，余额由国家外汇管理局核定。

（三）我国外债的概况

我国外债总体规模呈持续增长态势，负债率基本在 8%～15% 波动，最高为 1994 年 16.6%，最低为 2009 年 8.59%，债务风险相对较小，低于国际上 20% 的上限指标。债务率总体上呈下降趋势，最高为 1993 年 96.55%，近年来已下降到 30% 左右，远低于 100% 的国际公认警戒线（具体数据见表 7-3）。

表 7 - 3　　　　　　　　　　　　1987—2012 年中国外债情况

年份	外债余额（亿美元）	负债率（%）	债务率（%）
1987	30.20	9.4	77.10
1988	40.00	9.97	87.13
1989	41.30	9.2	86.37
1990	52.55	13.55	91.60
1991	60.56	14.91	91.90
1992	69.32	14.35	87.95
1993	83.57	13.63	96.55
1994	92.81	16.60	78.04
1995	106.59	14.64	72.39
1996	116.28	13.58	67.73
1997	130.96	13.75	63.19
1998	146.04	14.33	70.41
1999	151.83	14.02	68.71
2000	145.73	12.16	52.13
2001	203.30	15.35	67.90
2002	202.63	13.94	55.45
2003	219.36	13.37	45.23
2004	262.99	13.61	40.15
2005	296.54	13.14	35.44
2006	338.59	12.48	31.89
2007	389.22	11.13	29.00
2008	390.16	8.63	24.67
2009	428.65	8.59	32.16
2010	548.94	9.26	29.25
2011	695.00	9.52	33.31
2012	736.99	8.96	32.78

资料来源：国家外汇管理局统计数据，www.safe.gov.cn。

本 章 小 结

1. 国际资本流动是指资本从一个国家或地区转移另一个国家或地区。引起国际资本流动的原因很多，但从总体来看，不外乎以下两个：一是追逐利润，二是规避风险。具体分析主要有以下几个方面：（1）过剩资本的形成；（2）利用外资策略的实施；（3）利润的驱动；（4）汇率、利率的变化；（5）政治、经济及战争风险的存在；（6）国际炒家的投机。国际资本流动的经济影响，既有促进世界经济发展的积极一面，也有造成混乱、危机的消极一面。

2. 国际资本流动的类型按期限划分，有短期资本流动和长期资本流动。短期资本流动是指期限在 1 年或 1 年以内的资本流动。按流动的动机不同可划分为贸易资本流动、保值性资本流动、银行资本流动、投机性资本流动。长期资本流动是指期限在 1 年以上的资本流动。按流动的方式不同可划分为直接投资、间接投资、国际信贷等。按照资本流动与实际生产、交换有无直接联系划分，有两大类型：一类是产业性资本流动，是指与实际生产和交换发生直接联系的资本流动；另一类是金融性资本流动，与实际生产和交换没有直接联系。

3. 货币危机可以诱发金融危机，而金融危机也常常导致该国货币危机的发生。货币危机的爆发，通常是于国内经济基础薄弱、外汇储备不足、金融市场开放过快、银行系统脆弱、外债负担过重等原因。货币危机的发生，给一国国内经济带来不良影响，对国际金融体系造成巨大冲击，同时也为国际金融体系提出了许多新的课题。

4. 美国次贷危机是指一场发生在美国，因次级抵押贷款机构破产、投资基金被迫关闭、股市剧烈震荡引起的风暴。由房地产市场蔓延到信贷市场，进而演变为全球性的金融危机。危机的原因主要有：（1）宽松的贷款标准和创新的贷款品种；（2）风行的证券化和偏高的信用评级；（3）基准利率上升和房价下跌等。次贷危机的爆发，不仅影响美国经济，而且影响到全球经济的增长。

5. 外债是指任何特定的时间内，一国居民对非居民承担的具有契约性偿还责任的负债。外债规模的监测指标主要有：（1）负债率是指一国外债余额与当年该国国民生产总值的比率。（2）债务率是指外债余额与当年出口商品、劳务外汇收入的比率。国际债务危机是指在国际借贷领域中因大量负债，超过了借款者自身的清偿能力，造成无力还债或必须延期还债的现象。欧债危机是指 2009 年开始于希腊等欧盟国家所发生的国家主权债务危机。欧元区主权债务危机的爆发，已经成为影响国际金融稳定和世界经济复苏的一个重要因素。伴随危机的不断深化，欧元区生存前景开始遭到质疑，欧盟内部成员国对经济货币联盟的改革方向意见分歧加剧，欧洲一体化进程面临不进则退的重大抉择，这场危机对世界经济的潜在破坏性影响也进一步凸显。

6. 中国利用外资的基本形式，一般分为外商直接投资、外商间接投资、外商其他投资和我国的对外借款。采用最多的是直接投资方式，包括中外合资经营企业、中外合作经营企业、外商独资经营企业和合作开发。

复习思考题

1. 国际资本流动的原因有哪些？
2. 国际资本流动与国际资金流动有什么区别？20 世纪 80 年代以来，国际资金流动有什么特点？
3. 国际金融危机与国际货币危机有什么关系？
4. 国际货币危机的原因和影响有哪些？
5. 美国次贷危机爆发的主要原因是什么？
6. 什么是国际债务危机？衡量国际债务的指标有哪些？
7. 欧债危机对全球经济将产生什么样的影响？

第八章 国际结算

国际结算是指国际间由于政治、经济、文化、外交、军事等方面的交往或联系而发生的以货币表示债权债务的清偿行为或资金转移行为。国际结算中使用的工具，主要包括汇票、本票和支票。国际结算的方式，主要包括汇款、托收和信用证。

第一节 国际结算中的票据

一、票据的含义

票据有广义和狭义之分。

广义的票据概念泛指一切商业上的权利单据（Document of Title），表明某人拥有不在其实际占有下的金钱或商品的所有权或索取权的各种商业书面权利凭证，包括一切有价证券和各种凭证，如汇票、本票、支票、股票、仓单、提单、债券（政府债券、金融债券、公司债券）等。

狭义的票据是指以支付金钱为目的的有价证券，是指由出票人签发的，无条件约定由自己或委托他人在一定日期支付确定金额的流通证券。国际结算中的票据是指这种狭义的票据，又叫国际结算工具。它代替现金起流通和支付作用，从而抵消和清偿国际间债权债务，因而是国际结算中的重要工具。

二、票据的作用

（一）支付工具

票据最原始、最简单的作用是作为支付手段，代替现金使用，不仅可以节省点数现钞的时间，减少麻烦，而且也比随身携带现金安全可靠。作为支付手段，各种票据都可以使用。例如，买主支付货款，可以签发支票，也可以签发本票，还可以委托银行签发汇票。现在，无论是企业消费还是个人消费，国外使用支票代替现金付款已经成为十分平常的事。

（二）流通工具

票据可以经过背书转让，从而用以抵偿多方之间的债权债务。在票据到期时，只需通过最后持票人同付款人之间进行清算，就可使此前发生的各次交易同时结清。

（三）信用工具

个人之间的借贷，贸易双方之间的延期偿付，都可以利用票据这个信用工具。例如若买方向卖方请求延期付款一个月，如果卖方同意，可用两种方法：或由买方向卖方签发一张远期本票，一个月后付款；或由卖方向买方签发一张远期汇票，经买方承兑后，一个月后付款。这时票据所表现的不仅是价款，而且还表现了一个月的信用关系。所以票据能使信用契约化。

（四）融资工具

通过票据的约期付款和向银行的贴现或再贴现，票据可以用于融资。

三、票据的种类

（一）汇票

汇票是一个人向另一个人签发的，要求对方于见票时或定期或在一个可以确定的将来的时间，对某人或其指定人或持票来人，支付一定金额的无条件的书面支付命令。

1. 汇票上要写明"汇票"字样。汇票上注明"汇票"字样的目的是与其他票据区别开来。《日内瓦统一票据法》规定：汇票应有记载其为汇票之文句，否则汇票无效。

2. 无条件的支付命令（Unconditional Order in Writing），如"Exchange for GBP 5 000"，或"Draft for USD 3 000"。汇票的本质和核心要求：（1）必须用英语的祈使句，以动词开头，作为命令式语句；（2）支付命令必须是无条件的。支付命令连接着发生汇票交易的陈述也是无条件命令，可以接受。

3. 出票地点和日期。出票地点对国际贸易结算十分重要。根据国际司法的"行为地法律原则"，出票行为在某地发生，就以该地国家的法律为依据判定汇票的必要项目是否齐全，汇票是否成立和有效。这里的出票地，是指汇票形式上所记载的出票地域。未载明出票地者，以出票人地址作为出票地点。

各国票据法都将出票日期作为汇票必要项目，否则汇票无效。必须记载出票日期的意义在于以下三点。

（1）借以决定票据的有效期。虽然各国不尽相同，但按票据法的一般规则，票据都有一定的有效期，即必须在有效期内向付款人提示要求付款或承兑。而有效期的起算日期就是出票日期。如《日内瓦统一票据法》规定：见票即付的汇票必须在出票日以后一年内提示付款（我国《票据法》规定为一个月），见票后固定时期付款的汇票必须在出票日以后一年内提示要求承兑。

（2）借以决定付款的到期日。若汇票为出票后定期付款，借以决定付款到期日和利息起算日。

（3）借以判明出票人当时有无行为能力。如果出票人是法人，则可以判断出票时该法人是否已经成立或是否已宣告破产，从而判明汇票是否有效。

4. 付款时间。付款时间（Time of Payment）又称付款期限（Tenor）或付款到期日（Maturity），是付款人履行其付款义务的最后日期。汇票上关于付款日期的记载有以下几种：

（1）即期付款。持票人提示汇票的当天即为到期日。若汇票没有明确表示付款期限，即为见票即付的汇票。如"At sight pay to the order of ……"，"On demand pay to the order of ……"，"Pay to the order of ……"。

（2）远期付款。

At 30 days after sight	见票后 30 天
At 30 days after date	出票后 30 天
At a month after sight　（date）	见票（出票）后一个月

At 30 days after B/Ldate/shipment date	提单日期/装运日期后 30 天
At10 May, 2007	定日付款

5. 一定金额的货币。汇票即现金的代表，其所代表的现金总是一个确定额。所谓一定金额，意指任何人都可以计算出来或可以确定的金额。"About one thousand dollars"，"Five or six thousand dollars" 这类记载是不合格的。汇票金额必须用文字大写（Amount in Words）和数字小写（Amount in Figures）同时记载，在汇票上 "Exchange for" 后填写小写金额，在 "The sum of" 后填写大写金额。

6. 付款人名称和付款地点。付款人（Payer）就是受出票人的委托，支付票据金额的人。相对于出票人而言，也称受票人（Drawee）。付款人对汇票承兑后，就成为汇票的第一债务人，到期必须无条件付款。英国《票据法》第 5 条和《日内瓦统一票据法》第 3 条都规定，汇票的付款人可以是出票人自己。英国《票据法》还规定，如汇票上的付款人就是出票人本人或者付款人是虚构的或无行为能力者，持票人可自行决定，视该票为汇票或本票。若当做本票看待可以免去提示要求承兑，让出票人自始至终处于主债务人地位。

一般来说，汇票上的付款人只能有一个。但英国《票据法》第 6 条允许汇票付款人有两个或两个以上，但排列不能有先后顺序之分，也不能留有选择机会。例如，汇票上的付款人可记载为 "A and B"，但不可记载为 "A or B" 或 "First A then B"。（A bill drawn on A and B is permissible. A bill drawn on A or B is not permissible.）

付款地点是持票人提示票据要求承兑或付款的地点，也是拒绝付款时持票人请求作出拒绝证书的地点。票据上载明付款地点的主要好处在于：避免持票人随地请求，减少纠纷；票据涉及诉讼时，便于确定诉讼法院，因为根据国际司法的 "行为地法律原则"，计算到期日、承兑、付款等行为都要适用付款地法律。

7. 收款人名称。收款人（Payee）是票据最初的权利人，即第一次的债权人，或称主债权人。我国习惯称汇票的收款人为 "抬头"。根据抬头的不同写法，确定汇票的可流通性或不可流通性。

汇票抬头有三种写法。

（1）限制性抬头（Restrictive Order）是指收款人只限于某一具体人或某一单位。限制性抬头的汇票不得转让他人，只有汇票上指定的收款人才能接受票款。如

Pay toJohn Brown only（仅付给 John Brown），同时在票据其他地方有 "不可转让"（not transferable）的字样。

（2）指示性抬头（Demonstrative Order）是指可以由收款人或其委托人、指定人提示收款的汇票。指示性抬头的汇票可用背书和交付的方法转让。如

Pay to the order of Westminster Bank Ltd. , London（支付给伦敦 Westminster 银行的指定人）

（3）持票来人抬头（Payable to Bearer）。这种汇票不管谁持有，都有权要求付款人付款，而且在转让时无需背书，只要通过简单交付就可以实现。其特点是在收款人这一栏里一定有 "来人（Bearer）" 字样。如

"付给来人（Pay to Bearer）"；

"付给 A 或来人（Pay to A or Bearer）"。

由于这种汇票容易丢失而被他人冒领，收款人的权利缺乏保障，因此，有些票据法，例如《日内瓦统一票据法》，不允许把汇票做成持票来人抬头的形式。

8. 出票人名称和签字。出票人（Drawer）是出具汇票、创设票据债权的人，票据必须经过出票人签字才能成立，这是公认的原则。出票人签字是承认自己的债务，收款人因此有了债权，从而票据成为债权凭证。出票人在汇票上签字以示承担汇票的责任，不签字就不负责。如果汇票上的签字是伪造的，或是未经授权的人签字，则汇票无效。

出票人如果是受人委托而签字，而委托人是公司、单位、银行、团体时，应在公司名称前面写上"For"或"On behalf of"或"For and on behalf of"，或"Per pro"字样，并在个人签字后面写上职务名称。如

For ABC Co. Ltd. , London

John Smith Manager

这样 ABC 公司受到个人 John Smith 签字的约束，而 John Smith 不是他个人开出汇票，而是代理 ABC 公司开出汇票。

（二）本票

本票和汇票在基本内容上有很多相似之处：都是以货币表示的、金额一定的；都必须以无条件的书面形式做成；付款期限都可以是即期或远期的；收款人可以是指定某人或来人。

1. 本票和汇票的不同之处有以下几点：

（1）本票是无条件的支付承诺，汇票是无条件的支付命令。

（2）汇票有三个基本当事人，本票有两个基本当事人。一般常说"制成本票"（to make a promissory note），故出票人称之为 Maker，即是付款人。"开出汇票"（to draw a bill of exchange），因此出票人就是 Drawer。

（3）远期汇票必须经过付款人承兑才能确定付款人的付款责任，本票没有承兑制度。对"见票后定期付款"的本票，须进行提示，提示付款到期日，不是提示承兑。

（4）本票在任何情况下，出票人都是主债务人，对本票负有绝对的付款责任。而远期汇票在承兑前，出票人是主债务人，承兑后，承兑人是主债务人。

（5）本票只能开出一张，而汇票一般开出一套，一式两份。

2. 本票的必要项目。本票必须具备以下几项：（1）写明其为"本票"字样；（2）无条件支付承诺；（3）收款人或其指定人；（4）制票人签字；（5）出票日期和地点（未载明出票地点者，制票人名字旁的地点视为出票地）；（6）付款期限（未载明付款期限者，视为见票即付）；（7）一定金额；（8）付款地点（未载明付款地点者，出票地视为付款地）。

3. 本票的用途。

（1）商品交易中的远期付款，可先由买主签发一张以约定付款日为到期日的本票，交给卖方，卖方可凭本票到期收到货款，如果急需资金，他可将本票贴现或转售他人。

（2）用做金钱的借贷凭证，由借款人签发本票交给贷款人收执。借款合同订有利率和担保人时，可将本票写上利息条款，注明利率和起算日并请担保人在本票上做成"担保付款"的行为。

（3）企业向外筹集资金时，可以发行商业本票，通过金融机构予以保证后，销售

于证券市场获取资金，并于本票到期日还本付息。

（4）客户提取存款时，银行本应付给现金，如果现金不多，可将存款银行开立的即期本票交给客户以代替支付现钞。

（三）支票

支票是银行存款客户向自己开立账户的银行签发的，授权该银行即期支付一定数目的货币给一个特定人，或其指定人，或来人的无条件书面支付命令。

1. 支票的特征。支票与汇票的不同主要体现在以下两方面：

（1）支票是见票即付的票据。支票只有即期付款，无需承兑，也不存在到期日问题。支票由于只是即期，所以只起结算作用，起不到融资作用。

（2）支票是由银行付款的票据。支票的付款人只限于银行等可以办理存款业务的金融机构，收款人可以是他人也可以是出票人，但付款人只能是银行。这与汇票和本票的付款人无身份限制是绝对不同的。支票是由银行的支票存款储户根据协议向银行开立的付款命令，没有存款的出票人签发的支票得不到付款，有存款没有支票协议的出票人签发的支票同样得不到付款。

2. 支票的必要项目。支票必须具备以下几项：（1）写明其为"支票"字样；（2）无条件支付命令；（3）付款银行的名称和地点；（4）出票人的名称和签字；（5）出票日期和地点（未载明出票地点者，出票人名称旁的地点视为出票地）；（6）写明"即期"字样，如未写明即期者，仍视为见票即付；（7）一定金额；（8）收款人或其指定人。

3. 支票的种类。

（1）划线支票（Crossed Cheque）与不划线支票（Uncrossed Cheque ／ Open Cheque）。在支票正面划有两条平行线的支票称为划线支票。该支票不能在付款行的柜台提取现金，而只能把钱付到收款人的账户入账。划线是一种附属的支票行为，由出票人、背书人或持票人划之。其目的在于防止支票丢失和被盗时被人冒领。因为只要提供的票据合格，支票的付款银行就得立即支付，所以如果支票落入非正当持票人手中，支票金额便很容易被骗取。但划线支票限制了支票金额受领人的资格，它只能通过银行或其他金融机构受领，而不能由持票人直接提取现款，于是这保证了支票的安全。在票据上划线是支票独有的制度，大多数国家的票据法都有划线制度。

未划线支票既可转账，又可提现。

（2）保付支票（Certified Cheque）。为了避免出票人开出空头支票，保证支票在提示时付款，受票行可应出票人或持票人的请求，在票面写上"保付"（Certified to Pay）字样并签字。这张支票就成了保付支票。保付支票具有更好的信誉，更便于流通。

对保付人来说，保付一旦做成，保付人即负有绝对的义务，即使付款提示期已过，保付人仍不得以此为由拒绝付款。保付成立后，付款银行应从出票人的存款账户内提存支票金额，存在专门账户中以备付款之用。

对出票人、背书人来说，支票保付后，他们的责任便已免除。此时支票上的债权债务关系只是持票人与付款人之间的债权债务关系。

对持票人来说，支票保付后，持票人可以不受提示期限的约束。但万一丢失，不能挂失止付。

第二节　国际结算方式

国际结算中的主要方式为汇款、托收和信用证。

一、汇款

汇款，也称为"汇付"，是付款方通过银行，使用一定的结算工具（票据），将款项交收款方的结算方式。汇款主要是用于贸易中的货款、预付款、佣金等方面，是支付货款最简便的方式。

银行在国际结算中具有核心地位。汇兑是银行的主要业务，通过汇兑，加快了结算速度，提高了资金利用率，大大地促进了经济的发展。国际汇兑（International Exchange）业务与国内汇兑业务一样，也是两地之间的资金调拨和债权与债务的结算过程。所不同的是债权人与债务人在两个不同的国家，而且每个国家有其自己的货币，所以在清偿时往往发生外汇买卖，即债务人要以本国货币兑换成外币，方能清偿债务，或者债权人收到的款项是外币，又要兑换成本币。尤其在使用第三国货币时，需通过第三国进行清偿，手续比较麻烦，时间比较长，因此国际汇兑业务处理上比国内汇兑要复杂得多。

（一）汇款结算方式的当事人

在汇款业务中，主要涉及汇款人、汇出行、汇入行和收款人四个基本当事人。

1. 汇款人。汇款人即债务人，在国际贸易合同中为进口商一方。汇款人在委托汇出行办理汇款时，应注意以下几个方面：（1）需要填写汇出行提供的格式化的申请书。汇款申请书是汇款人和汇出行之间的一种契约。（2）提交外汇管理要求的有关单据。（3）必须交付与汇款金额相一致并另计银行办理汇款所收费用的现金或有效支付凭证。

2. 汇出行。汇出行是指接受汇款人委托办理汇出汇款业务的银行，在国际贸易中通常为进口地银行。汇出行自接受汇款申请书时起，其与汇款人之间的契约关系与效力就此成立。汇出行应按汇款申请书的内容及选择的汇款方式办理汇出汇款业务，并准确无误地把款项交给收款人。而且，应该正确地选择汇款路线，以效率为准则，尽量不要迂回，必须迂回的也应尽量减少环节至最少，并把情况向汇款人声明，争取其签字认可，以避免付款延误的责任。若由于汇出行自己未按汇款申请书要求而产生的差错，由汇出行承担。

3. 汇入行。汇入行是指接受汇出行委托，把汇款解付给收款人的银行，也称解付行。汇入行的所有解付汇入款必须严格按照汇出行的支付授权书办理，不能擅自更改内容，否则由此引起的后果由汇入行承担。收到支付授权书，必须根据具体情况核验其真伪，并根据收款人的不同情况解付。凡因种种原因不能及时解付的汇入款，应及早通知汇出行并告知原因，等待汇出行进一步指示后视情况办理。

4. 收款人。收款人即债权人，在国际贸易合同中通常为出口商一方，也即这笔汇付业务的受益人。在收到汇入行的通知时，收款人应该认真核对并确认该笔款项是否属于自己的款项。若对汇款内容和金额有疑问，应及时向汇入行提出，由其转给汇出行向汇款人查询。

（二）汇款结算方式的基本种类及其一般业务程序

按照汇款使用的支付工具不同，汇款可分为电汇、信汇和票汇三种。

汇款结算方式的一般业务程序，是由汇款人向汇出行递交"汇出汇款申请书"一式两联，其中一联为申请书，另一联为汇款回执，有时还需填写汇款资金支取凭证或外汇额度支出凭证，汇出行按申请书的指示，使用某种结算工具（如电报、电传、信汇委托书、汇票）通知汇入行，汇入行则按双方银行事先订立的代理合约规定，向收款人解付汇款。

1. 电汇。电汇汇款（Telegraphic Transfer，T/T）是汇款人（付款人或债务人）委托银行以电报（Cable）、电传（Telex）、环球银行间金融电讯网络（SWIFT）方式，指示出口地某一银行（其分行或代理行）作为汇入行，解付一定金额给收款人的汇款方式。现在银行常用电传或 SWIFT 文件等电讯方式，电报方式因费用高、易发生错漏等原因而逐渐被淘汰。

为证实所发电报、电传或 SWIFT 电文的真实性，汇出行通常应对报文加注密押，或在 SWIFT 方式下使用已自动加押的标准报文格式，如在汇款中通常使用 MT103 标准汇款格式。汇入行在收到该报文后，首先应该对密押的正确性或 SWIFT 报文是否为有效格式进行审核，如正确无误，则根据不同情况处理。如属于贸易项下的汇入款，收款人在汇入行开有账户的，汇入行通知收款人并索取该笔业务的出口核销单号码，主动把款项入收款人的账户，并出具有关单据；如收款人在汇入行无账户，可划转至收款人的账户行，或汇入行缮制通知书或电话通知收款人取款，收款人至银行提供有关证明文件并取得款项。电汇业务的基本程序见图 8－1。

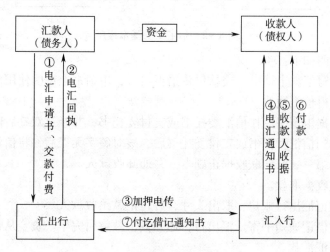

图 8－1　电汇业务基本程序

图例具体说明如下：

①汇款人填写汇款申请书，交款付费给汇出行，申请书上说明使用电汇方式。

②汇款人取得电汇回执。

③汇出行发出加押电报或电传给汇入行，委托汇入行解付汇款给收款人。

④汇入行收到电报或电传，核对密押无误后，缮制电汇通知书，通知收款人收款。

⑤收款人收到通知书后在收据联上盖章，交汇入行。

⑥汇入行借记汇出行账户，取出头寸，解付汇款给收款人。

⑦汇入行将付讫借记通知书寄给汇出行，通知它汇款解付完毕。资金从债务人流向债权人，完成一笔电汇汇款。

电汇方式的优点是速度最快，且安全可靠，但它在收取汇费时还要加收电报费。随着信息事业的发达和效率的提高，特别是 SWIFT 系统的普及，费用大大降低，且安全系数更高，因此，采用电汇方式越来越普遍。

2. 信汇。信汇汇款（Mail Transfer，M/T）是汇出行应汇款人申请，将信汇委托书（M/T Advice）或支付委托书（Payment Order）邮寄给汇入行，授权其解付一定金额给收款人的一种汇款方式。信汇业务的基本程序见图 8 - 2。

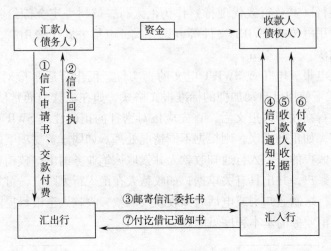

图 8 - 2　信汇业务基本程序

图例具体说明如下：

①汇款人填写汇款申请书，交款付费给汇出行，申请书上说明使用信汇方式。

②汇款人取得信汇回执。

③汇出行根据申请书制作信汇委托书或支付委托书，并经过双签后邮寄汇入行。

④汇入行收到信汇委托书或支付委托书后，核对签字无误后，将信汇委托书第二联信汇通知书以及第三、第四联收据正副本一并通知收款人。

⑤收款人凭收据取款。

⑥汇入行借记汇出行账户，取出头寸，解付汇款给收款人。

⑦汇入行将借记通知书寄给汇出行，通知其汇款解付完毕。资金从债务人流向债权人，完成一笔信汇汇款。

信汇的费用比电汇低廉，但因支付凭证邮寄时间较长，而使资金在途时间长，收款较慢，故现在一般很少使用这种方式。

3. 票汇。票汇汇款（Remittance by Banker's Demand Draft，D/D）是汇出行应汇款人申请，代汇款人开立以其分行或代理行为解付行的银行即期汇票（Banker's Demand Draft），支付一定金额给收款人的一种汇款方式。在票汇中，汇款人可以自行交给或通知邮局将票据寄往收款人；同时，汇出行将票据通知书（票根）寄给汇入行，在收款人（或持票人）凭票据到汇入行取款时，汇入行核对票据及票根相符后，即解付票款，并相应通知汇出行。票汇业务的基本程序见图 8-3。

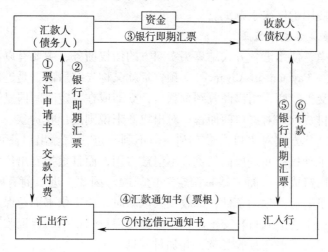

图 8-3　票汇业务基本程序

图例具体说明如下：

①汇款人填写汇款申请书，交款付费给汇出行，申请书上说明使用票汇方式。

②汇出行作为出票行，开立银行即期汇票交给汇款人。

③汇款人将汇票寄交收款人。

④汇出行将汇款通知书（又称票根）即汇票一式五联中的第二联寄汇入行，凭此将与收款人提交汇票正本核对。近年来为简化手续，汇票由一式五联改为一式四联，取消汇款通知书，汇出行也不再寄汇款通知书。

⑤收款人提示银行即期汇票给汇入行要求付款。

⑥汇入行借记汇出行账户，取出头寸，凭票解付汇款给收款人。

⑦汇入行将借记通知书寄给汇出行，通知其汇款解付完毕。

票汇具有很大的灵活性，比较方便。但由于汇票是在银行体系外传递，由汇出行、汇款人、收款人、汇入行多方当事人经手，而且若汇票被转让，还将有其他当事人涉及，故传递环节多、耗时长，转移速度慢，且存在被窃、丢失的风险从而使其安全性降低。

总之，电汇、信汇、票汇三种方式在支付工具、安全性、速度、费用等方面各有利弊：（1）从支付工具来看，电汇方式使用电报、电传或 SWIFT，用密押证实；信汇方式使用信汇委托书或支付委托书，用签字证实；票汇方式使用银行即期汇票，用签字证实。（2）从汇款人的成本费用来看，电汇收费较高，信汇与票汇费用较电汇低。（3）从安全方面来看，电汇比较安全，汇款能短时间内迅速到达对方；信汇必须通过银行和邮政系统来实现，信汇委托书有可能在邮寄途中遗失或延误，不能及时收到汇款，因此信汇的安全性比不上电汇；票汇虽有灵活的优点，却有丢失或毁损的风险，背书转让带来一连串的债权债务关系，容易陷入汇票纠纷，汇票遗失以后，挂失或止付的手续比较麻烦。（4）从汇款速度来看，电汇是一种最快捷的方式，也是目前广泛使用的方式，尽管费用较高，但可用被缩短的在途时间利息抵补；信汇方式由于资金在途时间长，操作手续多，已经很少使用甚至不用；票汇是由汇款人将汇票邮寄给收款人，或者自己携带至付款行所在地提示要求付款，比较灵活简便，适合邮购或支付各种费用，或者当做礼券馈赠亲友，其使用量仅次于电汇。

（三）汇款结算方式的应用

在国际贸易中，使用汇款方式结算买卖双方的债权债务，主要有以下两种做法。

1. 预付货款（Payment in Advance）。预付货款又称先结后出，是进口商先将货款的一部分或全部汇交出口商，出口商收到货款后，立即或在一定时间内发运货物的一种汇款结算方式。预付货款是对进口商而言，对出口商来说则是预收货款。

预付货款的结算方式对出口商最有利，但不利于进口商。出口商可以收款后再发货，从而掌握了主动权；而进口商的资金不但被占用，而且负担着出口商可能不履行交货和交单义务从而造成进口商"钱货两空"的风险。因此，进口商有时为了保障自身的权益，就规定了解付汇款的条件，即收款人取款时，应提供书面担保，以保证在一定时间内将货运单据寄交汇入行转交汇款人；或提供银行保证书，保证收款人如期履行交货交单义务，否则负责退还预收货款，并加付利息。

预付货款是建立在买卖双方签订的贸易合同的基础上的，一般在下列情况下经常使用：（1）紧俏的或买方急需的商品，或作为竞争性的优惠条件吸引客户；（2）出口商是信誉较好的大公司、大企业，或是跨国公司的子公司、母公司、分公司，或者进出口双方是长期合作伙伴，关系密切而相互信赖；（3）进口商信誉不佳，或出口商对进口商的资信状况不十分了解；（4）出口商的资金状况不佳，需要依靠预收货款来组织有关给进口商的产品的生产；（5）在一些交易中（如成套设备、大型机械、大型运输工具等），出口商往往要求预付一部分定金。

2. 货到付款（Payment after Arrival of Goods）。货到付款是出口商先发货，待进口商收到货物后，立即或在一定期限内将货款汇交出口商的另一种汇款结算方式。这种方式有时还可称为赊销方式（Sell‐on Credit）或记账赊销方式（Open Account）。

（四）汇款结算方式的风险与防范

如前所述，汇款方式具有手续简单、费用低廉的特点，在相互信任或长期贸易合作的进出口伙伴企业之间经常使用，在公司内贸易中的使用也越来越多。但是，汇款毕竟是一种建立在商业信用基础上的、以银行为中间媒介来结算进出口双方债权债务关系的一种基本结算方式。银行在这一过程中虽承担收付委托货款责任，但一般并不介入进出口双方的买卖合同，对合同中规定进出口双方的责任、义务的履行情况也不提供担保。因此，属于商业信用的汇付方式，取决于双方的信用，而且买卖双方在汇付过程中资金负担是不平衡的，因此其中必有一方承担着较大的风险。如果贸易双方缺乏足够的信任，对双方的信任不满意，采取汇付方式的风险很大。因此，企业应正确认识汇付风险，并积极采取措施加以防范。首先应该加强信用风险管理，同时，为保护权益、降低风险，可以在交易合同中加强保障条款，以获得银行信用担保或第三方的商业信用介入。

二、托收

"托收"就是委托收款的简称。根据贸易合同的规定，买方在装货后为了向国外买方收取货款，按发票货值开出汇票或随发票及其他货运单据，委托当地银行向买方所在地的有关银行要求买方按期付款，这就是托收，也是债权人（出口商）为向债务人（进口商）收取货款而出具有关凭证委托银行代为收款的一种结算方式。

银行在托收业务中以代办者的地位协助一个国家的债权人从另一个国家的债务人那里获得款项。由于银行的参与，买卖双方货物与货款的直接交换变为单据与货款的交换，但是这种交换发生在进口商所在国。原则上，进口商在付款或承兑前尚未见到货物。

（一）托收当事人

托收业务中的当事人主要有以下几个。

1. 委托人（Principal），就是开出汇票委托银行办理托收业务的当事人，也是出口商（Exporter）、卖方（Seller）、出票人（Drawer）、托运人（Consignor）。

2. 托收行（Remitting Bank），也称为寄单行，即接受出口商委托单据以后，连同自己填制的托收指示书一起寄送到买方银行（代收行），并委托其直接向付款人收款的当事人。托收行通常是出口商在其所在地开立账户的银行（Exporter's Bank）。

3. 代收行（Collecting Bank），即接受托收行的委托，向进口商收款的银行，可以是参与托收业务的除托收行以外的任何银行，通常是托收行在进口商所在地的代理行，或进口商的往来银行。为了执行委托人的指示，托收行将使用委托人指定的银行作为代收行。没有指定代收行时，托收行将使用自己的任何银行，或在付款国家或承兑国家，或符合其他条款和条件的国家里选用另外的银行作为代收行。托收行可将单据和托收指示直接寄送代收行，或通过中介的另外银行寄给代收行。

4. 付款人（Drawee），即按照托收指示作提示的被提示人。当汇票提示给付款人时，如为即期汇票，付款人应见票即付；如为远期汇票，付款人应承兑汇票，并于到期日付款。托收业务中的付款人即进口商（Importer）、买方（Buyer）或汇票受票人。

在托收业务的委托和收款的两个阶段中，委托人、托收行、代收行和付款人之间的关系有以下两种：（1）委托代理关系。具体体现在委托人与托收行之间的委托代理关系和托收行与代收行之间的委托代理关系。（2）债权债务关系，即委托人与付款人之间的关系。托收业务中的主要当事人之间的关系如图 8-4 所示。

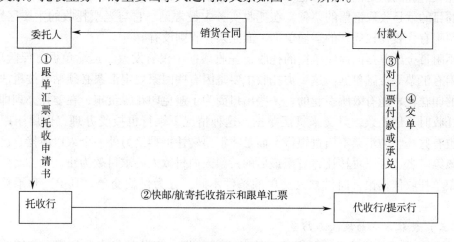

图 8-4 托收主要当事人之间的关系

（二）托收方式的种类

托收结算方式分为光票托收（Clean Collection，or Clean Bill for Collection）和跟单托收（Documentary Collection，or Documentary Bill for Collection）。

1. 光票托收。光票托收意指不附带商业单据的金融单据的托收。贸易上的光票托收，其货运单据由卖方直接寄交买方，汇票则委托银行托收。常见的光票有银行汇票、本票、支票、旅行支票和商业汇票等。有时汇票仅附非货运单据如发票、垫款清单等，也属光票托收。由于没有代表物权凭证的运输单据，因此光票托收不涉及货权的转移或货物的处理，银行业务处理比较简单。

光票托收的票据由收款人做成空白背书，托收行做成记名背书给代收行，并制作托收指示，随汇票寄代收行托收票款。光票托收的汇票可以是即期的，也可以是远期的。如果是即期汇票，代收行应于收到汇票后立即向付款人提示要求付款、付款人如无拒付理由，即应付款赎票。如果是远期汇票，代收行应在收到汇票后向付款人提示要求承兑，以确定到期日付款的责任。付款人如无拒绝承兑的理由，即应承兑。已承兑的汇票被代收行收回，于到期日再做提示要求付款，若付款人拒绝承兑或拒绝付款，除在托收指示中另有规定外，应由代收行在法定期限内做成拒绝证书，并及时把拒付情况通知托收行，转告委托人，以便委托人采取适当措施。

由于光票托收对出口商风险很大，出口商只有在确信进口商能够遵守买卖合同和及时付款的条件下才能这样做，所以我国一般不提倡在收款时使用光票托收。实务中光票托收一般只应用于收取货款尾数、代垫费用、佣金、样品费或其他贸易从属费用等。

2. 跟单托收。跟单托收是指附带商业单据的金融单据的托收和不附带金融单据的商业单据的托收。这里的"金融单据"理论上仍然是指光票托收中的票据，如汇票、支票、本票等，在实务中跟单托收的金融单据一般为汇票。商业单据则包括发票、装箱单、所有权单据、保险单据等。

附带商业单据的金融单据的托收，一般都是商业汇票后面随附发票、提单、装箱单、品质证以及需要时还有保险单及其他单据的托收。这种跟单托收是凭汇票付款，也就是托收的标的物是汇票，其他单据是汇票的附件，起"支持"汇票的作用。这一类托收的目的就是收取汇票的票款，在托收实务中最常见。它与光票托收的主要区别是，它必须附有代表物权凭证的运输单据，而光票托收则没有。

不附带金融单据的商业单据的托收，托收票据中仅有发票、运输单据、保险单等，而不附有汇票等金融单据。这一类托收主要是因有些国家规定汇票必须贴有按税法规定比例的印花税才能有效所引起的。一些出口商为了避免印花税负担，在委托办理即期付款的托收时不用汇票，只交来货运单据，这种情况下银行也接受办理，也属于跟单托收。也有些托收的汇票不通过银行，而是将汇票转让抵押给另外一个人以清偿自己的债务，该第三者还可以再转让，直至最后的持票人向付款人要求付款为止。

跟单托收依据银行向付款人交单的条件不同，分为付款交单（D/P）和承兑交单（D/A）两种。

（三）托收方式的风险与防范

1. 托收方式的风险。托收方式与汇款方式一样，都是基于商业信用，能否收回货款完全依靠买卖双方的信用。托收方式中的风险主要有两种：信用风险和货物风险。

（1）信用风险。在托收方式中，出口商发货后能否顺利收回资金，全凭进口商的信誉，而进口商可能因种种原因而拒付。对进口商来说，由于货物的单据化，进口商可能在付款后发现货物与合同不符或甚至存在伪造票据等行为，从而导致钱货两空，故也存在风险。银行虽在托收业务中只提供中介服务，并未作出非收妥不可或非付款不可的保证，但在托收融资服务时，也可能会面临进出口商的信用风险。

（2）货物风险。货物风险主要指由于自然灾害和意外事故引起货物损毁和丢失所导致的风险。这类风险对进出口商的影响与贸易合同中的价格密切相关。

2. 托收风险的防范。

（1）从出口商角度看，为了降低风险、减少损失，应注意考察进口商的条件和资信，要明确各种托收方式的要点和控制关键，严格按照合同规定发货和制单，保证单据的完整、准确，并注意每笔业务的金额和期限，同时要了解进口国的贸易和外汇管制以及相关的法律和惯例。出口商委托银行办理托收业务时最好能够提供进口商的账户行作为代收行，以利于进口商获取融资，按时付款。

（2）从进口商角度看，必须事先对出口商的资信、经营作风全面深入了解，并严格审单，在订立合同时视具体情况选择对自己有利的条件。

（3）从银行角度看，要严格按照委托人的托收申请书的各项要求办理，在办理业务过程中要加强复核和监管，无论是作为托收行还是代收行，都要特别注意防范托收方式下融资给银行带来的风险。

三、信用证

信用证（Letter of Credit，L/C）是指开证银行应申请人的要求并按其指示向第三方开立的载有一定金额的，在一定的期限内凭符合规定的单据付款的书面保证文件，即信用证是一种银行开立的有条件的承诺付款的书面文件。

在国际贸易活动，买卖双方可能互不信任，买方担心预付款后，卖方不按合同要求发货；卖方也担心在发货或提交货运单据后买方不付款。因此需要两家银行作为买卖双方的保证人，代为收款交单，以银行信用代替商业信用。

（一）信用证结算方式的当事人

1. 开证申请人，又称为开证人，是指向银行申请开立信用证的人，一般是指进口人，是指买卖合同的买方。

2. 开证行，是指接受开证申请人的申请，开立信用证的银行，一般是进口地的银行，开证申请人与开证行的权利义务以开证申请书为依据，开证行承担保证付款的责任。

3. 通知行，是受开证银行委托，将信用证转交给出口商的银行，通知行的责任是传递信用证和审核信用证的真伪，通知行一般是出口方所在地的银行。

4. 受益人，是指接受信用证并享受其利益的一方，一般是出口方，即买卖合同的卖方。

5. 议付行，是指愿意买入或贴现受益人跟单汇票的银行，它可以是开证行指定的银行，也可以是非指定的银行，视信用证条款的规定而定。

6. 付款行，是信用证上规定承担付款义务的银行。如果信用证未指定付款银行，开证行即为付款行。

（二）信用证结算方式的业务流程

以跟单信用证为例见图 8 - 5。

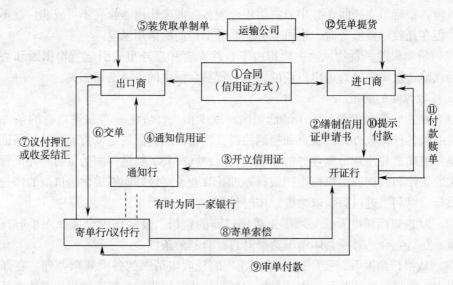

图 8 - 5　跟单信用证结算业务流程图

跟单信用证操作的流程简述如下：

①买卖双方在贸易合同中规定使用跟单信用证支付。

②进口商向当地银行提出申请，缮制信用证申请书。

③买方通知当地银行（开证行）开立以卖方为受益人的信用证。

④通知行通知卖方，信用证已开立。

⑤卖方收到信用证，并确保其能履行信用证规定的条件后，即装运货物。

⑥卖方装运货物后，从船运公司取回正本提单，并制作其他单据。

⑦卖方将单据向指定银行提交。该银行可能是开证行，或是信用证内指定的付款行、承兑行或议付银行。

⑧该银行按照信用证审核单据。如单据符合信用证规定，银行将按信用证规定进行支付、承兑或议付，并将单据寄送开证行。

⑨开证行审核单据无误后，以事先约定的形式，对已按照信用证付款、承兑或议付的银行偿付。

⑩开证行向买方通知付款赎单。

⑪买方接到通知后，付款赎单。

⑫买方凭单据向船运公司提取货物。

（三）信用证结算方式的特点

信用证结算方式主要有三个特点。

1. 信用证是一项自足文件（Self - sufficient Instrument）。信用证不依附于买卖合同，银行在审单时强调的是信用证与基础贸易相分离的书面形式上的认证。

2. 信用证方式是纯单据业务（Pure Documentary Transaction）。信用证是凭单付款，不以货物为准。只要单据相符，开证行就应无条件付款。

3. 开证银行负首要付款责任（Primary Liabilities for Payment）。信用证是一种银行信用，它是银行的一种担保文件，开证银行对支付有首要付款的责任。

（四）信用证的种类

1. 以信用证项下的汇票是否附有货运单据划分为跟单信用证和光票信用证。

（1）跟单信用证（Documentary Credit）是凭跟单汇票或仅凭单据付款的信用证。此处的单据指代表货物所有权的单据（如海运提单等），或证明货物已交运的单据（如铁路运单、航空运单、邮包收据）。

（2）光票信用证（Clean Credit）是凭不随附货运单据的光票（Clean Draft）付款的信用证。银行凭光票信用证付款，也可要求受益人附交一些非货运单据，如发票、垫款清单等。

在国际贸易的货款结算中，绝大部分使用跟单信用证。

2. 以开证行所负的责任为标准可以分为不可撤销信用证和可撤销信用证。

（1）不可撤销信用证（Irrevocable L/C）。指信用证一经开出，在有效期内，未经受益人及有关当事人的同意，开证行不能片面修改和撤销，只要受益人提供的单据符合信用证规定，开证行必须履行付款义务。

（2）可撤销信用证（Revocable L/C）。指开证行不必征得受益人或有关当事人同意有权随时撤销的信用证，应在信用证上注明"可撤销"字样。但在实务中常用的大都是不可撤销信用证。

3. 以有无另一银行加以保证兑付为依据，可分为保兑信用证和不保兑信用证。

（1）保兑信用证（Confirmed L/C）。指开证行开出的信用证，由另一银行保证对符合信用证条款规定的单据履行付款义务。对信用证加以保兑的银行，称为保兑行。

（2）不保兑信用证（Unconfirmed L/C）。开证行开出的信用证没有经另一家银行保兑。

4. 根据付款时间不同，可分为即期信用证和远期信用证。

（1）即期信用证（Sight L/C）。指开证行或付款行收到符合信用证条款的跟单汇票或装运单据后，立即履行付款义务的信用证。

（2）远期信用证（Usance L/C）。指开证行或付款行收到信用证的单据时，在规定期限内履行付款义务的信用证。

5. 根据受益人对信用证的权利可否转让，可分为可转让信用证和不可转让信用证。

（1）可转让信用证（Transferable L/C）。指信用证的受益人（第一受益人）可以要求授权付款、承担延期付款责任，承兑或议付的银行（统称"转让行"），或当信用证是自由议付时，可以要求信用证中特别授权的转让银行，将信用证全部或部分转让给一个或数个受益人（第二受益人）使用的信用证。开证行在信用证中要明确注明"可转让"（Transferable），且只能转让一次。

（2）不可转让信用证。指受益人不能将信用证的权利转让给他人的信用证。凡信用证中未注明"可转让"，即是不可转让信用证。

6. 循环信用证（Revolving L/C）。指信用证被全部或部分使用后，其金额又恢复到原金额，可再次使用，直至达到规定的次数或规定的总金额为止。它通常在分批均匀交货情况下使用。在按金额循环的信用证条件下，恢复到原金额的具体做法有以下三种方式。

（1）自动式循环。每期用完一定金额后，不需等待开证行的通知，即可自动恢复到原金额。

（2）非自动循环。每期用完一定金额后，必须等待开证行通知到达，信用证才能恢复到原金额使用。

（3）半自动循环。即每次用完一定金额后若干天内，开证行未提出停止循环使用的通知，自第×天起即可自动恢复至原金额。

7. 对开信用证（Reciprocal L/C）。指两张信用证申请人互以对方为受益人而开立的信用证。两张信用证的金额相等或大体相等，可同时互开，也可先后开立。它多用于易货贸易或来料加工和补偿贸易业务。

8. 背对背信用证（Back to Back L/C）。又称转开信用证，指受益人要求原证的通知行或其他银行以原证为基础，另开一张内容相似的新信用证，对背信用证的开证行只能根据不可撤销信用证来开立。

9. 预支信用证/打包信用证（Anticipatory Credit/Packing Credit）的开立通常是中间商转售他人货物，或两国不能直接办理进出口贸易时，通过第三者以此种办法来沟通贸易。原信用证的金额（单价）应高于对背信用证的金额（单价），对背信用证的装运期应早于原信用证的规定。

指开证行授权代付行（通知行）向受益人预付信用证金额的全部或一部分，由开证行保证偿还并负担利息，即开证行付款在前，受益人交单在后，与远期信用证相反。预支信用证凭出口人的光票付款，也有要求受益人附一份负责补交信用证规定单据的说明书，当货运单据交到后，付款行在付给剩余货款时，将扣除预支货款的利息。

10. 备用信用证（Standby Credit）。备用信用证，又称"商业票据信用证"（Commercial Paper Credit）或"担保信用证"。指开证行根据开证申请人的请求对受益人开立的承诺承担某项义务的凭证，即开证行保证在开证申请人未能履行其义务时，受益人只要凭备用信用证的规定并提交开证人违约证明，即可取得开证行的偿付。它是银行信用，对受益人来说是备用于开证人违约时，取得补偿的一种方式。

本 章 小 结

1. 国际结算是指国际间由于政治、经济、文化、外交、军事等方面的交往或联系而发生的以货币表示债权债务的清偿行为或资金转移行为。

2. 国际结算中的票据有广义和狭义之分。广义的票据概念泛指一切商业上的权利单据（Document of Title）。表明某人拥有不在其实际占有下的金钱或商品的所有权或索取权的各种商业书面权利凭证。包括一切有价证券和各种凭证，如汇票、本票、支票、提单等。狭义的票据是指以支付金钱为目的的有价证券，是指由出票人签发的，无条件约定由自己或委托他人在一定日期支付确定金额的流通证券。国际结算中的票据是指这种狭义的票据，又叫国际结算工具。它代替现金起流通和支付作用，从而抵消和清偿国际间债权债务，因而是国际结算中的重要工具。

3. 国际结算中常用的票据主要有汇票、本票和支票。

4. 汇款是付款方通过银行，使用一定的结算工具，将款项交收款方的结算方式。汇款主要是用于贸易中的货款、预付款、佣金等方面，是支付货款最简便的方式。

5. 托收是委托收款的简称。是买方在装货后为了向国外买方收取货款，按发票货值开出汇票或随发票及其他货运单据，委托当地银行向买方所在地的有关银行要求买方按期付款的一种结算方式。

6. 信用证是指开证银行应申请人的要求并按其指示向第三方开立的载有一定金额的，在一定的期限内凭符合规定的单据付款的书面保证文件。信用证结算方式信用证结算方式主要有三个特点：（1）信用证一项自足文件。信用证不依附于买卖合同，银行在审单时强调的是信用证与基础贸易相分离的书面形式上的认证。（2）信用证方式是纯单据业务。信用证是凭单付款，不以货物为准。只要单据相符，开证行就应无条件付款。（3）开证银行负首要付款责任。信用证是一种银行信用，它是银行的一种担保文件，开证银行对支付有首要付款的责任。

复习思考题

1. 国际结算中的票据有什么作用？
2. 什么汇票？汇票有哪些基本要素？
3. 什么是本票？本票有哪些用途？
4. 什么是支票？支票有哪些种类？
5. 国际结算的方式有哪些？
6. 试比较汇款、托收、信用证三种结算方式的优缺点？

第九章　国际货币体系

随着国际金融市场一体化和国际贸易的发展，国际货币关系日益成为世界经济中一个非常重要和复杂的问题。世界经济的发展，各国间的矛盾、利害关系的演变都在近代国际货币体系的变迁中得到突出反映。近年来，人们加强了对国际货币体系改革问题的研究，以期待能改变当下相对滞后的国际货币体系局面，以适应新的世界经济格局和国际金融市场的变化。

第一节　国际货币体系概述

一、国际货币体系的含义与作用

国际货币体系（International Monetary System）是指国际货币制度、国际货币金融机构以及由历史沿革形成的约定俗成的或国际协议确定的国际货币秩序的总和。它的主要内容包括：（1）国际收支的调节机制；（2）汇率决定及其变动；（3）国际清算和支付手段的来源、数量和形式；（4）国际货币合作的形式与机构。

国际货币体系的主要作用是建立汇率机制，防止循环的恶性贬值；为国际收支不平衡的调节提供有利手段和解决途径；促进各国的经济政策协调。

国际货币体系是历史的产物。可以说，它与以货币为媒介的国际经贸往来是同时产生的。早期的货币体系是体制和习惯缓慢发展的结果。在相互联系的体制和习惯形成以后，一定的活动方式就会得到公认。当越来越多的参与者遵守某些程序而给予法律的约束力时，这种体系便形成，国际金铸币本位制的产生就属于这种形式。后来随着国际经贸往来的不断增加，货币的国际往来越来越频繁，参与的国家及货币种类也越来越广泛，国际货币体系的法律和行政色彩也相应增加，内容覆盖面日益广阔。第二次世界大战后的布雷顿森林体系就是通过国际性会议确定产生的。因此，一种体系可以是习惯缓慢发展的结果，可以是某些法律文件和行政合作的结果，也可以是以上两个因素联合的结果。

国际货币体系涉及国际金融的各个方面，理想的国际货币体系应能够从贸易和金融方面联系世界经济，协调各个独立国家的经济活动，促进贸易和支付过程的顺利进行，加速国际贸易和信贷的发展，促使世界生产和就业达到更高水平。世界复杂多变的发展中总是存在一种矛盾的趋势，这就是无论国际金融还是世界经济，既有离心的力量造成分崩离析的局面，又有向心的力量，在一体化中形成相互依存的关系。在这种矛盾的发展中，世界究竟是逐步走向稳定，还是走向混乱，国际货币体系的健全与否是一个关键因素。

二、国际货币体系的类型

国际货币体系种类繁多，因为它可以用各种不同的方法划分为各种不同的类型。货币体系不同，运行机制也不一样，所以货币体系的重大变革，会对国际金融产生巨大的影响。现在我们根据两个主要标准进行分类：货币本位和汇率体制。

划分国际货币体系的一个标准是汇率体制。汇率在一切国际货币体系中都占据中心地位，因为汇率体制的健全与否，在很大程度上会影响金融市场的稳定与世界经济的发展，所以在国际货币改革中，采用哪种汇率体制一直是学者以及各国政府激烈争论的核心问题。我们可以根据汇率的弹性大小来划分各种不同的国际货币体系。两种极端情形是永远固定的汇率和绝对富有弹性的汇率。介于二者之间则有可调整的钉住（Adjustable Peg）、爬行钉住（Crawling Peg）和管理浮动（Managed Floating）。自 20 世纪 70 年代西方各国普遍实行浮动汇率制以来，国际货币与金融受到汇率波动的干扰日趋动荡，所以国际货币体系稳定的一个关键问题是汇率体制。

货币本位是国际货币体系的基础，它涉及储备资产的性质。根据储备性质可将国际货币体系分为三类：（1）纯粹商品本位，如金本位；（2）纯粹信用本位，如不兑换纸币本位；（3）混合本位，如金汇兑本位。从 19 世纪末以来，这三种货币本位都曾实行过，本章将分别论述。

第二节　国际金本位制

一、国际金本位制的建立

金本位制是以一定量黄金为本位货币（Standard Money）的一种制度，它是研究国际货币体系的一个重要开端。因为金本位是一种商品货币本位，货币有价值，这种价值是以作为商品的黄金来衡量的，当每种货币都以黄金来定值时，所有货币就通过金平价而相互联系起来了。黄金作为货币本位的原因是，黄金在世界范围内是同质的，而且容易贮藏，便于携带，生产有限，所以货币的数量受到黄金供给的限制，物价可以保持相对稳定。

国际金本位制作为历史上第一个国际货币体系，是在西方国家普遍实行国内金本位的基础上形成的。英国在 17—18 世纪实行复本位制度。后来由于银价大跌，金银相对价值不稳定，英国政府于 1816 年颁布铸币条例，发行金币。1819 年又颁布条例，要求英格兰银行的银行券在 1821 年能兑换金条，在 1823 年能兑换金币，从此英国实行了真正的金铸币本位制。此时法国、比利时、瑞士、意大利等国则处在由复本位制向金本位制过渡的阶段。这些国家于 1878 年停止银币的自由铸造，由复本位制转变为"跛金本位制"。荷兰与斯堪的纳维亚国家采取类似的行动。德国于 1871 年放弃银本位而采用金本位制。美国于 1873 年颁布法令，确立了金本位制，但直到 1890 年才通过法案，正式实行金本位制。俄国与日本也在 1897 年改行金本位制。于是到 19 世纪后期，西方各国普遍采用金本位制，这就形成了一个统一的国际货币体系，即国际金本位制。

二、国际金本位制的特点和作用

在传统的国际金本位制下，黄金是货币体系的基础，它是各国之间的最后清偿手段，外汇汇率是根据各国货币的含金量确定，汇率波动受到黄金输送点的限制；各国的国际收支通过"物价与现金流动机制"可以自动进行调节（见图9-1）。

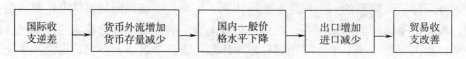

图 9-1　物价与现金流动机制

所以，在金本位制下，黄金输出入与恢复国际收支平衡自动联系起来，金融当局无需进行干预。

金本位制具有物价稳定和自动调节作用，因为它有以下特点：金币可以自由铸造；一国金币同另一国金币或代表金币流通的其他金属（比如银）铸币或银行券可以自量的作用，保证了各国物价水平的相对稳定；金币的自由兑换，保证了各种价值符号（金属辅币和银行券）能稳定地代表一定数量的黄金进行流通，从而保持币值的稳定；而黄金的自由输出入，则保证了外汇行市的相对稳定，以及各国货币之间有系统的联系。所以金本位制是一种比较稳定的货币制度。至今人们在回顾金本位制时，还认为它是世界经济发展的"黄金时代"。

的确，在当时的条件下，金本位制对世界经济的发展起到了积极的作用，表现在：（1）国际金本位制下各国货币之间汇率的稳定，消除了国际经济交易中一个重要的不确定性因素，大大促进了国际贸易发展和国际资本流动；（2）国际金本位制对供求失衡的调节主要依靠市场的力量，从而使政府的干预减少到最低程度，避免了人为的政策失误；（3）国际金本位制度也使主要国家的经济政策获得协调，因为实行金本位制的国家把对外平衡（即国际收支平衡和汇率稳定）作为经济政策的首要目标，而把国内平衡（物价、就业和国民收入的稳定）放在次要地位，服从对外平衡的需要。例如，一国国际收支逆差将会引起汇率变动，汇率变动超出输金点时就会引起黄金流动，黄金流动增加黄金输入国的银行准备金，并减少黄金输出国的银行准备金，而银行准备金的变动将会引起货币数量的变化，从而造成贸易国双方国内物价和收入的变动，纠正国际收支的不平衡，制止黄金流动。所以，金本位时期物价稳定、经济增长和国际贸易的发展可以用来证明一种有秩序的国际货币体系的优点。

但是，金本位制也并非完美无缺，它也存在着严重的缺陷：（1）国际金本位制赖以生存的物质基础不稳定，黄金每年的开采量极其有限，黄金存量的增长跟不上世界经济发展的需要。（2）金本位制的自动调节要求各国严格遵守所谓"比赛规则"（Rules of the Game），即黄金可以自由流入与流出，各国政府应按照官价无限制地买卖黄金或外汇，各国发行纸币应受黄金储备数量的限制。但由于没有一个国际机构监督执行，盈余国可以将盈余冻结，以便获得更多的盈利，于是调节负担全部落到赤字国身上，所以金本位制带有紧缩倾向，一国发生紧缩情形，往往会加速其他国家经济的衰退，从而破坏国际货币体系的稳定性。（3）黄金作为金本位制的基础，其生产和贮藏需要耗费巨大的人力和物力，这是不必要的资源浪费。总之，由于金本位不能适应世界经济的发展，它的崩溃具有必然性。

三、国际金本位制的演变

在第一次世界大战爆发前的几年里，国际金本位制就出现了崩溃的苗头：银行券的发行日益增多，黄金的兑换趋于困难，黄金的输出入也受到越来越多的限制。战争爆发前夕，各国为筹集战争资源，又增加了银行券的发行。战争爆发后，各国停止银行券兑现并禁止黄金出口，国际金本位制遂宣告瓦解。

第二次世界大战结束后，世界货币体系的重建问题受到各国的普遍重视。但由于黄金供应不足和分配不均等原因，传统的金本位制很难恢复。1922 年在意大利热那亚城召开的世界货币会议决定采用"节约黄金"的原则，除美国实行金币本位制外，英法两国则实行金块本位制，其他国家大多实行金汇兑本位制。以英镑、美元和法郎等储备货币占主要地位的国际金汇兑本位制开始出现，形成一种不受单一货币统治的货币体系。

在金块本位制度下，国内没有金币流通，银行券在一定条件下才能兑换金块。例如英国在 1925 年规定银行券兑现，只能兑换净重 400 盎司的金块，法国在 1928 年规定至少需要 215 000 法郎才能兑换黄金。

在金汇兑本位制度下，国内不流通金币，只流通银行券。银行券只能购买外汇，用外汇在国外兑换黄金。实行这种币制的国家使其货币同另一个实行金本位制或金块本位制国家的货币保持固定的比价，并在后者存放外汇或黄金作为平准基金，以便随时出售外汇来稳定外汇行市。因此，采用金汇兑本位制的国家，在对外贸易和财政金融方面受到与其相联系的金本位制国家的控制和影响，所以它实质上是一种带有附属性质的货币制度。早在第一次世界大战以前，菲律宾、马来西亚、印度、印度支那和一些拉美国家都曾采用过。

无论是金汇兑本位制还是金块本位制，都是削弱了的金本位制度，很不稳定。因为：（1）国内没有金币流通，黄金不再起自发地调节货币流通的作用；（2）在金块本位制度下，银行券兑换黄金有一定限制，这种限制削弱了货币制度的基础；（3）实行金汇兑本位制的国家使本国货币依附于英镑与美元，一旦英美两国的货币动荡不定，依附国家的货币也就发生动摇。如果实行金汇兑本位制的国家大量提取外汇，兑换黄金，英美两国的货币也势必受到威胁。这种脆弱的国际金汇兑本位制，经过 1929—1933 年世界经危机的袭击，终于全部瓦解。

在 1929—1933 年世界经济危机中，西方国家为了向别国转嫁危机，不惜采用以邻为壑政策。它们或通过提高关税抑制进口以维护国内替代品的生产，或在宣布本国货币贬值前中止黄金的兑换，以便政府在黄金升值中获益。在这种情况下，国际货币关系又一次发生混乱，在狭小的黄金基础上建立起来的国际金汇兑本位制摇摇欲坠。第一次世界大战以后，英国由于战争的损失和国际收支的逆差，已经从债权国变为债务国，黄金极为缺乏，1929 年世界经济危机爆发后，英国的国际收支更是陷于困境。在 1931 年的金融危机中，各国纷纷向英国兑换黄金，黄金大量外流，英国难以应付，被迫于同年 9 月终止实行金本位制。接着美国在 1933 年 3 月，在大量银行倒闭和黄金外流的情况下，也不得不停止兑换黄金，禁止黄金输出，从而放弃了金本位制度。当时英镑和美元是最重要的外汇储备，这两种货币停止兑换黄金，意味着国际金本位制已开始全面崩溃。而金本位制最终崩溃的标志是由法国、比利时、荷兰、意大利、波兰和瑞士六国所组成的黄金集团于 1936 年瓦解。

金本位制崩溃以后，20 世纪 30 年代的国际货币制度一片混乱。正常的国际货币秩序遭到破坏，主要的三个国际货币，即英镑、美元和法郎，各自组成相互对立的货币集团——英镑集团、美元集团、法郎集团。各国货币之间的汇率再次变为浮动的，各货币集团之间普遍存在着严格的外汇管制，货币不能自由兑换。在国际收支调节方面，各国也采取了各种各样的手段。为了解决国内严重的失业，各国竞相实行货币贬值以达到扩大出口、抑制进口的目的，即所谓"汇率战"，而且各种贸易保护主义措施和管制手段也非常盛行。这种情况对 30 年代大危机发展成为特别严重的萧条起了促进作用。

1936 年 9 月，英美法三国为了恢复国际货币秩序，达成所谓"三国货币协定"，三国同意维持协定成立时的汇价，尽可能不再实行货币贬值，并共同合作以保持货币关系的稳定，同年 10 月又签订了三国相互间自由兑换黄金的"三国黄金协定"。但由于法郎一再受到投机者的侵袭，大量黄金流失，法国终于在 1937 年 6 月宣布放弃金本位，主要西方国家又分裂为货币集团，国际货币关系依然充满着矛盾和冲突。后来为了准备战争，西方国家要从美国购买军用物资，引起黄金外流，"三国协定"即被冲垮。不过，"三国协定"在制止外汇倾销方面也收到一些效果。各个主要国家可以通过国际合作谋求货币关系的相对稳定，这种经验对于建立第二次世界大战后国际货币体系起到了一定的作用。

第三节　布雷顿森林体系

一、布雷顿森林体系的建立

第二次世界大战后，西方主要国家之间的实力对比发生了巨大的变化。英国在战争期间受到巨大的创伤，经济遭到严重破坏。而同时美国在工业生产、出口贸易、国外投资和黄金储备等方面都有急剧的增长，已成为资本主义世界最大的债权国和经济实力最雄厚的国家，为建立美元的霸权地位创造了必要条件。事实上，早在战争结束前，美国就积极策划取代英国而建立一个以美元为支柱的国际货币体系，改变 20 世纪 30 年代资本主义世界货币金融关系的混乱局面。但是英国还想竭力保持其国际地位，而且它在货币金融领域还拥有一定的实力，英镑仍然是世界主要储备货币之一，国际贸易的 40% 左右仍是用英镑结算的，伦敦依然是重要的国际金融中心，特别是由于英镑区和帝国特惠制的存在，英国在西方世界还能保持相当重要的地位。因此，它想同美国分享国际金融领域的领导权。

美英两国政府都从本国的利益出发设计新的国际货币秩序，并于 1943 年分别发表了各自的方案，即美国的"怀特计划"和英国的"凯恩斯计划"。

（一）"怀特计划"

"怀特计划"是美国财政部官员怀特提出的"国际稳定基金"方案，这个方案采取存款原则，建议设立一个国际货币稳定基金，资金总额为 50 亿美元，由各成员国用黄金、本国货币和政府债券缴纳，认缴份额取决于各国的黄金外汇储备、国民收入和国际收支差额的变化等因素，根据各国缴纳份额的多少决定各国的投票权。基金组织发行一种名为"尤尼他"（Unita）的国际货币，作为计算单位，其含金量为 $137\frac{1}{7}$ 格令，相当于 10 美元。"尤尼他"可以兑换黄金，也可以在成员之间相互转移。各国要规定本国货币与"尤尼他"之间的法定平价。平价确定后，非经基金组织同意，不得任意变动。基金组织的任务主要是稳定汇率，并帮助成员国解决国际收支不平衡，维护国际货币秩序。成员国为了应付临时性的国际收支逆差，可用本国货币向基金组织申请购买所需要的外币，但是数额最多不得超过它向基金组织认缴的份额。基金组织的主要任务是稳定汇率，并对会员国提供短期信贷以解决国际收支不平衡问题。美国设计这个方案的目的，显然是为了使美国能够一手操纵和控制基金组织，从而获得国际金融领域的统治权。

（二）"凯恩斯计划"

"凯恩斯计划"是英国财政部顾问凯恩斯制定的。他从英国的立场出发，主张采取透支原则，设立一个称之为"国际清算联盟"的世界性中央银行，由该机构发行以一定量黄金表示的国际货币"班柯"（Bancor），作为清算单位。"班柯"等同于黄金，各国可以用黄金换取"班柯"，但不得以"班柯"换取黄金。成员国的货币直接同"班柯"联系，并允许成员国调整汇率。各国在国际清算联盟中所承担的份额，以战前 3 年进出口贸易的平均额计算，成员国并不需要缴纳黄金或现款，而只是在上述清算机构中开设往来账户，通过"班柯"存款账户的转账来清算各国官方的债权债务。当一国国际收支发生顺差时，就将盈余存入账户，发生逆差时，则按规定的份额申请透支或提存，各国透支总额为 300 亿美元。实际上，这是将两国之间的支付扩大为国际多边清算，如清算后一国的借贷余额超过份额的一定比例时，无论顺差国或逆差国均需对国际收支的不平衡采取措施，进行调节。国际清算联盟总部设在伦敦和纽约两地，理事会会议在英、美两国轮流举行，以便英国能与美国分享国际金融领域的领导权。这一方案反对以黄金作为主要储备，还强调顺差国和逆差国共同负担调节的责任。这对国际收支经常发生逆差的英国十分有利。

"怀特计划"与"凯恩斯计划"有一些共同点：（1）都只看重解决经常项目的不平衡问题；（2）都只看重工业发达国家的资金需要问题，而忽视了发展中国家资金需要问题；（3）探求汇率的稳定，防止汇率的竞争性贬值。但在另一些重大问题上，这两个计划是针锋相对的，因为两国的出发点不同。美国首先考虑的是要在国际货币金融领域处于统治地位，其次是避免美国对外负担过重。由于战后各国重建的资金需要异常庞大，美国无法满足，因而坚持存款原则，货币体系要以黄金为基础，"稳定基金"只有 50 亿美元，以免产生无法控制的膨胀性影响。英国显然考虑到本国黄金缺乏，国际收支将有大量逆差，因而强调透支原则，反对以黄金作为主要储备资产，"清算联盟"要能提供较大量的清偿能力（约 300 亿美元）。另一方面，怀特方案建议由"稳定基金"确定各国汇率，而反对"清算联盟"所设想的汇率弹性。

显而易见，这两个方案反映了美、英两国经济地位的变化和两国争夺世界金融霸权的目的。从 1943 年 9 月到 1944 年 4 月，美、英两国政府代表团在有关国际货币计划的双边谈判上展开了激烈的争论。由于美国在政治和经济上的实力大大地超过英国，英国被迫放弃"国际清算联盟"计划而接受美国的方案，美国也对英国作了一些让步，最后双方达成协议，又经过 30 多个国家的共同商讨，于 1944 年发表了《专家关于建立国际货币基金的联合声明》。同年 7 月，在美国新罕布什尔州的布雷顿森林城召开有 44 国参加的"联合和联盟国家国际货币金融会议"，通过了以"怀特计划"为基础的《国际货币基金协定》和《国际复兴开发银行协定》，总称布雷顿森林协定，建立起一个以美元为中心的国际货币体系（即布雷顿森林体系），确立了美元的霸权地位。

二、布雷顿森林体系的主要内容与作用

布雷顿森林体系的主要内容可概括为两大方面：一是有关国际货币制度的，涉及国际货币制度的基础、储备货币的来源及各国货币相互之间的汇率制度；二是有关国际金融机构的，涉及国际金融机构的性质、宗旨以及在国际收支调节、资金融通和汇率监督等国际货币金融事务中的作用。相对而言，第一个方面的内容是主要的，是区别于以后的牙买加体系的主要特点之所在。

（一）布雷顿森林体系的主要内容

1. 以黄金—美元为基础，实行黄金—美元本位制，也即"双挂钩"。首先，美元直接与黄金挂钩，各国确认 1934 年 1 月美国规定的 35 美元—盎司黄金的官价，各国政府或中央银行可随时用美元按官价向美国兑换黄金；然后，其他国家的货币与美元挂钩，把美元的含金量作为各国规定货币平价的标准，各国货币与美元的汇率可按各国货币的含金量来确定，或者不规定含金量而只规定与美元的比价。

2. 实行可调整的钉住汇率制（Sdjustable Peg）。各国货币对美元的汇率，一般只能在平价上下各 1% 的幅度内波动，各国政府有义务在外汇市场进行干预以保持汇率的稳定。成员国的货币平价一经确定后，不得随意更改。只有当一国发生"根本性国际收支不平衡"，中央银行无法维持既定汇率时，才允许对本国货币法定贬值或升值。实践中，平价变动幅度在 10% 以内的，一般成员国可自行调整，事后通知国际货币基金组织确认即可。若调整使得三年内累积幅度达到或超过 10% 时，则必须事先征得国际货币基金组织的批准方可进行。由于各国货币均与美元保持可调整的固定比价，从而使整个货币体系成为一个固定汇率的货币体系。在这种情况下，平价的单方面变动就显得比较困难。

3. 国际货币基金组织通过预先安排的资金融通措施，保证提供辅助性的储备供应来源。成员国份额的 25% 以黄金或可兑换成黄金的货币缴纳，其余部分（份额的 75%）则以本国货币缴纳。成员国在需要货币储备时，可用本国货币向国际货币基金组织按规定程序购买（即借贷）一定数额的外汇，并在规定期限内以购回本国货币的方式偿还所借用的款项。成员国所认缴的份额越大，得到的贷款也就越多。贷款只限于成员国用于弥补国际收支赤字，即用于贸易和非贸易的经常项目支付。

4. 成员国不得限制经常项目的支付，不得采取歧视性的货币措施，要在兑换性的基础上实行多边支付。要对现有国际协议进行磋商，这是成员国的一般义务。

5. 规定"稀缺货币条款"，成员国有权对"稀缺货币"采取临时性的兑换限制。

从上面看来，在布雷顿森林体系中，美元可以兑换黄金和各国实行固定汇率制，是

这一货币体系的两大支柱，基金组织则是这一货币体系正常运转的中心机构，它具有管理、信贷和协调这三方面的职能。它的建立标志着国际协商与国际合作在国际金融领域的进一步发展。

第二次世界大战后建立起来的布雷顿森林体系，实际上也是一种国际金汇兑本位制度，它与战前的国际货币制度有很多类似的地方：（1）各成员国都要规定货币平价，这种货币平价非经基金组织同意不得改变。这项规定与金汇兑本位的金平价相似。（2）各成员国汇率的变动不得超过平价上下 1% 的范围（1971 年 12 月后调整为平价上下 2.25%），这一限制与金汇兑本位制的黄金输送点相似。（3）各成员国的国际储备，除黄金外，还有美元与英镑等可兑换货币，这与金汇兑本位制度下的外汇储备相似。（4）各成员国要恢复货币的可兑换性，对经常项目在原则上不能实行外汇管制或复汇率，这与金汇兑本位制度下的自由贸易与自由兑换相似。

但二者又有不同，主要区别是：（1）布雷顿森林体系下国际准备金中黄金和美元并重，而不像战前只是黄金。（2）战前时期处于统治地位的储备货币除英镑外还有美元和法郎，依附于这些通货的货币主要是英、美、法三国各自势力范围内的货币，而战后以美元为中心的国际货币体系几乎包括所有国家的货币，而美元却是唯一的主要储备资产。（3）战前英、美、法三国都允许居民兑换黄金，而实行金汇兑本位的国家也允许居民用外汇（英镑、法郎或美元）向英、美、法三国兑换黄金，战后美国只同意外国政府在一定条件下用美元向美国兑换黄金，而不允许外国居民用美元向美国兑换，所以这是一种大大削弱了的金汇兑本位制。（4）虽然英国在战前国际货币体系中占有统治地位，但没有一个国际机构维持国际货币秩序，而战后却有国际货币基金组织成为国际货币体系正常运转的机构。

（二）布雷顿森林体系的作用

布雷顿森林体系是在第二次世界大战结束后，各国急欲建立和恢复一个多边支付体系和多边贸易体系，以促进世界贸易的发展和各国经济的恢复的形势下建立的，它符合当时世界经济发展的需要。在 20 世纪 50 年代和 60 年代的部分时期内，布雷顿森林体系运行良好，对战后稳定国际金融和发展世界经济确实起到了巨大的作用。

1. 这个体系是以黄金为基础，以美元作为最主要的国际储备货币，美元等同于黄金。在战后黄金生产增长停滞的情形下，美元的供应可以弥补国际储备的不足，这在一定程度上解决了国际清偿能力的短缺问题。

2. 这一体系实行可调整的钉住汇率制度，汇率相对稳定，通过稳定的汇率将世界各国经济联系在一起，这有利于国际贸易的发展和国际资本的流动。同时它还赋予汇率制度以金本位制所不可能具备的灵活性，因为在金本位制下汇率难以调整，而在可调整的钉住汇率制下，汇率可以调整，因而在调节机制方面，多出一个汇率政策机制。

3. 国际货币基金组织对成员国提供各种类型的短期和中期贷款，使有临时性逆差的国家仍有可能对外继续进行商品交换，而不必借助贸易管制，这有助于推进外汇管制的放松和贸易的自由化，有利于世界经济的稳定与增长。

4. 融通资金及国际收支发生根本性不平衡时可以改变汇率，保证了各成员国可以执行独立的经济政策。

5. 国际货币基金组织作为国际金融机构，提供了国际磋商与货币合作的讲坛，因而在建立多边支付体系、稳定国际金融局势方面也起了积极的作用。

总体来讲，布雷顿森林体系是战后国际合作的一个比较成功的事例，它为稳定国际金融和扩大国际贸易提供了有利条件。

三、布雷顿森林体系的根本缺陷及崩溃过程

(一) 根本缺陷

尽管布雷顿森林体系对世界经济发展起到了积极作用，但它也存在一些根本的缺陷，在国际经济发生变化的过程中，这些根本缺陷终于导致其自身的崩溃。

布雷顿森林体系的根本缺陷是美元的双重身份和双挂钩制度。布雷顿森林体系是建立在黄金—美元基础之上的，美元具有美国本币和世界货币的双重身份及保持其与黄金可兑换性和满足国际清偿力的双重责任。由于规定了双挂钩制度，由于黄金的产量和美国黄金储备的增长跟不上世界经济和国际贸易的发展，于是，美元便出现了一种进退两难的状况：为满足世界经济增长和国际贸易发展，美元的供应必须不断地增长；美元供应的不断增长，使美元同黄金的兑换性日益难以维持。美元的这种两难，是美国耶鲁大学教授罗伯特·特里芬于 20 世纪 50 年代首先预见到的，故又被称为"特里芬两难"（Triffin Dilemma）。特里芬两难指出了布雷顿森林体系的内在不稳定性及危机发生的必然性和性质。这个危机的性质就是美元的可兑换性危机，即美元无法按固定比价维持同黄金的兑换性。随着流出美国的美元日益增加，美元同黄金的可兑换性（按固定价格）必将日益受到人们的怀疑，美元的可兑换性信誉必将受到日益严重的削弱，因此美元的可兑换性危机也可称为人们对美元可兑换性的信心危机。

(二) 崩溃过程

20 世纪 60 年代初开始爆发的美元危机，充分显露出布雷顿森林体系的根本缺陷，它是这一货币体系发生动摇的直接原因。

在 20 世纪 50 年代前半期，美元仍然保持相对稳定，当时世界各国还存在"美元荒"，需要美元来扩充国际储备。随着资本主义体系危机的加深和经济政治发展不平衡的加剧，各主要资本主义国家的经济实力对比发生了变化。由于美国经济实力相对削弱，国际收支不断恶化，在 20 世纪 50 年代后半期世界就出现了"美元过剩"的情况，美国黄金开始大量外流，对外短期债务激增。到 1960 年，美国对外短期债务已经超过了它的黄金储备额，于是美元信用发生动摇，导致美元危机的爆发，从此世界货币体系进入动荡的阶段。

1960 年美元危机爆发以后，美国要求其他国家与美国合作来稳定国际金融市场。各主要工业国家虽然同美国有着意见分歧和利害冲突，但储备货币的危机直接影响着国际货币体系的运转，关系到它们的切身利益，不能袖手旁观。它们通过各种国际金融协作的形式，如建立"黄金总库"，签订"互惠信贷协议"和"借款总安排"等，来稳定美元的地位，避免国际货币体系的动荡和危机的发生。然而这些措施都不能防止美元汇率下跌、黄金市价上涨和国际金融市场混乱的局面。

到 20 世纪 60 年代中期越南战争扩大后，美国的财政金融和国际收支状况更加恶化，黄金储备大大低于对外短期债务，同时通货膨胀加剧，美元不断贬值，美元的信用更加下降。1968 年又爆发一次严重的危机，抢购黄金的风潮极其猛烈，"黄金总库"已

无力维持市场金价，终于在同年 3 月停止活动，改行"黄金双价制"。所谓"黄金双价制"就是指两个黄金市场实行两种不同价格的制度，一种是原来的官价，仍然维持 35 美元一盎司黄金的价格，只有在各国官方结算时使用，另一种是自由市场价格，它是随供求关系而变化的。各国中央银行可以按官价用美元向美国兑换黄金，但美国不再按官价在自由市场上供应黄金。这样自由市场的金价就随风上涨，与官价完全背离，而且差距愈来愈大。在"黄金双价制"下，美元实际上已经贬值，美元的兑换性也进一步受到限制，美元的国际地位继续下降。

为了缓和美元危机，早在 1965 年，美国就在国际货币基金组织里提出一个创设特别提款权（Special Drawing Right，SDR）的方案，使它和黄金、美元一起作为国际储备资产。实际上，特别提款权只是一种记账单位，一种凭空创造出来的资产，它不像黄金那样本身具有价值，因而不能成为最后的国际支付手段。美国提出这一方案的目的，是要进一步扩大基金组织的贷款能力，使它能够利用这种"纸黄金"来弥补国际收支赤字，减少美元外流，并逐步用特别提款权来代替黄金作为国际储备，为以后建立一种脱离黄金而又不触动美元特权地位的新货币体系奠定基础。1969 年 10 月，国际货币基金组织第 24 届年会通过了设立特别提款权的决议，从 1970 年到 1972 年为第一阶段，分三年逐步设立 95 亿美元的特别提款权，并规定它只能用于各国政府之间的结算，当一国政府需要时，可以用来购买外汇，支付国际收支逆差或偿还国际债务，但不能直接用于贸易或非贸易的支付。

特别提款权的建立和"黄金双价制"的实行，已反映出布雷顿森林体系发生动摇并有出现危机的迹象。

随着布雷顿森林体系不稳定性的增长，从 20 世纪 60 年代初开始，一些主要国家的政府官员和经济学家就纷纷研究对策，提出了形形色色的改革方案，主要有以下几种。

1. 法国经济学家吕埃夫（J. Rueff）主张恢复金本位制度，将金价提高两倍以上，以便美国用黄金兑换各国所持有的美元，嗣后各国国际收支逆差全部用黄金结算，金价提高后，将会刺激黄金生产，从而保证国际储备的适当增长，不致发生国际清偿能力问题。

2. 美国经济学家特里芬（R. Triffin）主张彻底改革基金组织，把它变成世界中央银行，用一种"国际货币"来代替美国境外流通的美元，这种"国际货币"采取世界中央银行存款的形式，以便保证货币储备按照适当的速度增加，并克服一国货币作为国际储备资产所带来的困难。实际上，这是一种"国际管理通货制度"。

3. 曾任美国财政部和国际货币基金组织高级官员的伯恩斯坦（E. M. Bernstein）主张保持美元作为储备货币的地位，但美国要消除国际收支赤字，各国中央银行所持有的美元不能继续增加，另行建立一种"储备单位"（Reserve Unit）来满足国际储备的需要，这种储备资产不能兑换黄金，但具有黄金的世界货币职能，可以用于国际结算。

4. 美国经济学家金德伯格（C. Kindleberger）主张实行"世界美元本位"，停止美元兑换黄金，让市场力量决定各国官方和私人所需要的美元数量，一国想减少美元持有量，就应对美元升值，反之，一国想增加美元持有量，就应对美元贬值，而美国则在国内推行稳定和增长的货币政策和财政政策，不必考虑国际收支逆差问题。

5. 还有一些经济学家主张扩大金汇兑本位制，即把现行的国际货币体系改为"多种货币储备体系"，也就是说，将德国马克、瑞士法郎等硬通货作为新的"关键货币"，各国中央银行要进行合作，以保证各种储备资产在比率上能够互相配合，使这个货币体系的发展不致因国际收支结构的变化而遭到破坏。

这些方案都是在 20 世纪 60 年代提出来的，但因各国利害关系不同，始终没有取得一致的意见。事实上，在布雷顿森林体系发生动摇时，一些主要国家在黄金和汇率等问题上就已出现了尖锐的分歧和斗争。

首先，在黄金问题上，早在 1965 年法国总统戴高乐就正式提出恢复金本位制，攻击美元的特权地位。法国的挑战遭到美国的坚决反对，双方展开一场激烈的货币战。后来由于美元不断削弱，黄金大量流失，美国不仅反对恢复金本位制，而且要进一步削弱甚至取消黄金在国际货币体系中的作用，使黄金成为一种单纯的商品，也就是所谓"黄金非货币化"。美国的意图显然是想摆脱海外巨额美元兑换黄金的压力，保持摇摇欲坠的美元地位。在这个问题上，法国同美国针锋相对，一直主张继续保留黄金的货币作用，提高黄金官价，用黄金作为国际货币体系的基础和国际清算的主要手段。

其次，在汇率问题上，第二次世界大战后初期，美国操纵国际货币基金组织，实行固定汇率制，以建立美元霸权，打击其他国家的货币，并迫使它们实行货币贬值政策。从 20 世纪 60 年代开始，随着美元危机的发展，美国为了维持美元的平价和汇率的稳定，又迫使其他国家实行货币升值政策。这种做法引起其他国家的强烈不满和反抗。在 70 年代初，当美元危机加深和国际货币体系更加不稳时，美国又改变策略，主张实行浮动汇率，这是因为美元的实际购买力已经大大下降，美元定值偏高，不利于美国扭转对外贸易逆差和国际收支恶化的局面。前西德也赞成浮动汇率，因为美元削弱，成为经常抛售的对象，为了维持固定汇率，它需要抛出巨额本国货币，从而加剧通货膨胀。法国和意大利等国则一贯坚持实行固定汇率制，要将美元钉住在合理的水平上，它们认为浮动汇率是产生世界性通货膨胀的主要原因之一。在 1973 年各国普遍实行浮动汇率后，法国仍坚决主张在条件许可时，恢复钉住而可调整的固定汇率制。不过这时西方工业国家在汇率问题上的矛盾，主要表现为货币上浮与下浮的斗争。

再次，在国际收支调节问题上，《国际货币基金协定》对国际收支的调节机构没有作出明确的规定，所以各国在调节对称性问题上长期争吵不休。法国一直指责美国可以用美元来弥补国际收支赤字而无需像其他国家那样采取严格措施来保持国际收支平衡，这是一种不对称情形。但美国强调的是另一种不对称情形，即在美元——黄金本位制下，各国可以调整它们的汇率来获取国际收支盈余，增加它们的储备数量，而美国却不能采取单方面行动，随着改变汇率来影响它的国际收支。后来各国同意采取对称的调节步骤，由顺差国与逆差国公平地分担调节的责任。在对称性原则决定后，还需要一个"客观标志"来确定调节过程。美国主张用储备变动作为标志，也就是规定"正常储备水平"，在上下限有一个幅度，一国持有的储备数量离开上下限时，即表明该国有采取纠正措施的必要。美国还主张，根据"客观标志"，各国应对国际收支长期不平衡的国家施加压力，这就是所谓自动反应问题，实际上也就是制裁问题。美国要求在新的国际货币体系中建立一个强制性的机构，对那些长期保持国际收支顺差的国家进行制裁。但前西德等国反对作出强制性的规定，它们认为"客观标志"只能推动一个磋商过程，而不是采取制裁行动。由于国际收支涉及各国的根本利益，所以在这个问题上争论最为激烈。

最后，除了工业发达国家矛盾重重外，它们同发展中国家的斗争也是很尖锐的。美元危机的逐渐深化，也给发展中国家带来极其不利的影响，贸易条件恶化，出口贸易萎缩，国际收支逆差，国际储备减少，整个国民经济的发展受到严重的阻碍。这些国家对原有货币体系表示强烈的不满，积极要求进行彻底的改革，并把争取改革的行动作为建立国际经济新秩序的一个重要组成部分。

从上面看来，在货币改革上各国的矛盾是很尖锐的。尽管如此，只要官方黄金市场的平价与自由兑换关系能够继续维持，布雷顿森林体系仍然可以运行。但在 1971 年夏天，美元外流的情况达到顶点，1971 年美国国际收支逆差增至 297 亿美元。面对巨额的国际收支逆差与各国中央银行要求将美元兑换成黄金的压力，平价体系无法维持。尼克松政府于同年 8 月 15 日宣布实行"新经济政策"，停止美元兑换黄金，西方金融市场一片混乱。十国集团为了恢复国际货币秩序的稳定，于 1971 年 12 月 10 日达成协议：（1）美元对黄金贬值 7.89%，但这并不具有任何实际的意义，因为美国已不再保持美元与黄金之间的官方兑换关系；（2）一些主要国家货币对美元升值，其中日元对美元升值 16.9%，德国马克对美元升值 13.6%，瑞士法郎对美元升值 13.9%，英镑和法国法郎各升值 8.6%，美国对十国集团各国货币平均贬值 10%；（3）将市场外汇汇率的波动幅度从金平价上下的 1% 扩大到 2.25%，各国中央银行必须干预外汇市场，将汇率维持在这一范围内；（4）在重新确定金平价以前，各国暂时设立中心汇率（Central Rate）。这种汇率的制定，仅仅是为了适应上述较宽幅度的制度，而不是作为一种新的平价，各国希望中心汇率的设立，能改善美国的国际收支，恢复人们对美元的信心。这就是所谓《史密森协定》，尼克松曾称之为"世界史上最重要的货币协定"。

《史密森协定》比《布雷顿森林协定》前进了一步。首先，美元不再兑换黄金，这就变成为美元本位制度，但各国货币取得了同美元略为平等的地位。其次，《布雷顿森林协定》只注重国际贸易的发展，而《史密森协定》还强调了贸易措施、资本流动和经济一体化的重要性。从实质来看，它与《布雷顿森林协定》是不相同的，因为：（1）后者的主要目的在于促进国际贸易和世界经济的增长，而前者只是对布雷顿森林体系作一些修漏补缺的工作，防止国际贸易和支付情况的进一步恶化；（2）后者是在美国经济实力相对强大时缔结的，而前者则是经济力量略为相当的各大国妥协的结果。

史密森协定的寿命很短，只保持了 14 个月的时间，因为它只是对付美元危机的暂时性措施，而没有解决根本性的问题。而且它所确定的汇率并不反映各国货币的真实情况，英镑定值过高，日元定值太低。更重要的是，美国国内物价稳定和国际收支均衡，是美元稳定的必要条件。但 1971 年美元定值后，美国国际收支依然有大量逆差，国际金融仍旧充满不安的气氛。之后很快问题就发生了，一方面是 1971 年 12 月到 1972 年 2 月美国短期利率迅速下降，另一方面美国预算又显示出膨胀的性质。这两者的结合，使国外加深了对美元的不信任感，从而对史密森汇率结构的持久性产生怀疑，于是美元大量外流，再次威胁其他主要货币的汇价，中心汇率无法维持。1973 年 2 月 12 日，尼克松政府宣布美元再对黄金贬值 10%（每盎司黄金由 38 美元提高到 42.22 美元），美元仍然不能兑换黄金。美元对其他主要货币贬值，西欧大部分国家的通货对美元升值，而英国、加拿大、意大利、瑞士与日本则让它们的货币实行浮动。1973 年 3 月，各主要国家都实行浮动汇率制后，布雷顿森林体系彻底瓦解。

第四节　现行国际货币体系

一、牙买加体系的建立及其内容

布雷顿森林体系开始瓦解时，国际货币基金组织理事会于 1972 年 7 月成立了一个专门委员会，具体研究国际货币制度的改革问题，名为"国际货币制度改革和有关问题委员会"，由十一个主要工业国家和九个发展中国家共同组成，所以又叫做"二十国委员会"。这个委员会于 1974 年 6 月 14 日提出了一份《国际货币体系改革纲要》，对黄金、汇率、储备资产、国际收支调节等问题提出了一些原则性的建议，为以后货币改革奠定了初步基础。1974 年 7 月，国际货币基金组织又成立一个"临时委员会"接替"二十国委员会"的工作。新成立的"临时委员会"经过反复研讨、磋商，于 1976 年 1月在委员会所举行的第五次会议上，才就汇率制度、处理黄金官价和基金组织库存的黄金、扩大和重新分配份额等问题达成协议。由于这次会议是在牙买加的首都金斯敦召开的，所以又称为牙买加会议，所达成的协议称为《牙买加协定》（Jamaica Agreement）。《牙买加协定》的主要内容包括以下几点。

1. 浮动汇率合法化。各会员国可以自由选择汇率方面的安排，于是固定汇率制与浮动汇率制可以同时并存，实施多年的浮动汇率制度获得了法律上的认可。但各会员国将和国际货币基金组织合作来"保证有秩序的汇率安排和促进汇率的稳定"。国际货币基金组织要对会员国的汇率政策进行监督，缩小波动幅度，使汇率符合各国长期基本情况，不准会员国操纵汇率来阻止对国际收支进行有效的调节，或对其他会员国赢得不公平的竞争利益，它还有权要求会员国解释它们的汇率政策，并推行适当的国内经济政策，来促进汇率体系的稳定。在将来世界经济出现稳定局面之后，国际货币基金组织经过总投票权 85% 的通过，仍可实行固定的但可调整的汇率制度。

2. 以特别提款权为主要储备资产。在未来的货币体系中，应以特别提款权作为主要的储备资产，也就是把美元本位改为特别提款权本位。根据规定，参加特别提款权账户的国家可以用特别提款权来偿还欠基金组织的债款，使用特别提款权作为偿还债务的担保，各参加国也可以用特别提款权进行借贷。国际货币基金组织要加强对国际清偿能力的监督。

3. 黄金非货币化。废除黄金条款，取消黄金官价，实行黄金非货币化，也就是黄金与货币完全脱离联系，让黄金成为一种单纯的商品，国际货币基金组织不在黄金市场上干预金价或确定一个固定价格，各会员国的中央银行可按市价自由进行黄金的交易活动，但会员国之间以及会员国与国际货币基金组织之间须用黄金支付的义务一律取消。在国际货币基金组织持有的黄金总额中，按市场价格出售的 1/6（约 2 500 万盎司），以其超过官价部分用于援助发展中国家，另外的 1/6 按官价归还会员国，剩余部分根据总投票权 85% 作出的决议进行处理。

4. 修订基金份额。新增加分配的份额不超过总额的 33.5%，由原来的 292 亿 SDR增加到 390 亿 SDR。增加后的份额分配使石油输出国组织所出的资金增加了一倍，达到128 个会员国出资总额的 10%，英国的份额（7.5%）下降最多，但仍维持第二位，仅次于美国。份额重新修订的一个重要结果是，发达国家的投票权与发展中国家比较是相对减少了。

5. 扩大对发展中国家的资金援助。以出售黄金超过官价部分所得的收入作为"信托基金"，对最不发达国家（按人口计算收入不到300特别提款权单位的国家）提供援助，帮助它们改善国际收支状况。同时，国际货币基金组织扩大信用贷款总额，由占会员国份额的100%增加到145%，并放宽"出口波动补偿贷款"，由占份额的50%提高到75%。放松贷款的条件，延长偿还的期限，资助持续发生国际收支逆差的国家。

在《牙买加协定》发表以后，国际货币基金组织执行董事会即着手进行第二次修订《国际货币基金协定》的活动，修订的全部条款包括了《牙买加协定》的主要内容。《第二次修正案》于1976年4月底经理事会表决通过，后经60%以上的会员国和总投票权的85%多数票通过，从1978年4月1日起生效，于是货币改革告一段落。从此，国际货币体系进入了一个新的阶段，一般称之为牙买加体系。牙买加体系是在保留和加强基金组织作用的前提下对布雷顿森林体系的一种改革，其改革的主要内容集中在黄金、汇率和特别提款权三点上，这种改革是在当时条件下的一种权宜之计。事实上，牙买加体系在很大程度上（尤其是在黄金和汇率问题上）只是承认既成的事实，将实际发生的深刻变化部分地予以合法化，它没有建立稳定货币体系的机构，没有制定硬性的规则或自动的制裁办法，各国可以根据自己的考虑和责任来履行它们的义务。鉴于这种情形，一些学者根本不认为现在的国际安排是一种"货币秩序"，而是一个"非体系的体系"（Nonsystem）。

二、牙买加体系的缺陷与困难

牙买加体系是国际金融动荡的产物，它的产生虽然对世界经济的正常运转起了一定的积极作用，但随着时间的推移，其缺陷也充分暴露出来，当下的国际货币体系正面临日益严重的困难。

（一）全球国际收支失衡

布雷顿森林体系的缺陷之一是没有建立一个有效的国际收支调节机制，导致全球性的国际收支不平衡成为一种经常现象，并引起各国关注。牙买加体系的主要缺陷，依然是布雷顿森林体系不能克服的"特里芬两难"，具体则表现为日益扩大的全球国际收支失衡（Global Imbalance）。为满足全球经济增长对国际流动性的需要，美国经常账户赤字持续扩大，美国通过经常账户赤字大量输出美元，而新兴市场国家与资源出口国则通过经常账户盈余积累了大量外汇储备。然而，持续的经常账户赤字会造成美国对外净负债的上升，最终美国政府可能不得不通过通货膨胀与美元贬值来降低其对外净负债，而这将给持有巨额外汇储备的新兴市场国家与资源出口国造成惨重的资本损失。为控制损失规模，一旦预期美元将会大幅贬值，新兴市场国家与资源出口国就可能在市场上集体抛售美元资产，而这将会加剧美元贬值，并通过抬高美国国债收益率而导致美国经济陷入衰退。

实际上，国际收支平衡的过程是两方面的过程。把世界当做一个相互依赖的整体，顺差和逆差是相对应的。顺差国家不愿丧失盈余，逆差国家不能消灭赤字，都会损害国际货币体系目的的实现。为了建立公正和平衡的货币关系，必须建立一个健全而有效的制度，作为平衡所必需的对称调节措施的保证，指导和监督逆差国与顺差国双方进行国际收支调整，缓和各国矛盾，稳定世界经济。这就会涉及如下问题：国际收支不平衡的国家需要采取哪些调整措施？外汇汇率要做何种调整？在外贸方面要采取哪些方针？国内宏观经济政策是紧缩还是膨胀？如何协调各国的行动？要有哪些国际监督？等等。牙买加体系对上述问题只做了几项原则上的规定，并没有提出任何具体方案，因而国际货币关系长期处于混乱之中。

（二）汇率频繁变动

一般认为，1973 年以来的汇率制度是浮动汇率制，但实际上这种浮动汇率并不是完全由自由市场的供求力量决定的，因为中央银行可以随时进行干预，以便获得它所需要的汇率。因此，它是管理浮动。但尽管各国实行管理浮动，国际汇率体系仍然很不稳定，外汇市场汇率波动频繁，其原因是多方面的，如国际收支的严重失调、短期资本的大量流动、通货膨胀率的巨大差异和各国金融政策的不协调等。所以，汇率变动是由一些根本性因素造成的。而在这种货币储备体系下，外汇储备从一种货币转向另一种货币，势必加重外汇市场的动荡。1981 年 6 月底同 1980 年 9 月底相比，美元对西欧各国货币平均升值 25% 以上，一些国家为了防止资金外流或吸引资金内流，纷纷提高利率，于是主要国家展开了利率战。这不仅对世界经济产生紧缩性影响，而且引起大规模资本流动。资本流动又引起外汇汇率波动，汇率波动又加剧了外汇投机，使外汇市场更加混乱，世界经济受到严重损害：（1）汇率急剧变动，会引起物价、工资和就业的巨大变化，对贸易和生产结构产生不利的影响，从而妨害经常项目的合理调整，破坏资源的合理配置；（2）汇率变动频繁，会限制国际贸易与投资的增长；（3）外汇市场的波动有时会妨害反通货膨胀的措施，因为货币经常大幅度贬值会加剧通货膨胀，从而引起货币贬值与通货膨胀的恶性循环。显然，没有稳定的汇率就不可能有稳定的货币体系，世界各国都希望建立一个比较稳定的国际汇率体系，但如何稳定汇率，仍是一个悬而未决的问题。

（三）多元储备货币体系的不稳定性

在多元储备货币的情况下，各国的外汇储备仅仅是他国中央银行发行的债务，其价值（购买力）受到他国物价水平、汇率政策和货币政策的影响，由于储备货币发行国并没有对货币价值作出承诺，所以多元储备货币体系既是松散的，又不存在会崩溃的问题。但是，多元储备货币体系具有内在的不稳定性。

首先，多种储备货币和浮动汇率制加大了非储备货币国的汇率风险。由于实行了浮动汇率制，主要的储备货币（不论是美元、欧元还是日元）之间的汇率经常波动，其幅度远远大于经济基本因素的波动，致使短期资金移动频繁，增加了各国储备资产管理的复杂性。对非储备货币国而言，如果其汇率和某种储备货币挂钩，则与其他储备货币之间的汇率就会随挂钩的货币变动而变动，譬如本币钉住美元，则美元对欧元贬值时，本币对欧元也会贬值；或者，本币对美元升值，而美元对欧元有更大幅度的贬值，则本币仍然会对欧元贬值。这些交叉变化大大增加了非储备货币国和世界其他国家进行经济交流的不确定性和汇率风险。

其次，多种储备货币并没有从本质上解决储备货币的两难。在多种储备货币体系下，储备货币仍然既是主权国家（或国家集团）的货币，又是被世界接受的货币，储备货币的发行国也仍然面临两难：维护世界金融秩序与维护国内经济平衡的冲突。由于储备货币不再要求和黄金兑换，储备货币发行国必然侧重于后者的实现，这将对别国乃至世界经济带来负面影响。

最后，现有的储备货币体系仍然是有利于发达国家的安排。由于成为储备货币需要较为严格的条件，所以具有储备货币国地位的都是发达国家（或货币区），只有它们能享受包括铸币税和非对称货币政策在内的发行国特权；而大多数的非储备货币发行国，尤其是其中的发展中国家，其对外经济交流的基本形式是输出较低级产品，用实际资源换取储备货币国无成本发行的货币。在发达国家的货币纪律和财政纪律缺乏国际约束的情况下，这样的制度安排明显有利于发达国家而不利于发展中国家。

（四）国际资本的大规模流动

在浮动汇率制下，短期资本流动往往具有投机性，它可使汇率趋向稳定，也可使汇率更加不稳定。如果发生资金外逃（Capital Flight）的现象，就会对汇率和国际收支产生严重不利影响。因此，资本流动并非总是有益的。但《国际货币基金组织协定》中关于有利的资本流动和不利的资本流动没有作出明确的规定，只是将控制资本转移的权力授予成员国，各成员国有控制资本转移的自由，它们可以决定控制的范围、方法和机构等等，而不问其动机如何。其动机可能是关于国际收支、外汇汇率、限制外国资本在某些部门的投资、增加本国投资或巩固国内的货币政策等方面。因此，各国政府在不同程度上对资本流动实行控制。它们对不同种类和方式的资本流动采取不同的对策。

总体来讲，尽管各国金融当局对国际资本流动或多或少采取了限制措施，但收效不是很显著。在浮动汇率制下，如何扩大国际货币基金组织的权力，加强各国的合作，限制破坏性资本流动，促进有利的资本流动，以改进全球资源分配，提高经济效益，仍是国际货币改革的一个重大课题。

（五）货币集团的发展

第二次世界大战以后，国际货币关系既有矛盾和冲突的一面，也有合作协调的一面，这表现在以国际货币基金组织为中心的国际货币体系内，区域性货币集团的不断发展，欧洲货币体系的形成就是一个例证。

1979 年 3 月，由欧洲共同体八国（英国当时暂不参加）组成的欧洲货币体系正式成立，其目的是防止美元的冲击，保持欧洲货币的稳定，保持一个相对稳定的货币区来促进欧共体内部贸易和经济的发展，从而为实现欧洲经济和政治联盟打下坚实基础。目前欧洲货币体系日趋完善，1992 年底实行欧洲货币金融一体化，为国际货币关系增加了一个新的因素。而 1999 年欧元的诞生，更是为区域合作历史写下全新一页。此外，北美自由贸易区和亚太经济合作组织也已建成。在非洲、中东、拉美等地区，从 20 世纪 60 年代开始，一些发展中国家也积极推行经济一体化，取得了相当的效果。例如中美洲共同市场、中非关税与经济联盟、东非共同体、西非国家经济共同体以及阿拉伯货币基金组织的建立和发展，都为各个地区实现货币一体化和组成货币集团创造一定的条件。可以预见，货币集团的重新抬头，将会加剧发达国家之间以及发达国家与发展中国家之间的矛盾与冲突，对今后国际货币体系的运行产生重要影响。

综上所述，在牙买加体系下，国际货币关系依然是困难重重，不稳定的因素有日益增长的倾向，国际金融形势仍然动荡不安，其未来如何发展，是我们必须密切关注的。

三、现行国际货币体系的改革

自牙买加体系成立后，改革现行国际货币体系的呼声就没有停止过，但由于发达国家从牙买加体系中获益良多，对此一直持漠然态度。直到亚洲金融危机爆发之后，各国才对改革达成共识，但进展缓慢。2008 年全球金融危机爆发后，国际社会关于改革国际货币体系的呼声再度持续高涨。当前，作为现行国际货币体系载体的国际货币基金组织、发达国家集团、发展中国家集团、各国际经济政治组织和著名学者都提出了改革货币体系的建议或方案。这些方案大致可分为两类。第一类是呼吁创建超主权储备货币体系，第二类是对当前国际货币体系进行修补。

第一类建议的代表是由经济学家斯蒂格利茨（Joseph E. Stiglitz）领衔的联合国国际货币与金融体系改革小组。他们认为，当前以美元为核心的储备货币制度具有内在的不稳定性（特里芬两难）、中心国家与外围国家的不平等性、与全球充分就业目标的不相容性、给储备货币发行国带来长期成本与风险等问题。引入以 IMF 特别提款权（SDR）为核心的超主权储备体系则有望解决上述问题。该小组提出的方案细节包括：第一，超主权储备货币的发行主体可以考虑两种，一是进行了全面治理结构改革的 IMF，二是设立全球储备银行。第二，储备货币的发行方式也有两种考虑，一是各国央行就本国货币与新货币进行互换，二是发行新的全球货币后分给各成员国。第三，储备货币的发行规模分为常规发行与危机期间的逆周期发行。前者是指根据世界经济增长引致的外汇储备需求增量而发行储备货币，每年大约 3 000 亿美元。后者是指在危机期间扩大储备货币发放，通过提供流动性来支持陷入危机的国家。第四，在储备货币的分配体系方面，应该以各国 GDP 或对储备需求的估计为权重按照公式来确定。由于发展中国家贸易与资本账户波动更大，其外汇储备需求应高于发达国家。在分配机制的设计上，也要考虑用惩罚机制来阻止成员国维持大量的经常账户顺差。第五，从过渡方式来看，可以考虑通过建立区域储备货币体系或通过现有的区域协议（例如清迈协议多边化机制、拉美储备基金等）来进行过渡。

创建超主权储备货币的倡议有望从根源上克服特里芬两难，并增强国际货币体系的平等性与公平性。然而该倡议也面临如下一些批评：第一，与主权国家货币的背后有政府强制性征税能力作为支撑不同，超主权储备货币的背后缺乏国家力量与财政收入的支撑，因此不是一种真正的法定货币；第二，欧债危机的爆发生动地显示，在全球经济与全球财政充分一体化之前，推进全球货币一体化可能会加剧而非缩小世界各国的经济差距；第三，在当前国际货币体系下扮演着核心储备货币发行国的美国，将会反对创建超主权储备货币的努力，因为这会削弱其货币霸权；第四，超主权储备货币必须建立在超主权监管机构的基础上，而如何让超主权监管机构的治理结构既充分反映世界经济的现有格局，又兼顾效率与公平，是各国政府与国际社会面临的一大挑战。因此，创建超主权储备货币是一种值得期待但相对遥远的改革前景，短期内可行性不大。

第二类建议的代表是由 IMF 前总裁康德苏（Michel Camdessus）牵头提出的巴黎皇宫倡议。该倡议认为，当前国际货币体系具有全球失衡调整效率低下、流动性泛滥与不稳定的资本流动、汇率的大起大落及与基本面的背离、国际储备的过度积累、缺乏有效的全球管理等缺陷。其主要改革建议为：第一，加强 IMF 对全球经济与金融政策的监测。这包括加强与其他跨国机构的合作、扩大跨国监测的范围、设定政策监测标准、建立磋商机制与激励惩罚措施、关注具有系统重要性国家的溢出效应等。第二，加强对全球流动性的管理与监测，包括加强与国际清算银行（BIS）、金融稳定委员会（FSB）等机构在该领域的合作；建立针对资本流动管理更完整的分析框架；加强与各国政府、央行及区域性救助机构的合作等。第三，增强 SDR 在国际货币体系中的作用，包括增加 SDR 的分配、引入SDR 计价资产、让 SDR 在私人交易中得到更广泛的使用、定期调整 SDR 计价货币篮等。第四，改善国际货币体系的治理结构，包括创立基于三级架构（国家领导人峰会、财政部长与央行行长会议、监督 IMF 工作的行政官员领导体系）的国际货币体系管理方式、创建由独立杰出人物组成的全球建议委员会、考虑与区域性组织加强合作等。

与创建超主权储备货币的倡议相比，第二类建议的实质是对当前国际货币体系进行修补，这种建议容易得到当前国际货币体系下主要利益集团的支持，更具短期可行性与可操作性。然而该倡议也面临如下问题：第一，该建议无法从根本上克服由国别货币充当全球储备货币而产生的特里芬两难，以及周期性出现的全球国际收支失衡问题。第二，受既得利益集团掣肘，现有国际金融机构的治理结构难以得到实质性改革。例如，在当前 IMF 的份额改革中，无论欧美都不愿意大量出让份额与投票权。第三，由于缺乏制度性、强有力的全球决策机制，在面临重大危机冲击时要迅速达成集体行动非常困难，因此各国依然会采取各种措施来增强自身抵御风险能力（例如继续积累外汇储备），而不是充分信任国际范围内的救援措施。

总之，因国际货币体系改革牵涉到各方的利益冲突，要达成一致的意见还有待时日。但有一点是可以肯定的，各国和国际组织将作出不懈的努力，力争在短时间内向改革目标迈出重要步伐。

第五节　区域货币一体化的理论与实践

一、区域性货币一体化的产生和发展的意义

第二次世界大战后，出现了货币一体化趋势。货币一体化分全球性的货币一体化和区域性的货币一体化。布雷顿森林体系就是全球性的货币一体化，由于这一体系的内在矛盾，20 世纪 70 年代逐渐走向解体。与此同时，区域性货币一体化迅速发展。所谓区域性的货币一体化是指一定地区内的有关国家和地区在货币金融领域中实行协调与结合，形成一个统一体，最终实现一个统一的货币体系。区域性货币一体化的显著特点是发展的阶段性。就其发展程度来讲，可以分为两种，一种是较低阶段的货币一体化，其表现为：各成员国保持独立的本国货币，但成员国货币之间的比价是固定的，对成员国以外的国家则实行自由浮动；各成员国对资本流动仍实行某种限制；各成员国的国际储备部分集中管理，但各自保持独立的国际收支；继续采取相对独立的货币和财政政策等。另一种是较高程度的货币一体化，其表现为：一体化的货币区域内实行单一的货币，设立一个雷同的中央银行；各成员国之间不再保持独立的国际收支；实行资本市场的统一，放弃独立的货币政策等。

区域性货币一体化的产生和发展有其客观的必然性。

第一，经济一体化是区域性货币一体化产生和发展的内在动力。经济一体化和一体化集团的形成是战后世界经济发展的新特点。科技革命的蓬勃发展和生产力的迅速提高，大大促进了世界范围内的生产社会化。由于国际分工和专业化大生产日益发展，越来越多的商品、资本、劳动力和科技情报进入国际交流。这一切标志着社会再生产的国际依赖性大大加强了，现代世界的经济生活比以往任何时候都更加国际化。经济生活国际化的一个基本特点一是国际贸易优先于生产的增长，国际贸易的发展对国际金融领域提出了新的要求。首先，国际间和地区间贸易的正常发展需要稳定的汇率给予保证，汇率的动荡不稳会增加国际贸易的风险，不利于贸易成本的核算。因此，在区域性经济集团内建立固定汇率制，对外实行联合浮动，并由国际金融组织出面协调，平衡各经济集团之间的汇率，这有利于重建比较稳定的汇率制度，促进国际贸易的发展。其次，在区域性经济一体化过程中，集团内部为了维持关税同盟，实施各种补偿性经济政策，提供信贷平衡逆差国的国际收支等也需要建立共同的货币基金，确定共同的货币计量单位。最后，为了协调各国的经济政策，确保成员国总体利益，一体化集团中的各个国家应该采取比较一致的货币金融政策，开放资本市场。可见，经济一体化的发展，客观上要求货币一体化与其相适应，货币一体化是经济一体化不可缺少的组成部分。

第二，国际货币体系的解体是加速区域性货币一体化发展的外在压力。纵观历史，不难看出，每当国际货币体系崩溃瓦解的时候，就会有很多的区域性货币集团出现。20世纪30年代金块本位制和金汇兑本位制瓦解后，各国纷纷成立了货币集团，如英镑集团、法郎集团、美元集团和日元集团等。但它们是帝国主义国家压迫和剥削弱小国家、附属国和殖民地的重要手段，集团内部具有明显的依附性。同时，各集团之间存在严重的排他性，它们之间激烈竞争，往往使国际货币关系处于混乱状态。20世纪70年代初期、布雷顿森林体系崩溃后，也出现了许多货币集团。但它们与30年代的货币集团有着本质区别。首先，70年代的区域性货币集团是经济一体化发展的结果，代表着真正的货币一体化趋势，而30年代的货币集团只是政治、经济动荡的产物。其次，目前各区域性货币集团中，成员国之间平等相处，相互协调。再次，成员国货币合作的广度和深度都是30年代货币集团无法比拟的。最后，各区域性货币集团之间没有明显的排他性。尤其是国际金融组织的存在，对协调集团之间的关系起了积极作用。总之，无论是全球性的货币体系，还是区域性的货币集团，其根本目的是要稳定汇率，促进经济发展。因此，国际货币体系的崩溃，自然会出现区域性的货币集团。与国际货币体系相比，区域性的货币集团往往在不同程度上会避免由于地区之间利益差别而引起的矛盾冲突。

第三，区域性货币一体化的发展还与货币一体化理论的发展有关。20世纪60年代初的"最适度通货区"理论（Optimal Currency Area Theory），对货币一体化产生的原因、建立货币一体化的条件、理想模式和成本收益作了理论分析，这无疑推动了区域性货币一体化尤其是欧洲货币一体化的发展。其他经济学家还把博弈论、货币主义的分析方法引进货币一体化理论的分析，从而说明了各国经济政策相互影响的情况下货币一体化的收益与成本。

二、最适度通货区理论简介

区域货币合作的本质是以削弱成员国货币政策主权为代价来达到区域间经济协调和

一体化的制度安排。由于涉及部分经济主权的让渡，因此，关于如何认定区域货币合作的范围，如何判断是否加入区域合作，经济学家进行了大量的研究和讨论，由此产生了最适度通货区理论。该理论最早出现于 20 世纪 60 年代对固定汇率制和浮动汇率制的争论之时。首先提出这一概念的，是当时 IMF 组织特别研究处的经济学家罗伯特·蒙代尔（Robert Mundell）。随后，不同的经济学家又从不同的角度出发提出自己的观点，从而形成了关于通货区的认定、范围、成立的条件以及加入通货区的成本和收益等内容的一整套理论。最适度通货区理论的主要思路就是，在通货区内，各成员国货币间保持固定汇率，这就意味着各国放弃汇率变动这一调节国际收支失衡的手段，在此情况下，如何使收支重新得到平衡而不影响国内均衡就成为一个关键问题。因此就要找出调节国际收支的途径和条件，并将调节条件转化为具体指标，根据各国是否符合这些指标而判断各国是否应该加入通货区。具体而言，最适度通货区的判断标准大致可以分为以下六种：

（一）要素流动性分析

蒙代尔在 1961 年提出，用生产要素的高度流动性作为确定最适度通货区的标准。

蒙代尔认为，需求转移是一国出现外部失衡的主要原因。假定 A 国生产甲产品，B 国生产乙产品，若对乙产品的需求现在转向甲产品，则 B 国的失业增加，A 国出现通货膨胀压力；如果两国之间的汇率是浮动的，则 B 国货币相对于 A 国货币的贬值将使乙产品相对于甲产品变得便宜，从而乙产品需求上升，甲产品需求下降，国际收支恢复了平衡。但在固定汇率之下，就必须另外有一个调节需求转移的机制，而这个机制只能是生产要素的高度流动：即在乙产品供大于求的情况下，B 国多余的生产要素向 A 国流动，从而乙产品产出下降，甲产品产出上升，两类产品的供给和需求重新均衡，要素也得到了充分利用。

但这样的机制存在两个问题：首先，生产要素的高度流动反而可能使货币同盟中的富国越富，穷国越穷（生产要素不断从穷国流出）；其次，蒙代尔并没有对生产要素中的资本和劳动力进行区分，而劳动力的流动受到气候、生活习惯、文化和道德风俗诸方面差异的约束，成本较大，相比资本流动有较大困难。

（二）经济开放性分析

1963 年，麦金农（R. McKinnon）提出，应以经济的高度开放性作为确定最适度通货区的标准。

麦金农将社会总产品区分为可贸易商品和不可贸易商品，可贸易商品在社会总产品中的比重越高则经济越开放。他认为，一个经济高度开放的小国难以采用浮动汇率有两条理由：第一，由于经济高度开放，市场汇率稍有波动就会引起国内物价的剧烈波动；第二，对一个进口在消费中占有很大比重的高度开放小国而言，汇率波动对居民实际收入的影响非常大，使存在于密封经济中的货币幻觉消失，进而令汇率变动丧失了纠正对外收支失衡的作用。为此，麦金农强调，一些贸易关系密切的开放国家应该组成一个相对封闭的共同货币区，并在区内实行固定汇率安排，而整个货币则对其贸易往来关系不大的地区实行浮动（或弹性）汇率安排。

麦金农理论的局限性表现在三个方面。首先，他是以世界各国物价普遍稳定为前提来考察汇率变动后果的，但这一假设是缺乏现实依据的。因为，即便在 20 世纪 60 年代中期以前世界物价水平相对稳定的情况下，发达国家也可以通过固定汇率向外传递通货膨胀和经济不稳定性。因此，如果将这个前提颠倒一下，经济高度开放的国家恰恰应以浮动汇率隔绝外来的不稳定影响。其次，麦金农的分析以经济高度开放的小国为对象。如果一个小国的贸易伙伴主要是一个大国，且其汇率钉住后者的货币，或是几个小国因彼此之间密切的贸易关系而结成货币同盟，则经济开放性标准是有意义的；但若一个小国的贸易分散于几个大国，而这些国家的货币又彼此浮动，麦金农的指标就失去了意义。最后，麦金农的分析重点在贸易账户方面，忽略了资本移动对汇率安排和国内经济的影响。

（三）产品多样性程度分析

凯南（P. Kenen）于 1969 年提出，应以产品多样性程度作为形成一个最适度通货区的标准。与蒙代尔一样，凯南也假设国际收支失衡的主要原因是宏观经济的需求波动。他认为，一个产品相当多样化的国家，出口也是多样化的。在固定汇率安排下，对一个产品多样化程度高的国家而言，由于单一产品的出口在整个出口中所占的比重不大，其需求的下降不会对国内就业产生太大影响；相反，对产品多样化程度低的国家来说，若外国对本国出口商品的需求下降，就必须对汇率作较大幅度的变动，才能维持原有的就业水平。可见，对产品多样性程度高的国家而言，外部动荡对经济的冲击力较小，可以承受固定汇率的后果；而产品多样性程度低的国家则不能。

产品多样性分析的基本出发点在于按照国际货币的被动性权力来划分最适度通货区，从而忽略了国际货币的主动性权力在汇率安排选择中的作用。事实上，世界经济的复杂性要求各国必须综合权衡自己的国际货币被动性权力、主动性权力和阻止性权力，才能最后确定汇率安排①。例如，英国是一个产品多样性程度高的国家，但不拥有足够的国际货币主动性权力，因此它没有加入 1972 年的西欧联合浮动和目前的欧元体系。此外，凯南同麦金农一样，也忽视了资本移动对国际货币被动性权力的影响，没有考虑到国内经济比世界具有更大的不稳定性，因而在最适度通货区分析中犯了与麦金农类似的错误。

（四）国际金融一体化程度分析

针对以上实体经济的分析未能圆满解释最适度通货区标准的情况，伊格拉姆（J. Ingran）于 1969 年指出，在决定通货的最优规模时，有必要考察一国的金融特征，并进而在 1973 年提出以国际金融高度一体化作为最适度通货区标准的理论。

伊格拉姆认为，一个区域内各国国际收支的不平衡同资金的移动状况有关，尤其同缺乏长期证券的自由交易有关。如果国际金融市场的一体化是不完全的，那么国外居民就会以短期外国证券为主要交易对象，因为买卖短期证券的外汇风险可以通过远期市场的套补来消除。但这样一来，各国长期利率的结构就会发生明显的差异，国际收支失衡无法由资本流动来调整。相反，如果国际金融市场实现了高度一体化（尤其是长期资本市场高度一体化），那只要国际收支失衡导致利率发生小幅变动，就会引起均衡性资本（非投机性短期资本）的大规模流动，从而弥补国际收支失衡。

---

① 国际货币的被动性权力，指一国不受别国制约的能力。国际货币的主动性权力，指一国迫使别国采取符合本国愿望的行为的能力。国际货币的阻止性权力，指一国阻止别国采取违背本国意愿的行为的能力。

　　伊格拉姆的金融高度一体化标准的缺陷在于，它只强调了资本要素的流动，但资本要素的流动不一定能成为国际收支的一种有效调节机制；同时，它还忽视了经常账户的作用。此外，同蒙代尔一样，伊格拉姆是从固定汇率的维护机制来分析最适度通货区标准的，但即使在同盟内部，顺差国也不愿意为逆差国无止境地融资。

（五）政策一体化程度分析

　　1970 年，托尔（E. Tower）和维莱特（T. Willett）提出应以政策一体化作为确定最适度通货区的标准。

　　他们认为，通货区能否成功，关键在于其成员国对于通货膨胀和失业增长的看法，以及对这两个指标之间替代能力的认识是否具有合理的一致性。换句话说，一个不能容忍失业的国家是难以同另一个不能容忍通货膨胀的国家在政策取向上保持一致的。因此他们建议，应当以政策合作作为国际收支的平衡机制，建立一个超国家的、统一的中央银行和统一的财政制度。

　　但是，由于各国政治主权的存在，建立一套统一的宏观经济管理机构是较为困难的，而且，即使建立了这样的机构，也难以保证各个成员国的国际收支平衡，这可以由部分发达国家一国范围内也长期存在不发达地区的事实得到证明。

（六）通货膨胀率相似性分析

　　1970 年和 1971 年，哈伯勒（G. Haberler）和弗莱明（J. M. Fleming）分别提出以通货膨胀率的相似性作为确定最适度通货区的标准。

　　他们认为，国际收支失衡最可能是由各国的发展结构不同、工会力量不同所引起的通货膨胀差异造成的，这种分析角度与当时正在形成之中的国际收支货币分析有关。根据货币分析法，国际收支失衡本质上是一种货币现象，在固定汇率安排下，如果国内的实际货币余额大于预期的货币余额（如货币当局创造了更多的新货币从而发生通货膨胀压力），超额货币必然形成额外支出，除了购买本国货币外，还会增购进口货物和外国证券，于是，货币的出口便大于货币的进口，进而引起商品进口大于商品出口（或证券进口大于证券出口），这意味着国际收支出现恶化。因此，如果区域内各国通货膨胀率一致，就可以在汇率固定的同时避免国际收支失衡。

　　不可否认，通货膨胀会使国际收支恶化；但是，把通货膨胀说成是国际收支失衡的最经常、最主要的原因也是不完全符合现实的。货币分析法中，关于货币需求函数是稳定的，以及市场具有完善的传递超额需求的机制等假定前提都是令人怀疑的。事实证明，通货膨胀不一定是国际收支平衡的主要原因，以它作为最适度通货区的唯一标准是缺乏依据的。例如，20 世纪 60 年代，美国、加拿大和西欧的通货膨胀率差异非常小，但加拿大几次对美元实行浮动，西欧却出现国际收支逆差。国际收支的不平衡实际上是由各国经济结构差异、国际交换关系不平等、劳动生产差异、利率差异和通货膨胀差异等诸多因素共同作用的结果，而且，前面几项因素有时甚至是更加重要的，因此不能用单一的通货膨胀率指标来证明通货区的合理性。

　　上述理论关于确定最适度通货区标准的出发点各不相同，但如果我们把这些理论综合起来，不难看出，他们所说的最适度货币区，实际上是指由一些彼此间的商品、劳动力、资本流动比较自由、经济发展水平和通货膨胀率比较相近、经济政策相互协调比较容易的地区所组成的独立的通货区。在这样的通货区内，各成员国采用固定汇率制并保证区内各种货币的充分可兑换性。它的"最适度性"表现为：这样的通货区能使成员国同时达到内部均衡，即物价稳定和充分就业，以及外部均衡。为此，最适度通货区应该具有：（1）要素的自由流动；（2）汇率的稳定；（3）货币和财政政策的协调。

最适度通货区理论的出现，是第二次世界大战后区域性货币一体化逐渐发展这一重要趋势在西方理论界的反映。这一理论的提出者较早地注意到了当时正在进行的经济和货币一体化的尝试，采用边做边学的方法，因此，这一理论的某些设想，和后来西欧货币一体化进行中的一些实际做法也比较吻合，并指导了实践的发展。

最适度通货区理论也存在一些缺陷，最明显的就是它的片面性。组成通货区往往牵涉到成员国经济的各个方面，单以一个或几个经济因素作为建立最适度通货区的标准十分不妥。同时，建立通货区会使各成员国丧失货币和政策自主权，这就要求更多的政治合作。另一缺陷是它只局限于静态分析，不仅没有考虑到成员国政策的相互影响，对组成通货区的基础也缺乏长期的、动态的分析。

进入 20 世纪 90 年代，由于欧洲货币一体化以及现代宏观经济学理论的发展，最适度通货区理论又注入了新的内容，主要集中于对参加通货区的收益和成本的分析。新的理论内容主要表现在垂直的菲利普斯曲线（Vertical Phillips Curve）、名义货币锚（Nominal Anchor）、可信度（Credibility）等方面。

根据过去的"滞胀"经验，通胀度和失业率之间并不存在替换关系，宏观经济学的发展证明菲利普斯曲线在长期趋向于垂直状态，失业率不能随通胀率的提高而下降。对于最适度通货区理论来说，浮动汇率制和独立货币政策的唯一收益就是所选择不同于其他国家的通胀率而对就业不产生影响，因而参加通货区需付出的代价就比过去要低。

通货区的固定汇率是可以决定参与国货币之间的比价关系，但无法确定区内的货币总量。因此，通货区必须建立一种决定货币总量的机制，即需在体系内提供一个名义货币锚。通货区的货币总量（即名义货币锚）可通过对称性体系或不对称体系形式的安排加以决定。前者是参加国之间的相互合作，共同制定货币政策；后者是一国在制定政策时处于领导国地位。然而两者各自都有问题。

对称性体系缺乏纪律约束，对各参与国利益的兼顾可能导致通货区的货币总量膨胀，使区内丧失货币稳定的基础，参与国受到不同程度的冲击，竞争性压力可能导致合作的结束和独立货币政策的出台。

不对称性体系可能会加剧随从国（非领导国）国内的经济周期。在随从国受到贸易条件不利的冲击下，实际收入缩减，但其货币政策自主权完全丧失，引起货币需求的减少，致使利率下降，资本外流，而领导国的货币政策不变。这样，随从国的国内货币供给进一步收缩，不仅失去执行独立货币政策的能力，而且加剧了经济衰退。

所以，名义货币锚的确定关系着货币区是否能够维持，参与国要付出多少稳定经济的成本，而后者又同参与国可能遭受外来冲击的性质密切相关。

一国的低通胀取决于令人可信的政府稳定性政策，特别是货币政策。一国当局一旦拥有实行通胀性货币政策的名声，就会使人们形成通胀预期。当局会发现必须经过长期而代价高的通货紧缩过程，才能取消这种名声。为了取得可信度，当局必须执行一种时间连续（Time Consistency）的货币政策，使公众能相信它将推行低通胀目标。取得可信度的有效方式，是通过与一个低通胀的国家组成货币联盟，放弃国家货币自主权，这就能使高通胀国家获得低通胀的名声，而不是造成产出和就业的损失。当然，组成货币联盟的国家必须具有相似的结构特征。所以，可信度的获得是一个具有高通胀名声的国家参加货币区的一个极其重要的收益。

总之，20 世纪 90 年代发展起来的新理论是以早期的特征研究为出发点的，重点是说明有关选择单一货币的代价和收益的标准。新理论仍认为，要素移动、金融交易和商品贸易方面达到高度一体化，国家属于小型又具有开放性，并有多元化生产结构，该地区的固定汇率（或单一货币）比灵活汇率可以使内部和外部均衡更加有效地得到解决。

三、最适度通货区的政策实践——欧洲经济货币联盟

欧洲货币一体化的演进被公认为是自布雷顿森林体系崩溃以来国际货币安排方面最有意义的发展，也是迄今为止最适度通货区最为成功的实践结果。在欧洲货币一体化的发展过程中，成员国间建立起一个"货币稳定区域"，使它们得以免受区域外金融不稳定的影响，区域内的固定汇率安排更是方便了成员国间的经济交往和合作。这一实践为未来的国际货币制度改革和内外均衡矛盾的解决提供了一个有益的借鉴。

（一）欧洲货币一体化的沿革

根据欧洲货币一体化由低层次向高层次演进的过程，可将其分为四个发展阶段：

第一阶段为 1960—1971 年，欧洲各国组成了英镑区、黄金集团、法郎区三个跛行货币区，这被视做欧洲货币一体化进程的开端。

第二阶段为 1972—1978 年，在欧洲经济一体化进程的推动下，西欧货币开始联合浮动（又称可调整的中心汇率制）。对内，参与该机制的成员国货币相互之间保持可调整的钉住汇率，并规定汇率的波动幅度；对外，则实行集体浮动汇率。如图 9 - 2 所示，欧共体 6 国货币汇率对外的集体浮动被形象地称为"蛇行于洞"（Snake in the Tunnel）。

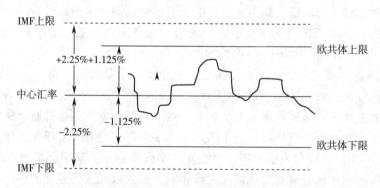

图 9 - 2　欧共体成员国货币的联合浮动图

1973 年布雷顿森林体系崩溃后，西欧各国货币与美元脱钩，IMF 规定的 ±2.25% 的幅度也不复存在，但欧共体成员国货币的联合浮动依然存在，只是过去对美元的中心汇率被实际上的对马克和以后的对欧洲货币单位的平价所取代。西欧各国继续维持联合浮动的意图在于抵制汇率波动的不利影响，促进区域内商品和资本的流动。

第三阶段为 1979—1998 年，欧共体各国建立了欧洲货币体系（European Monetary System，EMS）。欧洲货币体系主要包括三方面的内容，即欧洲货币单位（European Currency Unit，ECU）、稳定汇率机制（Exchange Rate Mechanism，ERM）和欧洲货币合

作基金（European Monetary Cooperation Fund, EMCF），其中，以稳定汇率机制最为重要。欧洲货币体系持续了 20 年，为欧元的创立积累了重要的经验。

第四阶段为 1999 年至今，欧洲经济货币联盟（Economic and Monetary Union, EMU）正式成立。1999 年 1 月 1 日开始，欧洲单一货币——欧元（Euro）开始作为电子货币（支票、债券、信用卡、股票）形式在欧元区 11 国（德国、法国、比利时、西班牙、爱尔兰、意大利、卢森堡、荷兰、奥地利、葡萄牙和芬兰）流通；2002 年 1 月 1 日，欧元的纸币和硬币在欧元区开始流通，并于 2002 年 3 月 1 日彻底代替各国的货币①。

（二）欧洲经济货币联盟的协调机制

1. 欧洲中央银行（European Central Bank, ECB）。由于德国中央银行在控制通货膨胀方面的良好声誉，也由于德国在欧盟中的经济领导地位，欧洲中央银行主要是以德国中央银行的运作模式为蓝本的。在制度架构上，主要分欧洲中央银行本身和由欧洲中央银行及所有参加欧元区成员国中央银行（National Central Banks, NCBs）组成的欧洲中央银行体系（European System of Central Banks, ESCB）两个层次，各国中央银行按照其人口和 GDP 的比例向欧洲中央银行认购股本。在 1999 年 1 月 1 日欧元启动后，欧洲中央银行便全面接管了整个欧元区的货币政策。欧洲中央银行的决策机构是理事会，它负责制定重大的货币政策，日常管理职能则由执行委员会行使。按照规定，欧洲中央银行不得为成员国政府的财政赤字提供资金融通，从而使其具备了独立地位。欧洲中央银行体系的主要目标是保持物价的稳定，在不与此目标相抵触的情况下，也可在促进就业和经济增长等方面对成员国提供支持。欧洲中央银行的货币政策中介目标将在货币供应量和物价指数之间选择。货币政策工具包括公开市场操作、存贷款便利和最低存款准备金要求。

2. 稳定与增长公约（Stability and Growth Pact, SGP）。在欧洲中央银行统一执行货币政策的同时，稳定与增长公约为欧元区的所有成员国制定了财政政策的基本纪律：成员国必须维持其公共预算收支平衡或有所盈余，成员国每年发生的财政赤字不得超过 GDP 的 3%，国债余额不得超过 GDP 的 60%，否则将被处以罚款②。

3. 欧元区的准入条件。欧盟成员都是欧洲经济货币联盟的成员，只要符合一定的经济标准就可以加入欧元区③。加入欧元区的标准包括：通货膨胀率必须不能超过三个通胀率最低的欧元区国家平均水平 1.5 个百分点、长期利率不能超过通货膨胀率最低的三个国家的平均利率 2 个百分点、每年的财政赤字不得超过 GDP 的 3%、国债余额不得超过 GDP 的 60% 以及在加入前两年内对欧元汇率保持稳定。这组标准确保了所有欧元区组成国在加入欧元区时彼此经济情况大致相同，加入欧元区后遵守的稳定与增长公约则确保这些国家经济发展速度大致相同，并保证成员国不会采取以邻为壑的政策措施。

（三）欧元区的收益和成本

单一货币有利于提高各国经济的开放性，推进商品与生产要素在成员国间的流动，

---

① 2001 年 1 月 1 日，希腊也开始使用欧元。2007 年 1 月 1 日，新加入欧盟的斯洛文尼亚开始使用欧元。

② 按照欧盟成立的法律条约文件，非欧元区的成员国也应遵守稳定与增长公约（SGP），但因为这些国家的行动不会对欧元的稳定造成影响，所以事实上它们不受此公约约束。

③ 欧盟东扩前的 15 个老成员国可以选择是否加入欧元区；欧盟东扩后新加入欧盟的国家，因为在入盟协议中承诺使用欧元，所以必须在满足加入欧元区标准后加入欧元区。

提高价格机制在货币区内配置资源的效率，并且能够消除欧元区成员国之间经济交流的汇率风险，减少在搜集价格、成本、货币政策等信息方面的资源消耗；独立的中央银行能够避免各国货币供应的政治化以及因国内选举而产生的所谓"政治商业周期"，并促进货币区内物价水平的稳定；欧元的出现对以美元为主的国际外汇储备格局形成了冲击，在国际贸易中，以欧元结算的比例逐步提高，欧元储备货币的性质有所加强，这都是欧元区使用单一货币并统一政策的收益。

但是，欧洲中央银行对物价稳定的强调，以及稳定与增长公约对财政赤字的限制，都使得欧元区的宏观经济政策稳定性有余，灵活性不足，相比于美国经济增长缓慢。欧盟加速东扩使得欧元区成员经济基本面的差距进一步扩大，统一步调的宏观经济政策执行难度和代价也有所提高。这些都是欧元区运行的成本。

归根结底，建立在多国合作和货币主权让渡基础上的单一货币机制的稳定运行，依赖于各国的内外均衡矛盾在此体制下的解决状况。从目前来讲，这一矛盾主要表现在两个方面：一是各国因贯彻经济趋同指标而出现的高失业率状况，二是货币联盟内部成员国经济发展的不平衡（这种不平衡会因欧盟的东扩而进一步加强）。这两个问题能否得到有效缓解或解决，将直接影响各国公众对单一货币的态度，并进而影响各国政府约束其财政政策的意愿。

本 章 小 结

1. 国际货币体系是指国际货币制度、国际金融机构以及由习惯和历史沿革形成的国际货币秩序的总和。历史上曾经有过不同类型的国际货币体系。其中，国际金本位制以黄金为基础，较为稳定，但缺陷是世界经济增长受制于黄金产量的增长。第二次世界大战后建立的国际货币体系又称布雷顿森林体系。其基本内容可概括为以黄金为基础、以美元为中心的所谓"双挂钩"制度。目前的国际货币体系被称为牙买加体系，它的特点是黄金非货币化、汇率制度多样化及储备货币多样化。

2. 区域货币合作是货币国际协调的重要方式，是以削弱成员国货币政策主权为代价来达到区域间经济协调和一体化的制度安排。最适度通货区理论被用来衡量加入通货区的标准及对加入通货区的利弊分析。判断最适度通货区的指标主要包括要素流动性、经济开放性、产品多样化程度、国际金融一体化程度、政策一体化程度和通货膨胀的相似性。

3. 欧洲经济货币联盟是迄今为止最适度通货区最为成功的实践。其发展经历了跛行货币区、联合浮动、欧洲货币体系和欧洲经济货币联盟四个阶段。欧洲经济货币体系内部协调机制包括欧洲中央银行、稳定与增长公约以及欧元区准入条件。

复习思考题

1. 国际金本位制的特点有哪些？
2. 何谓特里芬两难？为什么说它是布雷顿森林体系的根本缺陷？
3. 分析布雷顿森林体系崩溃的直接原因和根本原因。
4. 牙买加体系的特点相比布雷顿森林体系有哪些重大改变？
5. 分析牙买加体系的利弊。
6. 总结最适度通货区理论各派论点的异同。

主要参考文献

［1］刘舒年，温晓芳：《国际金融（第四版）》，北京，对外经济贸易大学出版社，2010。

［2］陈炳才，邢厚媛：《贸易、投资与人民币国际化》，北京，中国金融出版社，2011。

［3］杨海珍：《国际资本流动研究》，北京，中国金融出版社，2011。

［4］杨胜刚：《国际金融学》，长沙，中南大学出版社，2010。

［5］朱箴元：《国际金融》第三版，北京，中国财政经济出版社，2009。

［6］国际商会第600号出版物：《跟单信用证统一惯例》。

［7］蓝发钦，岳华，冉生欣：《国际金融》，上海，上海远东出版社，2010。

［8］蒋振中：《国际金融》，上海，上海财经大学出版社，2010。

［9］原雪梅：《国际金融》，济南，山东人民出版社，2010。

［10］于治贤，郭艳娇：《反思国际金融危机》，沈阳，辽宁民族出版社，2010。

［11］张晓晖，吕鹰飞：《金融学》，北京，经济科学出版社，2011。

［12］丁丽：《国际金融学》，成都，西南财经大学出版社，2010。

［13］张米良，郭强：《国际金融学》，哈尔滨，哈尔滨工业大学出版社，2010。

［14］陈伯云，陶艳珍：《国际金融》，北京，现代教育出版社，2010。

［15］徐荣贞：《国际金融与结算》，北京，中国金融出版社，2010。

［16］邵学言、肖鹤飞主编：《国际金融》第三版，广州，中山大学出版社，2010。

［17］喻海燕：《中国外汇储备有效管理研究》，北京，中国金融出版社，2010。

［18］王跃生：《国际资本流动机制、趋势与对策》，北京，中国发展出版社，2009。

［19］杨胜刚，姚小义：《国际金融》，北京，高等教育出版社，2009。

［20］何璋：《国际金融学》，北京，北京师范大学出版社，2009。

［21］黄海波：《国际金融实务》，北京，高等教育出版社，2011。

［22］于承新，密桦：《国际金融学》，武汉，华中科技大学出版社，2011。

［23］谢世清：《解读国际清算银行》，北京，中国金融出版社，2011。

［24］单忠东，綦建红：《国际金融》，北京，北京大学出版社，2011。